Subjektwerdung
und religiöses Lernen

MATTHIAS BAHR I ULRICH KROPAČ I MIRJAM SCHAMBECK (HG.)

Subjektwerdung und religiöses Lernen

Für eine Religionspädagogik, die den Menschen ernst nimmt

Kösel

Georg Hilger

zum 65. Geburtstag

als Zeichen der Anerkennung

und des Dankes

in herzlicher Verbundenheit

gewidmet und

sein Interesse am Subjekt

in Forschung, Lehre

und kommunikativer Praxis

weiterdenkend

© 2005 by Kösel-Verlag GmbH & Co., München
Printed in Germany. Alle Rechte vorbehalten
Druck und Bindung: Kösel, Krugzell
Umschlag: Kaselow Design, München
Umschlagmotiv: © photonica/Arnold Kaplan
ISBN 3-466-36670-4

Gedruckt auf umweltfreundlich hergestelltem Werkdruckpapier
(säurefrei und chlorfrei gebleicht)

Inhalt

Vorwort

Wie kann religiöses Lernen in unserer Zeit gedacht und vor allem praktiziert werden? Wie kann guter, zukunftsweisender Religionsunterricht am Lernort Schule aussehen, da die christliche Religion und kirchliche Tradition für viele Schülerinnen und Schüler fremd geworden ist? Wie können Schülerinnen und Schüler bei ihren Lebensthemen konstruktiv und kritisch (also unterscheidend) begleitet werden? Und welche Hilfen kann ein Religionsunterricht anbieten, der sich als Anwalt des Unverfügbaren versteht, wenn Schülerinnen und Schüler nach dem Woher und Wohin ihres Lebens und der Welt fragen; und dies angesichts von Leid, Gewalt und Terror?

Auf diese Fragen will das vorliegende Buch Antworten anbieten. Das gemeinsame Vorzeichen aller Beiträge ist mit dem Stichwort *Subjektwerdung* gegeben. *Eine Religionspädagogik, die den Menschen ernst nimmt*, wird Kinder und Jugendliche ebenso wie Erwachsene nicht als »Adressaten« oder »Objekte« auffassen, denen »Stoff vermittelt« oder »beigebracht« werden soll. Menschen sind vielmehr Subjekte: Selbstständig und selbsttätig arbeiten sie an der Ausgestaltung ihres Lebens und Glaubens, bilden sich eigene Vorstellungen und entwickeln ein eigenes Urteil – Ebenbilder Gottes also mit eigener Würde und Freiheit. Mag diese Sichtweise auch prinzipiell nicht unbedingt neu sein – so scheinen doch die Folgerungen für religiöses Lernen noch weiter zu entwickeln und einzulösen zu sein:

Das ERSTE KAPITEL des Buches lenkt den Blick darauf, Kinder und Jugendliche als Subjekte religiösen Lernens zu sehen. *Mirjam Schambeck* greift in ihrem Beitrag die Frage auf, wie Kinder glauben und theologisieren und wie sie sich mit Gottesvorstellungen auseinander setzen. Ausgehend von einem geistesgeschichtlichen Abriss, der die Grundlagen für eine Kindertheologie skizziert, werden Optionen für die Praxis eines Religionsunterrichts entwickelt, der Kinder und Jugendliche als Subjekte des Glaubens ernst nimmt. *Franz-Josef Nocke* erörtert die in der systematischen Theologie noch lange nicht zu Ende gedachte Frage, was es heißt, dass die Offenbarung auch von den Erfahrungen und Antworten des Menschen »abhängt«. Er stellt verschiedene theologische Lösungsversuche vor und hebt in sieben Thesen u.a. den Stellenwert von Kommunikation und das Zusammenspiel von Erfahrung und Belehrung heraus. *Georg Langenhorst*

11

entdeckt in literarisch verkleideten Autobiographien der jüngsten Vergangenheit Spuren von Kindertheologie und erkundet, wie solche literarischen Texte über Kinderglauben in religiösen Lernprozessen fruchtbar gemacht werden können.

Im ZWEITEN KAPITEL werden Leitlinien gezogen, an denen sich religiöses Lernen in der Postmoderne auszurichten haben dürfte. Ausgehend von der neuzeitlichen Wende zum Subjekt macht *Hans-Georg Ziebertz* in einem historischen Aufriss darauf aufmerksam, welche Chancen, aber auch welche Problemstellen man sich mit dem Subjektbezug einhandelt. Vor diesem Hintergrund entfaltet Ziebertz das abduktive Schließen als eine Möglichkeit, dem Prinzip der Schülerorientierung nachdrücklich Rechnung zu tragen und es im Sinne einer kommunikativen und konstruktivistischen Didaktik zu akzentuieren.

Nachdem sich seit den 1980er-Jahren Religionspädagogik als erfahrungsorientierte Theologie versteht, stellt sich inzwischen vermehrt die Frage nach der Bedeutung von Tradition. Welchen Sinn es für Menschen von heute haben kann, die alten Texte der Schrift und die Zeugnisse des Glaubens zu befragen, erörtert *Rudolf Englert* und weist auf Konsequenzen für den Religionsunterricht hin.

Werner H. Ritter spannt einen Bogen von einer erfahrungslosen Theologie, wie sie über weite Strecken im 19. und 20. Jahrhundert beherrschend war, hin zu einer in Konturen erkennbaren (post-)modernen erfahrungsbezogenen Theologie. Die zunehmende Individualisierung erschwert zwar religiöse Bildungsprozesse, eröffnet aber zugleich eine Reihe neuer Chancen für religiöses Lernen.

Eine ganz andere Perspektive reißt *Hans-Günter Heimbrock* auf, wenn er anhand der Ereignisse des 11. September 2001 auf die Möglichkeit des totalen Subjektverlustes im spur-losen Tod verweist. Angesichts von Gewalt und Terror betont er den leibbezogenen Subjektbezug im schulischen Lernen, aus dem sich auch kritische Sichtweisen auf die Veränderungen unserer Lebenswelt ableiten lassen.

Franz W. Niehl greift das pädagogische Konzept der Entwicklungsaufgaben auf. Gesucht wird nach Konturen gelingenden Lebens, wie sie aus christlicher Motivation heraus erwachsen; daraus leitet er einen umfangreichen Katalog von Entwicklungsaufgaben für religiöse Erziehung und Bildung ab.

Das DRITTE KAPITEL setzt bei verschiedenen religionsdidaktischen Prinzipien an und zieht Entwicklungslinien für die Zukunft aus: Den Stellenwert des Ästhetischen greift *George Reilly* auf, indem er die ästhetische Durchdringung der

Alltagswelt Jugendlicher feststellt und dabei ein Maß an außerschulisch selbstbestimmter Konstruktion von Identität, Wissen und Sinn Jugendlicher ausmacht, das schulisch derzeit noch nicht eingeholt wird. Angemessene Anknüpfungsmöglichkeiten, die auch evangelisatorisch befreiende Elemente aufnehmen, zeigt er dort auf, wo ästhetische Entwürfe der Warenwelt die Suche nach Sinnüberschuss widerspiegeln. *Ulrich Kropač* legt dar, wie unter den Bedingungen der Postmoderne die Arbeit mit biblischen Texten angelegt werden kann. Der Dekonstruktivismus bietet dabei Chancen, einen subjektorientierten und korrelativen Religionsunterrichts zu realisieren. Das angewachsene Interesse an Biographien nehmen *Konstantin Lindner* und *Eva Stögbauer* auf und weisen darauf hin, welchen Anteil religiöses Lernen an der Konstruktion des eigenen Lebensentwurfes haben kann.

Drei Beiträge widmen sich dem Christentum in einem globalen Kontext: Ausgehend von der geschichtlichen Entwicklung ökumenischen Lernens skizziert *Martin Bröking-Bortfeldt* innovative Potenziale für die Gegenwart und Zukunft, die an einem Beispiel konkretisiert werden. Unter der Perspektive des interreligiösen Lernens sichtet *Stephan Leimgruber* einschlägige entwicklungspsychologische Ansätze und erarbeitet Formen interreligiösen Lernens, die die entwicklungspsychologischen Voraussetzungen von Kindern angemessener einbeziehen. *Norbert Mette* entwickelt Perspektiven, wie religiöse Bildung einen entscheidenden Beitrag leisten kann zur Bearbeitung einer zugenommenen globalen und gesellschaftlichen Gewaltbereitschaft.

Die Ausrichtung religiösen Lernens auf Praxis entwickelt *Matthias Bahr* weiter, indem anhand von zwei Beispielen religionsdidaktische Kriterien offen gelegt werden, die bei der Gestaltung von Unterrichtsimpulsen herangezogen werden konnen, um mundiges Christsein zu fordern.

Das **VIERTE KAPITEL** wendet sich verschiedenen Praxisfeldern des Religionsunterrichts zu: Das Interesse an einer soliden Ausbildung künftiger Religionslehrerinnen und Religionslehrer bewegt *Elisabeth Reil* bei ihrer Zusammenstellung verschiedener unterrichtsrelevanter Kompetenzen. *Rainer Oberthür* geht davon aus, dass der Religionsunterricht eine Weiterführung der »Erfahrungs- und Lerngeschichte mit Gott« ist. An verschiedenen Beispielen zeigt er, wie Kinder Fragen des Lebens und der Theologie aufgreifen und zu eigenen Deutungen kommen.

Mit Blick auf die Situation in den ostdeutschen Bundesländern stellt *Werner Simon* die Frage, welchen Beitrag der Religionsunterricht für fächerverbindendes schulisches Lernen leisten kann; von der Diskussion um die bisher gemachten Erfahrungen wird auch der Religionsunterricht in den westlichen Bundesländern profitieren. *Klaus König* arbeitet die spezifischen Möglichkeiten heraus, die den in ihrem Stellenwert häufig unterschätzten Religionsbüchern für eine offene religiöse Grundbildung zukommen; er zeigt auf, welch bleibende Bedeutung sie auch im medialen Zeitalter vermutlich haben werden.

Dass Religionspädagogik als Verbundwissenschaft auf den Austausch mit anderen Wissenschaften und theologischen Disziplinen verwiesen ist, macht das FÜNFTE KAPITEL deutlich: Gibt es außer in der Poesie auch im Glauben so etwas wie »erfundene Wahrheiten«, Wahrheiten also, die sich der produktiven Einbildungskraft der biblischen Autoren, christlicher Künstler oder der (theologischen) Tradition verdanken? Anhand einzelner Text- und Bildmotive zeigt *Günter Lange*, dass die Phantasie untrennbar zum Prozess der Aneignung der biblischen Botschaft gehört: Ein Plädoyer dafür, auch der eigenen Glaubensphantasie etwas zuzutrauen!

Horst Rumpf mahnt die Religionspädagogik, um der Heranwachsenden und der Qualität religiösen Lernens willen sich gegen manchen Gegenwartstrend zu wenden – (Religions-)Unterricht dann im Gegenstrom zum Souveränitätsgewinn zu verstehen und mit Heranwachsenden Erfahrungen des Widerspenstigen und Rätselhaften aufzusuchen, statt Themen einer »Erledigungsmaschinerie« zu überantworten.

Christoph Dohmen setzt sich in seinem Beitrag mit dem »alttestamentlichen Bilderverbot« auseinander, das die Unverfügbarkeit Gottes wahren soll und mit der Verfilmung biblischer Erzählungen gegenwärtig vor neuen Herausforderungen steht. Einige Grundsätze für die Visualisierung biblischer Texte können als Kriterien genommen werden, mit denen sich der Sinn oder Unsinn von Bibelfilmen besser beurteilen lässt.

Unter Anknüpfung an die zentrale (religions-)didaktische Kategorie der produktiven Verlangsamung weist *Peter Poth* nach, dass Gedichte aufgrund ihrer »Überdeterminiertheit« wie keine andere Textgattung geeignet sind, diesem Anliegen zu entsprechen. Einigen grundsätzlichen Überlegungen folgt die Anwendung an einem aktuellen Beispiel.

Die FARBTAFELN im Buch stehen für die Überzeugung, dass Werke der modernen Kunst ein erhebliches Anregungspotenzial für religiöses Lernen bieten. Für den Religionsunterricht wurde diese Perspektive in vielfältigster Weise in dem von Georg Hilger maßgeblich geprägten und herausgegebenen Schulbuchwerk »Reli« verwirklicht. Seine Fachkenntnis und seine Erfahrungen resultieren auch aus persönlichen Begegnungen mit Künstlern, so dem Aachener Pfarrer *Herbert*

Falken (Farbtafel S. 240a) und dem langjährigen Freund *Herbert Bardenheuer* (Farbtafel S. 16a). Beide haben aus persönlicher Verbundenheit eines ihrer Werke für dieses Buch ausgewählt – Zeichen der Wertschätzung von Künstlern gegenüber einem Religionspädagogen, bei dem sie ihre Arbeiten bestens aufgehoben wissen.

PROF. DR. GEORG HILGER ist dieses Buch gewidmet. Uns als seinen Schülerinnen und Schülern war es ein wichtiges Anliegen, ehemalige Weggefährtinnen und Wegfährten aus den verschiedenen Bereichen, in denen Georg Hilger im Laufe seines Lebens tätig war, zu Wort kommen zu lassen. Ihnen und den Künstlern ist für die unentgeltliche Mitarbeit und die gute Zusammenarbeit zu danken. Zu danken ist ferner all jenen Institutionen, die das Buchprojekt durch Zuschüsse wohlwollend gefördert haben. Dies gilt in erster Linie für die Bistümer Regensburg und Aachen und nicht weniger für das Katholische Schulkommissariat in Bayern. Stellvertretend seien Herr Domkapitular Johannes Neumüller (Regensburg), Herr Oberstudiendirektor i.K. Benno Groten (Aachen) und Herr Domkapitular Prälat Ernst Blöckl (München; er ist noch vor Drucklegung dieses Buches im September 2004 gestorben) genannt. Schließlich gilt unser Dank dem Regionalbischof des Evangelisch-Lutherischen Kirchenkreises Regensburg für einen Zuschuss. Diese Mittel sind, erst recht weil sie in Zeiten angespannter Haushalte gegeben wurden, Ausdruck der Verbundenheit mit Georg Hilger und der Anerkennung seiner Arbeit. Sie haben es ermöglicht, das Buch zu einem günstigen Preis erscheinen zu lassen.

Herrn Markus Prölß danken wir für die zeitaufwendige und sorgfältige Durchsicht der Manuskripte in der Phase der Drucklegung. Herzlich gedankt sei unserer Lehrstuhlsekretärin, Frau Maria Schmidmeier, für ihre Umsicht in der Begleitung dieses Projektes, vor allem für die diskrete Abwicklung des Schriftverkehrs über das Lehrstuhlsekretariat. Dem Kösel-Verlag sei für die Bereitschaft gedankt, dieses Buch in das Verlagsprogramm aufzunehmen und in der vorliegenden Ausstattung herauszubringen.

Zu danken ist aber vor allem und in erster Linie Georg Hilger selbst. Die Jahre gemeinsamer Arbeit in Forschung und Lehre waren erfahrungsreiche, produktive und schöne Lernjahre. Bei allem herausfordernden Anspruch an Veranstaltungsplanungen und Publikationen dominierte sein Vertrauen in die Fähigkeiten und unterschiedlichen Begabungen seiner Mitarbeiterinnen und Mitarbeiter, getragen von einem spürbaren, grundsätzlichen Wohlwollen und der Anerkennung für das Geleistete – Einstellungen, die vielerorts im Arbeitsleben schmerzlich vermisst werden. Vielleicht war ihm das Zulassen und Aushalten manch unserer Eigenheiten deshalb möglich, weil »Subjektwerdung« nicht nur Lehr- und Forschungsthema war, sondern sich für ihn konsequent bis in zwischenmenschliche Zusammenhänge hinein fortsetzt. Ein Leitmotiv hat Georg Hilger uns vorgelebt und vorgegeben, das auch dann noch gelten wird, wenn er nach Vollendung des 65. Lebensjahres von seinen Pflichten als Universitätsprofessor entbunden sein wird: »Kreativität setzt Freiheit voraus«.

Möge das Buch ein anregender Diskussionsbeitrag sein, auf dass der Religionsunterricht nicht »im Abseits« stehe!

Regensburg, im September 2004
Matthias Bahr, Ulrich Kropač, Mirjam Schambeck

KAPITEL I

Kinder und Jugendliche als Subjekte religiösen Lernens

Wie Kinder glauben und theologisieren

Religionspädagogische Konsequenzen aus den theologischen Konstruktionen von Kindern

MIRJAM SCHAMBECK

Wie Kinder glauben und theologisieren, sich mit ihren Gottesvorstellungen auseinander setzen und sie aufbauen ist eine Frage, die in der Religionspädagogik erst in den letzten zehn Jahren auf ein breiteres Forschungsinteresse gestoßen ist. Glaubensvermittlung im herkömmlichen Sinne konzentrierte sich fast ausschließlich auf die möglichst effektive Weitergabe eines theologisch reflektierten Erwachsenenglaubens. Kindern zuzugestehen, eine eigene Theologie aktiv zu konstruieren (vgl. Bucher 1992, 19–22), setzt eine Anthropologie voraus, die anerkennt, dass Kinder anders sind als Erwachsene und sich auf eigene Weise mit den großen Fragen des Lebens auseinander setzen.

1 Der Weg zu einer Theologie von Kindern

1.1 Geistesgeschichtliche Hintergründe zur Entstehung von Kindertheologie

Für René Descartes (1596–1650) war es noch unmöglich zu denken, dass Kinder theologisieren könnten. Er ging davon aus, dass die Vernunft zwar in das Kind eingegossen sei (in Form von eingeborenen Ideen), dass aber bei Kindern nicht vom vollen Gebrauch der Vernunft geredet werden könne. Über viele Jahrhunderte hinweg galten Kinder als unwissend, töricht und ihren Launen ausgeliefert. Dieses Verständnis ließ es nicht zu zu denken, dass sich Kinder aktiv und auf ihre Weise mit Gott auseinander setzen bzw. über ihn nachdenken (vgl. Schweitzer 1992, 153–202).

Erst mit Jean Jacques Rousseau (1712–1778) kam es zu einem epochalen Umschwung. In seinem Entwicklungsroman »Émile« verteidigt er die schon antike Idee vom »unschuldigen Kind«, das, »wie alles, was aus den Händen des Schöpfers kommt, von Natur aus gut« sei (Rousseau 1981, 9). Er versteht die Kindheit als eigene Zeit mit einem eigenen Wert, die »eine eigene Art zu sehen, zu denken und zu fühlen« habe (ebd., 69).

Obwohl Rousseau gleichsam als »Entdecker der Kindheit« gewürdigt werden kann, ist er ein genauso scharfer Verneiner einer Kindertheologie. Die Romantik, die zwar ohne Rousseau nicht vorstellbar geworden wäre, folgt ihm aber gerade in diesem Punkt nicht. Vielmehr versteht sie das Kindsein als Inbegriff von Religiosität. Während das Kind als ganz in der Gottesnähe lebend verstanden wird, ist das Erwachsenwerden begleitet von einem zunehmenden Verlust eben dieser selbstverständlichen Gottesnähe.

Rousseau, die durch ihn mit vorbereitete Romantik und die sich an der Romantik inspirierende Reformpädagogik können so als Wegbereiter verstanden werden, den Eigenwert der Kinder wahrzunehmen und zu würdigen. Sie sind damit auch – für Rousseau gilt das zumindest indirekt – diejenigen, die es denkbar werden ließen, Kinder als Subjekte von Theologie wahrzunehmen und in ihrem eigenständigen Theologisieren zu würdigen.

1.2 Ergebnisse der kognitiv-strukturalen Entwicklungspsychologie: Kinder als Konstrukteure der Wirklichkeit

Die Grundthese des Genfer Entwicklungspsychologen Jean Piaget grenzt sich vom Behaviorismus ab, wie er in den 1960er und 1970er-Jahren propagiert wurde. Hier wurde das Kind vornehmlich als Resultante, als Opfer entfremdender gesellschaftlicher Verhältnisse, und damit als fast ausschließlich von der Umwelt geformt verstanden (exogenistisches Konzept; vgl. Bucher 1992, 13).

Piaget lehnt aber auch die endogene Sichtweise ab, die davon ausgeht, dass die religiösen Vorstellungen in der »religiösen Anlage des Kindes« immer schon »schlummerten« (vgl. Pfliegler 1935, 171). Er geht vielmehr davon aus, dass sich die Kinder die Welt auf ihre Weise aneignen und die Welt auf je ihre Weise hervorbringen. Sie können also wirklich als »Konstrukteure« (vgl. Piaget 1975) bezeichnet werden. Kinder bauen sich ihre Welt zusammen und entwickeln Verstehen, indem sie Neues in bekannte Zusammenhänge integrieren und so ihre eigenen Kausalitäten aufbauen.

Wenn also für das Weltverstehen der Kinder gilt, dass sie sich dieses aktiv konstruieren, dann kann das auch auf den religiösen Bereich übertragen werden. Kinder setzen sich auch mit der Gottesfrage aktiv konstruierend auseinander. Damit kommt ein dritter Faktor ins Spiel, der Entscheidendes für die Anerkennung der Kindertheologie beitrug: die Kinderphilosophie.

1.3 Der Beitrag der Kinderphilosophie zur Profilierung einer Kindertheologie

Die so genannte Kinderphilosophie, die seit den 1980er-Jahren von Amerika her kommend (Gareth B. Matthews, für Deutschland: Hans-Ludwig Freese, Ekkehard Martens u.a.), einen großen Aufschwung erlebte, attestiert den Kindern eine eigenständige philosophische Kompetenz. Diese manifestiert sich im Staunen und im Fragen.

Margrit Geissler z.B. variiert die antike Geschichte vom Schiff des Theseus und fragt danach, ab wann das Schiff, das Balken für Balken ersetzt wird, überhaupt noch das Schiff des Theseus genannt werden kann (vgl. Geissler 1994, 232–244). Diese Geschichte kann zum Ausgangspunkt eines Gesprächs mit Kindern und Jugendlichen darüber werden, was überhaupt Identität ausmacht, inwieweit Veränderung zur Identität gehört und wo die Grenze dafür ist.

Die Kinderphilosophie nimmt also ernst, dass Kinder von sich aus die »großen Fragen« des Lebens stellen, indem sie nach dem Woher und Wohin des Lebens fragen, unterwegs sind, Sinn zu entdecken, und auch eine Sensibilität für das entwickeln, was über das Vorfindliche hinausgeht. Die Kinderphilosophie hat darauf aufmerksam gemacht, dass Kinder in diesen Suchprozessen begleitet werden müssen und ihnen entsprechende Räume eröffnet werden sollen, in denen sie diesen Fragen nachgehen können.

1.4 Zur Auseinandersetzung mit Kindertheologie in der Religionspädagogik

Trotz des theologischen Bilderverbots, das lange Zeit auch in dem Sinn verstanden wurde, keine Bilder von Gott zu produzieren, hat die Beschäftigung mit Gottesbildern bzw. Gottesvorstellungen von Kindern und Jugendlichen in den letzten zehn Jahren in der Religionspädagogik Konjunktur. Dabei zeichnen sich folgende Phasen ab: Angeregt wurden religionspädagogische Fragestellungen u.a. von sozialwissenschaftlich orientierten Forschungen zur Religiosität von Kindern, wie sie beispielsweise von Rizzuto und Heller Ende der 1980er-Jahre oder Tamminen durchgeführt wurden. Versuchte man diesen Zugang vornehmlich über sprachliche Äußerungen von Kindern oder Jugendlichen, setzten empirisch arbeitende religionspädagogische Studien auf die Produktion und Analyse von Bildern, die Kinder oder Jugendliche von Gott malten.

Eine zweite Phase begann in den 1990er-Jahren mit einem breiten Forschungsinteresse in der Religionspädagogik. In verschiedenen Projekten wurden Kinder motiviert, ihre Vorstellung von Gott in Bildern auszudrücken (vgl. Bucher 1994, Hanisch 1996, Klein 2000, Hilger 2000 u.a.). Hier dominierte das Anliegen, die Dignität der Kinderbilder zu erweisen und sie als Ausdruck der Religiosität und der theologischen Produktionsleistung von Kindern verstehen zu lernen. Ferner wurden erste Hypothesen angestellt, wie die Gottesbilder zu interpretieren sind bzw. welche »Konstanten« sich aus den Gottesbildern herauslesen lassen. Die Aufmerksamkeit richtete sich vor allem darauf, inwieweit Kinder anthropomorphe Gottesvorstellungen artikulierten oder abstrakte bzw. symbolische (vgl. Bucher 1994, Hanisch 1996) generierten. Zum Teil thematisierten diese Untersuchungen schon die Frage, ob und wie sich Bilder von Jungen und Mädchen unterscheiden (vgl. Hilger/Dregelyi 2002 u.a.).

Inzwischen kann man von einer dritten Phase sprechen: Bilder von Kindern werden darauf hin untersucht, wie sie ihre Vorstellungen von Gott mit den Erfahrungen von Tod oder Leid in Zusammenhang bringen (vgl. Schambeck 2002), wie blinde Kinder sich Gott vorstellen, oder welche Momente, Personen und Institutionen auf den Konstruktionsprozess Einfluss nehmen. Dazu gehören auch Überlegungen, die den Generierungsprozess der Bilder näher in den Blick nehmen. Es wurde z.B. gefragt, inwieweit die Malfähigkeit eines Kindes Einfluss nimmt auf den gestalterischen Ausdruck (vgl. Bucher 2000), wie Kinder in ihren Konstruktionen Elemente mitverarbeiten, die sie aus der Tradition bzw. ihrer Umgebung kennen gelernt haben (vgl. Streib 2000) oder inwieweit »anthropomorphe« Gottesbilder entwicklungspsychologisch bedingt sein könnten.

Insgesamt lässt sich also festhalten, dass sich nach einer Phase, in der Wert darauf gelegt wurde, Kinder Bilder produzieren zu lassen und deren Würde als theologische Artikulationen anzuerkennen, die religionspädagogische Literatur darauf konzentriert, sowohl spezielle Fragen zu den Aussagen der Kinderbilder zu stellen als auch das Zustandekommen der theologischen Konstruktionen bzw. Rekonstruktionen zu untersuchen (vgl. Heimbrock 2000, 32–34).

Inzwischen geht es verstärkt darum, welche religionspädagogischen Konsequenzen aus einer so genannten »Kindertheologie« gezogen werden können. Wie kann man kritisch-produktiv mit den theologischen Konstruktionen von Kindern oder Jugendlichen umgehen, um sie auf dem Weg ihrer Subjektwerdung zu begleiten und sie zur Konstruktion von Identität anzustiften, die zu einem »Leben in Fülle« führt (Joh 10,10)?

2 Religionspädagogische Konsequenzen aus den theologischen Konstruktionen von Kindern

2.1 Sich religiösen Artikulationen von Kindern annähern

Für diejenigen, die religiöse Erziehung und Bildung initiieren und begleiten, ergibt sich als erste Aufgabe, die Theologien von Kindern wahrzunehmen, ernst zu nehmen und zu verstehen zu versuchen. Dass dies sehr viel Mühe kostet, dass es dabei gilt, sehr genau zu arbeiten, auch wenn die Äußerungen anderer immer nur approximativ verstanden werden können, weil es kein identisches Fremdverstehen gibt (vgl. Schori 1998) – das gilt es bei den Untersuchungen und vor allem bei der Hypothesenbildung und Interpretation zu berücksichtigen.

Dabei stellt sich die Frage nach einem angemessenen Instrumentarium, um die Bilder in ihren Gestaltungsmomenten ernst zu nehmen und die Konstruktionen und auch die Rekonstruktionen, die hier geleistet werden, zu entdecken. Es geht also darum, aufmerksam zu werden, welche Faktoren den Generierungsprozess eines Bildes mitbedingen, vor allem entwicklungspsychologische Faktoren, die Entwicklung des Zeichnens, momentane Einflüsse (z.B. eine Fernsehsendung, die im Malprozess mitverarbeitet wird) oder strukturelle Momente zu berücksichtigen. Konkret bedeutet das, dass neben den Kinderbildern auch Interviews mit den Kindern geführt und ausgewertet werden müssen, in denen die Kinder die Möglichkeit haben, eigene Kommentierungen vorzunehmen und Aussageabsichten deutlich zu machen.

2.2 Zulassen einer ersten Naivität

Wie kann man mit den theologischen Artikulationen von Kindern und Jugendlichen nun praktisch umgehen? Mit Anton Bucher ist festzuhalten, dass sich aus entwicklungspsychologischer Sicht ein Plädoyer dafür ergibt, Kinder die »erste Naivität« durchleben zu lassen (vgl. Bucher 2002, 24f). Naivität ist hier nicht als Unwissenheit, sondern primär als Unbefangenheit und als unmittelbares Einssein mit Wirklichkeiten, die sich für Erwachsene entleerten, zu verstehen. Bruno Bettelheim etwa warnte davor, solche Vorstellungen zu früh zu entmythologisieren, weil das kleine Kind »den Glauben an die Magie ... braucht, um seine Angst zu binden und seine Hoffnung auf kommende Freuden ... immer wieder neu zu entfachen« (vgl. Bettelheim 1987, 388).

Das Zulassen einer »ersten Naivität« meint jedoch nicht, Kinder in einer angstbesetzten Welt von Hexen und Zauberern zu belassen. Magie, die ein Moment der »ersten Naivität« des Kindes ist, ist eben ambivalent. Sie kann imaginären Schutz vermitteln und sie kann auch panische Ängste auslösen. Diese sind abzubauen. Ein Kind sollte also so lange in der ersten Naivität bleiben können, als es diese braucht. Das heißt umgekehrt auch, dass Kinder nicht auf die erste Naivität fixiert oder religiös infantilisiert werden dürfen – durch Denk- und Kritikverbot oder etwa durch autoritäre Gottesbilder.

Konkretisiert man das beispielsweise an der Theodizeefrage, so kann man in verschiedenen Kinderbildern feststellen, dass sie das Böse als unmittelbar von Gott gewirkt verstehen. Martin malte beispielsweise ein Bild, in dem Gott verursachte, dass Peter auf einer Bananenschale ausrutschte. Gott hatte Peter »bestraft«, weil dieser zuvor einen Mitschüler ungerechterweise angepöbelt hatte. Das Böse wird hier zum Mittel Gottes, um Menschen zu bestrafen und auf ihr falsches Tun hinzuweisen. Diese auch in der Theologiegeschichte immer wieder ventilierte Antwort auf die Theodizeefrage (vgl. Kreiner [2]1998, 141–148) wurde für Martin zu einer plausiblen Lösung, die zunächst zu respektieren ist, die aber langfristig zu einer Verkürzung und damit Einengung der Gottesvorstellung und auch der Vorstellung von der Freiheit des Menschen führt. Auch wenn Kinder also nicht vorschnell aus der ersten Naivität »katapultiert« werden dürfen, dürfen sie dennoch nicht auf sie festgeschrieben werden.

2.3 Neue Entwicklungen und Konstruktionen anbahnen helfen

Um Kindern die Möglichkeit zu geben, sich weiterzuentwickeln, ergibt sich das Desiderat, ihnen auch Informationen anzubieten, die neu sind. Nur so können sie selbst in immer neue Konstruktionsprozesse verwickelt werden, die dem lebendigen und zur Freiheit befreienden Gott, wie ihn der jüdisch-christliche Glaube verkündet, auf die Spur kommen. Dass dafür eine Didaktik der Aneignung eher geeignet ist als eine Didaktik der Vermittlung, versteht sich von selbst.

Konstruktionsprozesse werden v.a. dort angestoßen, wo Kinder merken, dass bisher generierte Strukturen und entwickelte Hypothesen nicht mehr ausreichen, um (neue) Situationen zu bestehen bzw. Denkkonflikte zu lösen (vgl. Schweitzer/Nipkow/Faust-Siehl u.a. 1995, 49, 180, 209).

Um nochmals auf das Bild Martins einzugehen, der seine Gottesvorstellung nach der Do-ut-des-Struktur (Stufe 2 des religiösen Urteils nach Oser und Gmünder) artikulierte: Hier wären Denk-Angebote hilfreich, die das Gotteskonzept weiterführen. Möglich wäre z.B.: Lässt uns Gott nicht auch genügend Raum für Freiheit und Verantwortung?

2.4 Fragen und Antworten von Kindern in einen Dialog mit Theologie und Philosophie bringen

Das Anbahnen neuer Konstruktionen kann gefördert werden, indem Fragen und auch Antworten, die Kinder in ihren Bildern bzw. den Interviews artikulieren, aufgegriffen und in einen Dialog mit der Theologie gebracht werden.

Die Frage nach dem Leid und »wie das dann mit Gott ist« (Philipp, 11 Jahre) könnte den Fragen und Antwortversuchen, die in der Philosophie- und Theologiegeschichte erhoben wurden, gegenübergestellt werden. Kinder und Jugendliche könnten z.B. darüber nachdenken, was die epikureische Zusammenfassung des Theodizeeproblems bedeuten kann: Welcher Gott ist das, der das Übel zwar verhindern will, aber es nicht kann? Wie zeigt sich ein Gott, der das Übel zwar verhindern kann, aber es nicht will? Wie muss man sich einen Gott vorstellen, der das Übel weder verhindern kann noch will? Was bedeutet es, dass Gott zwar das Übel verhindern will und kann, es aber trotzdem Übel gibt? Auf diesem Hintergrund, der das Theodizeeproblem deutlich als Widerspruchsproblem formuliert, könnten Lösungswege, wie sie in der Theologie gedacht wurden, überlegt werden. So könnte man z.B. eine Lösung diskutieren, die das Attribut der Allmacht Gottes aufgibt: Gott wird hier als einer vorgestellt, der das Leid und das Übel nicht verhindern kann, weil er zu schwach dazu ist. Was bedeutet es, wenn diese Aussage letztlich gilt? Und wie stellen sich dagegen Zusagen Gottes gerade an leidgeprüfte Menschen dar, wie z.B. »Fürchte dich nicht, denn ich bin mit dir; hab keine Angst, denn ich bin dein Gott« (Jes 41,10) oder »Denn ich bin der Herr, dein Gott, der Deine rechte Hand ergreift und der zu dir sagt: Fürchte dich nicht, ich werde dir helfen« (Jes 41,13)?

Auch wenn dieses Beispiel hier nur angedeutet und nicht näher ausgeführt werden kann, soll deutlich werden, dass die theologischen Produktionen von Kindern nicht nur als Ausgangspunkt religiöser Bildungsprozesse verstanden werden dürfen, sondern auch das Ziel haben, Kinder und Jugendliche zu weiteren Überlegungen zu inspirieren. Erfahrungen und Aussagen des jüdisch-christlichen Glaubens könnten im Sinne eines Interpretationspotenzials aufgegriffen werden, das die Kinder dazu anregt, die eigenen theologischen Konstruktionen zu überprüfen, zu korrigieren bzw. zu erweitern.

2.5 Komplementarität von theologischen Konstruktionsleistungen und intentionaler religiöser Erziehung ermöglichen

Vorwürfe an eine subjektorientierte Religionspädagogik und damit auch an eine so genannte »Kindertheologie« brachten immer wieder das Argument ein, dass dadurch intentionale religiöse Erziehung und Bildung überflüssig würde. Gerade die schon formulierten religionspädagogischen Desiderate geben Hinweise dafür, dass sich intentionale und subjektorientierte Erziehung und Bildung nicht widersprechen, sondern als zueinander komplementär verstanden werden können, und zwar aus einem zweifachem Grund.

Wie weiter oben schon deutlich wurde, konstruieren Kinder und Jugendliche ihre Vorstellungen von Gott nicht als »Tabula rasa«, sondern verarbeiten in ihren Konstruktionen Momente ihrer Umgebung und auch der (religiösen) Tradition. Der Generierungsprozess theologischer Konstruktionen ist also mitbedingt durch das, was Kinder einmal gehört, gesehen und erfahren haben. Intentionale religiöse Erziehung kann deshalb versuchen, Kindern Räume und Zeiten zu eröffnen, in denen sie selbst Erfahrungen mit dem jüdisch-christlichen Glauben machen, Inhalte kennen lernen, Verhalten reflektieren und Verantwortung einüben, um dadurch das »Konstruktionsmaterial« zu erweitern.

Zugleich können z.B. Gottesvorstellungen des jüdisch-christlichen Glaubens oder hier im Beispiel Möglichkeiten aus der christlichen Tradition mit dem Theodizeeproblem umzugehen, den Kindern helfen, in ihren eigenen Fragen und auch Antworten weiter zu kommen. Intentionale religiöse Erziehung kann dazu beitragen, Kinder nicht auf ihre Vorstellungen festzuschreiben, sondern sie ermutigen, weiterzudenken und auch andere Aspekte in ihre Antworten zu integrieren.

Insgesamt zeigt sich also, dass Kindertheologie sehr wohl auch extern beeinflusst wird. Religionspädagogisch gilt es zu überlegen, *welche* Inhalte Kindern in Bezug auf religiöse Themen angeboten werden und *wie* diese angeboten werden (vgl. Bucher 2002, 21).

2.6 Pluriforme Sprachfähigkeit kultivieren

Eine weitere religionspädagogische Antwort auf die Frage, wie man mit theologischen Artikulationen von Kindern und auch Jugendlichen angemessen umgehen kann, formuliert sich in dem Desiderat, eine pluriforme Sprachfähigkeit zu kultivieren. Religiöses Sprechen ist auf performative, selbstimplizierende und expressive Sprechakte angewiesen. Performative und selbstimplizierende Sprechakte vollziehen Handlungen z.B. des Bekennens, des Lebens, in denen der Sprecher mit seiner Person selbst involviert ist. Ein solches Sprechen ist erfahrungsgesättigt und drückt innere Affinitäten des Sprechenden zum Gesagten bzw. Geschriebenen aus.

Religiöse Erziehung und Bildung muss es deshalb darauf anlegen, neben konstatierendem, lehramtlichem oder fachtheologischem Sprechen auch Sprechakte einzuüben, in denen die Sprechenden in ihrer Erfahrungswelt zum Ausdruck kommen.

Untersucht man Kinderbilder, inwieweit hier auch expressive und selbstimplizierende Sprechakte zur Geltung kommen, so kann man eine erstaunliche Bereitschaft der Kinder feststellen, sich auf religiös-relevante Sprechakte einzulassen. Die Kinder drücken aus, was für sie lebensgeschichtlich und lebensweltlich bedeutungsvoll und sinnstiftend ist und schaffen damit Anknüpfungspunkte, um mit anderen ins Gespräch zu kommen.

Das hat nun sowohl Konsequenzen für die (Aus-)Bildung von Lehrkräften als auch für die religionsunterrichtliche Praxis. Die Lehrerinnen und Lehrer müssen sich um eine Wahrnehmungskompetenz bemühen, die es ihnen ermöglicht, diese Sprechakte und lebensweltlichen Verortungen wahrzunehmen (vgl. Hilger 1998, 259–261); bzw. müssen sie selbst fähig sein, so zu sprechen und Gott auch mitten in ihrer Alltagswelt zu entdecken.

Das bedeutet dann auch, dass religiöse Erziehung und Bildung darauf zielen muss, den Schülerinnen und Schülern ein Sprachpotenzial zu eröffnen, das ihnen hilft, ihre alltäglichen Erfahrungen, ihre Frage nach dem Woher und Wohin, nach dem Sinn und dem, was über das Vorfindliche hinausgeht, auszudrücken.

3 Mit theologischen Artikulationen von Kindern umgehen als Konkretisierung eines subjektorientierten Religionsunterrichts

Versucht man ein Resümee aus diesen Ausführungen zu ziehen, so lässt sich festhalten, dass die theologischen Artikulationen von Kindern angemessen wahrzunehmen sind, und zwar sowohl als Ziel- als auch als Ausgangspunkt religiöser Erziehung und Bildung. Nimmt man die Rede von einem subjektorientierten Religionsunterricht ernst, dann gilt es bei den Theologien der Schülerinnen und Schüler anzusetzen, sie zu neuen Konstruktionen zu motivieren bzw. ihnen ein Deutungs- und Sprachpotenzial zu eröffnen, das ihnen hilft, ihre eigenen Deutungen von Welt und Gott zu erweitern, evtl. auch zu korrigieren und zu vertiefen.

Auch wenn die Rede von einer Kindertheologie missverständlich ist, wird dadurch ernst genommen, dass sich Kinder auf ihre Weise mit den »großen Fragen« des Lebens auseinander setzen. Hier wird mit einem großen Respekt vor der nicht sofort verstehbaren Andersheit der Äußerungen von Kindern davon ausgegangen, dass ihre Art und Weise, über Gott nachzudenken und das zu artikulieren, nicht als defizient gegenüber einer Erwachsenentheologie abgewertet werden darf.

Damit kommt in der Kindertheologie etwas zum Ausdruck, was grundsätzlich für das Theologietreiben – egal in welcher Disziplin – gilt. Theologietreiben gründet im Respekt vor dem anderen, der nicht, weil er anders ist, als einem selbst gegenüber minderwertig abgetan wird, sondern als jemand gilt, der ebenso wie man selbst vor Gott zum Personsein aufgerufen ist.

Zielt religionspädagogisches Bemühen darauf, religiöse Subjektwerdung zu begleiten, zu fördern und auch dazu zu provozieren, dann gilt es wahrzunehmen, wo sich sozusagen die Einzelnen aufhalten, in welcher Verfasstheit, in welchem entwicklungspsychologischen Stadium sie sind.

Für die Ausbildung bedeutet das dann natürlich, dass zukünftige Religionslehrkräfte nicht nur darin geschult werden müssen, ihre Wahrnehmungskompetenz im Hinblick auf die Texte der Bibel und die Tradition des Glaubens zu schärfen, sondern auch im Hinblick auf die Kinder, Jugendlichen und Erwachsenen, denen sie im Zuge ihres theologischen Handelns begegnen werden (vgl. Hilger 1998, 247f).

Mit den theologischen Konstruktionen von Kindern umzugehen macht auch bewusst, dass die Aneignung von Wissen wie auch Weltdeutung im Zusammenspiel von Konstruktion und Rezeption geschieht. Das heißt, dass jeder, egal ob Kind oder Erwachsener, die Welt konstruiert im Rahmen der von ihm schon erarbeiteten Strukturen – und zugleich immer wieder externer Anstöße bedarf, um die eigenen Konstruktionen zu verbessern.

Mit den theologischen Konstruktionen von Kindern religionspädagogisch angemessen umzugehen kann damit als eine Konkretisierung des grundlegenden Bildungszieles angesehen werden, das den Religionsunterricht von heute und morgen bestimmen muss, nämlich zur Subjektwerdung der Einzelnen beizutragen.

Literatur

Ariès, Philippe: Geschichte der Kindheit, München [11]1994.
Bettelheim, Bruno: Ein Leben für Kinder. Erziehung in unserer Zeit, Frankfurt a. M. 1987.
Bucher, Anton A.: Alter Gott zu neuen Kindern? Neuer Gott von alten Kindern? Was sich 343 Kinder unter Gott vorstellen, in: Merz, Vreni (Hg.): Alter Gott für neue Kinder? Das traditionelle Gottesbild und die nachwachsende Generation, Freiburg/Schweiz 1994, 79–100.
Ders.: Kinder als Theologen?, in: RL 21 (1992) H. 1, 19–22.
Ders.: Vom Kopffüßlergott zu den perspektivischen Lichtstrahlen. Skizze der Entwicklung des Zeichnens (religiöser Motive) im Kindes- und Jugendalter, in: Fischer, Dietlind/Schöll, Albrecht (Hg.): Religiöse Vorstellungen bilden, a.a.O., 53–76.

Ders./Büttner, Gerhard/Freudenberger-Lötz, Petra u.a. (Hg.): »Mittendrin ist Gott«. Kinder denken nach über Gott, Leben und Tod (Jahrbuch für Kindertheologie 1), Stuttgart 2002.

Fischer, Dietlind/Schöll, Albrecht (Hg.): Religiöse Vorstellungen bilden. Erkundungen zur Religion von Kindern über Bilder, Münster 2000.

Geissler, Margrit: Das Schiff des Theseus heißt Krusenstern. Philosophieunterricht in den Klassen 5/6, in: Martens, Ekkehard/Schreier, Helmut (Hg.): Philosophieren mit Schulkindern. Philosophie und Ethik in Grundschule und Sekundarstufe I, Heinsberg 1994, 232–244.

Hanisch, Helmut: Die zeichnerische Entwicklung des Gottesbildes bei Kindern und Jugendlichen. Eine empirische Vergleichsuntersuchung mit religiös und nicht-religiös Erzogenen im Alter von 7–16 Jahren, Stuttgart/Leipzig 1996.

Heimbrock, Hans-Günter: Vom Abbild zum Bild. Auf der Suche nach neuen Zugängen zur Religiosität von Kindern, in: Fischer, Dietlind/Schöll, Albrecht (Hg.): Religiöse Vorstellungen bilden, a.a.O., 19–39.

Hilger, Georg: Wahrnehmungsschulung für die Religiosität Jugendlicher. Ein religionsdidaktisches Projekt im Horizont der enzyklopädischen Frage, in: Ritter, Werner/Rothgangel, Martin (Hg.): Religionspädagogik und Theologie. Enzyklopädische Aspekte, Stuttgart/Berlin/Köln 1998, 246–263.

Ders.: Wahrnehmungsschulung für »Gottesbilder« von Kindern. Ein Werkstattbericht aus der Lehrerbildung, in: Fischer, Dietlind/Schöll, Albrecht (Hg.): Religiöse Vorstellungen bilden, a.a.O., 263–279.

Ders./Dregelyi, Anja: Gottesvorstellungen von Jungen und von Mädchen – ein Diskussionsbeitrag zur Geschlechterdifferenz, in: Bucher, Anton A. u.a. (Hg.): »Mittendrin ist Gott«, a.a.O., 69–78.

Klein, Stephanie: Gottesbilder von Mädchen. Bilder und Gespräche als Zugänge zur kindlichen religiösen Vorstellungswelt, Stuttgart 2000.

Kreiner, Armin: Gott im Leid. Zur Stichhaltigkeit der Theodizee-Argumente, Freiburg i. Br./Basel/Wien [2]1998.

Oberthür, Rainer: Kinder und die großen Fragen. Ein Praxisbuch für den Religionsunterricht, München [5]2003.

Pfliegler, Michael: Der Religionsunterricht II: Die Psychologie der religiösen Bildung, Innsbruck 1935.

Piaget, Jean: Der Aufbau der Wirklichkeit beim Kinde, Stuttgart 1975.

Rousseau, Jean Jacques: Émile oder Über die Erziehung, Paderborn 1981.

Schambeck, Mirjam: Riesenschwer und kinderleicht – Kinder denken über den Tod nach, in: Bucher, Anton A. u.a. (Hg.): »Mittendrin ist Gott«, a.a.O., 105–113.

Schori, Kurt: Religiöses Lernen und kindliches Erleben. Eine empirische Untersuchung religiöser Lernprozesse bei Kindern im Alter von vier bis acht Jahren, Stuttgart 1998.

Schweitzer, Friedrich: Die Religion des Kindes. Zur Problemgeschichte einer religiös-pädagogischen Grundfrage, Gütersloh 1992.

Ders./Nipkow, Karl Ernst/Faust-Siehl, Gabriele u.a.: Religionsunterricht und Entwicklungspsychologie. Elementarisierung in der Praxis, Gütersloh 1995.

Streib, Heinz: Gottesbilder fallen nicht vom Himmel. Kindliche Malprozesse als Gestaltung von Religion, in: Fischer, Dietlind/Schöll, Albrecht (Hg.): Religiöse Vorstellungen bilden, a.a.O., 129–141.

Was heißt »Gott spricht«?

Zum Begriff der Offenbarung und zur Subjekt-Rolle aller am Lernprozess Beteiligten

FRANZ-JOSEF NOCKE

In Georg Hilgers Religionspädagogik wird die Subjekt-Rolle der Schulkinder groß geschrieben. Das klingt auch in der griffigen Formulierung an, mit der Rainer Oberthür seinen Beitrag für diesen Band überschrieben hat: » ... andere Fächer erklärt ja der Lehrer, Religion erklären wir Kinder selbst!« Oberthür spricht von der »christlich-jüdischen Glaubensüberlieferung« als einer »Erfahrungs- und Lerngeschichte mit Gott« und nennt als Anspruch des Religionsunterrichts eine »Weiterführung« dieser Geschichte. Die erste Hälfte des Schüler-Zitats können wir hier einmal auf sich beruhen lassen; über die zweite aber wollen wir nachdenken.

1 Fragen

Entwicklungspsychologische Fragen – etwa, inwieweit Kinder originelle Entdecker sein können, inwieweit ihre Erkenntnisse durch Teilhabe an der Gedankenwelt erwachsener Bezugspersonen zustande kommen, was mit »Kinderphilosophie« gemeint sein könnte, u. Ä. – klammere ich hier aus. Ich konzentriere mich auf die systematisch-theologische Frage: Verträgt sich die Vorstellung von einer »Erfahrungs- und Lerngeschichte mit Gott« mit der für den christlichen Glauben grundlegenden Überzeugung, dass Gott in der Geschichte Israels und vor allem in Jesus Christus gesprochen, sich offenbart hat, und dass diese Offenbarung in der Bibel zu finden ist? Kann Glaube etwas anderes sein, als auf diese, ein für alle Mal ergangene, Offenbarung zu hören? Damit sind wir allerdings bei der Frage, was denn »Sprechen Gottes«, »Offenbarung« überhaupt bedeuten könnte. Wie spricht Gott zum Menschen? Wie kommt Gottes Wort in das Ohr, in den Sprachschatz, in das Leben von Menschen? Kann die Offenbarung als ein Prozess zwischen Gott und Mensch gedacht werden, an dem Menschen nicht nur als Empfänger, sondern auch als Subjekte beteiligt sind?

Die Frage ist nicht nur für den Religionsunterricht interessant; sie betrifft ebenso die innerkirchliche und schließlich auch die missionarische Verkündigung. Wie weit sind der Begriff der Offenbarung und das Konzept einer dialogischen Verkündigung miteinander kompatibel?

2 Perspektiven der Theologie

In dieser Frage wurden in der neueren Theologie unterschiedliche Perspektiven entworfen. Ich greife einige, die für unser Thema besonders zu denken geben, heraus. Ich kann sie hier natürlich nur holzschnittartig grob skizzieren, möchte aber dabei sichtbar machen, wie die unterschiedlichen theologischen Akzentuierungen immer auch Reaktionen auf zeitgenössische Denkrichtungen oder Mentalitäten waren.

2.1 »Ich will die Kirche hören«

Von meiner Schulzeit her erinnere ich mich an die klare Abgrenzung: Offenbarung ist Gottes Wort – Glaube ist des Menschen Antwort. Natürlich wusste man: Der Mensch kann das Unglück haben, dass ihn das Wort überhaupt nicht erreicht, er kann das Wort überhören, er kann auch bewusst die Glaubensantwort verweigern; aber das Wort Gottes selbst, die Glaubensbotschaft schien doch unabhängig vom Hörer zu existieren. Sie steht in der Bibel und sie wird vermittelt durch die Kirche. Das gern und viel gesungene katholische Kirchenlied »Fest soll mein Taufbund immer stehn« (von Christoph Bernhard Verspoel, 1810) schrieb die Rollen fest: »Ich will die Kirche hören. Sie soll mich allzeit gläubig sehn und folgsam ihren Lehren.«

Diese einfache Vorstellung entsprach einer Grundtendenz der neuscholastischen Theologie. Die Neuscholastiker kannten zwar die Unterscheidung zwischen der in der Bibel festgehaltenen »übernatürlichen« Offenbarung und der mit der Schöpfung gegebenen »natürlichen« Offenbarung, die jedem Menschen zugänglich ist, und sie sprachen auch von dem »inneren Licht der Vernunft« und von dem sittlichen Bewusstsein (Gewissen) des Menschen. Aber in den dogmatischen Lehrbüchern richteten sie ihre Aufmerksamkeit vor allem auf die »übernatürliche« Offenbarung und betonten deren Objektivität und göttlichen

Ursprung. So wandte sich z.B. der Eichstätter Dogmatiker Ludwig Ott (1906–1985) gegen die »liberalere Richtung des neueren Protestantismus«, welcher die Offenbarung als »ein subjektives religiöses Erlebnis« auffasse, und gegen den als häretischen »Modernisten« eingestuften katholischen Theologen Alfred Loisy, welcher lehrte, die »geoffenbarten Dogmen« seien »keine Wahrheiten, die vom Himmel gefallen sind«. Gegen beide Richtungen suchte die Neuscholastik die »unmittelbare göttliche Offenbarung« als objektive Gegebenheit zu definieren: Offenbarungsquellen sind Schrift und Tradition. Durch das kirchliche Lehramt gelangt die geoffenbarte Wahrheit zu den Gläubigen. Fest eingeprägt hat sich auch der Satz, die Offenbarung sei mit Jesus Christus (manche formulierten vermeintlich genauer: mit dem Tod des letzten Apostels) abgeschlossen (vgl. Ott 1954, 5–8).

2.2 »Senkrecht von oben«

Auf evangelischer Seite formierte sich, als Gegenposition zum fortschrittsgläubigen »Kulturprotestantismus« des 19. Jahrhunderts, der Kultur und Religion, Vernunft und Glaube miteinander vermitteln wollte, nach den gesellschaftlichen, politischen und religiösen Erschütterungen, welche der Erste Weltkrieg mit sich brachte, die »Dialektische Theologie«. »Nein!«, lautete der Titel einer Schrift von Karl Barth (1886–1968), mit der er auf Emil Brunners Abhandlung »Natur und Gnade« antwortete. Brunner (wie Barth reformierter Theologe) hatte von einem Anknüpfungspunkt für die Offenbarung gesprochen, der trotz aller Korrumpierung im Menschen sein müsse. Barth lehnte das radikal ab als »intellektuelle Werkgerechtigkeit«. Er sprach darum häufig in zugespitzten Antithesen: »Welt ist Welt. Aber Gott ist Gott« (Jüngel 1980, 256). »Der Christ ist das in uns, was wir nicht sind« (Jüngel 1980, 257). Es kann keinen Weg von unten geben: Der »Durchbruch des Göttlichen ins Menschliche« ist eine »Bewegung sozusagen senkrecht von oben« (Jüngel 1980, 258). Das unterscheidet den »Glauben« von der »Religion«. Das Wort Gottes sucht nicht nach einer offenen Stelle, an welcher der Mensch gleichsam auf die Botschaft wartet; sondern es schafft selbst erst die Voraussetzungen seines Ankommens. Mein evangelischer Kollege Adam Weyer zitierte gern ein Bild, das er in Karl Barths Vorlesung gehört hatte: Wie eine Bombe, die den Krater, in den sie fällt, durch ihren Einschlag erst schafft, so schaffe Gottes Wort, senkrecht von oben fallend, sich selbst den Platz im Verstehen des Menschen.

Karl Barths Nein zu allen Versuchen, christlichen Glauben, Religion und Kultur miteinander zu vermitteln, wurde erhärtet durch seinen Widerstand gegen den Nationalsozialismus und damit gegen die Anfälligkeit von Kirche und

Theologie für politische Vereinnahmungen. Dies hat gewiss zu dem großen Ansehen Karl Barths nach dem Zweiten Weltkrieg beigetragen. Aber es wurde auch deutlich, wie weit eine solche Theologie von einer dialogischen Verkündigung entfernt ist.

2.3 »Koextensiv mit der Menschheitsgeschichte«

Genau dies aber spielt eine wichtige Rolle in der Offenbarungstheologie Karl Rahners (1904–1984): Wie weit kann christliche Theologie im Dialog der Religionen davon ausgehen, dass auch in nichtchristlichen Religionen und auch bei Menschen, die sich als Atheisten oder Agnostiker empfinden, Gottes Offenbarung schon wirksam ist?

Die Frage nach dem Gottesverhältnis derer, die nicht der Kirche angehören, ist seit der Kirchenväterzeit in der katholischen Theologie immer wieder gestellt, aber unterschiedlich beantwortet worden: vom Heilsexklusivismus des Konzils von Florenz (1439–1445), das alle, die außerhalb der katholischen Kirche lebten, in der Hölle enden sah (vgl. DH 1351), bis zu den weiten Formulierungen des Zweiten Vatikanischen Konzils, das von Gottes wirksamer Gnade auch außerhalb der christlichen Kirchen, nicht nur im Judentum, sondern auch im Islam, in den Religionen und selbst bei denen sprach, die noch nicht zur ausdrücklichen Anerkennung Gottes gekommen sind (vgl. LG 15f).

Deshalb konnte Rahner feststellen: »Dass die *Heilsgeschichte* koexistent ist mit der gesamten Menschheitsgeschichte ..., das bedeutet für die normale Interpretation des Christentums heute kein besonderes Problem mehr« (Rahner 1976, 147; Hervorhebung von mir). Aber was ist mit der *Offenbarungsgeschichte*? »Ein vulgäres Verständnis des Christentums identifiziert meist unvorsichtig die alttestamentliche und neutestamentliche explizite Offenbarungsgeschichte und deren Niederschlag in den Schriften des Alten und Neuen Testaments mit Offenbarungsgeschichte überhaupt« (Rahner 1976, 149). Dieses »vulgäre Verständnis« ist für Rahner aber aus mehreren Gründen unbefriedigend.

Zunächst von den Größenverhältnissen her: Bedenkt man das wahrscheinliche Alter der Menschheit und ihre weite Verbreitung über den Erdball in Relation zu den wenigen Jahrtausenden der Geschichte Israels und des Christentums und zu deren nur partieller Ausbreitung, so kommt man zu dem merkwürdigen Bild, dass der Gott des Universums nur zu weniger als einem Prozent der Menschheit gesprochen haben soll. Für den mittelalterlichen Menschen stellten sich die Proportionen anders dar: Man ging davon aus, dass zwischen der Erschaffung der Welt und Jesus Christus nur viertausend Jahre lagen und dass zur Zeit des Hochmittelalters der ganze Erdball so weit missioniert worden war, dass es nur noch, sozusagen an den Rändern der Kultur, hartnäckige Verweigerer gab, aber keine gutwilligen Menschen, denen das Evangelium noch gar nicht begegnet war. Aber dieses Bild kann seit der Entdeckung ferner Erdteile und seit dem archäologisch fundierten Wissen um das Alter der Menschheit unser Denken nicht mehr bestimmen.

Ein spezifisch theologisches Argument gegen das »vulgäre Verständnis« liegt im Begriff der Offenbarung selbst. Für Rahner bedeutet Offenbarung nämlich nicht die bloße Mitteilung von Wahrheiten, sondern die Selbstmitteilung Gottes. Anders gesagt: Offenbarung bedeutet nicht nur, dass Gott den Menschen instruiert, sondern – und das vor allem – dass Gott sich selbst dem Menschen schenkt. So rückt der Begriff der Offenbarung in die Nähe des Begriffs der Gnade, verstanden als Gottes liebende, den Menschen verwandelnde, Heil schaffende Nähe. Dieser Begriff spiegelt sich auch in der Offenbarungs-Konstitution des Zweiten Vatikanischen Konzils: »In dieser Offenbarung redet der unsichtbare Gott aus überströmender Liebe die Menschen an wie Freunde und verkehrt mit ihnen, um sie in seine Gemeinschaft einzuladen und aufzunehmen« (DV 2).

Von daher lässt sich dann zwar begrifflich, aber nicht sachlich, unterscheiden zwischen Heilsgeschichte und Offenbarungsgeschichte. Dementsprechend formuliert Rahner: »Die universale Heilsgeschichte ... ist auch zugleich Offenbarungsgeschichte.« Und diese ist »mit der ganzen Welt- und Heilsgeschichte koextensiv« (Rahner 1976, 149). »Koextensiv« bedeutet nicht »identisch«: Es ist ja immer auch damit zu rechnen, dass die Geschichte der Menschen und der Religionen auch eine Geschichte von Irrtum und Schuld ist (das trifft auch für die Geschichte Israels und der Christenheit zu); aber überall in der Menschheit ist, vielleicht verborgen unter vielen Entstellungen, mit Gottes Selbstmitteilung, mit seiner Offenbarung, mit einem »Wissen« um Gott und sein Wort zu rechnen.

Überall in der Menschheit – das bedeutet nicht, an jedem Ort und in jeder Zeit in gleicher Weise, sodass es eigentlich gar nichts Neues in der Menschheit gäbe oder dass jeder Mensch wieder am Punkt Null neu anfangen müsste; vielmehr ist auch die Geschichtlichkeit ernst zu nehmen: Unsere Erkenntnisse und Erfahrungen leben auch von den Erkenntnissen und Erfahrungen anderer, die in Sprache, Riten, Lebensweisen, kurz: als Überlieferung, auf uns kommen und für uns wiederum zu Denk- und Erfahrungsvoraussetzungen werden. So lebt christlicher Glaube von der Überzeugung, dass die vielfältige Geschichte der Selbstmitteilung Gottes an die Menschheit eine Verdichtung in der biblisch bezeugten Geschichte Israels und einen Höhepunkt in Jesus von Nazaret hat. Aber diese Überzeugung verschließt nicht die Augen vor den Möglichkeiten einer Offenbarungsgeschichte auch außerhalb des Erfahrungsraums von Israel, Jesus-Bewegung und Kirche. Im Gegenteil: Gerade die biblische Botschaft öffnet die Augen für »das wahre Licht, das *jeden* Menschen erleuchtet« (Joh 1,9; vgl. LG 16).

Dieses Konzept hat weit gehende Konsequenzen für Missionstheologie, Pastoral und Religionspädagogik. Christliche Verkündigung bedeutet dann nicht die Konfrontation mit einer ganz und gar fremden Botschaft, die nur von außen an die Hörenden heran getragen werden könnte, sondern sie bedeutet, eine Wirklichkeit wachzurufen, die, wenn vielleicht auch vielfach verdeckt, verdrängt, von anderem überlagert, längst im Menschen vorhanden und wirksam ist. In diesem Sinne kann man auch von »Mystagogie« sprechen, wobei »Mystagogie« allerdings nicht im Sinne der altkirchlichen Einführung in die Riten und Sakramente der Kirche gemeint ist (»liturgische Mystagogie«), sondern, wie Mirjam Schambeck formuliert, als »transzendentale Mystagogie«, als »Prozess des Gewahrwerdens der Gotteserfahrung, die im Menschen immer schon da, aber meistens verschüttet ist« (Schambeck 2003, 127).

2.4 »Gottes Wirken im Innern des Menschen«

In dieselbe Richtung gehen die Ansätze des bekannten niederländischen Dogmatikers Edward Schillebeeckx (*1914) und des Mainzer Fundamentaltheologen Josef Schmitz (*1925). Schmitz verbindet das von Rahner Gemeinte mit den johanneischen Motiven vom »Ziehen des Vaters« im Innern des Menschen und vom Heiligen Geist als dem »eigentlichen Lehrer im Innern des Menschen«. Er erinnert daran, wie Augustinus sich bei seiner Predigt über das Johannesevangelium selbst unterbricht und fragt: »Was tun die Menschen, die äußerlich lehren? Was tu ich jetzt, da ich rede? Ein Geräusch von Worten bringe ich an euere Ohren. Wenn es also der nicht offenbart, der drinnen ist, was sage ich, was rede ich?« (Augustinus, XXVI, 7; Schmitz 1988, 114). Und wieder zeigt sich die praktisch-theologische Konsequenz: »Die Offenbarung Gottes vollzieht sich demnach nicht nur in den Geschichtsereignissen, die man als die ... Großtaten Gottes preist, sondern auch in der Weise der Ermöglichung des Wahrnehmen- und Aneignenkönnens durch Gottes Wirken im Innern des Menschen« (Schmitz 1988, 115).

2.5 »Die Autorität von Erfahrungen«

Edward Schillebeeckx legt großen Wert auf die »Autorität von Erfahrungen«: »Offenbarung vollzieht sich in Erfahrungen. ... Offenbarung ist für Gläubige ... in der Dimension unserer durch und durch menschlichen Geschichte ein Handeln Gottes als von Gläubigen erfahren und in religiöser Sprache interpretiert und deshalb menschlich zur Sprache gebracht. ... In unseren Erfahrungen können wir erfahren, was unsere Erfahrung übersteigt. ... Das wussten auch die Propheten, nicht durch eine besondere Telexverbindung mit dem Himmel, sondern aus eigener, interpretierter religiöser Erfahrung.« Charakteristisch für Schillebeeckx ist die enge Verbindung seiner systematischen Theologie mit der Praxis: »Was uns in Jesus anspricht, ist sein Menschsein als unsere tiefsten Lebensmöglichkeiten eröffnend, und *darin* kommt Gott zur Sprache. ... Deshalb: von den Menschen fordern, dass sie die christliche Offenbarung akzeptieren, *bevor* sie gelernt haben, sie als Definition ihres eigenen Lebens zu erfahren, ist eine unmögliche und vergebliche Forderung; das widerstreitet der Struktur der Offenbarung« (Schillebeeckx 1997, 69–71; Hervorhebungen im Original).

Die Entwürfe von Karl Rahner und Edward Schillebeeckx, denen auch die Offenbarungstheologie von Josef Schmitz entspricht, konnten die neuere katholische Theologie am nachhaltigsten überzeugen. Sie bilden auch den Hintergrund für den Begriff der Korrelation, verstanden als kritische und produktive Wechselbeziehung zwischen Glaubensüberlieferung und neuen Erfahrungen. Dabei meint »Korrelation« nicht nur eine religionspädagogische Methode, sondern auch ein Prinzip, mit dem sich die Entwicklung des Glaubens sowohl innerhalb der biblischen Offenbarungsgeschichte als auch innerhalb der kirchlichen Dogmengeschichte deuten lässt.

2.6 »Den eigenen Erfahrungen nicht trauen«

Scharfer Widerspruch gegen dieses Prinzip kommt von dem Dortmunder katholischen Systematiker Thomas Ruster. Ihn macht der Blick auf heute herrschende Einstellungen skeptisch: »Wie steht es ... um die religiöse Erfahrung im Zeitalter des Kapitalismus als Religion? Diese Frage hat Rahner ... nicht bedacht. Sie beantwortet sich aber von selbst im Blick auf die Schülerinnen und Schüler, mit denen es der Religionsunterricht heute zu tun hat. Diese sind treue Anhänger der kapitalistischen Religion, von der auch ihre gesamten Erlebnisse, ihr Lebensumfeld, die Ziele, die sie sich im Leben setzen, imprägniert sind« (Ruster 2000, 199).

Der Begriff »Religion« ist für Ruster eng mit der Bezeichnung Gottes als der alles bestimmenden Wirklichkeit verbunden. Bei »Kapitalismus« denkt Ruster vor allem an eine die gesamte Gesellschaft und alle Einzelnen in ihr prägende heutige Mentalität, in der das Geld die alles bestimmende Wirklichkeit ist. Wer diese Grunderfahrung zum Ausgangspunkt der Verkündigung nehme, lande nicht beim Gott der Bibel, sondern beim Götzen des Geldes. Weil das Christentum dies nicht rechtzeitig gesehen habe, sei es weitgehend bedeutungslos geworden. Es könne deshalb nicht länger Religion sein. Gott könne heute nicht »geradlinig« als vertraute Wirklichkeit gefunden werden (wie bei Justin, Anselm und Thomas von Aquin), sondern nur »umwegig« als das Fremde (wie bei Blaise Pascal und Martin Luther).

Deshalb gelte es, »den eigenen Erfahrungen nicht [zu] trauen« und »an fremden, biblischen Erfahrungen Anteil [zu] gewinnen« (Ruster 2000, 198). Praktisch: »Die fremde Erfahrung mit dem rechten Gott findet sich mit Sicherheit in der Bibel. Deswegen scheint es mir die Hauptaufgabe gegenwärtigen Religionsunterrichts zu sein, die Schülerinnen und Schüler zur Teilhabe an der Erfahrung, die in der Bibel aufgespeichert ist, zu führen. Das heißt: Einführen, einspinnen auf alle Weise in die Welt der Bibel, erzählen, erzählen, erzählen.« (Ruster 2000, 200).

Rusters kritische Thesen erinnern an Karl Barths »Nein!« zur Annahme von »Anknüpfungspunkten« im Menschen. Sie haben eine lebhafte Diskussion ausgelöst und sind vor allem in der Religionspädagogik, aber auch in der Systematischen Theologie auf vielfache Kritik gestoßen, die ich für sehr bedenkenswert halte, auf die ich hier aber nicht eingehen kann.

3 Sieben Thesen

Ich formuliere meine Sicht in sieben, nur kurz entfalteten Thesen. Dabei bewege ich mich auf der von Rahner, Schillebeeckx und Schmitz gezeichneten theologischen Linie, lasse mich aber von Barth und Ruster sensibilisieren für die Gefahren einer allzu naiven Gleichsetzung von Erfahrung und Offenbarung.

1. Ich gehe von einem kommunikativen Offenbarungsverständnis aus: Wenn Gott »spricht«, dann geht es primär nicht um Information, Belehrung, Mitteilung von Sätzen, sondern um eine Erfahrung, in der Gott selbst den Menschen nahe kommt, kurz: nicht um Instruktion, sondern um Kommunikation, um Gottes Selbstmitteilung. Was mit »Selbstmitteilung«, »Selbstgabe« gemeint ist, könnte verglichen werden mit dem, was unter Liebenden geschieht: Die erste und fundamentale »Gabe« besteht darin, dass ein Ich sich einem Du anvertraut, seine eigene Geschichte mit der des Du verknüpft, sich selbst verschenkt – und erst daraus entsteht das »Wissen« des Du um das Ich. So ist es mit der Erfahrung der Nähe Gottes: Gott zeigt sich, öffnet sich für den Menschen, kommt ihm liebend nahe. Diese Nähe kann erschüttern, wachrütteln, beglücken, ermutigen, Hoffnungsperspekti-

ven aufbauen, auf einen Weg schicken. Sie kann schließlich auch zu neuen Erkenntnissen führen, die in Sätzen weitergesagt werden können. Aber die Erfahrung ist das Primäre, die Sätze sind das Sekundäre. Die Sätze werden immer hinter den Erfahrungen zurückbleiben.

2. Lernen, auch: Gott kennen lernen, geschieht auf mindestens zweierlei Weise: durch Erfahrung und durch Belehrung. Erfahrungen aber können nicht durch Belehrung hergestellt werden, sie müssen von den Lernenden selbst gemacht werden. Das belehrende Wort kann dabei eine vorbereitende, öffnende oder auch eine nachträglich deutende Funktion haben; aber Subjekte der Erfahrung sind die Lernenden selbst.

3. Die Schriften der Bibel sind unsere vorrangigen Offenbarungs-Urkunden. Sie haben »Gott zum Urheber«; aber sie haben Menschen als »echte Verfasser«, sagt das Zweite Vatikanische Konzil (DV 11). Wir nennen die Schriften »inspiriert«, das heißt: vom Geist Gottes beseelt. Das bedeutet nicht, der Geist habe sie wörtlich diktiert. Dann wären die Schreibenden allenfalls Sekretäre, aber nicht »echte Verfasser«. Die Anlässe für das Entstehen der Schriften können unterschiedlich und »natürlich« erklärbar sein: Gesetzessammlungen, die im Kontakt mit Nachbarkulturen entstanden, wurden kodifiziert, Lieder von Trauer und Wut, von Freude und Dankbarkeit wurden gesammelt zum Buch der Psalmen, aus Gelegenheitsbriefen wurden Episteln ... Die Bibelwissenschaft sucht die Geschichte ihrer Entstehung und oft auch ihrer Umformulierungen mit historischer Forschung und literarkritischen Mitteln nachzuzeichnen. Das alles nimmt ihnen nicht den Charakter der Inspiration. Inspiration ist nämlich als ein umfassenderes Geschehen zu verstehen: Gottes Geist wirkt in der Geschichte von Menschen, in ihrer Suche nach dem rechten Weg, in den Ordnungen, zu denen sie finden, in ihren Gebeten und Gesängen, in ihren Überzeugungen und auch in ihren Auseinandersetzungen, in den Schriften, in denen sich diese Geschichte niederschlägt, und schließlich in der Auswahl und Sammlung dieser Schriften zur »Heiligen Schrift« (in der Kanonbildung). Inspiriert, könnte man sagen, ist die ganze Geschichte Israels und die ganze Geschichte der ersten Generationen der Kirche. Diese Geschichte begegnet uns Späteren in den heiligen Schriften. So offenbart sich, so »spricht« Gott in der Geschichte von Menschen.

4. Höhepunkt der Offenbarung ist nach christlichem Verständnis Jesus von Nazaret. Nicht nur seine Lehre, sondern sein ganzes Leben, sein Weg, sein Schicksal verkörpern Gottes Wort. Er ist »Fleisch gewordenes« Wort Gottes (Joh 1,14). Und auch in ihm erkennen wir die Spannung zwischen göttlicher Initiative und menschlicher Beteiligung. Gott *schenkt sich* in der Erwählung Jesu und in der Gabe des Geistes (vgl. Mk 1,10f); aber Gott kann dadurch

»ankommen«, dass der Erwählte sich auf die Berufung *einlässt*, sich mit den Versuchungen zu einem anderen Weg *auseinander* setzt, seinen Auftrag *annimmt* und sich *zu Eigen macht* (vgl. Mt 4,1–11; Hebr 5,5–10). In Jesus, dem Propheten und Gesalbten Gottes, in seiner Person, in seinem Leben, seiner Verkündigung und seiner Erhöhung sehen wir den Höhepunkt der ganzen Offenbarungsgeschichte. Von hier her nehmen wir immer neu den Maßstab für die Deutung späterer Erfahrungen. Das ist der gute Sinn des früher oft zitierten, aber missverständlichen Satzes, die Offenbarung sei mit Jesus Christus abgeschlossen.

5. Dieser Satz bedeutet nicht, dass Gott »nach Christus« nur noch vom Hörensagen und nicht auch durch innere Erfahrung vernommen werden könnte. »Noch vieles habe ich euch zu sagen, aber ihr könnt es jetzt nicht tragen. Wenn aber jener kommt, der Geist der Wahrheit, wird er euch in die ganze Wahrheit führen«, sagt Jesus in der johanneischen Abschiedsrede (Joh 16,12f.). Ob nun vom »Heiligen Geist«, von der »Einwohnung Gottes« im Menschen, von der »ungeschaffenen Gnade« (Rahner 1954) oder vom »übernatürlichen Existential« (Rahner 1976, 132–139) die Rede ist, immer ist damit die Überzeugung verbunden, dass Gott im Menschen schon lebendig sein kann, bevor die ausdrückliche Verkündigung diese lebendige Wirklichkeit zur Sprache bringt.

6. Andererseits kann nicht *jede* religiöse Erfahrung und schon gar nicht *jede* feste Überzeugung als Frucht des Heiligen Geistes gelten. Kriterium kann auch nicht die Intensität der Erfahrung sein. Das Kriterium ist vielmehr darin zu suchen, ob und wie weit die Erfahrung auf der Linie dessen liegt, was die biblischen Schriften bezeugen. Deshalb bedarf es für Menschen, die »nach Christus« auf den Gott Israels und Jesu lauschen, außer einer Offenheit für die Erfahrungen ihrer eigenen Lebensgeschichte auch die immer neue Konfrontation dieser Erfahrungen mit der biblischen Botschaft.

7. Der »Glaube, der vom Hören kommt« (Röm 10,17) und das »wortlose Seufzen« des Geistes in der namenlosen Sehnsucht (Röm 8,26) sind also aufeinander verwiesen. Oft muss das Wort von außen den Geist im Innern erst wachrufen, sei es dadurch, dass es beim Namen nennt, was ungewusst im Innern schlummert, sei es durch kontrastierende Erzählungen aus einem scheinbar fremden Land, sei es durch Kritik, welche die Götzen entlarvt und den Geist befreit. Wäre aber Gottes Geist überhaupt nicht im hörenden Menschen, so könnten alle Worte nur wie an einer geschlossenen Wand abprallen. Deshalb wird, wer den biblisch begründeten Glauben verkündet, gut daran tun, auf den Geist zu lauschen, der auch aus den Hörenden spricht, und die scheinbar nur Hörenden als Subjekte im Lernprozess des Glaubens ernst zu nehmen.

Literatur

Augustinus: In Ioannis Evangelium tractatus (PL 35,1379–1976).

Barth, Karl: Nein! Antwort an Emil Brunner, München 1934.

Jüngel, Eberhard: Barth, Karl, in: TRE 5 (1980), 251–268.

Ott, Ludwig: Grundriss der katholischen Dogmatik, Freiburg i. Br. [2]1954.

Rahner, Karl: Zur scholastischen Begrifflichkeit der ungeschaffenen Gnade, in: Ders.: Schriften zur Theologie 1, Einsiedeln 1954, 347–375.

Ders.: Grundkurs des Glaubens, Freiburg i. Br./Basel/Wien 1976.

Ruster, Thomas: Der verwechselbare Gott. Theologie nach der Entflechtung von Christentum und Religion, Freiburg i. Br./Basel/Wien 2000.

Schambeck, Mirjam: Mit individualisierter Religiosität umgehen. Mystagogisches Lernen als religionspädagogischer Antwortversuch, in: RpB 50/2003, 127–141.

Schillebeeckx, Edward: Christus und die Christen, Freiburg i. Br./Basel/Wien 1977.

Schmitz, Josef: Offenbarung, Düsseldorf 1988.

»Die Frage nach Gott? – Längst beantwortet!« (H.-J. Ortheil)

Religionspädagogische Reflexionen über literarische Spuren von Kindertheologie

GEORG LANGENHORST

»Kindertheologie« bleibt auch nach der Etablierung des »Jahrbuchs für Kindertheologie« (2002), nach engagierten Plädoyers und zahlreichen empirischen
Untersuchungen umstritten: Was soll dieser Begriff, was das Konzept? Selbstkritisch fragt Anton A. Bucher im programmatischen Eröffnungsaufsatz des »Jahrbuchs«: Ist das bloße »Provokation«, naiver »Romantizismus« oder der Aufbruch
in ein grundlegend »neues Paradigma« religionspädagogischer Reflexion (Bucher 2002, 9)? Nur geringer prophetischer Weitblick ist von Nöten um zu pro-
gnostizieren, dass die Debatte über Sinn, Nutzen und Erkenntnisgewinn dieses
Konzeptes sich in den nächsten Jahren noch intensivieren wird. Dass und wie
Kinder als kreative Konstrukteure ihrer eigenen Wirklichkeit, gerade auch ihrer
religiösen Wirklichkeit gelten können, lässt sich dabei nicht nur aus Befragun-
gen, Beobachtungen oder Bilddeutungen (Hilger/Rothgangel 2000) erschließen,
sondern auch aus einem Medium, das bislang in dieser Diskussion noch kaum zu
Wort kam – der Literatur. Geradezu auffällig, wie oft in den letzten Jahren literarisch verkleidete Autobiographien erschienen sind, in denen im Rückblick und
in künstlerisch verfremdeter Gestaltung auch der religiöse Werdegang in »neuer
Unbefangenheit« (Langenhorst 2002) geschildert wird. Diese Spur soll hier aufgenommen, exemplarisch dargestellt und – als Sonderfall für den Bereich des
»ästhetischen Lernens« (vgl. Hilger 2001) – für den religionspädagogischen Diskurs sowie für konkrete Lernprozesse in Religionsunterricht oder Erwachsenenbildung fruchtbar gemacht werden.

Zwei Vorbemerkungen zum rechten Verständnis: Wenn in diesem Ansatz
»Schriftsteller als Sprachlehrer der Gottesbeziehung« vorgestellt werden, dann
jenseits der vorschnellen Verzweckung und ungebührlichen Vereinnahmung von
Kunstwerken. Vielmehr wird eine transparent benannte Fragestellung an eigen-
gesetzliche literarische Texte herangetragen in klarer Trennung von Perspekti-
vität und Autonomie des Textes (differenziert begründet in: Langenhorst 2003,

14ff). Zum anderen kann es sich bei den dichterischen Quellen nicht um »authentische Zeugnisse« für Kindertheologie handeln, geht es doch um beobachtete, erinnerte, gedeutete, gefilterte, und vor allem literarisch-stilistisch bewusst gestaltete Texte. Nur – sind nicht letztlich alle Zeugnisse für Kindertheologie genau das: von Erwachsenen und für Erwachsene beobachtete, gedeutete und sprachlich formalisierte Zugänge? Die literarischen Texte verdeutlichen so in besonderer Weise die Problematik, welcher Grad an Authentizität Zugänge zur Kindertheologie überhaupt jemals auszeichnen kann.

1 Kindertheologie literarisch – Hanns-Josef Ortheil: »Lo und Lu«

Mehrere romanhaft verkleidete Autobiographien der letzten Jahre könnten als fruchtbare Zugänge zu unserer Fragestellung herangezogen werden. Die Erzählungen des Büchnerpreisträgers *Arnold Stadler* etwa (z.B. »Ich war einmal«, 1989; »Meine Hund, meine Sau, mein Leben«, 1994); *Ulla Hahns* Erfolgsroman »Das verborgene Wort« (2001); oder *Christoph Meckels* Abrechnungsbuch »Suchbild. Meine Mutter« (2002). Ich wähle *Hanns-Josef Ortheils* Buch »Lo und Lu« (2001), weil in diesem – laut Untertitel – »Roman eines Vaters« die Erinnerung an das eigene Aufwachsen mit der Beobachtung des Aufwachsens der eigenen Kinder verbunden wird.

Ortheil, 1951 in Köln geboren, aufgewachsen in Mainz und Wuppertal, lebt seit vielen Jahren als freier Schriftsteller in Stuttgart. Sein umfangreiches und zunehmend anerkanntes Werk bis hin zum Erfolgsroman »Die große Liebe« (2003) widmet sich zum einen der Annäherung an große Künstler in historischen Romanen, zum anderen der literarischen Aufarbeitung der eigenen Biographie, die für ihn zum Spiegelbild der gesellschaftlich-politischen Entwicklung der Bundesrepublik Deutschland wird. Im Rahmen dieses Projektes drängt sich in den letzten Jahren immer wieder das Thema »Religion« in den Vordergrund. So kann man in dem tagebuchartigen Skizzenbuch »Blauer Weg« von 1996 überraschende Selbstbesinnungen lesen:

> »Langsam wird er wieder katholisch. Gedanklich hatte er sich von seiner Kindheitsreligion seit Jahrzehnten entfernt, vielleicht ist er aber in seiner Seele so etwas geblieben wie ein zeitfremder Katholik des Mittelalters ... Im Grunde, dachte er plötzlich, sehnt er sich nach der puristischen Schönheit des Glaubens, nach dem Zusammenspiel von Gebäuden, Gesängen und Worten, nach einem tridentinischen

Dreiklang aus früher Romanik, Gregorianik und lateinischer Demut.« (Ortheil 1996, 146–148)

Diese Erinnerung in der Lebensmitte, diese selbstkritisch als möglicherweise doch nur »phantastisch zusammengesetzte Ästhetik« (ebd.) durchschaute Sehnsucht ändert ihren Grundcharakter noch einmal, als Ortheil spät Vater zweier Kinder wird. In »Lo und Lu« (2001) schildert er in gleichzeitig liebevoll erzählten und doch selbstironisierenden Einblicken sein Leben mit den Kindern Lotte und Lukas. Im Rahmen dieser Erzählungen und Reflexionen wird sie nun wieder aktuell, die Frage nach Religion: Soll er, der Katholik, seinen nun schon einige Jahre alten Sohn Lu taufen lassen? Geschickt positioniert er die Szenerie: Er sitzt in einer Kneipe im Schatten des Kölner Domes, lässt ein Kölsch nach dem anderen auftragen, unterbricht sich, springt von Erinnerung zu Beobachtungen der Gegenwart, bietet also schon formal bewusst nicht authentische Schilderung, sondern fiktive Stilisierung. Taufe – ja oder nein? Erste Erkenntnis:

»Die Frage nach dem Glauben an Gott ist zunächst nämlich etwas sehr Einfaches, weil Lo und Lu sie längst beantwortet haben. Sie können sich die Erde und den Himmel ohne ein großes, übergeordnetes Wesen, das all das erschaffen hat, gar nicht vorstellen. So wie sie noch an viele Zauberer auf dieser Erde glauben, so glauben sie auch noch ganz selbstverständlich an Gott, von dem sie annehmen, dass er weit oben, in den fernsten Himmeln, lebt und auf seine Schöpfung herabblickt. ›Gott‹ ist also so etwas wie ihre Zauberer-Idee für den Anfang und das Ende, er ist der Name dessen, der immer schon da war und der da sein wird, wenn von uns Lebenden niemand noch die Erde bewohnt. Dieser Zauberer-Glaube ist, wie gesagt, noch sehr einfach, er hat auch nichts mit der Kirche, ihren theologischen Gesetzen und Regeln, zu tun, sondern ist wie ein Instinkt, der Lo und Lu dazu treibt, sich etwas Großes und Wunderbares vorzustellen, das außerhalb unserer Erde existiert, aber dennoch mit ihr verbunden ist.« (Ortheil 2001, 174)

Es bleibt nicht bei der Schilderung dieser Wahrnehmungen des Kinderglaubens. Ortheil wagt den Sprung von gedeuteter Beobachtung zu stilisierter und aus heutiger Sicht reflektierter Erinnerung an die eigenen religiösen Prägungen:

»Auch ich habe doch ganz selbstverständlich damals an Gott geglaubt, der Glaube an Gott hatte sogar etwas sehr Beruhigendes, ich erinnere mich noch daran, wie einfach und beruhigend es zum Beispiel war, Gott von sich zu erzählen, davon, was einen bedrückte, wovor man Angst hatte und wie man sich die Lösung eines Problems mit Gottes Hilfe vorstellte. ... Mein kindlicher Glaube war, wenn ich es richtig betrachte, ein Glaube an Gott, den einen und unteilbaren, es war eine strenge und einfache Form des Monotheismus, in der es für Jesus Christus, den Sohn, zunächst keinen Platz gab. ... Fast war mir als Kind, denke ich weiter und zögere etwas, ob ich so etwas Ketzerisches wohl denken darf, fast war mir die Jungfrau Maria sogar näher als der eingeborene Sohn, denn neben Gott Vater musste es im Himmel ja unbedingt auch eine Frau geben, eine sehr schöne und gütige ... Das ›Vater unser im Himmel‹ und das ›Gegrüßet seist du, Maria‹ waren also die Ur-Gebete der Kindheit, die im Grunde schon den ganzen magischen Kinderglauben enthielten, mehr Text braucht es eigentlich nicht, der Kinderglaube ist vielmehr im Text dieser beiden Gebete vollkommen einleuchtend zusammengefasst.« (Ortheil 2001, 176–179)

Doch damit nicht genug: Nach dem Sprung von der Beobachtung des Kinderglaubens seiner Kinder hin zur Erinnerung an den eigenen Kinderglauben folgt ein zweiter Sprung: der Sprung hin zu der Frage, was denn aus diesem Kinderglauben geworden ist. Stimmt die aus »Blauer Weg« zitierte Selbstwahrnehmung, er habe sich »von seiner Kindheitsreligion seit Jahrzehnten entfernt«? Plötzlich liest sich die Einschätzung anders:

»Manchmal kommt es mir vor ..., als hätte ich den magischen Kinderglauben in Wahrheit gar nicht verloren, sondern nur für einige Zeit in mir versteckt, jedenfalls habe ich doch nie angenommen, es gebe gar keinen Gott, nein, das nicht. Eher könnte man sagen, dass ich aufgehört habe, an Gott zu denken und mich bei jeder Gelegenheit an ihn zu wenden, obwohl, so ganz stimmt das nicht, denn manchmal brach immer wieder etwas in mir auf und dann habe ich eben doch, aber heimlich, an Gott gedacht und mich an ihn gewendet ... Im Grunde habe ich also mein Leben lang an Gott geglaubt.« (Ortheil 2001, 181)

»Im Grunde habe ich also mein Leben lang an Gott geglaubt« – erstaunliche Sätze in einem Roman des 21. Jahrhunderts, die ungewollt aufzeigen, wie sehr die Kirchen an kulturprägender Kraft in unserer Gesellschaft eingebüßt haben. Ein Schriftsteller, der sich heute so äußert, muss gar nicht mehr befürchten, in ungebührlicher Weise von der Kirche vereinnahmt und dadurch als Künstler desavouiert zu werden, wie dies in früheren Jahrzehnten fast unweigerlich der Fall gewesen wäre, nachzulesen an der Rezeption von so unterschiedlichen Autoren wie Walter Jens oder Luise Rinser. Heute ist weder die Kirche eine die Gegenwartskultur zentral bestimmende Macht, noch stört sich der Literaturbetrieb an derartigen »Bekenntnissen«. Nur konsequent, dass die Szene vor dem Kölner Dom mit dem Entschluss endet, Lu tatsächlich taufen zu lassen. Wo? Nun, wenn Lo schon Jahre zuvor in der Lateran-Basilika in Rom getauft wurde, dann kann es nun nur einen Taufort geben: »nebenan, im Kölner Dom, wo auch ich getauft wurde, gleich nebenan.« (Ebd., 182).

Und noch ein letzter Schritt steht aus: Wenn er seine Kinder schon taufen lässt, so wird Ortheil klar, so macht er uns Lesenden klar, dann braucht es dazu ein zeugnishaftes Vorleben des Glaubens seinerseits. Und ihm reicht dazu als Orientierung eine – biographisch eben katholisch geprägte – »Kurzfassung« des Glaubens, für sie will er einstehen. Ortheils augenzwinkernd-ernsthaft präsentierte »Elementartheologie«:

> »Gott Vater, Gott Sohn, Maria und die Gemeinschaft der Heiligen – das genügt, das Sünden- und Schuldspektakel brauche ich dazu nicht und auch nicht die vielen Details der Theologie von der Jungfrauengeburt bis zum Zölibat. Vor allem aber sollte ich mich auf die Reste meines eigenen Glaubens verlassen, denn wie sollte ich Lo und Lu die überzeugende Kurzfassung des Glaubens nahe bringen, ohne selbst daran zu glauben? ... Nein, damit Lo und Lu glauben, was ich sage, muss ich selbst glauben, und ich glaube ja schließlich, ja doch, minutiös habe ich mir in den vergangenen Stunden vorgeführt, dass und wie ich glaube und ab jetzt werde ich es auch laut tun und dazu stehen, so soll es sein, Credo, Alleluja und Amen.« (Ortheil 2001, 183)

Eine wichtige Passage aus einer anderen romanhaften Autobiographie unserer Zeit möchte ich an dieser Stelle anführen, weil sie die Rückerinnerungen um einen wesentlichen weiteren Aspekt ergänzt: um die Erinnerung an die als Kind verspürte einzigartig sinnlich-phantasiebefruchtende Magie religiöser Sprache. Kaum ein deutschsprachiger Roman wurde in den letzten Jahren so kontrovers und heftig diskutiert wie *Ulla Hahns* (*1946) fiktiv umkleidete Autobiographie »Das verborgene Wort«, wie »Lo und Lu« im Jahr 2001 erschienen. Die Autorin, bis dahin vor allem als vielfach preisgekrönte Lyrikerin bekannt geworden, schildert hier in narrativer Verfremdung ihre Kindheit und Jugend im rheinischen Monheim. Feinfühlig wie in kaum einem Werk davor wird hier das Aufwachsen im Nachkriegsdeutschland in einem kleinbürgerlich-katholischen Milieu beschrieben. Zwei zentrale Momente kennzeichnen das Aufwachsen von »Hildegard Palm« – so der Name des Mädchens im Buch. Zum einen die besondere Rolle der Sprache: Über Sprache beginnt sich Hildegard aus ihrem als repressiv erlebten Milieu zu lösen; über Lesen und Schreiben formt sich ihre Subjektwerdung. Selten zuvor hat ein Roman diesen Prozess in so genauer Schilderung nachgezeichnet.

Für unsere Fragestellung zentral: Sprache ist eng geknüpft an Religion. Im Bereich der Kirche – die sehr wohl kritisch betrachtet, alles andere als idealisiert, in aller Differenziertheit durchleuchtet wird – findet Hildegard Anregung, Stütze, Förderung. Gerade die Sprache der Bibel fördert den benannten Wachstumsprozess. Wie folgt schildert die Erzählerin den speziellen Reiz der Bibellektüre. Was war das Besondere der Bibel im Vergleich mit den anderen faszinierenden Lesestoffen der Kindheit? Zunächst nichts: »Es waren nicht die Geschichten, die Hexer, Holmes und Märchen den Rang abliefen. Erkannte Jesus, dass die Tochter des trauernden Vaters nur schlief, lag der Fall wie bei Schneewittchen. Scheintot. ... Jesus verwandelte Wasser in Wein, mit fünf Broten und zwei Fischen machte er fünftausend Menschen satt; ›Tischlein, deck dich‹, sagte das Schneiderlein; Sterntaler regnete es Geld ins Hemd, und die Müllerstochter spann Stroh zu Geld.« Nein, nicht der Inhalt macht das Besondere aus, sondern die Form, die Magie der hier eben einzigartigen Sprache. Hahn fährt fort: »Die Geschichten waren es nicht. Es waren die Sätze. ›Ich bin das Brot der Welt‹, sagte Jesus. ›Ich bin der Weinstock, ihr seid die Reben‹. ›Ich bin der Weg, die Wahrheit und das Leben‹. ... Wo immer ich das Buch aufschlug, seine Wörter und Sätze waren schön und geheimnisvoll, voller Zauber und Kraft« (Hahn 2001, 88). Dieser Zauber, diese Kraft, diese »schiere Magie« haben nicht nur das Heranwachsen und die Subjektwerdung der Romanheldin maßgeblich beeinflusst, sondern auch das lyrische Werk der Autorin Ulla Hahn. Immer wieder wird sie in ihren späteren Gedichtbänden gerade biblisches Sprachmaterial kreativ nutzen und für eigene Zwecke transformieren.

2 »Zauberer-Glaube« im Kontext von entwicklungspsychologischen Stufenmodellen

Hanns-Josef Ortheil ist promovierter Germanist, außerdem Professor für kreatives Schreiben an der Universität Hildesheim. Debatten über Kindertheologie oder ganz allgemein religionspädagogische Diskurse werden ihm fremd sein. Wenn also im Folgenden die geschilderte literarische Szene aus »Lo und Lu« religionspädagogisch gedeutet wird, dann nicht, um damit den möglichen Intentionen des Verfassers nachzuspüren. Vielmehr geht es um rezeptionsästhetisch ausgerichtete Beobachtungen und Assoziationen, die eher als »strukturelle Analogien« oder »produktive Kollisionen« (Dietmar Mieth) zu verstehen sind.

Erste Beobachtung

Ortheil spricht durchgehend vom Kinder*glauben*. Diesen Glauben nimmt er sowohl bei sich selbst als auch bei seinen Kindern ganz ernst und spricht ihm konstruktive Kreativität zu. Den Begriff »Theologie« würde er dafür jedoch nicht verwenden, vor allem, weil für ihn mit »Theologie« all das sekundäre systematisierend-künstliche Gedankengebäude verbunden zu sein scheint, das den primär vorhandenen Glauben eher belastet und erschwert. Ein möglicher Fingerzeig des Literaten für die religionspädagogische Diskussion: Überfrachtet der Begriff der Kinder*theologie* nicht das Gemeinte? Verweist der Begriff »Theologie« nicht doch auf einen wissenschaftlichen Abstraktions- und Systematisierungsgrad, der im Blick auf den Kinder*glauben* gerade nicht gemeint ist? Strahlt der Begriff »Kindertheologie« also gegen die Intention der Aufwertung eine suggestiv-emotionale Abwertung aus? Vielleicht wäre dieser Begriff der ehrlichere und ideologisch weniger belastete: »Kinderglaube« als Verweis auf die kreativen, in sich berechtigten und für sich stimmigen religiösen Selbst- und Weltdeutungspotenziale von Kindern.

Zweite Beobachtung

Von James W. Fowler wird Ortheil noch nichts gehört haben. Umso verblüffender, inwieweit die Schilderungen des kindlichen Gottesglaubens mit den Fowler'schen Charakterisierungen der »Stufen des Glaubens« übereinstimmen. Die meisten Kinder im Alter von Lo und Lu befinden sich ja – laut Fowler – auf der Stufe des »mythisch-wörtlichen Glaubens«, der sich dadurch auszeichnet, dass »der Mensch anfängt, für sich selbst die ›storys‹, Glaubensinhalte und Regeln zu übernehmen, die seine Zugehörigkeit zu der Gemeinschaft symbolisieren«. Die Deutung von Erzählungen zeichne sich dabei durch »wörtliche Interpretation« aus, auch Symbole werden »eindimensional und wörtlich verstanden«, es geht um eine »lineare, narrative Konstruktion von Kohärenz und Sinn« (Fowler 2000, 166). Selbst wenn Fowlers Vorgaben heute kritisch und differenziert falsifiziert werden müssen, so sprechen Ortheils Schilderungen für die grundsätzliche Stimmigkeit zumindest im Blick auf diese Stufe, gekennzeichnet durch

– die Entwicklung von »Storys« als narrative Grunderklärungsmuster;
– die wortwörtliche Deutung dieser Storys im Blick auf den »Zauberer-Glaube«, der magisch-mystisch bleiben darf und muss;
– die Faszination für eine überlieferte Sprache, die in ihrer rauschhaften Sinnlichkeit im Letzten genau so geheimnisvoll bleiben darf, wie die damit bezeichneten Inhalte;
– die Absage an die symbolisch-kognitive Auflösung von magisch in sich stimmigen Urgebeten in gedeutete, erklärte, dadurch entzauberte Texte;
– die Ausblendung von nicht »story-fähigen« Denkstrukturen, die sich der narrativen Stimmigkeit und Konstruktion versagen – wie der gesamte Komplex der so genannten »Heilsgeschichte«;
– schließlich die außerordentliche »Fähigkeit zur und das Interesse an der Erzählung« (ebd., 152).

In der literarisch stilisierten Selbstdeutung Ortheils wird freilich eine mögliche Nuancenverschiebung zu den gängigen Modellen entwicklungspsychologischer Stufentheorien deutlich. Ortheil betont die Langzeitwirkung und Kontinuität des Kinderglaubens, den man eben doch nicht einfach ablegen kann. Selbst wenn sich das grundsätzliche Bewusstsein Stufe um Stufe weiter entwickeln mag: die kindlich geprägten Urbilder behalten ihre Wirksamkeit. Er wird »*wieder* katholisch«, so die selbstironische Beschreibung des literarischen Spiegelbildes; in seiner Seele ist er »so etwas *geblieben*« wie ein zeitfremder Katholik. Vielleicht kann man also doch beides gleichzeitig sein: ein aufgeklärter Erwachsener und Intellektueller auf der Stufe des »verbindenden Glaubens« und in einer anderen Bewusstseinsschicht »mythisch-wörtlich« Glaubender? Wäre das gerade ein Beleg für jene »zweite Naivität«, jene »ironische Imagination« des Erwachsenen mittleren Alters, also die »Fähigkeit, die mächtigsten Sinngehalte der eigenen Person oder der Gruppe relativ zu sehen und in ihnen zu leben, aber gleichzeitig zu erkennen, dass sie relativ, partiell sind und die transzendente Realität nur mit unvermeidlicher Verzerrung begreifen« (ebd., 216)? Provokativ weiter gedacht und ausformuliert: Wären dann alle dogmatisierenden Theologumena nur Hilfskonstrukte auf der Ebene eines »individuierend-reflektierenden Glaubens«, die letztlich nur den biographischen Bogen zwischen Kinderglauben und zweiter Naivität, zwischen mythisch-wörtlichem Glauben und verbindendem Glauben schließen?

Dritte Beobachtung

Gegen jegliche – von den Protagonisten dieser Idee auch nicht propagierte, aber irrtümlich mögliche – Annahme, Kindertheologie/-glaube erwachse allein aus den Kindern selbst, wird bei Ortheil deutlich differenziert: Zwar sind Kinder kreative Konstrukteure ihrer eigenen Wirklichkeit, zwar kennzeichnet er die Grundlage des Kinderglaubens als »*Instinkt*, der Lo und Lu dazu treibt, sich etwas Großes und Wunderbares vorzustellen, das außerhalb unserer Erde existiert«, dieser religiösen Offenheit entspricht aber an keiner Stelle die Fähigkeit, selbst eigene Bilder aus sich heraus zu erfinden oder sozusagen »natürlich« hervorzubringen. Die Übereinstimmung mit Aussagen führender Befürworter der Kindertheologie ist erneut verblüffend: Kinder brauchen »Storys«, in ihren Augen und Herzen stimmige Deute-Erzählungen, die sie sich je nach Bedarf und Fähigkeit selbst neu zusammenbauen und abändern. Das Anbieten dieser »Storys« ist aber Sache der Eltern oder anderer Sozialisationsinstanzen. Kindertheologie zu unterstützen heißt also gerade nicht, darauf zu vertrauen, dass Kinder für sich selbst und aus sich selbst heraus Welterklärungserzählungen entwickeln. Vielmehr geht es darum, ihnen – für einen selbst überzeugende – Erzählungen anzubieten und zu zeigen wie man damit lebt, im Wissen, dass solche Angebote individuell aufgenommen und transformiert werden. Religionspädagogisch wäre eine weitere Erforschung dieser dynamischen Spannungsprozesse reizvoll: zwischen Angebot und Aneignung, zwischen dem Erforschen von Kindertheologie und den Möglichkeiten des Vorbildlernens; auf anderer Ebene: zwischen dem Vertrauen auf die Konstruktionsfähigkeit der Heranwachsenden »von unten« und dem Setzen von Bildungsstandards auch im Bereich des religiösen Lernens »von oben«.

Abschließende Beobachtung

Ungewollt verweist Ortheil auf ein grundsätzliches Problem von »Kindertheologie«. In einer Seitenbemerkung fällt ihm auf, wie sehr »Los und Lus kindlicher Glaube an Gott meinem eigenen kindlichen Glauben sehr ähnlich ist« (Ortheil 2001, 177f). Möglich, dass er richtig beobachtet; genau so gut möglich aber auch, dass ihm zur Wahrnehmung nur das eigen-erinnerte Raster zur Verfügung steht und er deshalb Bekanntes wieder zu finden glaubt. Sei das im Blick auf Lu und Lo, wie es sei: die implizite Warnung scheint mir zentral, als Beobachter, Beschreiber und Bewerter von »Kindertheologie« den eigenen Beschreibungsmustern erst einmal zu misstrauen. Bekanntes wieder zu finden ist sicherlich leichter als Ungewohntes und Neues zu entdecken.

3 »Ab jetzt werde ich dazu stehen« – Arbeiten mit literarischen Texten zum Kinderglauben

Religionsdidaktisch nachgefragt: Welche Chancen und Möglichkeiten bietet der Einsatz solcher literarischen Texte (vgl. Langenhorst 2003, 18–24) über Kinderglauben in konkreten Lernprozessen in Religionsunterricht oder Erwachsenenbildung? Sie bieten sich zunächst methodisch bestens als Lese- oder Vorlesetexte an, wobei eine Kürzung allein auf Aussagepassagen vermieden werden sollte, weil dadurch der ironisierende, spielerische und literarisch verkleidende Charakter verloren ginge. Ergänzen lassen sich die Passagen aus den genannten Romanen um ausgewählte Ausschnitte aus anderen literarischen Werken, die in thematisch zentrierten Anthologien bestens ausgewählt zur Verfügung stehen (vgl. Jooß/Ross 1988; U./R. Schuster 2003).

Die Wahrnehmung schärfen

Die Passage über den heute beobachteten Kinderglauben kann ältere Jugendliche wie Erwachsene aller Altersstufen dazu einladen, die eigenen Wahrnehmungen zu schärfen: Wie nehmen wir die Glaubensbereitschaft und Glaubensinhalte von Heranwachsenden wahr: der jüngeren Geschwister, Kinder, Enkel? Welche »Storys« – über St. Martin, Christkind, Weltentstehung, Sterblichkeit oder den »Gottessohn« Jesus – bieten wir ihnen an und wie werden diese aufgenommen? Welchen Erzählmustern müssen »Storys« genügen, um als stimmig übernommen zu werden? Enthalten diese Geschichten – ohne alle künstliche Anbiederung an esoterische oder neomythische Zeitströmungsliteratur – das rechte Maß an »Sprachmagie«, um die Phantasie anzusprechen? Welche Inhalte sind als nicht kindgerecht in dieser Phase abzulehnen? Wie müssen wir den lebensrelevanten Umgang mit den »Storys« vorleben, um glaubwürdig zu sein?

Selbstbesinnung

Die Passagen über die Rückerinnerung an den eigenen Kinderglauben zielen eher auf die Selbstbesinnung: Anhand von Ortheils »Vorbild-Text« können sich ältere Jugendliche und Erwachsene selbst zurückzuerinnern versuchen: Was war denn die eigene »kindliche Elementartheologie«? Was davon würde man heute noch für sich gelten lassen? Welche Entwicklungen hat der eigene Glaube vollzogen? Wo sind – nach eigener Wahrnehmung – Brüche, Sprünge erkennbar? Welche ganz persönliche »Elementartheologie« würde man – wenn man es könnte – den Kindern heute weitergeben, zumindest anbieten wollen?

Die Beschäftigung mit Kinderglaube oder Kindertheologie erfolgt so unter mindestens zwei Zielrichtungen: zum einen mit dem Ziel, Kinder angemessener verstehen zu lernen, sie besser als Subjekte religiösen Lernens gelten zu lassen und religiöse Lernprozesse auf ihre Situation passgenauer abstimmen zu können; zum zweiten aber, um sich selbst, um den Erwachsenenglauben und die Erwachsenentheologie im Spiegel der Vorgaben besser verstehen zu lernen und im Spannungsbogen der biographischen Entwicklungen neu prozesshaft sichtbar zu machen. Daran – hier schließe ich mich Anton A. Bucher an – gilt es »weiterzuarbeiten, nicht nur in der (empirischen) Forschung, sondern primär im religionspädagogischen Alltag« (Bucher 2002, 27). Literarische Texte können dazu – bislang zu Unrecht nur wenig betrachtete – Hilfen bereitstellen.

Literatur

Bucher, Anton A./Büttner, Gerhard/Freudenberger-Lötz, Petra u.a. (Hg.): »Mittendrin ist Gott«. Kinder denken über Gott, Leben und Tod. Jahrbuch für Kindertheologie, Bd. 1, Stuttgart 2002.

Fowler, James W.: Die Stufen des Glaubens. Die Psychologie der menschlichen Entwicklung und die Suche nach dem Sinn, [1]1981, Gütersloh 2000.

Hahn, Ulla: Das verborgene Wort. Roman, München 2001.

Hilger, Georg/Rothgangel, Martin: Wahrnehmungsschulung für »Gottesbilder« von Kindern. Ein Werkstattbericht aus der Lehrerbildung, in: Fischer, Dietlind/Schöll, Albrecht (Hg.): Religiöse Vorstellungen bilden. Erkundungen zur Religion von Kindern, Münster 2000, 263–279.

Hilger, Georg: Ästhetisches Lernen, in: ders./Leimgruber, Stephan/Ziebertz, Hans-Georg: Religionsdidaktik. Ein Leitfaden für Studium, Ausbildung und Beruf, München 2001, 305–318.

Jooß, Erich/Ross, Werner (Hg.): Katholische Kindheit. Literarische Zeugnisse, Freiburg/Basel/Wien 1988.

Langenhorst, Georg: Neue Unbefangenheit. Religion und Gottesfrage bei SchriftstellerInnen der Gegenwart, in: Herder Korrespondenz 56 (2002) 227–232.

Ders.: Gedichte zur Gottesfrage. Texte – Interpretationen – Methoden. Ein Werkbuch für Schule und Gemeinde, München 2003.

Ortheil, Hanns-Josef: Blauer Weg, München 1996.

Ders.: Lo und Lu. Roman eines Vaters, München 2001.

Schuster, Ulrike/Schuster Robert (Hg.): Erzählte Kindheit in der Literatur des 20. Jahrhunderts. Ein Lesebuch, Stuttgart 2003.

KAPITEL II

Horizonte
einer Religionsdidaktik in
der Postmoderne

Ein Fach unterrichten oder Menschen?

Subjektbezug und Methode in der Religionspädagogik

HANS-GEORG ZIEBERTZ

»Ich unterrichte Religion und Deutsch«, »Ich lehre Religionspädagogik« – ganz selbstverständlich gehen uns diese Erklärungen über die Lippen. Was unser Beruf ist, wird durch den Fachbezug deutlich. Wie immer, ist auch in diesem Fall die Sprache nicht neutral. Sie gibt an, woran wir (zuerst) denken, was zentral ist und wie wir denken. »Ich unterrichte dieses oder jenes Fach« ist eine Aussage, die eine Beziehung zu einem ganz bestimmten wissenschaftlichen Universum zu erkennen gibt, von dem her man sich definiert und das professionelle Identität stiftet. Wie verhält es sich, wenn man sagt: »Ich unterrichte junge Menschen«? Sogleich ist deutlich, dass sich die Perspektive ändert. Das Bezugsuniversum sind nun die Schülerinnen und Schüler. Im Mittelpunkt stehen die Fragen: Wer sind meine Schülerinnen und Schüler? Wo stehen sie jetzt? Was brauchen sie für eine gute geistig-mentale Entwicklung? Beide Perspektiven kommen in der Praxis zusammen. Die Reflexion über diese Blickwinkel lässt vermuten, dass mit beiden Orientierungen durchaus unterschiedliche Zugänge zur Handlungspraxis verbunden sein können. Georg Hilger hat die Schülerperspektive auf kreative und mehrdimensionale Weise vielfach thematisiert (vgl. u.a. Hilger 2001, 305–339). Auf diesen Kontext bezieht sich das Thema dieses Beitrags: Es wird gefragt, wie die Religionspädagogik als Disziplin die Frage nach dem Zusammenhang zwischen Subjektorientierung und Methode konzeptualisiert. Das Problem wird unter Rückgriff auf eine frühere Veröffentlichung (vgl. Ziebertz 2000) an vier ausgewählten Versuchen in der Geschichte veranschaulicht und auf der Basis neuerer Überlegungen weiter geführt (vgl. Ziebertz/Heil/Prokopf 2003, 25–29). Angesichts des zur Verfügung stehenden Raumes kann dieser Aufsatz allerdings nicht mehr als eine Andeutung leisten.

1 Subjektbezug als Emanzipation: zugleich das Problem einer materialen (Religions-)Pädagogik

Die Aufklärung ist ein entscheidendes Datum in der beginnenden Neuzeit, an dem die Frage nach den Subjekten mit Nachdruck gestellt wird. Das Aufklärungscredo, »sich seines eigenen Verstandes ohne die Leitung durch einen anderen zu bedienen und so den Weg aus der selbstverschuldeten Unmündigkeit herauszufinden« (Kant), wurde von den philanthropischen Aufklärungspädagogen beherzt aufgegriffen und in katechetische Curricula umgesetzt. »Mündigkeit« war ein Schlüsselbegriff der pädagogischen und katechetischen Bewegung jener Zeit. Die Zuwendung zu den Subjekten religiöser Lernprozesse hatte eine deutlich emanzipatorische Stoßrichtung. Die Reformpädagogen rechneten ab mit der lateinischen Schulgelehrsamkeit, der sie Monotonie in der Methode, Irrelevanz der Inhalte und Wirkungslosigkeit in den Effekten vorwarfen. Das neue Programm lautete: vernunftbetonte Höherbildung des Menschen! Rationale Bildsamkeit galt als nötig und möglich (vgl. Herrmann 1979).

Wenn wir uns dieses Programm allerdings genauer ansehen, stoßen wir auf eine Aporie. Sie liegt in dem Anspruch, den Zustand der Unmündigkeit zu überwinden durch eine positive Definition dessen, was als Mündigkeit gelten soll. Basedow, Campe und andere geben das Ziel der Bildung mit dem Begriff »Glückseligkeit« an (vgl. Ziebertz 1993; Blankertz 1982). Glückseligkeit wird definiert als »Gemeinnützigkeit« und was gemeinnützig ist, entscheidet der Staat. Damit legt der Staat fest, dass seine Bürger in der Gemeinnützigkeit spiegelbildlich ihre persönliche Glückseligkeit finden. Es handelt sich um ein utilitaristisches Konzept: Erziehung führt Heranwachsende funktional zu dem hin, was der Staat als »brauchbar« definiert. Die wahrscheinlich größte Perversion dieses Konzepts hat uns der Nazistaat vor Augen geführt.

Katholische Katechetiker haben sich von der Aufklärungspädagogik inspirieren lassen. Auch für die religiöse Bildung sollte das Ziel der Mündigkeit gelten. Gegen das monotone Auswendiglernen und Wiederholen dogmatischer Lehrsätze wollte man »Verstehen« und »Einsicht« fördern. Ebenso übernahm man die Praxis, das Ziel der Bildung in aufklärungspädagogischem Sinn positiv-inhaltlich zu füllen. Die Folge war eine religiöse Bildung, die nicht selten zur Moral- und Sittenlehre verkam. Katholische Katechetiker lehrten die Kinder bürgerliche Moral und die Pflicht zu ungebrochenem Gehorsam gegenüber der staatlichen Obrigkeit – und wenn sie überhaupt begründeten, dann mit zweifelhaften bibeltheologischen Argumenten.

Rousseau hatte schon früher auf solche Aporien hingewiesen. Für ihn konnte die Autonomie des Individuums weder mit einem Gemeinwesen noch mit der unhinterfragbaren Dogmatik einer Weltanschauung identisch sein. Die positive Hinwendung zu den Subjekten, die in der Aufklärungszeit ohne Zweifel intendiert war, hat die Probleme einer materialen Pädagogik respektive Religionspädagogik deutlich vor Augen geführt. Es gibt sie bis heute. Von Rechts und Links lauern die Propheten auf, die wissen, was Wahrheit ist und wie das Glück des Menschen beschaffen und herbeizuführen sei. Und weil sie es genau wissen, fühlen sie sich hinreichend legitimiert, Menschen auf direktem Weg zu ihrem Glück zu führen.

2 Theologische Aufwertung des Subjekts: zugleich das Problem der Offenbarungsdeduktion

Das zweite Beispiel zeugt von dem Bemühen einer Würdigung der menschlichen Erfahrung gegenüber theologisch-normativem Deduzieren. Die Eskapaden der Aufklärungspädagogik wurden von der deutschen Klassik beiseite gefegt. Das Ziel pädagogischer Bemühungen wird jetzt vom Subjekt her begründet. Grundlage ist der Glaube an die Macht des menschlichen Geistes. Bildung soll mehr als Ausbildung sein, sie soll den Menschen auf dem Weg zur wahrhaften Bestimmung seiner selbst begleiten. »Individualität« hieß die neue Aufgabe – ganz im Sinne von Rousseaus »Pädagogik vom Kinde aus«.

Die Theologie bleibt von den Veränderungen nicht unbeeinflusst. In England ist Henri Newman (1801–1890) zu nennen, in Deutschland lässt sich am Werk Johann Baptist Hirschers (1788–1865) eine für die Religionspädagogik wichtige Wendung zum Subjekt feststellen (vgl. auch Simon 2001, 71–80).

Bei der Entfaltung seiner Katechetik (1831) grenzt sich Hirscher negativ von der kirchlich-theologischen Strömung der Neuscholastik ab. Ebenso wenig teilt er die Auswüchse der Aufklärungskatechetik. Hirscher sucht einen Weg, das Mündigkeitsinteresse theologisch zu verantworten. Er spricht von »christlicher Volljährigkeit«, die er von der Neuscholastik konterkariert sieht. Sie habe die Theologie und mit ihr die Katechetik in ein System gepresst und gewaltige spekulativ-abstrakte Gebäude errichtet, sie beschreibe den christlichen Glauben als eine Lehre, unabhängig von Zeit und Raum, und sie erdrücke den Menschen unter der Last blutarmer Lehrsätze. Und sie verlange, religiöse Erziehung als deduktives Eintrichtern dieser Lehrsätze zu konzipieren.

Hirscher widerspricht dem. Im Mittelpunkt seines Denkens steht das Reich-Gottes-Konzept. Jenseitiges ist darin organisch mit dem Diesseitigen verbunden. In der christlichen Botschaft gehe es nicht um etwas, was der Erde enthoben, sondern was mit ihr verwoben sei. Entsprechend will Hirscher zeigen, wie sich die Verwirklichung des Gottesreiches auf der Erde unter der *Mit*wirkung des Menschen vollzieht. Zu der objektiven Ordnung der unverfügbaren Heilswirklichkeit müsse das Subjektive hinzukommen, die Beteiligung des Menschen an der Wahrheitserkenntnis. Diese zu bilden sei die Aufgabe der Katechese. Als katechetisches Materialprinzip erfüllt das Reich-Gottes-Konzept didaktisch zwei Funktionen: es ist zum einen thematische Leitidee und zum andern theologisches Ordnungsprinzip. Es soll helfen, die christliche Tradition weder nur als historische Erscheinung noch nur als enzyklopädisches Kompendium kennen zu lernen, sondern die Katechumenen sollen sich existenziell gewiss werden, dass und wie sie hinein genommen sind in den Prozess der Entfaltung des Reiches Gottes. Dazu ist ihnen die Botschaft lebensbedeutsam auszulegen und das tiefste innerste Prinzip des Glaubens soll ihr Herz erfassen. Der entscheidende Aspekt der Subjektorientierung Hirschers liegt in der theologischen Begründung, dass die menschliche Seite nicht unabhängig ist für die Realisierung der Botschaft oder aber ihr einfach nur hinzutritt, sondern dass der subjektive Faktor bereits *in* der Botschaft als ein entscheidendes Realisierungsprinzip angelegt ist.

Thalhofer kommt 1899 in seiner Geschichte der Katechetik zu dem Urteil: »Hirschers Konzept war ein Missgriff, das keine prinzipielle Anerkennung erlangen konnte.« Unter Berufung auf Kleutgens neuscholastisch und offenbarungspositivistisch konzipierte »Theologie der Vorzeit« wirft er ihm einen gefährlichen Subjektivismus vor. Noch zu Hirschers Lebzeiten werden seine Katechismen selbst in seiner Heimatdiözese durch die Frage-Antwort-Katechismen von Deharbe ersetzt. Für Thalhofer zeigt sich hier: »Nach den Irrungen der Aufklärungszeit, nach der historischen Schule, der vergeblichen Neuaufnahme des Canisius kehrt man zum Normalkatechismus der katholischen Kirche zurück.« Und damit behauptet sich wieder, wie Franz Xaver Arnold (1948) später kommentiert, die deduktive texterklärende Methode. Das Subjekt, bei Hirscher theologisch ernst genommen, wird erneut zum Adressaten einer überzeitlichen Botschaft degradiert.

3 Die induktive Methode: zugleich das Subjektivitätsproblem

Im dritten Beispiel wird das Bemühen deutlich, den einzelnen Menschen in methodisch-didaktischer Hinsicht aufzuwerten. In der ersten Hälfte des 19. Jahrhunderts entwickelt Johann Herbart seine Formalstufentheorie. Herbart interessiert sich für die Fragen »Wie entwickeln sich Vorstellungen beim Kinde?«, »Wie wird ein Gedankenkreis aufgebaut?«, »Wie geschieht Erkennen?« Herbart zeigt, dass die Psyche der Heranwachsenden entscheidend ist für das, was gelernt wird. Gleichwohl war sein Konzept deduktiv umrahmt. Herbart steht für die Paukschule. Heranwachsende werden in die Geschichte der Menschheit eingeführt, um selbst Träger dieses Erbes zu werden.

Ein halbes Jahrhundert später – die Religionspädagogik erfährt sich als rückständig und von der pädagogischen Diskussion abgekoppelt – rezipiert man über den katholischen Pädagogen Otto Willmann Herbarts Formalstufenansatz. Die Reformbewegung mit Sitz in München und Wien strebt eine methodisch-didaktische Erneuerung der Religionspädagogik an. Die Katechese sollte kindgerechter und fruchtbarer werden. Die alte Methode ging von einem dogmatischen Text aus, zerlegte ihn in seine Bedeutungselemente und ließ ihn auswendig lernen und wiederholen – gemäß dem scholastischen Lernschema »lectio, memoria, imitatio«. Kinder waren kleine Lernmaschinen. Die Verknüpfung des Gelernten mit ihrer Erfahrung war kein Thema. Mit dem Formalstufenansatz hoffte man die Heranwachsenden inhaltlich stärker einzubinden – und so der zunehmenden Bedeutungslosigkeit des Religionsunterrichts entgegenzuwirken. Man wollte von Erfahrungen und Erlebnissen her auf den dogmatischen Text *zu*gehen. Gleichwohl wusste man genau, wohin der Weg führen sollte. Die Methode war nicht so induktiv, wie man vorgab. »Vom Kind ausgehen und von Gott her denken« lautete die Regel. Und dennoch entlud sich gewaltige Kritik (vgl. Ziebertz 1997). Ein prominenter Kritiker, Johann Schraml, kritisiert: »Die neue Methode subjektiviert den Glauben und macht ihn zu einem menschlichen Produkt«, »Nicht Gott, sondern das Kind wird zum Maßstab aller Dinge«, »Hier werden religiöse Wahrheiten *erfunden*, nicht *gefunden*«, »Die Formalstufen sind Todesstufen für das Dogma«. Und der auch in Würzburg lehrende Franz Xaver Kiefl sekundiert: »Die induktive Methode impliziert einen neuen Begriff von Wahrheit«, »Von der Anschauung des Kindes auszugehen bedeutet, die *Wahrheit von oben* zugunsten einer *Wahrheit von unten* preiszugeben.«

Im Protokoll der Fuldaer Bischofskonferenz vom 11.–13.8.1908 wird festgehalten: »Eine einseitige Anwendung der Münchener Katechetischen Methode (= induktive Methode) wird für bedenklich erachtet.« Abermals trägt die Neuscholastik einen Sieg davon: Die Einheit von Offenbarung und Dogma kann religionspädagogisch nur ein Fürwahrhalten vorgelegter Glaubenssätze zur Folge haben. Die neue Methode wird in instrumenteller Hinsicht geduldet – um die Adressaten besser ansprechen zu können.

4 Korrelation: zugleich das Balanceproblem zwischen Tradition und Erfahrung

Halten wir zunächst fest: Die Aufklärungspädagogik entfaltete ihre Subjektorientierung mit einer (wenn auch halbierten) emanzipatorischen Intention, Hirscher zielte auf die theologische Rehabilitation des Einzelnen und die Methodenbewegung wollte dem Subjekt didaktisch-methodisch eine bedeutendere Rolle im Lernprozess zubilligen. Die so genannte Korrelationsdidaktik suchte diese drei Aspekte zu verbinden. Sie entstand in den Siebzigerjahren und prägt viele Religionsbücher bis heute. Sie will eine Klammer sein zwischen Tradition und Erfahrung, entwickelte dazu ein methodisch-didaktisches Konzept und sieht in der Einbindung der »Erfahrung« den emanzipatorischen Anspruch gewahrt. Gleichwohl mehrt sich Kritik und die Frage taucht auf, ob dieses Konzept nicht gescheitert sei (vgl. Englert 1993; insgesamt Hilger/Reilly 1993).

Wir müssen zwischen Korrelationstheologie und Korrelationsdidaktik unterscheiden. Zur Grundlegung der *Korrelationstheologie* wird auf Paul Tillich und Edward Schillebeeckx zurückgegriffen. Für Tillich war bekanntlich Profanität nicht a-religiös, sondern sie beherbergt Religion in nicht-religiösen Formen – diese gilt es aufzuspüren und aufzudecken. Nach Schillebeeckx ist Korrelation die wechselseitig kritische Bewegung zwischen den Konzepten Anthropologie (Lebenserfahrung) und Offenbarung (Glaubensüberlieferung). Von beiden Polen her kann der jeweils andere kritisch befragt werden.

Die Religionspädagogik hat sich mit der Korrelationstheologie beschäftigt, die Frage ist aber, ob sie diese nicht nur halbiert rezipiert hat. Die so genannte *Korrelationsdidaktik* will die beiden Pole »Sinnfragen der Menschen« und »Antworten der Religion(en)« vermitteln. Aber um dieses Ziel zu erreichen, hat sie die beiden Pole zunächst voneinander getrennt, um sie anschließend *dialektisch*, d.h. im Sinne einer Strukturanalogie, wieder zu verbinden. Die viel organischere Wechselseitigkeit, die die Korrelationstheologie entwickelt hat, ist dabei auf der Strecke geblieben. In der Anwendung ist die Korrelationsdidaktik zu oft nicht über eine »Topf-Deckel-Didaktik« (vgl. Englert 1993) hinausgekommen. Wir können daran sehr gut das Dilemma der Subjektorientierung in der Religionspädagogik ablesen, die Schwierigkeit nämlich, Korrelation tatsächlich als ein wechselseitiges Geschehen zu verstehen, das auch von der Lebenserfahrung seinen Ausgang nehmen kann. Noch einmal der Blick zurück: In gewissem Sinn pflegte schon die Scholastik mit ihrem Frage-Antwort Schema »Korrelation«, allerdings wurde die Frage, auf die es die Katecheten drängte, eine Antwort zu geben, den Kindern in den Mund gelegt. Wenn wir auch Hirscher ein ernst gemeintes existenzielles Ausloten der Fragen bescheinigen können – um »freies Fragen« handelte es sich nicht. Und wenn man den Protest der Methodenbewegung gegen die Diktatur der fragenden Lehrform (wie sie heute noch in Kindermessen gepflegt wird) für ein authentisches Bemühen halten will, ihr psychologisch-induktiver Ansatz steckte in einem deduktiven Korsett. Wenn schließlich das Korrelationsdenken im Rückgriff auf die Theologie des II. Vatikanums das Recht der freien Frage betonte, lässt man doch nicht vom Vorrecht der Antwort.

Ein Defizit der Korrelationsdidaktik liegt vor, wenn der Lebens- und Alltagswelt der Menschen nicht wirklich theologische Dignität zugebilligt wird. An entsprechenden Lehrplänen und Unterrichtsentwürfen kann nachgezeichnet werden, wie zuerst eine theologische Leitidee entsteht, wie diese in theologische Begriffe zerlegt wird, und wie dazu passende menschliche Erfahrungen gesucht werden, die geeignet erscheinen, Analogien zu theologischen Konzepten herzustellen. Nach dem bisherigen Durchgang ist festzuhalten, dass die Religionspädagogik sich nicht leicht getan hat, in den ihr Anvertrauten mehr als nur die »Adressaten« einer Botschaft zu sehen.

5 Abduktives Denken: zugleich die Eröffnung von Kommunikationsräumen

Die auf die Korrelationstheologie bezogene Korrelationsdidaktik ist dort gescheitert, wo sie sich in die Sackgassen der Induktion (von der Schülererfahrung her) oder der Deduktion (von der christlichen Offenbarung her) hinein manövriert hat.

Das Deduktions-Induktions-Dilemma ist in der Religionspädagogik »ein alter Bekannter«. Nach Erich Feifel (1995) haben diese beiden Ansätze auch religionsdidaktisch Tradition, er spricht von einem »normativ-deduktiven« und einem »empirisch-induktiven« Ansatz. Wie oben angedeutet, wurden Konzepte religiöser Bildung lange Zeit von einem *deduktiven Ansatz* dominiert. Seitdem Psychologie und Pädagogik die Adressaten von Lernprozessen als Subjekte thematisieren, d.h. als Teilhaber und Mitgestalter von Lernprozessen, beginnt das Nachdenken über alters- und entwicklungsbezogene Ansätze in der Religionspädagogik (vgl. Bucher 1998). Der *induktive Ansatz* setzt bei den Erfahrungen der Schülerinnen und Schüler an und stellt ihre vorhandene »Lebens- und Glaubenswelt« in den Mittelpunkt. Von den Erfahrungen aus wird der christliche Glaube als Lerninhalt ins Gespräch gebracht (vgl. Feifel 1995, 91). Dabei spielt die »Sinnfrage« und damit das anthropologische Datum der Kontingenz eine besondere Rolle, also alle die mit dem Menschsein verbundenen Probleme und Fragen, wie sie von Kindern und Jugendlichen alters- und entwicklungsgemäß aufgeworfen werden. Als Problem dieses Ansatzes zeigte sich, dass ihm das »theologische Ende« fehlte. Die Einordnung unter theologische Inhalte musste qua definitionem immer folgen und wirkte damit häufig aufgesetzt. Der Ansatz blieb letztlich unbefriedigend, denn auf welches theologisch respektive religionspädagogisch relevante Terrain sollte die Erfahrung des Angenommenseins, der Trauer, der Fraglichkeit der Welt etc. führen? Warum sollte es sich dabei um »religiöse« respektive »christlich-religiöse« Erfahrungen handeln? Wie sollten die Erfahrungen von Kindern und Jugendlichen »verlängert« werden, um daran einen theologischen Diskurs anschließen zu können? Würde der theologische Diskurs nicht »aufgesetzt« erscheinen?

Die Frage, wie gegenwärtige Erfahrungen junger Menschen und eine Tradition, die über 2000 Jahre alt ist, miteinander in Beziehung gesetzt werden können, berührt das große und zentrale Thema von Theologie und Religionspädagogik insgesamt. Zugespitzt gesagt: Was verbindet junge Leute, die auf der Love Parade zur Techno-Musik tanzen, mit der Geschichte von Jesus, der sich Aussätzigen zuwendet ...? Ein unüberwindbarer Graben? Wenn es den Graben gibt: Kann er übersprungen werden? Wenn er übersprungen werden kann: Wie? Wir müssen wohl gegenwärtig davon ausgehen, dass es einen bisweilen »garstigen« Graben gibt und dass dieser nicht durch eine Landverbindung oder eine dauerhafte Brücke überwunden werden kann (vgl. Porzelt 1999). Er lässt sich weder deduktiv noch induktiv neutralisieren. Aber es gibt die Möglichkeit einer Verbindung. Sie besteht darin, *gewagte Hypothesen* zu formulieren, mit denen unbekannten und überraschenden Phänomenen eine Ordnung angeboten wird.

Die gewagten Hypothesen und die darin enthaltenen Ordnungen öffnen den Diskurshorizont: Sie erlauben Lernen von Neuem aus Altem – und umgekehrt. Dabei kann es sich um die gewagte Hypothese handeln, dass eine bestimmte Erfahrung ein Urthema des christlichen Glaubens beinhaltet oder eine bestimmte Glaubenserfahrung, die in satzhafter Form überliefert ist, eine moderne Lebenserfahrung trifft. Die gewagte Hypothese ist keine Verifikation von Aussagen, keine Definition, sie formuliert keine Wahrheit. Sie ist eine Hypothese, mit der hermeneutischer Spielraum entsteht, der kommunikativ aufgegriffen und gefüllt werden kann. Der hermeneutische Spielraum entsteht in beide Richtungen. Zum einen im Blick auf die Tradition, ob man die christliche Überlieferung so verstehen kann/darf; zum anderen im Blick auf die Lernenden, ob sie bereit sind, ihre Erfahrung in den hypothetisch formulierten Kontext stellen zu wollen (vgl. Ziebertz/Kalbheim/Riegel 2003). Die gewagte Hypothese muss nicht mono-thematisch sein, der hermeneutische Horizont, den sie eröffnet, wird größer, wenn sie tatsächlich ein Spektrum von »Schlüssen« ermöglicht, ja selbst Schlüsse stimuliert, die darüber hinaus gehen oder sogar in eine ganz andere Richtung zielen können. Die gewagte Hypothese hat die Form eines *abduktiven Schlusses*, der einer gegebenen Erfahrung nicht »die« Deutung zur Verfügung stellt, sondern den Boden bereitet, dass gedeutet werden kann. Zugleich ist ihr Inhalt ein Deutungsangebot, das induktiv und deduktiv überprüft werden kann. Abduktion ist eine Schlussform *zusammen mit* Induktion und Deduktion, mit der aber die Sackgassen dieser beiden Ansätze überwunden werden können (also entweder nichts Neues zuzulassen zu wollen oder unangemessen auf Neues zu reagieren).

Die Tradition abduktiven Denkens liegt in der frühen Peirce'schen Theoriebildung, die auch als qualitative Induktion bezeichnet wird (vgl. Peirce 1986). Ihr steht die im neuen Brockhaus für ein allgemein gebildetes Publikum kurz und prägnant vorgetragene Definition nahe: »Abduktion ist eine Schlussform neben Induktion und Deduktion, die aus einer Annahme und einer gegebenen Tatsache in Art einer Hypothese auf die (zu einem induktiven Schluss fehlende) Prämisse führt.« Was diese Definition hervorhebt, ist die Ergänzungsbedürftigkeit der Induktion und Deduktion. Wir sehen heute klar, worin in der Religionspädagogik das Problem mit induktiven und deduktiven Konzepten liegt. Warum bietet die Abduktion einen Ausweg aus dem Dilemma?

Die kurze Definition spricht von gegebenen Tatsachen und Annahmen über diese Tatsachen. Die Tatsachen sind das induktiv gegebene Material, worauf sich die Annahmen beziehen. Wichtig ist die Form und Art des Bezugs. Die zitierte Definition erinnert an einen naturwissenschaftlich-experimentellen Zusammenhang und sie muss gerade in diesem Punkt erweitert werden. In kommunikativen Bezügen des Lernens und Lehrens wird eine Annahme eher selten den Charakter einer wahren oder richtigen Deutung haben, sondern die Form einer Hypothese annehmen, durch die Tatsachen in ein anderes Licht gestellt werden. Man könnte auch sagen, die Hypothese bietet den Tatsachen einen Rahmen an, was ihre Voraussetzungen (Prämissen) und ihr Horizont sein könnten. Konkret kann die christliche Tradition ins Spiel kommen, um den Sinn einer Schüleräußerung zu deuten, d.h. die Tradition stellt Interpretamente bereit oder kombiniert sie, mit denen den individuellen Erfahrungen eine Ordnung angeboten wird. Die angebotene Ordnung kann einfach oder komplex gestaltet sein, d.h. sie kann eine Erklärung nahe legen oder mehrere. Werden mehrere Erklärungen angeboten, ist ein diskursiver Raum eröffnet, diese Erklärungen respektive Deutungen selbst abzuklopfen und ihren Wert zu bestimmen – und weitergehend: über den angebotenen Erklärungsrahmen hinauszugehen und neue Erklärungen zu generieren. Der Rahmen, der vorgestellt wird, hat also nicht die Form eines Gesetzes, sondern er ist als *Hypothese* grundsätzlich konfirmierbar oder kann gestürzt werden. Der Klärungsprozess, ob die Hypothese taugt, vollzieht sich als ein *kommunikativer Prozess*. Nicht Pädagogen oder Theologen, nicht der Staat oder die Kirche, sondern alle am Kommunikationsprozess Beteiligten klopfen die abduktiven Schlüsse ab und machen die entscheidende Frage zum Gegenstand des Lernprozesses: Welchen theoretischen, empirischen und normativen Gehalt, welche deskriptive und existenzielle Bedeutung haben die hypothetischen Erklärungen der Tatsachen?

Abduktion ist in dieser Bedeutung kein streng logisches »Schließen« im Sinne eines Beweises. Eher geht es um eine heuristische Rezeption, bei der das »Näherkommen« an ein Verstehen unbekannter Phänomene im Vordergrund steht (vgl. Hubig 1997). Es gibt kein durch Logik herzustellendes Instrument, mit dem sich die Ungewissheit zweifelsfrei auflösen lässt, ob und in welchem Umfang gegenwärtige menschliche und christlich überlieferte Erfahrungen aufeinander bezogen werden können. Es gibt nur Näherungslösungen (»ad liminem«), deren Evidenz nicht »von außen«, sondern nur von den jeweils Beteiligten festgestellt werden kann. Um dieser »Evidenz« »Gültigkeit« zuzuerkennen, reicht es nicht aus, dass eine gewagte Hypothese situativ »passt«, so wie die »Regel«, die in einer Kausalabduktion angewendet wird, nicht schon deshalb gültig ist, weil der Schluss gelingt. Hypothesen müssen induktiv und deduktiv geprüft werden können. Aus diesem Grund kann man methodologisch davon sprechen, dass es sich um den Verzicht auf eine Deduktionskette handelt, ohne auf Deduktion zu verzichten, sowie auf den Verzicht einer Induktionskette, ohne auf Induktion zu verzichten.

Die Gültigkeit des »Schlusses« sollte *drei kommunikativen Kriterien* genügen: Er sollte intrapersönlich biographisch stimmig sein; er sollte interpersönlich plausibel, d.h. sozial kommunikabel sein; und er sollte schließlich intergenerativ im Hinblick auf die Traditionsgeschichte des entsprechenden Inhalts abgesichert sein. Der intergenerative Aspekt schließt Sachadäquatheit im Blick auf die herrschende kirchliche und theologische Reflexion über ein bestimmtes Thema ein, wobei dieser Reflexion keine letztgültige Normativität zukommt, sondern sie prinzipiell offen ist für Transformation.

6 Fazit

Das religionspädagogische Ziel des bewussten Einbezugs abduktiver Schlüsse in der Praxis liegt darin, dass ein kommunikativer Raum eröffnet wird, in dem *Bedeutungen* generiert werden können (vgl. dazu auch Hilger 2003). Damit kann dieser Ansatz prinzipiell mit konstruktivistischen Konzepten verbunden werden, die die Selbsttätigkeit der Lernenden in den Vordergrund stellen und in der Religionspädagogik an Bedeutung gewinnen (vgl. Mendl 2002; allgemein Siebert 1994). Die Offenheit, die mit dem konstruktivistisch-kommunikativen Fokus verbunden ist, korrespondiert mit dem Gegenstand religiösen Lernens selbst: Was christlicher Glauben und christliche Lebenspraxis sind, ist notwendig, aber nicht hinreichend an der Vergangenheit abzulesen, sondern muss zu jeder Zeit immer wieder neu hermeneutisch entwickelt werden. Die abduktive Perspektive radikalisiert einen Lebenswelt-bezogenen Ansatz, sie ist emanzipatorisch im Hinblick auf das Lernsetting, und sie ist kritisch gegenüber theologischer Verkrustung.

Um die Metaphorik vom Beginn noch einmal aufzugreifen: Wer ein *Fach* unterrichtet, für die oder den sind u.U. viele Fragen bereits beantwortet und er oder sie will den Schülerinnen und Schülern diese Antworten mitteilen. Wer unterrichtet, weiß, dass die Antwort auf die Frage, »was es heute bedeutet, Christ zu sein«, weder beantwortet ist noch sich stellvertretend beantworten lässt, sondern nur von und mit den Schülerinnen und Schülern im Hier und Jetzt gesucht und gefunden werden kann. Gewagte Hypothesen sind Versuche, Bedeutungshorizonte zu eröffnen.

Literatur

Arnold, Franz X.: Dienst am Glauben, Freiburg i. Br. 1948.

Blankertz, Herwig: Die Geschichte der Pädagogik. Von der Aufklärung bis zur Gegenwart, Wetzlar 1982.

Bucher, Anton A.: Kinder als Ko-Konstrukteure ihrer Wirklichkeit, in: Diakonia 29 (1998) 311–318.

Englert, Rudolf: Die Korrelationsdidaktik am Ende ihrer Epoche, in: Hilger, Georg/Reilly, George (Hg.): Religionsunterricht im Abseits?, a.a.O., 97–110.

Feifel, Erich: Didaktische Ansätze in der Religionspädagogik, in: Ziebertz, Hans-Georg/ Simon, Werner (Hg.): Bilanz der Religionspädagogik, Düsseldorf 1995, 86–110.

Herrmann, Ulrich: Die Pädagogik der Philanthropen, in: Scheuerl, Hans (Hg.): Klassiker der Pädagogik I, München 1979, 135–158.

Hilger, Georg: Abduktive Korrelation und religionspädagogische Professionalisierung in der universitären Lehrerbildung, in: Ziebertz, Hans-Georg/Heil, Stefan/Prokopf, Andreas (Hg.): Abduktive Korrelation, a.a.O., 227–240.

Ders./Leimgruber, Stephan/Ziebertz, Hans-Georg: Religionsdidaktik. Ein Leitfaden für Studium, Ausbildung und Beruf, München 2001.

Ders./Reilly, George (Hg.): Religionsunterricht im Abseits?, München 1993.

Hirscher, Johann B.: Katechetik, Tübingen 1831.

Hubig, Christoph: Expertendilemma und Abduktion: Zum Umgang mit Ungewissheit, 1997 (online 1.6.2002: http://elib.uni-stuttgart.de/opus/volltexte/2000/650).

Mendl, Hans: Konstruktivismus und Religionspädagogik, in: ZPT 54 (2002) 170–184.

Peirce, Charles S.: Semiotische Schriften, hg. von Kloesel, Christian J.W./Pape, Helmut, Frankfurt a. M. 1986–1993.

Porzelt, Burkard: Jugendliche Intensiverfahrungen. Qualitativ-empirischer Zugang und religionspädagogische Relevanz, Graz 1999.

Siebert, Horst: Lernen als Konstruktion von Lebenswelten. Entwurf einer konstruktivistischen Didaktik, Frankfurt a. M. 1994.

Simon, Werner: Im Horizont der Geschichte. Religionspädagogische Studien zur Geschichte der religiösen Bildung und Erziehung, Münster 2001.

Thalhofer, Franz X.: Entwicklung des katholischen Katechismus in Deutschland, Freiburg i. Br. 1899.

Ziebertz, Hans-Georg: Die Foerstergefahr. Foerster und die Reform der Katechese zu Beginn des 20. Jahrhunderts, in: RpB 39/1997, 195–214.

Ders.: Im Mittelpunkt der Mensch. Subjektorientierung der Religionspädagogik, in: RpB 45/2000, 27–42.

Ders.: Kommunikation, in: Groß, Engelbert/König, Klaus (Hg.): Religionsdidaktik in Grundregeln, Regensburg 1996, 39–48.

Ders.: Sexualpädagogik in gesellschaftlichem Kontext, Weinheim/Kampen 1993.

Ders./Heil, Stefan/Prokopf, Andreas (Hg.): Abduktive Korrelation. Religionspädagogische Konzeption, Methodologie und Professionalität in interdisziplinärem Dialog, Münster – Hamburg – London 2003.

Ders./Kalbheim, Boris/Riegel, Ulrich: Religiöse Signaturen heute. Ein religionspädagogischer Beitrag zur empirischen Jugendforschung, Gütersloh/Freiburg i. Br. 2003.

Auf einmal gar nicht mehr von gestern

Überlegungen zum religionspädagogischen Gebrauch von Tradition

RUDOLF ENGLERT

1 Was kann uns eine Tradition heute noch sagen?

Ein junger Kollege macht eine Untersuchung über Bibelarbeit im Religionsunterricht. Seine Frage ist: Wie lassen sich die Heiligen Schriften der Juden und Christen in den öffentlichen Schulen einer pluralistischen Gesellschaft so erschließen, dass heutige Schülerinnen und Schüler daraus einen Gewinn ziehen können?

Der Kollege begegnet einem umfangreichen Repertoire methodischer Formen und einer großen Zahl veröffentlichter Unterrichtsbeispiele. Durchgängig wird das Bemühen spürbar, alte Texte über einen weiten Zeitenabstand hinweg neu zum Sprechen zu bringen. Doch zu einem sehr entscheidenden Punkt sind kaum eingehendere Auskünfte zu finden, nämlich: Warum sollte man sich dieser Mühe überhaupt unterziehen? Warum sollte Schülerinnen und Schülern des 21. Jahrhunderts überhaupt die Beschäftigung mit Texten aus längst vergangener Zeit zugemutet werden?

Aus meiner Sicht heißt der Schlüsselbegriff für die Beantwortung dieser Frage »Tradition«. Es geht um den Stellenwert von Tradition im Religionsunterricht – und darüber hinaus. Die gegenwärtige Form eines an konkrete Glaubens- und Überlieferungsgemeinschaften angebundenen Religionsunterrichts wird sich nur halten lassen, wenn man plausibel machen kann, inwiefern die Auseinandersetzung mit religiösen Traditionen für die Entwicklung des Selbst- und Weltverständnisses heutiger Schülerinnen und Schüler etwas austrägt; wenn man die Frage beantworten kann: Was ist die Leistung der Glaubensüberlieferung im schulischen Religionsunterricht? Bzw. allgemeiner: Was ist die

64

Leistung von Tradition für das Selbst- und Weltverstehen heutiger Menschen? Was kann uns eine Tradition sagen, das wir nicht von anderswoher schon besser wüssten?

2 Tradition in post-traditionaler Gesellschaft

In traditionalen Gesellschaften hatten Traditionen einen herausragenden Stellenwert: Sie waren normativ verbindlich, und zwar in einem dreifachen Sinne: Sie beanspruchten erstens exklusive Gültigkeit, zweitens allgemeine Zustimmung und drittens umfassende Relevanz. Heute leben wir in einer post-traditionalen Gesellschaft. Hier kann sich jeder innerhalb bestimmter verfassungs- und strafrechtlicher Grenzen orientieren, an was immer er oder sie will. Solche Bedingungen ermöglichen ein hohes Maß an religiöser, weltanschaulicher und kultureller Pluralität. Sie eröffnen dem Einzelnen in der grundsätzlichen Orientierung und konkreten Planung seines Lebens eine Fülle von Optionen. Man hat paradoxerweise sogar die Option, so zu tun, als hätte man keine: Man hat die Möglichkeit, weiterhin auf eine traditionale Weise zu leben und zu glauben. Man kann sagen: Die faktisch um mich herum existierende weltanschauliche und religiöse Pluralität ist für mich irrelevant, sie kann mir nichts geben, nur ein Weg ist richtig. Menschen, die sich in dieser Weise exklusiv an nur einer Tradition orientieren und diese Tradition als verbindliche Richtschnur für alle Bereiche ihres Lebens betrachten, entsprechen ziemlich genau dem Typus von Jesus-Nachfolge, den Kirche und Pastoral jahrhundertelang propagiert haben. Bezeichnenderweise erscheinen solche Menschen heute selbst aus der Sicht vieler Theologen als quasi-pathologische Grenzfälle, als fundamentalismusverdächtige Exoten, die sich in eine Art künstlichen Atavismus hineinversetzt haben. Mit anderen Worten: Selbst in einer so stark auf Tradition bezogenen Religion wie dem Katholizismus wird weitgehend davon ausgegangen, dass man sich an dieser Tradition heute nicht mehr einfach in der überkommenen traditionalen Weise orientieren kann. Wie aber dann? Und warum überhaupt noch?

Was also ist die mögliche Leistung von Traditionen in einer *post-traditionalen* Gesellschaft? Anthony Giddens meint, Traditionen behielten auch im Zeitalter der Globalisierung eine wichtige Funktion (vgl. Giddens 2001). Ja, es scheint, als werde man sich ihrer Bedeutung in mancher Hinsicht jetzt sogar ausdrücklicher bewusst als zu Zeiten einer weitgehend monokulturellen Moderne. Denn gerade unter Globalisierungsdruck erhebt sich die Frage nach Sinn und Möglichkeit angestammter kollektiver Identitäten (vgl. Niethammer 2000). Was haben autochthone Kulturen ihrer McDonaldisierung entgegenzusetzen? Können Traditionen in diesem Kontext eine produktive Rolle spielen? Giddens sagt »ja«, aber nur, wenn man sie auf eine *nicht-traditionale* Weise bewahrt. Und dazu gehöre eine Menge von all dem, was man mit Tradition lange Zeit gerade eben nicht verbunden hat, nämlich: Kritische Auseinandersetzung, immer wieder neue Interpretation, kontroverses Gespräch, kreative Transformation. Wer in einer post-traditionalen Gesellschaft Traditionen und insbesondere auch religiöse Traditionen verteidigen wolle, müsse, so Giddens, eine große Portion Rationalität aufbieten (vgl. Giddens 2001, 61).

Nun könnte man sagen: Was hier als nicht-traditionaler Umgang mit Tradition beschrieben wird, ist ziemlich genau das, was Religionspädagoginnen und -pädagogen schon seit ca. dreißig Jahren im Religionsunterricht versuchen. Korrelationsdidaktik ist ja auch: Einübung in eine kritische Hermeneutik der christlichen Tradition. Das heißt: Relevanz und Verbindlichkeit dieser Tradition werden nicht mehr schlicht vorausgesetzt; vielmehr soll die Tradition im Gespräch mit heutigen Erfahrungen erst erweisen, dass sie etwas zu sagen hat (vgl. Hilger 2001). Und es ist ganz klar, dass in diesem Dialog auch die Tradition nicht einfach bleibt, was sie einmal war. Religionspädagoginnen und -pädagogen können von daher in gewisser Weise als Spezialisten für einen nicht-traditionalen Umgang mit Tradition gelten. Kaum jemand dürfte über die Chancen, aber auch über die Schwierigkeiten eines solchen Umgangs besser Bescheid wissen als sie. Trotzdem findet sich von ihrer Seite wenig Grundlegendes zur Funktion von Tradition in pädagogischen Prozessen.

3 Probleme nicht-traditionalen Umgangs mit Tradition

Was macht es so schwierig, auf eine nicht-traditionale Weise von Traditionen zu sprechen? Im Blick speziell auf religionspädagogisches Bemühen möchte ich zwei Probleme ansprechen:

Erstes Problem
In einer posttraditionalen Gesellschaft muss die fehlende lebensweltliche Vertrautheit mit Traditionen wettgemacht werden durch ein erhöhtes Maß an hermeneutischer Kompetenz. Insofern setzt gerade eine nicht-traditionale Auslegung von Traditionen voraus, dass man sich in dieser Tradition einigermaßen selbstständig zurechtfindet; dass man ihr Organisationsmuster ein Stück weit

durchschaut, rote Fäden erkennt, inter-textuelle Bezüge sieht und im Reichtum der Variationen ein sich durchhaltendes inneres Maß erahnt. Ich habe den Eindruck, dass sich diese Kompetenz im gegenwärtigen Religionsunterricht nur sehr begrenzt vermitteln lässt. Vielleicht stößt man hier an eine Grenze, mit der man sich abfinden muss. Vielleicht hat dieses Defizit aber auch mit der in der Religionspädagogik heute vielfach anzutreffenden Praxis zu tun, die jüdisch-christliche Tradition als einen fast beliebig fragmentarisierbaren Fundus von Einzelelementen zu behandeln: von Symbolen, Vorstellungen, Handlungsorientierungen usw. Wie auch immer – es stellt sich die Frage, ob die Kenntnis der Glaubenstradition bei den meisten Schülerinnen und Schülern für eine nicht-traditionale Auslegung nicht allzu bruchstückhaft ist.

Zweites Problem

Eine nicht-traditionale Auslegung von Traditionen scheitert häufig an der hohen Beweislast, die man ihr aufbürdet. Beispiel: das in der Religionsdidaktik für die Grundschule nach wie vor sehr gebräuchliche x-, y-, z-Modell. Interviews aus unserer Essener Referendariatsstudie (vgl. Englert 2003b) lassen erkennen, dass sich Lehrerinnen und Lehrer durch die diesem Modell eingeschriebene Steigerungsdynamik schnell überfordert fühlen. Auf der empirischen »x«- und der existenziellen »y«-Ebene hat die Lehramtsanwärterin ein interessantes Gespräch zustandegebracht; wie man aber weiß, fordert die Fachleiterin, dass die Klasse nun auch die »z«-Ebene des Glaubens erreicht. Jetzt geht es darum, den Mehr-Wert klar zu machen, den das Deutungspotenzial christlichen Glaubens zum Verständnis einer Situation oder eines Problems austrägt. Wie also lässt sich, was man bereits entdeckt hat, zum Beispiel durch den Blick in die Bibel noch krönen? Wie lässt sich zeigen, dass erst im »Lichte des Glaubens« richtig deutlich wird, was vollkommenes Glück, was umfassende Gerechtigkeit, was tragfähige Identität sein kann? Mir selbst scheint, dass ein derartiger Mehrwert-Erweis den Sinn christlicher Tradition verfehlt. Denn: Kann eine religiöse Tradition überhaupt leisten, was sie zu leisten vermag, wenn man sie gezielt um eben dieser Leistung willen »anzapft« – und sie in dieser funktionalen Absicht jeweils nur in Fragmenten rezipiert? Kann die christliche Tradition etwas »bringen«, wenn man sie derart unter Nachweis-Stress setzt? Darf man wirklich hoffen, in zwei Wochenstunden demonstrieren zu können, was eine Tradition, der die Schülerinnen und Schüler lebensweltlich weitgehend entfremdet sind, alles kann: im Umgang mit den eigenen Ängsten, mit den großen Fragen nach Anfang und Ende, mit dem Problem, wofür es sich im Leben einzusetzen lohnt, mit Niederlagen, Leiden und Tod usw.?

4 Religiöse Tradition als systemische Konfiguration und semantisches Universum

Die Problematik eines solchen funktionalen Ansatzes liegt aus meiner Sicht vor allem darin, dass dieser den systemischen Charakter religiöser Traditionen verkennt. Auf diesen Systemcharakter hebt das Zweite Vatikanische Konzil ab, wenn es davon spricht, dass die Wahrheiten christlichen Glaubens, je nach ihrem Bezug zu dessen eigentlichem Fundament, »hierarchisch« geordnet seien (UR 11). In einem anderen Bild, das weniger an eine normative als an eine offene Struktur denken lässt, nennt Hans Urs von Balthasar die Wahrheit des Glaubens »symphonisch« (vgl. v. Balthasar 1972). Demnach erhält jeder Glaubensinhalt seinen vollen Klang erst im Resonanzraum der Gesamtkomposition. Wenn man nun ein einzelnes Element aus diesem Gefüge herausbricht und fragt, was es in einem anders konfigurierten System zu leisten vermag, verliert dieses Einzelne seinen Assoziationsreichtum und kann seine Bedeutung nicht mehr angemessen entfalten. – Im Zusammenhang mit der Rede von der Glaubenstradition als einer Komposition bzw. als einem System sind mir vor allem drei Punkte wichtig (vgl. Englert 2003a):

Die semantische Dimension der Tradition

Die jüdisch-christliche Tradition ist ein inter-textuelles Gewebe. Gerade für die biblischen Schriften gilt: »Jeder Text kann als eine Transformation schon vorhandener Texte aufgefasst werden« (Oeming 1998, 70). Anders ausgedrückt: Biblische Texte müssen auch als Kommentare zu biblischen Texten verstanden werden. Das heißt: Wer nur einen Text kennt, kennt auch diesen einen Text nicht richtig, denn dessen Gehalt erschließt sich erst im Gefüge eines viel umfassenderen Text- und Diskursuniversums. Natürlich lässt sich dieses Text-Gewebe vom Einzelnen immer nur sehr annäherungsweise durchschauen; von daher kann er sich die Bedeutung einer religiösen Tradition nie anders als nur fragmentarisch aneignen. Wenn jedoch ein bestimmter Fragmentarisierungsgrad überschritten wird – weil sich Menschen aus dem durch eine Tradition konstituierten Erinnerungsraum hinausbewegt haben – fällt das Fragment aus seinem Bezugssystem heraus und wird »belanglos« (das heißt, es lässt sich nicht mehr als Kommentar zu anderen Texten und anderen Problemkonstellationen lesen).

Die pragmatische Dimension der Tradition

Die jüdisch-christliche Tradition ist nicht nur ein semantisches Universum, sondern auch ein mit anderen geteilter Applikationszusammenhang verstandenen Sinns (vgl. Gadamer 1975, 290ff), christlich gesprochen: Sie ist auch eine Bewegung der »Nachfolge«. Aus der Sicht biblischer Hermeneutik lässt sich der Sinn christlichen Glaubens nicht wirklich verstehen, wenn man sich darauf beschränkt, ihn zu verstehen (und nicht auch versucht, ihm lebenspraktisch zu entsprechen). Im Sinne des theologischen Verständnisses von »Kirche« müsste man sogar noch weiter gehen und sagen: Wirkliches Glaubensverständnis ist nur möglich, wo dieser lebenspraktische Tauglichkeitstest des Glaubens kommunikativ verfasst ist, wo man mit seinem individuellen Applikationsbemühen noch einmal eingebunden ist in eine zur »Unterscheidung der Geister« fähige Experimentiergemeinschaft im Glauben. In jedem Falle ist der lebenspraktische »Ort« des Verstehens aus dieser Sicht hermeneutisch keineswegs belanglos. Sinn-Verstehen und die Teilhabe an einer Lebenspraxis gehören demnach zusammen.

Die syntaktische Dimension der Tradition

Lebendige Tradition ist nicht ein Fundus ewiger Wahrheiten, sondern eher ein Instrumentarium zur Hervorbringung situationsangemessener Reaktionen – im Lichte einer verbindlichen Grundperspektivik. Man könnte sagen: Die Tradition liefert eine Grammatik zur Generierung immer wieder neuer Lesarten von Welt. Tradition hat so gesehen also nicht nur eine präformative, sondern auch eine innovative Funktion. Aber auch aus dieser Sicht weist sie einen systemischen Charakter auf, ist sie eine Art geordneten Regelwerks. Wer es verstehen möchte, muss den Wandel der durch die Tradition im Laufe der Zeit hervorgebrachten Lesarten ein Stück weit überschauen und die diesem Transformationsprozess zugrunde liegenden generativen Strukturen mindestens in Ansätzen entziffern können. Wer nur das aktuelle Ende des Transformationsprozesses sieht, kann kein wirkliches Verständnis für das in der Tradition angelegte Aktualisierungspotenzial entwickeln.

Bei aller inneren Heterogenität stellt die christliche Tradition demnach einen kohärenten Sinn- und Praxiszusammenhang dar, welcher von einem Menschen, der sich daraus nur dieses oder jenes Einzelelement zu Eigen macht, eben gerade nicht wirklich mitvollzogen werden kann. Selbst wenn unstrittig ist, dass auch der christliche Glaube im Kontext religiöser Individualisierung nicht anders als in inhaltlicher Auswahlhaftigkeit personal realisiert werden kann, ist sicherlich eine kritische Grenze da erreicht, wo diesem Glauben aus der Sicht des betreffenden Subjekts keine für sein Leben prägende Bedeutung mehr beigemessen wird. Bei den meisten Schülerinnen und Schülern aber ist eben dies der Fall.

5 Die neue Aufmerksamkeit für Tradition im kulturwissenschaftlichen Diskurs

Die Frage ist, ob der systemische Charakter einer Tradition in einer post-traditionalen Gesellschaft überhaupt noch angemessen gewürdigt werden kann. In einer traditionalen Gesellschaft manifestierte sich der Bauplan einer Tradition sozusagen an allen Ecken und Enden und bis tief in die Organisation des Alltags hinein – man denke etwa an die christlich geprägte Ordnung des Jahreslaufs als immer wieder neuer Inszenierung des Heilsdramas. In posttraditionalen Gesellschaften hingegen sind diese Manifestationen weitgehend verblasst und ehemals durch und durch prägend gewesene Traditionen zerfallen zu verdeckt weiterwirkenden Unterströmungen (Beispiel: Weihnachten) oder zu selektiv rezipierten Einzelelementen: hier ein bisschen gregorianischer Gesang, da ein bisschen Engels-Glaube, dort Ansätze einer Spiritualität der Schöpfung usw. Was die Religionssoziologie »Patchwork-Religiosität« genannt hat, orientiert sich nicht mehr an der Architektur eines gemeinsamen Bekenntnisses, sondern an den Bauplänen der Einzelnen. Die innere Logik der jeweiligen Tradition bleibt dabei weitgehend im Dunkeln und interessiert auch kaum jemanden mehr – außer einer kleinen Schicht von darauf spezialisierten Experten (vgl. Wiedenhofer 1998).

Dabei zeigt sich ein interessantes Phänomen: Während Traditionen im gesellschaftlichen Alltag eine immer geringere Rolle spielen, werden sie im kulturwissenschaftlichen Diskurs immer stärker zum Thema, zum Beispiel unter dem Stichwort des »kulturellen Gedächtnisses« (vgl. etwa Assmann 2000). Offenbar haben Traditionen in traditionalen Gesellschaften das Leben zu sehr durchdrungen, um als etwas von eigener Prägekraft wahrgenommen zu werden. In posttraditionalen Gesellschaften hingegen lassen Traditionen ihre historische und kontextuelle Bedingtheit erkennen und treten aus dem Fluss des Lebens als etwas Eigenes hervor. Erst jetzt werden sie zu einem Gegenstand allgemeineren wissenschaftlichen Interesses. Erst jetzt, wo ihre Relativität offen vor Augen liegt, wird aus einer Botschaft, aus einem Anspruch, einer Lehre usw. eine »Tradition«, ein Stück »kulturellen Gedächtnisses«, das sich in aller Ruhe betrachten lässt. Genau in dem Moment, in dem selbst Theologen anfangen, von der »christlichen Offenbarung« in diesem Sinne als einer »Tradition« zu sprechen, können auch Nicht-Theologen sozusagen konfessionsentlastet von der kulturellen Bedeutung religiöser Überlieferungen sprechen. Während die Moderne die Tradition bekämpfen musste, weil diese noch ein wirklich machtvoller und prägender Faktor war, kann man es sich in der Postmoderne erlauben, Traditionen leben zu lassen, gerade weil sie alles Obligatorische verloren haben.

Ein prominentes Beispiel dafür ist Jürgen Habermas. Er, der in früheren Werken die Evolution des Geistes sich in eine Richtung entwickeln sah, in der Religion völlig entbehrlich sein würde, hat unlängst von der bleibenden Bedeutung der Religion als einer Ressource der Sinnstiftung gesprochen. Eine säkulare Gesellschaft, die sich dieser Ressource entwachsen glaubt, ist für ihn nun keine positive Vision mehr, sondern eine Gefahr. Habermas sprach in diesem Zusammenhang von dem Erfordernis, dass auch eine säkulare Gesellschaft sich »ein Gespür für die Artikulationskraft religiöser Sprachen« (Habermas 2001, 17) bewahren müsse. Er sieht hier sehr genau, dass man – zum Beispiel keineswegs an die »lieben Englein« (vgl. Nietzsche 1988, 41) glauben muss, um zu begreifen: Der Begriff »Engel« drückt, im Bezug auf mir durch einen anderen Menschen unverhofft zuteil gewordenen Beistand, etwas aus, das über ein simples »Glück gehabt« hinausgeht – und in diesem Bedeutungsüberschuss steckt etwas, das, auch wenn es schwer zu definieren ist, nicht verloren gehen sollte. Hier wird die Religion nicht als ein bestimmtes Überzeugungssystem gewürdigt, sondern als eine Sprache: als ein Medium, das uns etwas aussprechbar macht, was uns sonst abhanden zu kommen drohte.

6 Traditionen als Lesarten oder als Dispositive von Erfahrung?

Die skizzierte Entwicklung zeigt: Wir sind zu den unseren europäischen Kulturraum prägenden Zeugnissen christlicher Offenbarung in ein historisches Verhältnis getreten. Die Frage ist: Was wird aus dem christlichen Glauben, wenn die Menschen ihm gegenüber in ein historisches Verhältnis treten? Was wird aus dem Religionsunterricht, wenn er diese Entwicklung als unhintergehbaren Bedingungszusammenhang seines Bemühens wirklich ernst nimmt? Wie kann man Schülerinnen und Schülern nun noch plausibel machen, warum sie bei der Bearbeitung persönlicher Lebensfragen auf religiöse Traditionen zurückgreifen sollten? Welche Konzepte gibt es, die in der Lage sind, die Bedeutung von Traditionen in post-traditionalen Gesellschaften überzeugend zu beschreiben?

Ich sehe in der Religionspädagogik vor allem zwei – jeweils in unterschiedlichen Varianten ausgearbeitete – Ansätze, die den Anspruch erheben können, mindestens implizit eine Antwort auf die gestellte Frage zu geben. Den ersten Ansatz möchte ich das »Lesarten-Konzept«, den zweiten das »Struktur-Konzept« nennen. Die Frage, welchem Konzept man eine größere Berechtigung zuspricht, spielt für das Verständnis und die Anlage religiösen Lernens unter den Bedingungen religiöser Pluralität eine große Rolle.

Das Lesarten-Konzept

Ausgangspunkt religiösen Lernens sind hier ganz »normale« Erfahrungen mit der »weltlichen Wirklichkeit« (E. Schillebeeckx). Aufgabe des Religionsunterrichts ist es, Kinder und Jugendliche zu befähigen, die Tiefendimension dieser Erfahrungen zu erschließen: »hinter« die Dinge zu sehen (vgl. Halbfas 1982). Vor allem in der Grundschule geschieht dies häufig auf dem Wege der Symboldidaktik.

Dahinter steckt ein Konzept natürlicher Theologie, das die Selbstmitteilung Gottes nicht an Akte kategorialen Offenbarungs-Empfangs gebunden sieht und Offenbarung dementsprechend nicht mehr nur als geschichtliches Tradierungsgeschehen denkt. Vielmehr wird versucht, die Wirklichkeit als ganze als Spiegel der schöpferischen Wirksamkeit Gottes wahrzunehmen. Traditionen fungieren in diesem Zusammenhang, man könnte sagen: nur noch, als mögliche Deutungen allgemeiner religiöser Grunderfahrungen: zum Beispiel das Symbol »Brunnen«, dass wir aus Kräften schöpfen, die uns selber verborgen sind; das Symbol »Weg«, dass wir in unserem Leben immer wieder angewiesen sind auf vertrauenswürdige Weg-Weiser. Traditionen haben hier die Bedeutung von konkreten Lesarten allgemeiner Erfahrungen. Sie sind ein Medium der Artikulation dessen, was wir eigentlich »immer schon« wissen können.

Dieses Konzept wirft die Frage auf: Inwieweit ist theologische Erkenntnis dann nicht auch ganz ohne den Bezug auf spezifische Offenbarungszeugnisse möglich – *allein* durch die Auslegung menschlicher Erfahrung? Beziehungsweise andersherum: Was ist in den Offenbarungszeugnissen aufgehoben, das nicht in heute und jederzeit möglichen Erfahrungen auch zum Durchbruch kommen könnte? Was kann der Bezug auf die Tradition jüdisch-christlichen Glaubens heutigen Kindern und Jugendlichen geben, das diese sich in der Reflexion ihrer eigenen Erfahrungen nicht auch selber geben könnten?

Ich habe große Sympathien für das Lesarten-Konzept. Mir scheint allerdings, dass ihm ein etwas naiver Erfahrungsbegriff zugrundeliegt. Dies sei an einer kleinen Reminiszenz etwas näher verdeutlicht. Als Theologie-Student hatte es mir das Buch »Glaubensinterpretation« von Schillebeeckx besonders angetan. Einer meiner Lieblingssätze daraus war: Die Theologie sucht »nach etwas in unserem menschlichen Leben, das verständlich macht, was Christen mit dem Namen Gott meinen« (Schillebeeckx 1971, 88). Es schien hier möglich, die Rede von Gott aus dem aufmerksamen Betrachten eines Stücks eigenen Erlebens heraus zu plausibilisieren; und das hieß doch wohl: weitgehend voraussetzungslos und sozusagen ganz »weltlich« von Gott zu reden. Später stellte sich mir die Frage: Ist in einem menschlichen Leben irgendeine Gegebenheit vorstellbar, die uns aus sich selbst heraus etwas zu verstehen geben könnte, irgendein Geschehen, dem sich eine Art von religiöser Evidenz entnehmen ließe?

Meinen Zweifel habe ich in John Updike's Roman »Sonntagsmonat« sehr schön illustriert gefunden. Dessen Hauptfigur, ein evangelischen Pfarrer, wird sich in einem inneren Monolog bewusst: »Meine Intuition Objekten gegenüber (ist) derjenigen Robbe-Grillets genau entgegengesetzt. Robbe-Grillet intuiert ... in Tischen, Zimmern, Messern etc. eine Leere, die von dem allumfassenden Nichts widerhallt. Er braucht nur einen Stuhl zu beschreiben, und schon wissen wir, dass Gott abwesend ist. Während in mir, wenn ich eine Fensterscheibe verkitte, das Gesicht nahe darübergebeugt, der klare Verdacht erwacht, dass irgendjemand in der unmittelbaren Nachbarschaft unermesslich und verschwiegen Sorge trägt. Gott« (Updike 1981, 28). Ich frage mich: Woher rührt der Unterschied in der Wahrnehmung der Dinge, im Einzelnen und im Ganzen? Lassen sich die verschiedenen Intuitionen Objekten gegenüber wirklich *begründen*? Oder hängen sie nicht vielleicht auch und ganz grundlegend damit zusammen, dass wir, wie Wilhelm Schapp formuliert, in ganz bestimmte Geschichten verstrickt sind bzw. dass wir die Dinge immer schon im Lichte bestimmter Traditionen auslegen (vgl. Schapp [3]1985) . Wird unsere Perspektivik auf die Realität also nicht von Traditionen ganz entscheidend modelliert – so, dass uns nichts begegnet, was nicht schon längst irgendwie positionell aufgeladen wäre? Mit anderen Worten: Ist das Lesarten-Konzept nicht viel abhängiger von mindestens unterschwellig wirksamen Traditionen als es selbst wahrhat? – Diese Fragen führen zu einem zweiten Konzept.

Das Struktur-Konzept

Das Struktur-Konzept geht davon aus, dass wir nicht erstens Erfahrungen machen, die dann zweitens im Lichte konkreter Traditionen in einer bestimmten Weise gedeutet werden, sondern dass wir erstens in konkrete Traditionen hineingestellt sind und dann zweitens unter deren maßgeblichem Einfluss bestimmte Erfahrungen machen. Auch Erfahrungen mit dem, was Menschen als unbedingt bedeutsam oder letztlich bestimmend empfinden, sind demnach durch bestimmte Traditionen von Anfang an so stark strukturiert, dass sich die Bedeutung solcher Erfahrungen außerhalb dieser Traditionen gar nicht wirklich verstehen lässt.

Eine solche Auffassung liegt etwa dem Ansatz von Thomas Ruster zugrunde (vgl. Ruster 2000a; 2000b). Aus Rusters Sicht ist das derzeit alle menschlichen Erfahrungen in unserer Gesellschaft bis in die letzten alltäglichen Empfindungen hinein prägende, ja geradezu imprägnierende Konzept die kapitalistische Religion des Geldes. Deshalb hätten die Erfahrungen der Menschen heute jene epiphanische Qualität, die das Lesarten-Konzept ihnen zuschreibt, ganz verloren, nämlich: Spuren Gottes in der Welt sichtbar zu machen. Die religionspädagogische Hoffnung, Schülererfahrungen ließen sich in einer Art phänomenologischen Reduktionsverfahrens auf jene Momente hin freilegen, die so etwas wie die Präsenz Gottes in der Verborgenheit des Alltäglichen entdecken lassen, erscheint aus dieser Sicht abwegig. Jene Erkenntnis, um die es einem wirklich christlichen Religionsunterricht gehen müsse, lasse sich nur noch in der Begegnung mit den fremden Erfahrungen der Bibel gewinnen.

Ein solches Konzept zielt letztlich auf die Reorganisation des gesamten Wahrnehmungs- und Sinnsystems heutiger Schülerinnen und Schüler. Es intendiert eine Form geradezu metanoetischen Lernens. Im spezifischen Kontext von Schule führt ein derartig weitreichendes Projekt unweigerlich auf einen gefährlichen Kollisionskurs: mit dem religiösen Selbstbestimmungsrecht der Schülerinnen und Schüler, mit einer Schul-Pädagogik, die Heranwachsende in ihrer Entwicklung nicht direktiv steuern, sondern behutsam begleiten möchte, mit den Wirkungsgrenzen eines bestenfalls zweistündigen Religionsunterrichts. Darüberhinaus wirft es die Frage auf: Darf man wirklich erwarten, dass sich die Schülerinnen und Schüler in die Perspektivik der Tradition und insbesondere der Bibel hineinziehen lassen, wenn es zwischen ihren konkreten Lebens-Erfahrungen und dieser Perspektivik, wie Ruster meint, heute keine produktiven Beziehungen mehr gibt? Lassen sich die Grenzen der durch Traditionen bzw. durch kulturelle Codes konstituierten Welten nicht überhaupt nur dann überschreiten, wenn ein solcher produktiver Bezug auf Erfahrungen möglich ist? Wenn zum Beispiel auch Menschen, die durch die kapitalistische Religion des Geldes infiziert sind, Erfahrungen mit denen teilen können, die sich dem biblischen Wirklichkeitsverständnis verpflichtet fühlen (vgl. Hilger 2001, 319f)?

7 Traditionen als dem Faktischen gegenüber Freiheit eröffnende Perspektiven

Nun kann man das Struktur-Konzept sicherlich auch weniger schroff formulieren als Ruster dies getan hat; dann müssen sich Lesarten- und Struktur-Konzept gar nicht unbedingt ausschließen. Vielleicht ließe sich sogar exemplarisch zeigen, wie »natürliche« und »traditionsvermittelte« Religiosität wechselseitig aufeinander bezogen sind: Auf der einen Seite nämlich scheint auch ein traditionsvermittelter Glaube bleibend angewiesen auf eine aus empirischem Erleben selbst resultierende, zwanglose Bereitschaft, auf die von der Tradition angebotenen Deutungen auszugreifen. Eine Tradition, die nicht immer wieder von eigenen Erfahrungen her und auf die Erfahrungen anderer hin Plausibilität gewänne, löste sich vom alltäglichen Lebenszusammenhang ab und würde schließlich als fremd empfunden werden.

Auf der anderen Seite, und darauf kommt es mir hier besonders an, erscheint eine natürliche Religiosität, die nur aus eigenem Erleben schöpft und ohne Formen, ohne Austausch und ohne praktische Folgen bleibt, zu fragil, um auf die Dauer lebensfähig zu sein – wenn sie nicht eben wenigstens gelegentlich etwas tiefer eintaucht in den Fluss einer großen religiösen Tradition. Eine solche Tradition lässt sich als eine Art Alphabet betrachten, die dem Einzelnen das Buchstabieren seiner individuellen Religiosität überhaupt erst ermöglicht; und zwar eben nicht, um etwa Schülerinnen und Schüler ihres eigenen Sinn-Erlebens zu enteignen, sondern um dieses einzubringen in ein beziehungsreiches Verweissystem; ein Verweissystem, das dann seinerseits Erfahrungen ermöglicht, die sich ohne es gar nicht »ereignen« könnten.

8 Religionsdidaktische Konsequenzen

Heute, so scheint mir, ist nicht mehr die Tradition die lichtlose Höhle, aus der uns die vorurteilslose Vernunft in emanzipatorischer Absicht herausführen müsste; heute ist es vielmehr ein zu pragmatischem Erfolgsdenken und ökonomischer Cleverness heruntergekommener Alltagsverstand, der unserem Blick die Weite nimmt; und es ist die Tradition, die uns aus dieser Enge vielleicht ein Stück weit heraushelfen könnte. Mit anderen Worten: Heute stellt der Bezug auf die Tradition geradezu ein Medium transzendierenden Denkens dar. Folgende drei religionsdidaktische Konsequenzen scheinen sich mir auf diesem Hintergrund nahe zu legen:

1. Die grundlegende kulturelle und anthropologische Bedeutung eines Bezugs auf Traditionen sollte deutlicher herausgestrichen werden. Dabei wäre erheblich über das hinaus zu gehen, was man gewöhnlich die »kulturgeschichtliche Legitimation« des Religionsunterricht nennt. Denn es geht hier nicht nur um das Vertrautwerden mit dem eigenen Erbe, sondern weit darüber hinaus um die Einsicht in die fundamentale Bedeutung von Traditionen für die Konfiguration von Welt-Zugängen und Erfahrungen überhaupt. Die Frage ist nicht: Orientiere ich mich an einer vorgegebenen Tradition oder entscheide ich selbst? Die Frage ist: In welche Geschichte lasse ich mich verstricken? Im Lichte welcher bedeutungsspendenden Tradition »lese«

ich mein Leben? Die Reflexion hierüber ist eine Bildungsaufgabe ersten Ranges.

2. Der systemische Charakter der jüdisch-christlichen Tradition wäre stärker zu betonen. Die für posttraditionale und in Sonderheit postmoderne Gesellschaften bezeichnende Tendenz zu einem hochselektiven Umgang mit religiösen Traditionen sollte nicht moralisierend beklagt, sondern müsste kompensatorisch aufgefangen werden. Dazu gehört erstens, dass die spezifische Funktion einer religiösen Tradition verdeutlicht wird. Es muss klar werden: In diesem System artikuliert sich ein spezifischer Weltzugang, der nicht zum Beispiel durch einen wissenschaftlichen oder moralischen Weltzugang ersetzt werden kann. Dazu gehört zweitens, dass versucht werden sollte, die verschiedenen Traditionselemente in ihren Verweisungszusammenhang hineinzustellen, beispielsweise durch eine Einübung in intertextuelle »Lektüre«; und zwar nicht nur von Texten: Auch kirchengeschichtliche Geschehnisse lassen sich als »Interpretationen« von Texten »lesen«, auch Oster-Bräuche lassen sich als »Kommentare« zum Auferstehungsglauben »lesen« usw. Dazu gehört drittens, der Versuch, Tradition auch als Praxiszusammenhang erfahrbar werden zu lassen. Die christliche Tradition kann nicht wirklich zu sprechen anfangen, wo nur über sie gesprochen wird. Von daher wäre mit Möglichkeiten dessen zu experimentieren, was man einen »performativen Religionsunterricht« nennen könnte (vgl. Dressler 1998; Englert 2002).

3. Der perspektivische Charakter der jüdisch-christlichen Tradition müsste ins Licht gerückt werden. Ein nicht-traditionaler Umgang mit Tradition streicht nicht den normativen Anspruch der Tradition heraus, sondern lädt ein zu prüfen und auszuprobieren. In lockerem Anschluss an Günter Langes Überlegungen zu einem Religionsunterricht als Sehschule (vgl. Lange 1998) könnte man vielleicht sagen: Es geht um ein Experimentieren mit den Seh-Vorschlägen der christlichen Tradition. Die Welt als Schöpfung sehen, was heißt das, welche Konsequenzen hätte das? Den Fremden als Nächsten sehen, was heißt das, welche Konsequenzen hätte das? Den tiefsten, unauslotbaren Grund meines Daseins als Gott ansprechen, was heißt das? Es muss klar werden: Man kann alles auch anders sehen. Gott ist sozusagen »freiwillig«, wie es der häretische Anglikaner Don Cupitt formuliert (Cupitt 2001, 116). Gott lässt sich nicht in der Welt nachweisen. Aber eine Welt, deren letzten Grund ich als »Gott« anspreche, ist als ganze eine andere.

Literatur

Assmann, Jan: Religion und kulturelles Gedächtnis. Zehn Studien, München 2000.

Balthasar, Hans Urs von: Die Wahrheit ist symphonisch. Aspekte des christlichen Pluralismus, Einsiedeln 1972.

Cupitt, Don: Nach Gott. Die Zukunft der Religion, Stuttgart 2001.

Dressler, Bernhard: Religion ist mehr als Worte sagen können, in: Glaube und Lernen 13 (1998) 50–58.

Englert, Rudolf: »Performativer Religionsunterricht?!«, in: rhs 45 (2002) 32–36.

Englert, Rudolf (2003a): Neues aus Altem verstehen. Zum Vorschlag einer abduktiven Weiterentwicklung der Korrelationsdidaktik, in: Ziebertz, Hans-Georg/Heil, Stefan/Prokopf, Andreas (Hg.): Abduktive Korrelation, Münster 2003, 67–78.

Englert, Rudolf (2003b): Was ist gelingender Religionsunterricht? Die Sicht von Anwärter/innen für das Lehramt an Grundschulen, in: Fischer, Dietlind/Elsenbast, Volker/Schöll, Albrecht (Hg.), Religionsunterricht erforschen, Münster 2003, 226–242.

Gadamer, Hans-Georg: Wahrheit und Methode. Grundzüge einer philosophischen Hermeneutik, Tübingen ⁴1975.

Giddens, Anthony: Tradition, in: ders.: Entfesselte Welt. Wie die Globalisierung unser Leben verändert, Frankfurt a. M. 2001, 51–67.

Habermas, Jürgen: Glaube, Wissen – Öffnung. Zum Friedenspreis des deutschen Buchhandels. Eine Dankrede, in: Süddeutsche Zeitung v. 15. Oktober 2001, 17.

Halbfas, Hubertus: Das dritte Auge. Religionsdidaktische Anstöße, Düsseldorf 1982.

Hilger, Georg: Korrelieren lernen, in: ders./Leimgruber, Stephan/Ziebertz, Hans-Georg (Hg.): Religionsdidaktik. Ein Leitfaden für Studium, Ausbildung, Beruf, München 2001, 319–329.

Lange, Günter: Religionsunterricht als Sehschule. Zur ästhetischen Dimension religiösen Lernens in Grundschulen, in: Dimensionen religiösen Lernens. Religionsunterricht im Zeichen einer veränderten Kindheit (Bensberger Protokolle 95), Bergisch Gladbach 1998, 91–97.

Niethammer, Lutz: Kollektive Identität. Heimliche Quellen einer unheimlichen Konjunktur, Reinbek 2000.

Nietzsche, Friedrich: Menschliches, Allzumenschliches I, München 1988 (1878).

Oeming, Manfred: Biblische Hermeneutik, Darmstadt 1998.

Schapp, Wilhelm: In Geschichten verstrickt. Zum Sein von Mensch und Ding, Frankfurt a. M. ³1985.

Ruster, Thomas (2000a): Der verwechselbare Gott. Theologie nach der Entflechtung von Christentum und Religion. Freiburg 2000.

Ruster, Thomas (2000b): Die Welt verstehen »gemäß den Schriften«, in: rhs 43 (2000) 189–203.

Schillebeeckx, Edward: Glaubensinterpretation. Beiträge zu einer hermeneutischen und kritischen Theologie, Mainz 1971.

Updike, John: Der Sonntagsmonat, Reinbek 1981 (A Month of Sundays, 1975).

Wiedenhofer, Siegfried: The Logic of Tradition, in: Schoppelreich, Barbara/Wiedenhofer, Siegfried (Hg.): Zur Logik religiöser Traditionen, Frankfurt a. M. 1998, 11–84.

Erfahrungsbezogene Theologie – (Post-)Moderne Spiegelungen

WERNER H. RITTER

Zu den Horizonten einer Religionsdidaktik in der (Post-)Moderne gehört zweifelsohne eine erfahrungsbezogene Theologie. Was ich damit meine, entfalte ich in drei Schritten. Zunächst zeichne ich die Entwicklung von erfahrungsloser zu erfahrungsbezogener Theologie im 20. Jahrhundert nach (1). Dann umreiße ich ein kritisch reformuliertes Erfahrungsverständnis, mit dem sich auch theologisch arbeiten lässt (2). Abschließend skizziere ich Konturen einer erfahrungsbezogenen Theologie im (post-)modernen Kontext (3).

1 Von erfahrungsloser zu erfahrungsbezogener Theologie

1.1 Erfahrungs-lose Theologie

In dem Maße, in dem sich Religion im Abendland unter der Führung der Theologie zur »Lehre« (Stolz 1988, 80) verdichtete, wurde Theologie erfahrungs-los verstanden. Dabei war Erfahrung für die Theologie keineswegs ein a priori verpönter Begriff, sondern sie stand ihm auf weiten Strecken ihrer Geschichte offen gegenüber: so bis zum 13. Jahrhundert, in der Mystik, bei Luther, im Pietismus, im katholischen Modernismus und in der liberalen (evangelischen) Theologie am Anfang des 20. Jahrhunderts (vgl. Ritter 1989, 110ff, 272ff). Die verhängnisvolle theologische Vernachlässigung von Erfahrung datiert seit dem späten 19. und vor allem dem 20. Jahrhundert. Dies gilt für neuscholastisch-vorneuzeitliche und materialkerygmatische katholische (vgl. Ziebertz 1999, 23ff) ebenso wie für neu-lutherische und dialektisch-theologische evangelische Positionen. Wo Glaube vorwiegend *Gehorsam* des Willens und des Verstandes gegenüber Gott und seiner *Offenbarung* ist und man sich dementsprechend der *Autorität* des sich offenbarenden Gottes zu fügen und seine *Geheimnisse* demütig anzunehmen hat, dort kann Theologie voraussetzungsgemäß nichts mit Erfahrung zu tun haben.

Einen Höhepunkt stellt diesbezüglich im evangelischen Kontext die Theologie Karl Barths dar. Hier gilt Erfahrung als »etwas Abgeleitetes, Sekundäres gegenüber der Glaubenswahrheit« (Hasenhüttl 1974, 624). Barth qualifiziert menschliche Erfahrung für die Gotteskenntnis radikal ab, da sie den Versuch darstelle, neben der einzig für das Gottesverständnis und den Glauben maßgeblichen »Offenbarung in Jesus Christus« noch eine zweite »Offenbarungsquelle« anzunehmen (vgl. Ritter 1989, 262ff). An Barth lässt sich exemplarisch zeigen, wie eine vorab festgelegte theologische Offenbarungs-Theorie reflektierte Rede von Erfahrung a priori verunmöglicht. Glauben und Theologie gibt es dann nur »trotz der Erfahrung« (Rudolf Bultmann). Mit dieser »Sprachregelung« standen evangelische und katholische Theologie für viele Jahrzehnte des 20. Jahrhunderts gleichsam auf der »anderen Seite« der Erfahrung – Erfahrung galt als das gegenüber Offenbarung, Autorität und Gehorsam »allzu Menschliche«. Folgerichtig bestimmten dann zunehmend Human-, Sozial- und Naturwissenschaften, was Erfahrung ist; Glaube und Theologie verkamen zu einer »Sonderwirklichkeit« bzw. Sonderwissenschaft.

1.2 Erfahrungsbezogene Theologie

Mitbedingt durch sozialwissenschaftliche (vgl. Berger 1992, 46ff) und (kunst-) ästhetische Reflexionen sowie außerkirchliche und außertheologische Impulse aus religiöser Subkultur, Jugendreligionen und (östlichen) Meditationstechniken kam es in den 70er- und 80er-Jahren des 20. Jahrhunderts zu einer breiten theologischen Rückbesinnung auf Erfahrung und zu ihrer theologischen Rehabilitierung. Mit einer überraschenden Einmütigkeit bemühten sich Exegeten (vgl. Ritter 1989, 269) wie auch Systematische und Praktische Theologen (Religionspädagogik eingeschlossen) beider Konfessionen um die Wiedergewinnung der Erfahrungsdimension.

In der *katholischen Theologie* wurde der Stellenwert der Erfahrung maßgeblich durch Karl Rahner aufgewertet: Die Ausrichtung eines jeden Menschen auf das Geheimnis Gottes als Grund und Ziel seiner Existenz sei an seiner Erfahrung (!) aufzuweisen (vgl. Rahner 1976, 7f, 31f). Walter Kasper reflektierte über das »Problem der Erfahrung in der gegenwärtigen Theologie« und votierte zugunsten geschichtlicher Erfahrung Gottes (vgl. Kasper 1970, 120ff) Nach Gotthold Hasenhüttl ist die Theologie »als Wort von Gott wie keine andere Wissenschaft auf Erfahrung verwiesen« (Hasenhüttl 1974, 624ff). Edward Schillebeeckx versteht Offenbarung als »eine im Wort ausgedrückte Erfahrung; sie ist Gottes Heilshandeln als erfahren und zur Sprache gebracht durch Menschen« (Schillebeeckx 1977, 39). Dementsprechend müsse die christliche Kirche »ihre eigene evangelische Erfahrungstradition wirksam« weitergeben (Schillebeeckx 1980, 73ff, 112).

Evangelischerseits besagen die ähnlich gelagerten Bestimmungsversuche von Gerhard Ebeling und Eberhard Jüngel, dass Glaube eine »*Erfahrung mit der Erfahrung*« meine. Für Jüngel ist »von dem Ereignis der Offenbarung Gottes her, die ja als solche bereits in der Weise der Erfahrung sich ereignet und nicht etwa erst durch Erfahrung *ergänzt* werden muss, eine neue Möglichkeit von Erfahrung freizulegen«, und es gilt, »die menschlichen Welt- und Selbsterfahrungen in einem neuen Licht verstehbar werden zu lassen« (Jüngel 1980, 176, 175). Für Ebeling ist »der christliche Glaube – wie Religion überhaupt, wenn auch auf eigene Weise – seit je mit der Erfahrung innig verbunden ...« und hat »seinen Ort in der Fülle menschlicher Lebenserfahrung« (Ebeling 1975, 25). Theologie sei folglich »kritische Explikation dessen, was auf Grund christlichen Glaubens in Konfrontation mit aller relevanten Überlieferung und Erfahrung über das Ineinander von Gotteserfahrung, Welterfahrung und Selbsterfahrung auszusagen ist« (Ebeling 1975, 171). Eilert Herms versteht die Theologie insgesamt als »Erfahrungswissenschaft« (vgl. Herms 1978). Fußte bis in die 60er-Jahre des 20. Jahrhunderts hinein Theologie also auf einem Verständnis von Glauben »wider alle Erfahrung«, so wird mit den 70ern zunehmend »Erfahrung aus Glauben« (vgl. Schreiter 1984) theologisch bedeutsam.

Über die Konfessionsgrenzen hinweg avanciert Erfahrung auch in der *Religionspädagogik* der 70er- und 80er-Jahre zu einer, wenn nicht *der* religionspädagogischen Kategorie. Angefangen bei Erich Feifel, der das Stichwort Erfahrung initialzündend ausgab (vgl. Feifel 1967, 160ff, v.a. 167f) und einen meilensteinartigen Entwurf (vgl. Feifel 1973, 86ff) dafür lieferte, über Peter Biehl, der über Erfahrung hermeneutisch, theologisch und religionspädagogisch (vgl. Biehl 1983, 13ff) nachgedacht hat, wird Erfahrung »Grundlage einer *integrativen Religionspädagogik*« (Biehl 1983, 13) und kann seit den 70er-Jahren als (die) Schlüsselkategorie der Religionspädagogik gelten (vgl. Ritter 1989; Biehl 2001, 421). Auch wenn neuerdings in der religionspädagogischen Debatte darauf hingewiesen wird, dass die Zeit der »Großkonzeptionen«, welche alle Aufgabenfelder des Religionsunterrichts abdecken können, vorbei sei und die Spannungen im Erfahrungsbegriff nicht dazu angetan seien, die Religionspädagogik als Wissenschaft zu begründen (vgl. Biehl/Johannsen 2000, 66), meine ich, dass der Erfahrungsbegriff nach wie vor eine hohe religionspädagogische Valenz hat, zur religionspädagogischen Grundsatz- wie Praxisarbeit taugt und sich die

Religionspädagogik mit ihm begrifflich wie konzeptionell wissenschaftlich ausweisen und (inter-)disziplinär verständigen kann.

2 Was meint Erfahrung?
Eine kritische Reformulierung

2.1 Wirklichkeit – Wahrnehmung – Erfahrung

Mit dem Begriff der Erfahrung hat die Neuzeit jene Kategorie gefunden, die sowohl den Vorgang (Prozess) als auch das Ergebnis der geschichtlich und sozial vermittelten, letztlich aber subjektiv verantworteten Wirklichkeitsgewinnung bzw. -aneignung bezeichnet (vgl. Ritter 1989; 1998). Voraussetzungen für Erfahrung sind dabei ein Ereignis bzw. eine Gegebenheit *und* ein sinnesfähiges Subjekt. *Wirklichkeit* gibt es näherhin nicht einfach – wie wir oft meinen – »an und für sich« und »objektiv«, sie steht auch nicht von vornherein oder für immer fest, vielmehr muss, weil sie komplex und vieldeutig ist, um sie gerungen und »gestritten« (Ebeling) werden. Phänomenale Wirklichkeit (vgl. Schulz 1992, 841f; Weischedel 1960, 118ff) als Inbegriff aller möglichen Erfahrung steht »für alles, was ist oder sein kann« (Bocheński 1954, 12). Den *Modus*, in dem sich uns Menschen Wirklichkeit erschließt und konstituiert bzw. in dem wir sie erschließen und konstituieren, nennen wir Erfahrung; sie ist die »Gegebenheitsweise aller möglichen Wirklichkeit« (Herms 1982, 91, 97) und die Schlüssel- bzw. Erschließungskategorie von und für Wirklichkeit. Sie bezeichnet eine geschichtlich-gesellschaftlich wie subjektiv bedingte Maßnahme, Eindrücke und Wahrnehmungen mittels eines vorgegebenen Deute- und Traditionsrahmens darstellbar zu machen (vgl. Berger/Luckmann [5]1977). Im Unterschied zur Wahrnehmung und zum Erlebnis ist Erfahrung ein in das Bewusstsein gehobenes, in einen umfassenden Deutungs- oder Erfahrungshorizont integriertes und gedeutetes (!) Wahrnehmen bzw. Erleben und damit Ergebnis menschlicher Vollzüge. Erfahrung »funktioniert« also nur auf der Basis eines Referenz-, Interpretations- oder Deuterahmens innerhalb einer lebendigen Kommunikations- und Erfahrungsgemeinschaft. Menschliche Gesellschaften schaffen sich überlebensnotwendig solche Rahmen, indem sie bestimmte Sinn- und Erfahrungsgehalte aus der Aktualität konkreter Erfahrungsakte lösen, festhalten und so »auf Dauer stellen« (Koch 1975, 136). Erfahrung muss als eine begrifflich »interpretierte Wahrnehmung«

(Härle 1982, 154ff) verstanden werden, was meint, dass die Gegebenheiten unserer Erfahrung immer schon interpretiert sind. Wir können also bei »gleichen« Wahrnehmungen und Erlebnissen zu durchaus unterschiedlichen Erfahrungen gelangen, eben weil wir etwas nicht nur unterschiedlich deuten oder interpretieren, sondern verschieden erfahren. Im Unterschied zu Biehl (seit 1998) veranschlage ich die Wichtigkeit des Faktors *Wahrnehmung* für die Generierung neuer Erfahrung nicht so hoch, sehe dies vielmehr als inneres Moment von Erfahrung selbst.

2.2 Sozialwissenschaftliche und theologische Anmerkungen

Sozialwissenschaftlich gesehen sind Religion, Kirche, Glaube ein »Erfahrungshorizont, von dem aus sich der Sinn der Einzelerfahrungen herstellt« (Luckmann 1963, 36f). »Religion« stellt bezüglich Erfahrung ein Referenz- oder ein Deutesystem dar. »Glaube« und »Kirche« sind – wissenssoziologisch gesehen – Wirklichkeits- und Erfahrungsmodelle. *Theologisch* gilt: Auch zur Darstellung dessen, was neuzeitlich Glaube und Theologie sind, können und müssen wir auf Erfahrung zurückgreifen. Denn wenn Erfahrung »den universalen Horizont« allen Wirklichkeitsgewinnes bzw. -verstehens bildet (Hasenhüttl 1974, 637), dann haben wir zu Gott und zum Glauben ja nicht anders Zugang als in, mit und unter Erfahrungen. Der Glaube transzendiert die Erfahrung nicht, »indem er aufhört Erfahrung zu sein« (Dewart 1968, 230), sondern setzt sich als eine (bestimmte) Erfahrung mit der (Welt-)Erfahrung auseinander. Als eigenes System der Erfahrung mit einem entsprechenden Wirklichkeitspotenzial verstanden, das nicht von vornherein der Logik neuzeitlicher Erfahrung unterlegen ist, hat die Erfahrung, die der Glaube mit sich bringt, ihre eigene Logik. Ein auffälliges Merkmal christlich-religiöser Erfahrungen ist deren eschatologisch-neubelichtende Qualität, die vorhandene Erfahrungen oft »alt aussehen« lässt. Quellen erfahrungsbezogener Theologie sind nicht allein die »fremden, biblischen Erfahrungen« (Ruster 2000, 198ff), sondern die »Erfahrungstradition der jüdisch-christlichen Bewegung« *und* die »heutige(n), neue(n) menschliche(n) Erfahrungen von Christen und Nichtchristen« (Schillebeeckx 1979, 13), wobei überlieferte Glaubenserfahrungen und gegenwärtige Erfahrungen gleich »vermögende« und berechtigte Quellen der Theologie sind (vgl. Ebeling 1978).

3 Erfahrungsbezogene Theologie in der (Post-)Moderne

3.1 Paradigmenwechsel

Unabhängig davon, ob wir die Gegenwart als »modern« oder »postmodern« (vgl. Welsch [2]1988) bezeichnen, erweisen sich Individualisierung und Pluralisierung als *die* Signaturen unserer Zeit. Hinzu kommt, dass uns der sog. Konstruktivismus die Wirklichkeit in hohem Maße als durch menschliche Subjekte (mit-) konstruiert erscheinen lässt, ob nun im Sinne eines gemäßigten oder radikalen Konstruktivismus (vgl. Schmidt 1987). Dies hat zur Folge, dass es im (post-)modernen Bewusstsein Leben, Wirklichkeit und Erfahrung »nur« im Plural gibt, was theologisch und religionspädagogisch bedeutsam und folgenreich ist. Theologie kann dann nämlich nicht allein mit *der*, also einer generalisierten Erfahrung arbeiten, sondern muss sich mit individualisierten und pluralisierten (religiösen) Erfahrungen ins Benehmen und auseinander setzen. Nun waren auch in früheren Zeiten Erfahrungen im Allgemeinen und religiöse bzw. Glaubenserfahrungen im Speziellen nicht einfach eine einheitliche Größe, aber sie konnten in aller Regel infolge stärker regulierender und reglementierender Traditionen und Institutionen – hier: kirchliche Lehre, kirchliches Lehramt, wissenschaftliche Theologie – doch als *eine* Größe und *ein* Erfahrungssystem erscheinen, zumindest in der Theorie. Dies hat sich, schon länger vorbereitet, zweifelsohne in den letzten Jahrzehnten erheblich geändert: Die aktive Eigenbeteiligung des und der Einzelnen an seiner und ihrer Erfahrung im religiösen Kontext hat in unserer Zeit radikal zugenommen, wenngleich man diesbezüglich den Einfluss und die Macht der Medien nicht unterschätzen darf (vgl. Grethlein 1998, 347ff). So spricht viel für einen Paradigmenwechsel weg von traditions- und institutionsbestimmten Menschen mit einer relativ großen Schnittmenge gemeinsamer Erfahrungen hin zu menschlichen Subjekten, die selbst ihre Erfahrungen machen wollen und müssen.

3.2 Individualisierung und Pluralisierung von (religiöser) Erfahrung

Pluralisierung von (religiöser) Erfahrung meint den Prozess der Begegnung des Einzelnen mit Religion in ihren vielfältigen Erfahrungsgestalten. Dies betrifft sowohl den inneren Pluralismus des Christentums mit seinen verschiedenen Gruppierungen und Konfessionen als auch die äußere religiöse Pluralität einer multireligiösen Gesellschaft. Menschen sind heute von pluralen Religions- und Sinnsystemen umgeben, angesichts derer sich ihr Leben vollzieht. Für Heranwachsende und Erwachsene in unserer Gesellschaft hat dies zur Folge, dass sie christliche Kirche(n) und Religion nicht mehr im gleichen Maße wie bis in die Mitte des 20. Jahrhunderts hinein als die im Wesentlichen einzig maßgebende Größe akzeptieren, von der sie sich und ihre (religiösen) Erfahrungen ohne weiteres exklusiv orientieren ließen.

Individualisierung von (religiöser) Erfahrung meint, dass sich der und die Einzelne angesichts innerer wie äußerer religiöser Pluralisierung in gesteigertem Maße selbst einen Reim auf seine bzw. ihre Religiosität machen und diese bis zu einem bestimmten Grade eigenständig »konstruieren« (müssen), wodurch die vorher stärker homogene (christliche) Religionslandschaft sich zusehends individueller und pluraler ausformt. Der bzw. die Einzelne lässt sich heute die persönliche religiöse Orientierung und Erfahrung nicht allein durch Kirchen bzw. religiöse Institutionen und deren Traditionen vorgeben. Stattdessen wird Religion bzw. Religiosität des Einzelnen zunehmend zu einer Sache der individuellen »Wahl« (vgl. Berger 1992) – eine Konsequenz aus der pluralen Situation. Nicht mehr die Rück-Bindung (= religio) an eine Gemeinschaft zählt, sondern die religiöse Erfahrung der Einzelperson. Moderne Religiosität hat demzufolge nicht mehr den Charakter einer schicksalhaft zugeborenen Sache, sondern wird vielmehr stärker vom Einzelnen entschieden, mit allen Vorzügen und Nachteilen (»Qual der Wahl«). Mit der Entdeckung der Autonomie erheben Individuen mit ihren religiösen Erfahrungen genauso Anspruch auf Wahrheit und Wirklichkeit, wie es die religiös kulturellen Überlieferungen tun.

3.3 Konturen einer (post-)modernen erfahrungsbezogenen Theologie

Viele sehen diese Entwicklung theologisch als bedrohlich an, weil sie alles relativiere und keine Sicherheiten mehr biete. Ich plädiere dafür, sich weniger von den Schwierigkeiten blenden als von den damit verbundenen Chancen herausfordern und inspirieren zu lassen (vgl. Schweitzer 2003, 11ff):

– Wir können erstens unsere religiösen Erfahrungen mit den Erfahrungen anderer Menschen ins Gespräch bringen und in einen »Erfahrungs-Austausch« (vgl. Ritter 1989, 292ff, 310ff) eintreten. Während dogmatisches Argumentieren angesichts einer Vielzahl religiöser Erfahrungen nicht wirklich weiterhilft, kann es per Erfahrungsmitteilung zu Kommunikation und Annäherung (in Analogie und Differenz) kommen. Demzufolge ist erfahrungsbezogene Theologie dialogisch orientiert, hat eine positive Einstellung zu pluralen Erfahrungen und muss sich als pluralitätsfähig erweisen (vgl. Heil/Ziebertz 2002, 270–274).

- Erfahrungsbezogene Theologie buchstabiert zweitens christliche Religion bewusst in diesem (post-)modernen Kontext und fußt auf der fundamentalen Erkenntnis, dass das Christentum selbst von seinen Anfängen an bis heute eine plurale Größe ist und sich in seiner Geschichte immer wieder als pluralitätsfähig erwiesen hat, weswegen es auch heute pluralen religiösen Erfahrungen nicht auszuweichen braucht.

- Drittens arbeitet erfahrungsbezogene Theologie mit aus christlicher Herkunftsgeschichte stammenden *eigenen* pluriformen Erfahrungen sowie mit *anderen, fremden* lebensweltlichen und religiösen Erfahrungen, sie lernt von und an ihnen und gewinnt so ihr Profil.

- Viertens konstituiert sich erfahrungsbezogene Theologie im Überschneidungsfeld von *subjektiv-individuell* generierten und *objektiv gegebenen* (in Erfahrungstraditionen »auf Dauer gestellten«) Erfahrungen: Sie lässt sich von überlieferten und Gestalt gewordenen religiösen Erfahrungen inspirieren und vitalisieren, gegebenenfalls auch kritisieren, und braucht umgekehrt zur Vitalisierung der objektiven religiösen Erfahrungen und zur religiösen Erfahrungsbildung heute die Impulse subjektiver religiöser Erfahrungen (vgl. Ritter 1999, 313). Der Rückgriff auf überindividuelle Erfahrungstraditionen (communio-Aspekt) ist nötig, weil – so Max Weber – die wenigsten unter uns »religiöse Virtuosen« sind; und die subjektiven religiösen Erfahrungen sind nötig, weil die exklusive Orientierung an überlieferten Erfahrungen heutige eigene Erfahrungen verunmöglichen kann. Die alleinige Thematisierung überlieferter, »fremder, biblischer Erfahrungen« (Ruster 2000, 198ff) genügt also keinesfalls, da sie zwangsläufig zur religiösen Entfremdung heutiger Menschen führt, wenn deren »eigene« Erfahrungen a priori nicht wertgeschätzt werden.

- Fünftens erschließt erfahrungsbezogene Theologie als reflektierte Gestalt christlicher Religion relevante Erfahrungshorizonte, die Menschen (Kinder, Jugendliche und Heranwachsende), welche instinktreduziert, sinnarm, aber exzentrisch (Helmuth Plessner u.a.) geboren werden, beim Aufbau eines sie leitenden Sinnkosmos (vgl. Ritter 2004) helfen können. Erfahrungsbezogene Theologie bietet eine reflektierte Anleitung, lebensgeschichtliche Erfahrungen im Horizont christlich-religiöser Erfahrungen zu verorten und so (neue) Erfahrungen zu machen.

- Sechstens ist erfahrungsbezogene Theologie *einladende* Theologie, die zum reflektierten Erfahrung(en)-Machen und zum Erfahrungs-Austausch einlädt. Sie verordnet nichts, auch nicht Erfahrungen. Sie will Erfahrungen vorstellen, zeigen, zuspielen, die in ihrer Qualität überzeugen, lässt uns dabei jedoch die Freiheit zur Partizipation wie zur Distanznahme (vgl. Ritter 1989, 302ff).

- Siebtens ist erfahrungsbezogene Theologie *bescheidene, sich selbst begrenzende* Theologie (vgl. Wunderlich 1997, 328ff). Eigene religiöse Erfahrungen und eigene Theologie verlieren den Status des Solitären und Selbstverständlichen, wenn wir sehen, dass es auch noch andere Erfahrungen gibt, sei es in der christlichen oder außerchristlichen Tradition. Wer seine »Sache« als »Erfahrung« und nicht als ehernes Faktum und einzige Wahrheit versteht, der relativiert sie, will sagen: setzt sie in Beziehung zu einer Fülle von anderen Erfahrungen. Erfahrungsbezogene Theologie lernt an und von christlicher Religion, dass Individualisierung und Pluralisierung von Erfahrung nicht mit Beliebigkeit einhergehen muss; vielmehr sind hier die *Wahrheit der eigenen Erfahrungstradition* und die *Offenheit für andere religiöse Wahrheitserfahrungen* exemplarisch beieinander, wobei zwischen universalem »Wahrheitsanspruch« und partiellem »Geltungsanspruch« zu unterscheiden ist (Alexander Schwan). So können in einer »Verfassung radikaler Pluralität« (Welsch 1988, 4) differente religiöse Erfahrungen in der Tat koexistieren, ohne dass das zwangsläufig zu einem totalen Relativismus führen muss. Damit wird erfahrungsbezogene Theologie klarer, ehrlicher, bescheidener und toleranter. Die Wahrheit unserer religiösen Erfahrungen zeigt sich häufig erst im Kontakt mit anderen Positionen, kann sie stärken, aber auch schwächen.

- Erfahrungsbezogene Theologie muss achtens lernen, jenseits absolutistischer Standpunkthalterei mit solchen Nicht-Eindeutigkeiten konstruktiv umzugehen und die Situation unterschiedlicher Erfahrungen auszuhalten, ohne an der Zuverlässigkeit (konstruktivistisch: »Viabilität«) der eigenen Erfahrung(-stradition) irre zu werden – was, anderweitig so genannt (vgl. Wohlrab-Sahr 1993), die Entwicklung und Förderung von Unsicherheits- und Ambiguitätstoleranz notwendig macht.

- Neuntens ist erfahrungsbezogene Theologie *suchende und experimentelle* Theologie. Sie versteht sich weniger als fixe Lehre oder Vermittlungsagentur von »Wissensbeständen«, vielmehr als suchendes, probierendes und experimentelles Lehren und Lernen aus (religiöser) Erfahrung auf mehr Erfahrung hin. Als theologia viatorum stellt sie weniger »klar« und »fest«, sondern bringt auf den Weg, ist in Bewegung, »weist hin« und »zeigt« im Buberschen Sinn: »Ich habe keine Lehre. Ich zeige nur etwas. Ich zeige Wirklichkeit ... Ich nehme den, der mir zuhört, an der Hand und führe ihn zum Fenster. Ich stoße das Fenster auf und zeige hinaus. Ich habe keine Lehre, aber ich führe ein Gespräch« (Buber 1962, 1114).

– In diesem Sinne ist zehntens vieles, was wir in der Theologie in erfahrungs-
ferne Definitionen und Lehrsätze verpackt haben, kritisch zu liquidie-
ren, was heißt, wieder in *Erfahrungen zu verflüssigen.* Erfahrungen aber,
die zeigen, was der christliche Glaube in (post-)modernen Zeiten unter
eschatologischem Vorbehalt taugt, können auch heute Plausibiliätsstruktu-
ren schaffen, Menschen überzeugen und sie zu »erfahrenen Leuten« machen.

Literatur

Berger, Peter L.: Der Zwang zur Häresie, Freiburg 1992.
Ders./Luckmann, Thomas: Die gesellschaftliche Konstruktion der Wirklichkeit, Frankfurt/M.
⁵1977.
Biehl, Peter: Erfahrung, in: LexRP 1 (2001), 421–426.
Ders.: Erfahrung als hermeneutische, theologische und religionspädagogische Kategorie, in:
Heimbrock, Hans-Günter (Hg.): Erfahrungen in religiösen Lernprozessen, Göttingen 1983,
13–69.
Ders./Johannsen, Friedrich: Einführung in die Glaubenslehre, Neukirchen-Vluyn 2000.
Bocheński, Joseph M.: Die zeitgenössischen Denkmethoden, Bern 1954.
Buber, Martin: Aus einer philosophischen Rechenschaft, in: ders.: Werke, Bd. 1, München/
Heidelberg 1962, 1109–1122.
Dewart, Leslie: Die Zukunft des Glaubens, Einsiedeln/Zürich/Köln 1968.
Ebeling, Gerhard: Die Klage über das Erfahrungsdefizit in der Theologie als Frage nach ihrer
Sache, in: ders.: Wort und Glaube, Bd. 3, Tübingen 1975, 3–28.
Ders.: Schrift und Erfahrung als Quelle theologischer Aussagen, in: ZThK 75 (1978) 99–116.
Ders.: Studium der Theologie, Tübingen 1975.
Feifel, Erich: Das neue Verständnis der Kirche von »ungläubigen« Menschen und die kateche-
tische Bewältigung dieser Frage, in: KatBl 92 (1967), 160–183.
Ders.: Die Bedeutung der Erfahrung für religiöse Bildung und Erziehung, in: HRP 1 (1973),
86–107.
Grethlein, Christian: Religionspädagogik, Berlin/New York 1998.
Härle, Wilfried: Systematische Philosophie, München 1982.
Hasenhüttl, Gotthold: Erfahrung als Ort der Theologie, in: Klostermann, Ferdinand/Zerfass,
Rolf (Hg.): Praktische Theologie heute, München/Mainz 1974, 624–637.
Heil, Stefan/Ziebertz, Hans-Georg: Pluralität und Pluralismus, in: NHRPG (2002), 270–274.
Herms, Eilert: Erfahrung II. Philosophisch, in: TRE 10 (1982), 89–109.
Ders.: Theologie – Eine Erfahrungswissenschaft, München 1978.
Jüngel, Eberhard: Das Dilemma der natürlichen Theologie und die Wahrheit ihres Problems,
in: ders.: Entsprechungen: Gott – Wahrheit – Mensch, München 1980, 158–177.
Kasper, Walter: Möglichkeiten der Gotteserfahrung heute, in: ders.: Glaube und Geschichte,
Mainz 1970, 120–143.
Koch, Traugott: Religion und die Erfahrung von Sinn, in: Bahr, Hans-Eckehard (Hg.): Reli-
gionsgespräche, Darmstadt/Neuwied 1975, 120–145.

Luckmann, Thomas: Das Problem der Religion in der modernen Gesellschaft, Freiburg i. Br. 1963.

Rahner, Karl: Grundkurs des Glaubens, Freiburg i. Br. 1976.

Ritter, Werner H.: Weltbild: X. Psychologisch und pädagogisch, in: RGG 2004 (im Druck).

Ders.: Der Erfahrungsbegriff – Konsequenzen für die enzyklopädische Frage der Theologie, in: ders./Rothgangel, Martin (Hg.): Religionspädagogik und Theologie, Stuttgart/Berlin/Köln 1998, 149–166.

Ders.: Glaube und Erfahrung im religionspädagogischen Kontext, Göttingen 1989.

Ders.: Religion/Konfession/Christentum/Ökumene, in: Lachmann, Rainer/Adam, Gottfried/Ritter, Werner H.: Theologische Schlüsselbegriffe, Göttingen [2]2004, 300–319.

Ruster, Thomas: Der verwechselbare Gott, Freiburg i. Br. 2000.

Schillebeeckx, Edward: Erfahrung und Glaube, in: CGG 25 (1980), 74–116.

Ders.: Die Auferstehung als Grund der Erlösung, Freiburg i. Br. 1979.

Ders.: Christus und die Christen, Freiburg i. Br. 1977.

Schmidt, Siegfried J.: Der Diskurs des Radikalen Konstruktivismus, Frankfurt a. M. 1987.

Schreiter, Robert (Hg.): Erfahrung aus Glauben, Freiburg i. Br. 1984.

Schulz, Walter: Philosophie in der veränderten Welt, Pfullingen 1992.

Schweitzer, Friedrich: Postmoderner Lebenszyklus und Religion. Eine Herausforderung für Kirche und Theologie, Gütersloh 2003.

Stolz, Fritz: Grundzüge der Religionswissenschaft, Göttingen 1988.

Weischedel, Wilhelm: Wirklichkeit und Wirklichkeiten, Berlin 1960.

Welsch, Wolfgang: Unsere postmoderne Moderne, Weinheim [2]1988.

Wohlrab-Sahr, Monika: Zwischen Unterrichtstoleranz und rigider Sicherung, in: Hilger, Georg/Reilly, George (Hg.): Religionsunterricht im Abseits?, München 1993, 171–182.

Wunderlich, Reinhard: Pluralität als religionspädagogische Herausforderung, Göttingen 1997.

Ziebertz, Hans-Georg: Religion, Christentum und Moderne, Stuttgart u.a. 1999.

Subjektorientierter Religionsunterricht nach dem 11. September 2001

HANS-GÜNTER HEIMBROCK

1 Der Ausgangspunkt

1.1 Die globale Katastrophe

In globaler Perspektive betrachtet begann das 21. Jahrhundert mit einer epochalen Katastrophe: mit dem 11. September 2001. Das Inferno der Türme des WTO in Manhattan hat mittelbar ein kollektives Trauma einer sich unverwundbar glaubenden US-Gesellschaft hinterlassen. Es hat unmittelbar Tausende von individuellen Menschenleben vernichtet. Der 11. September 2001 ist (noch) kein Lernstoff im Schulbuch für den Religionsunterricht in Deutschland. Vor aller Präparierung zum Objekt historischen Wissens hat er sich gleichwohl tief ins kollektive Gedächtnis nicht nur der Menschen in den USA eingegraben. Von ihm gingen und gehen bis heute politische, militärische wie kulturelle Erschütterungen aus, die Einfluss und Macht von Religion in westlichen wie östlichen Gesellschaften in ihrer ganzen Wucht und Ambivalenz demonstrieren.

Was in unserem Zusammenhang von besonderer Bedeutung erscheint: In den Katastrophen von New York und Washington, aber auch denen in der Folge wie etwa Istanbul im Herbst 2003 zeigt sich eine elementare kulturelle Gefährdung des Subjekts. Welche Gestalt dieser Subjektverlust annimmt und welcher weitergehende Reflexionsbedarf im Blick auf Subjektorientierung sich aus solchen Gefährdungen für die Religionspädagogik ergibt, soll hier genauer verfolgt werden.

1.2 Die persönliche Katastrophe

Mein Ausgangspunkt liegt dabei in einer vorprofessionellen Wahrnehmung: Vor aller reflexiven Durchdringung der Ereignisse formulieren einige von der Katastrophe betroffene Menschen den Verlust ihrer Angehörigen in ihrer Alltagssprache auf ganz spezifische Weise, indem sie fassungslos dem Grauen des spurlosen Verschwindens ihrer Angehörigen Ausdruck zu geben versuchen.

Was das bedeutet, konnte bei vielen erst zwei Jahre nach dem schrecklichen Ereignis in seiner vollen Tragweite ins Bewusstsein vordringen. So lange hofften sie nämlich darauf, die Leichen ihrer verstorbenen Angehörigen bergen und bestatten zu können. Doch trotz intensiver Anstrengungen der New Yorker Gerichtsmediziner müssen viele Angehörige nun mit dem Schmerz leben, dass sie keinerlei sterbliche Überreste mehr in Händen halten können. »Man kann sich das gar nicht vorstellen«, gestand Dee Ragusa unlängst der Zeitung USA Today. »So viele Menschen und keine Spur von ihnen. Das darf es doch nicht geben. Leute verschwinden doch nicht einfach so.«

»Etwa 2800 Menschen kamen bei dem Anschlag ums Leben ... Doch nur zwölf Tote konnten durch bloßen Augenschein identifiziert werden; weniger als 300 Leichen waren einigermaßen intakt geblieben. Aber an knapp 1300 Opfer erinnern keine physischen, greifbaren Reste mehr. Sie sind vom Angesicht der Erde verschwunden. So zerstörerisch war die Kraft der detonierenden Flugzeugtanks und der kollabierenden Wolkenkratzer, dass sogar die DNS in den Zellkernen vernichtet wurde.«

»Ich kann zwar in den Himmel blicken und mit ihm reden, aber ich kann nirgendwo hingehen und über sein Leben nachdenken ... Ich gehe hinaus, aber ich weiß nicht, wo ich nach ihm suchen soll«, so fasst eine Frau den doppelten Verlust in Worte. Und sie dringt mit anderen Hinterblieben darauf, was unter anderen Umständen skurril anmuten mag: dass nämlich eine Beerdigung stattfindet. »Wenn er nicht zur letzten Ruhe gelegt wird, dann ist das doch so, als ob es ihn nie gegeben hätte«, meinte Dee. Ich möchte irgendetwas haben, an dem man erkennt, dass er gelebt hat. Das macht ihn real. Das sagt, dass es ihn gegeben hat.« (Koydl 2003)

Die verzweifelte Suche nach einer letzten handgreiflichen Spur der Erinnerung ohne reflexive Anstrengung macht nicht nur deutlich, wie fragil und gefährdet die Lebenspraxis angesichts menschlicher Zerstörungspotenziale generell ist, sondern auch, wie menschliches Leben in der Innenperspektive, als unwiederbringliches Subjekt wahrgenommen wird.

2 Bedrohung des Subjekts

So singulär und monströs die wahnsinnige Selbstmordaktion der Piloten vom 11. September zweifellos ist, so ist sie an der Schwelle zum 3. Millennium beileibe nicht die einzige, durch die das menschliche Subjekt elementar bedroht wird. Dass Menschen spurlos verschwanden und verschwinden, ist nicht exklusives Signum des 11. Septembers. Es geschah so in den Terrorzügen der chilenischen Diktatur, und es geschieht in den Krankenhäusern dort, wo tot geborene Föten nicht bestattet, sondern »entsorgt« werden. Zur Kette solcher Phänomene gehören also auch kulturelle Entwicklungen jenseits kriegerischer Auseinandersetzungen wie Eingriffe in menschliches Leben im Zuge moderner Biotechnologie. Der Philosoph Jürgen Habermas erörterte wenige Tage nach dem 11. September in seiner Dankesrede zur Verleihung des Friedenspreises des Deutschen Buchhandels am 16. Oktober 2001 in besonnener Weise die gesellschaftlichen und globalen Kontexte der Katastrophe in den USA. Es war alles andere als Zufall, dass er neben einer differenzierten Sicht auf den Fundamentalismus als modernem Phänomen auch das ethische Problemfeld der Gentechnologie ansprach und behauptete: » ... man muss nicht an die theologischen Prämissen glauben, um die Konsequenz zu verstehen, dass eine ganz andere, als kausal vorgestellte Abhängigkeit ins Spiel käme, wenn die im Schöpfungsbegriff angenommene Differenz verschwände und ein Peer an die Stelle Gottes träte – wenn also ein Mensch nach eigenen Präferenzen in die Zufallskombination von elterlichen Chromosomensätzen eingreifen würde, ohne dafür einen Konsens mit dem betroffenen Anderen wenigstens kontrafaktisch unterstellen zu dürfen« (Habermas 2001).

Die technologischen Möglichkeiten der Biomedizin zur Lebensverlängerung haben als solche nichts mit den Gewalttaten verblendeter Terroristen und dem spurlosen Verschwinden von Menschen auf »ground zero« zu tun. Dieses berührt gleichwohl den Kern des Menschen als Subjekt langfristig nicht weniger als problematische Möglichkeit zum Eingriff in die Genese des menschlichen Lebens.

3 Fragen an die Theologie

Was kann Theologie solchen Gefährdungen des Subjekts entgegenhalten, in unserem Falle also zugespitzt auf die Frage: Wie kann sie und wie sollte sie auf die angesprochenen Ereignisse des 11. Septembers antworten?

3.1 Theologische Rede angesichts der Krise

Es ist erfreulich zu konstatieren, dass nach den Protesten christlicher Kirchen sich auch die akademische Theologie – zumindest in einigen Stellungnahmen – artikuliert und so gezeigt hat, dass man nicht einfach zur Tagesordnung akademisch-abgehobenen Forschens übergehen kann. Die extensive Berufung auf christlich-religiöse Motivation im politischen Handeln des US-Präsidenten hat zur Frage geführt, inwieweit sich der praktizierende Methodist G. Bush zu Recht auf christliche Grundsätze berufen kann (vgl. Kinzig 2003; Migliore 2002).

Aus den aktuellen Geschehnissen und insbesondere gerade angesichts fundamentalistischen Missbrauchs ergeben sich für den Umgang mit biblischen Texten Konsequenzen für eine erneuerte kontextuelle Exegese und Hermeneutik, in welcher neu nach der Verantwortung des forschenden Subjekts in der Gegenwart gefragt wird. In Auseinandersetzung mit den Ereignissen des 11. Septembers und vor allem mit evangelikalen Deutungen als Apokalypse und Strafgericht für liberalistische Moral reflektiert der US-amerikanische Theologe L. Welborn einen Umgang mit biblischen Texten unter der Frage: »Wie kann ich angesichts dieser Krise authentisch reden?« (Welborn 2002). Er entwickelt Kriterien kontextueller Hermeneutik im Bewusstsein der Differenz zwischen ursprünglichen Intentionen der Verfasser einerseits und gegenwärtigen Bibellesern andererseits und parteilicher Analyse im Interesse der Befreiung aus Unterdrückung. »Nur wenn sich Fragen aus der Aktualität der Situation ergeben, wird der Historiker zu neuen Einsichten kommen« (Welborn 2002).

3.2 Subjekt und Körper

Ohne dass man Opfer und Trauernde pädagogisch instrumentalisieren darf, scheint es mir wichtig, noch einmal genauer auf die spezifische Art zu achten, in der betroffene Menschen von ihren Toten in den verbrannten Türmen in New York sprechen. Die Trauer der Hinterbliebenen kam, wie aus den oben zitierten Sätzen zu entnehmen ist, nicht zur Ruhe, weil sich jene nach dem Brand und nach den jahrelangen Aufräumarbeiten auf »ground zero« nicht damit abfinden konnten, dass es keinerlei stoffliche Überreste ihrer Angehörigen geben sollte. Ihr Schmerz über den Tod will nicht abebben, ja, er wird gleichsam verdoppelt, weil sie nun im Bewusstsein akzeptieren müssen, dass ihre geliebten Menschen spurlos verschwunden sind. »Ich möchte irgendetwas haben, an dem man erkennt, dass er gelebt hat. Das macht ihn real. Das sagt, dass es ihn gegeben hat.« Sie können sie beim Namen nennen, haben sicherlich auch Fotos, Habseligkeiten und Gebrauchsgegenstände, die auf das Leben der Angehörigen verweisen. Und doch hat der Körper der Menschen eine so eminente Bedeutung, dass sie von seinem Verschwinden her beklagen, es wäre so, als hätten die Toten gar nicht existiert. Es ist dieses spurlose Verschwinden auch der unbelebten Körper, das in ihrer fassungslosen Klage besonders hervorgehoben wird.

In dieser Trauer scheint mir indirekt eine höchst wichtige Erfahrung über menschliches Leben artikuliert, an der eine vom Subjekt her denkende Religionspädagogik nicht vorbeigehen sollte. Denn gerade weil die betroffenen Menschen in der Trauersituation alles andere als die Formulierung lebensabgehobener Prinzipien interessiert, scheint ihre Erfahrung mit menschlicher Subjekthaftigkeit besonders glaubwürdig, weil auf persönlich-authentische Weise artikuliert. In der Art und Weise, wie sie das Verlusterleben in Worte bringen, verweisen sie auf etwas, das elementar zur Begegnung von Menschen gehört und was über den Tod hinaus Teil der Sehnsucht nach der Wiederherstellung solcher Begegnungen ausmacht. Es geht darum, dass Subjektsein stets ver-körpertes Leben bedeutet. Zur Lebensspur gehört – sogar über den Tod hinaus – die Erinnerung an den Menschen als konkrete leib-geistige Einheit. Menschen erscheinen real, insofern sie verkörpert sind.

4 Der Grundsatz der Subjektorientierung in der Religionspädagogik

Damit ist der Grundansatz von Religionsunterricht in Bezug auf die allgemeinmenschliche Perspektive menschlicher Bildung berührt. Selbstverständlich verdankt sich solche Prinzipienlehre subjektorientierter Religionspädagogik bestimmten kultur- und geistesgeschichtlichen Kontexten der Zeit sowie der Moderne insgesamt. Zu ihnen zählen theologische Entwicklungen, der Ansatz des aufklärerischen Bildungsdenkens ebenso wie eine in den Menschenrechten wurzelnde Rechtskultur. Kulturelle Kontexte bieten jedoch nicht nur Fundamente, sondern immer auch Prüfsteine, Herausforderungen, ja zuweilen auch

Erschütterungen der prinzipiellen Werte. Das gilt auch für die hier diskutierten Erfahrungen rund um den 11. September.

Bereits in den 70er-Jahren des 20. Jahrhunderts hat sich die Religionspädagogik in Deutschland intensiv darum bemüht, den Wert des Religionsunterrichts in öffentlichen Schulen nicht nur innertheologisch zu bestimmen, sondern auch in anthropologischer und pädagogischer Hinsicht als Beitrag zur Menschwerdung insgesamt auszuweisen. Schien dazu anfänglich ein aus der Sozialpsychologie übernommener Identitätsbegriff wie selbstverständlich tauglich und wurde davon zuweilen ein unkritischer Gebrauch in der Religionspädagogik gemacht, so haben in der Folge Theologen mit Recht gefragt, ob denn der Beitrag von Religion in der Erziehung immer identitätsförderlich sei (vgl. Preul 1976). Im Rahmen einer kritischen Bildungstheorie verwies etwa Henning Luther stärker auf das Spannungsverhältnis von Ganzheit und Fragment. Gegen ein illusionistisches Modell von Identitätsbildung zu letzter Vollkommenheit plädierte er für eine Sicht von »Fragment« als einem kreativen Element im Bildungsgeschehen zu humaner Ich-Identität (vgl. Luther 1992; Heimbrock 2001). Entsprechend rückte ein bildungstheoretisch begründeter Subjektbegriff zum Zentralbegriff auf.

Die Religionspädagogik beider christlicher Konfessionen hat in didaktischer wie theologischer Hinsicht an dieser in den letzten Jahrzehnten ermittelten Subjektorientierung des Religionsunterrichts festgehalten und einen kritischen Subjektbegriff weiterentwickelt. Dass moderner Religionsunterricht nicht nur Stoffe weiterzugeben hat, sondern einen Dialog mit den Schülerinnen und Schülern führen soll, gilt angesichts der didaktischen Forderung nach Adressatenorientierung in breiter Übereinstimmung. Für den sinnvollen Umgang mit Schülern gilt nicht nur, dass sie ernst genommen werden wollen, sondern im Sinne der pädagogischen Paradoxie: Damit Schülerinnen und Schüler Subjekte ihres religiösen Denkens werden, müssen sie immer schon auf ihr Subjektsein angesprochen werden, auch wenn ihr Weltzugang und ihre Denkformen (noch) nicht auf der Höhe von Stufe 5 nach Oser/Gmünder anzusiedeln sind. Die theologische Basis solcher Handlungsoption wurde im Zuge der Neuformulierung des theologischen Bildungsbegriffs herausgearbeitet.

Der Subjektgedanke, das »Subjekt-werden-Können«, wurde dabei in seiner religiösen Dimension entwickelt (vgl. Biehl 2003). Er ist inzwischen für theologisch fundierte Religionspädagogik in unterschiedlichsten Feldern und Einzelfragestellungen erörtert worden. Die Palette reicht von der Frage nach der Subjektorientierung in empirischer Forschung von kindlicher Religiosität (vgl. Heimbrock 2000) über die Entfaltung eines entsprechenden Lernverständnisses (vgl. Hilger/Ziebertz 2001; Werner 2004) und einer subjektorientierten Bibeldidaktik (vgl. Kropač 2001) bis hin zur hochschuldidaktischen Forderung, in der

Konsequenz eines subjektorientierten Religionsunterrichts »auch die Lehrkompetenz vom subjektorientierten Ansatz her zu bestimmen« (Schwab 1996). Entsprechend bezeichnete Georg Hilger bereits in seiner Regensburger Antrittsvorlesung eine stärkere Ausbildung der »Wahrnehmungskompetenz für die Religiosität der Schülerinnen und Schüler als hochschuldidaktische Herausforderung« (Hilger 1996, 353).

5 Überprüfung der Fundamente

Subjektorientierung der Theologie und der Religionspädagogik nach dem 11. September sind genötigt, ihre eigenen Fundamente zu überprüfen. Insbesondere protestantisches Denken hat Menschen lange Zeit vor allem auf innerliche Vermögen hin betrachtet: auf das Hören des Wortes im Gewissen, das ihn vor die existenzielle Entscheidung für oder gegen Gott stellt. Darin ähnelte die Theologie einerseits dem Cartesianischen Ansatz des »Cogito ergo sum« (»Ich denke, also existiere ich«), hat andererseits in der Tradition Kants Vernunft und Gewissen zum absoluten Personzentrum erklärt. Der Mensch wird identifiziert mit seinem Denkvermögen. Bereits sein Körper, aber auch alles andere in der Außenwelt wird als bloße Materie verstanden. Und die Religionspädagogik ist, wie eine neuere kritische Analyse gezeigt hat, solcher Thematisierung des Körpers lange Zeit gefolgt (vgl. Becker 2004).

5.1 Die Bedeutung der Körperwahrnehmung

Demgegenüber gilt mit einer erneuerten Anthropologie: Die elementare Weise, in der Menschen die Welt gewahr werden, ist gebunden an das Zusammenspiel leibhafter, kinästhetisch vermittelter Anschauungen über unsere fünf Sinne. Spezifisch menschlicher Weltkontakt vollzieht sich weder abstrakt intellektualistisch noch kausal-mechanistisch, sondern in situativer Gebundenheit eines Menschen, der mit Verstand, Gefühl und immer mit seinem Leib irgendwo situiert ist. Und der eigenen Körperwahrnehmung korrespondiert die Wahrnehmung des Körpers des anderen Menschen.

Ein mit solchen Gedanken avisiertes phänomenologisches Subjektverständnis hat seine Pointe allerdings nicht in ganzheitlicher Einheit von Intellekt, Sinnen und Körperlichkeit. Wichtig sind vielmehr zwei spezifische Einsichten:

1. Wechselseitige Erschlossenheit von Subjekt und Welt können angemessen nur unter Berücksichtigung des fundamental-anthropologischen Sachverhalts der Ambiguität des Leibes verstanden werden. Das meint nicht nur Berücksichtigung ganzheitlich-körperlicher Existenz des Menschen, sondern nimmt in den Blick, dass menschliche Leiblichkeit nur in der Doppelung von Subjekt und Objekt der Wahrnehmung erschließbar sei, weshalb angemessene Thematisierung nur in der Verschränkung von Innen- und Außenperspektive zu erarbeiten sei.

2. Thomas Lotz hat darauf verwiesen, dass die Bindung an die eigene Leiblichkeit vom Subjekt gerade nicht bewusst erlebt wird, weil der Körper auf eine eigentümliche Weise anwesend-abwesend ist (vgl. Lotz 1997). Erst anlässlich von Störungen des alltäglichen Lebens tritt ins Bewusstsein, was alltäglich selbstverständlich vorvertraut ist, dass nämlich die menschliche Leiblichkeit die stets hintergründig präsente Bedingung menschlichen Erlebens ausmacht. Der menschliche Körper begründet deshalb, obwohl er seinerseits für das eigene Bewusstsein normalerweise »dispräsent« ist, die elementare Fundierungsschicht für menschliche Erkenntnisbildung (vgl. Leder 1990).

5.2 Tödliche Bedrohung

Die katastrophische Situation des 11. Septembers und insbesondere das spurlose Verschwinden der Leichname wurde als eine solche Unterbrechung leibhafter Existenz erlebt, allerdings gleich als eine doppelte. Die Überlegungen von Lotz nähern sich im Unterschied zu meinem Ausgangspunkt der Abwesendheit des Körpers gerade im Moment der Bestattung und fragen nach der Wahrnehmung seiner Abwesenheit im Rahmen dieser Situation. Gleichwohl unterstreichen sie die Besonderheit der Trauersituation, in der nicht einmal eine Beerdigung der Leichen möglich ist. »Die Bestattung ist, zumal in einer Zeit, in der kaum noch zu Hause gestorben wird, nahezu der einzige Ort, an dem der Körper des Verstorbenen präsent ist. Ob der tote Körper im offenen Sarg als sichtbares Objekt zugänglich ist, im geschlossenen Sarg als plastischer Körper oder in der Urne als in einem durch das Verbrennen beschleunigten Verfallszustand befindliches Objekt zu erahnen ist – der Kontext der Bestattung, also das ›Dass‹ des Zusammenkommens in der Halle und am Grab signalisiert immer: Ein mir in seiner Lebendigkeit vor Augen stehender Körper ist zur Leiche geworden« (Lotz 1997, 402).

Im spurlosen Tod ist den Angehörigen nicht nur die Unterbrechung der körperlichen Vitalität schmerzlich zum Bewusstsein gekommen, sondern zugleich die Unterbrechung der »normalen« Unterbrechung: es gibt keine rituelle Situation, die noch einmal die Erlebnismöglichkeit des Abschieds von der Körperlichkeit symbolisch präsent machen könnte. Das aber macht die Bedrohung der eigenen Körperlichkeit, wie sie in der Situation einer Beerdigung aufbricht, doppelt bedrohlich.

6 Der leibbezogene Subjektgedanke im Lernprozess

Es stellt eine spezifische Herausforderung der Religionspädagogik dar, solche Einsichten in die leibbezogene Subjekthaftigkeit in Lernprozessen in Sachen Religion geltend zu machen, die weder am intellektuellen Horizont der Schülerinnen und Schüler vorbei gehen, noch die institutionellen Bedingungen des Lernorts Schule im Blick auf den Umgang mit der Leibhaftigkeit außer Acht lassen (vgl. Rumpf 1981). Thematisierung von menschlichem (und tierischem) Leben angesichts der eigenen Sterblichkeit kann im Arrangement von 45 Minuten Unterricht sicher nicht annähernd die gleiche emotionale und körperlich fühlbare Erlebnistiefe erreichen wie etwa auf einer Bestattung oder auch innerhalb eines im Rahmen einer Therapie inszenierten Trauerrituals. Wenn allerdings Leiblichkeit die fundierende Schicht des Welterlebens darstellt, so ergibt sich daraus grundsätzlich die religionspädagogische Wahrnehmungsaufgabe, wie der Sachzusammenhang Religion in seiner Subjektgebundenheit nicht nur in ethischer oder politischer Perspektive zu erörtern ist. Es gilt dann im Unterricht zumindest elementarisierte Schritte zu gehen, die den entwicklungspsychologischen Gegebenheiten entsprechend Subjekterleben in seiner leiblich-geistigen Vorgegebenheit ermöglichen.

Ein leibbezogener Subjektgedanke ist für den Religionsunterricht konkreter durchbuchstabiert worden im Lehrerhandbuch »Religion elementar«, wo in vielen konkreten Lernarrangements, mit Bildern, Aktionen und Texten, Schülerinnen und Schülern das Nachspüren von elementaren Körpererfahrungen Welterschließung und neue Sinnhorizonte zugänglich gemacht werden sollen. Hier wird vom phänomenologischen Ansatz aus Religion und Leben in lebensweltlicher Perspektive erschlossen. Für diese Lebenswelt gilt: »Sie ist nicht objektiv wahre Welt, sondern Wahrnehmungswelt: Wir nehmen sie mittels unseres Körpers wahr ...«; anders gesagt: »Wahrnehmungen haben einen Ort; sie haben eine Zeit, weil sie körperbezogen sind« (Zilleßen/Gerber 1997, 10). Dem entspricht ein sinnenhafter Zugang zu Religion: Die Rede von Gott drückt sich in konkreten Lebenserfahrungen und Wahrnehmungen aus. Theologie ist ins Leben eingebettet, in seinen Verlauf, in den Lebenslauf.

Eine solche ganzheitlich-leibbezogenen Sicht des Menschen liegt auch dem neuen Schüler- und Lehrermaterial für den Religionsunterricht der Sekundarstufe I im Schweizer Kanton Zürich unter dem Titel »Was Menschen heilig ist« (Kantonale Arbeitsstelle Zürich 2000) zugrunde. Für den Kanton Zürich ist seit 2001 ein neues Fach »Religion und Kultur« konzipiert worden. Grundlage des Konzepts wie des genannten Schulbuchs ist ein weites Religionsverständnis, welches die neuere Diskussion um den Begriff des »Heiligen« aufnimmt (vgl. Heimbrock 2004). Entsprechend beginnt das Werk mit der auf Schüler bezogenen Thematisierung »Ich bin heilig« (Kantonale Arbeitsstelle Zürich 2000, 13–47). Und genau dieser Grundansatz wird an Material durchbuchstabiert, welches Schülerinnen und Schüler als Subjekte gerade in ihrer körperlich-seelischen Ganzheit ernst nimmt: »Das Heilige am Körper ist er selbst. Nicht weil er schön oder zu extremen Leistungen und Erlebnissen fähig ist, sondern weil er einmalig, unverwechselbar, vom Leben geschenkt ist« (ebd.).

Solche leib-haftige Subjektorientierung in konkreten Lernprozessen kann auch sensibel machen für kulturspezifische Subjektverluste. Der Religionsunterricht sollte dem kritisch nachgehen. In den Unterricht gehören von daher – ohne einseitige Technikfeindlichkeit – auch entsprechende technologisch induzierte Veränderungen der Alltagswelt von Schülerinnen und Schülern wie auch von Lehrerinnen und Lehrern. Schließlich kann ein leib-bezogener Subjektansatz für die Religionspädagogik auch kritische Impulse freisetzen, wo es in zentralen Themen um Korrelate und Konsequenzen jenseits der Anthropologie geht. Der leib-bewussten Erschließung des Alltagslebens korrespondiert kein geringeres Thema als das der Rede von Gott. Eine vom Leib-Subjekt her angelegte Theologie wird von Gott weniger solipsistisch und platonistisch reden, dafür den Gedanken der Weltbezogenheit auch körperbezogen von der Inkarnation her thematisieren, sinnenhafte Bilder von Gefühlen, Passionen und Schmerzen Gottes weitergeben. Sie wird Schülerinnen und Schülern keinen statischen Gott offerieren, sondern einen in Bewegung. Die theologische Tradition umschrieb dies mit der Pneumatologie. Der Geist setzt Gott und Mensch in Bewegung. Er führt aus der Beschränkung des Individuums in die Inter-Subjektivität. »Gott übermittelt Adam die ruach, und der dritte Artikel des christlichen Glaubens feiert das pneuma ... Im christlichen Credo ist es das pneuma, das Gemeinschaft hervorruft, Vergebung und also Bewusstsein und letztendlich das wirkliche Leben selbst« (Laeuchli 1987, 159).

Literatur

Becker, Sybille: Von der Ambiguität des Leibes, Münster 2004.

Biehl, Peter: Die Gottebenbildlichkeit des Menschen und das Problem der Bildung, in: ders./Nipkow, Karl E.: Bildung und Bildungspolitik in theologischer Perspektive, Münster 2003, 9–102.

Habermas, Jürgen: Der Riss der Sprachlosigkeit, in: Frankfurter Rundschau vom 24.10.2001.

Heimbrock, Hans-Günter: Beyond Secularisation: Experiences of the Sacred in Childhood and Adolescence as a Challenge for RE Development Theory, in: BJRE 2004.

Ders.: »Religious Identity«: Between Home and Transgression, in: International Journal of Education and Religion 2 (2001) 63–78.

Ders.: Vom Abbild zum Bild. Auf der Suche nach neuen Zugängen zur Religiosität von Kindern, in: Fischer, Dietlind/Schöll, Albrecht (Hg.): Religiöse Vorstellungen bilden. Erkundungen zur Religion von Kindern über Bilder, Münster 2000, 19–39.

Hilger, Georg: Jugendliche und ihre Religiosität, in: Petri, Heinrich u.a. (Hg.): Glaubensvermittlung im Umbruch, Regensburg 1996, 343–357.

Ders./Ziebertz, Hans-Georg: Wer lernt? – Die Adressaten als Subjekte religiösen Lernens, in: ders./Leimgruber, Stephan/Ziebertz, Hans-Georg (Hg.): Religionsdidaktik, München 2001, 153–167.

Kantonale Arbeitsstelle Zürich (Hg.): »Was Menschen heilig ist«, Zürich 2000.

Kinzig, Wolfgang: On a Mission from God? Bush, die Religion und der Krieg, in: EvTh 63 (2003) 390–400.

Koydl, Wolfgang: Leere, die keine Ruhe lässt, in: Süddeutsche Zeitung vom 11.9.2003.

Kropač, Ulrich: Biblisches Lernen, in: Hilger, Georg/Leimgruber, Stephan/Ziebertz, Hans-Georg (Hg.): Religionsdidaktik, München 2001, 385–401.

Laeuchli, Samuel: Das Spiel vor dem dunklen Gott. »Mimesis« – Ein Beitrag zur Entwicklung des Bibliodramas, Neukirchen-Vluyn 1987.

Leder, Drew: The Absent Body, Chicago 1990.

Lotz, Thomas: Ein Körper verschwindet. Zur Wahrnehmung der kirchlichen Bestattung, in: WPKG 86 (1997) 392–410.

Luther, Henning: Identität und Fragment. Praktisch-theologische Überlegungen zur Unabschließbarkeit von Bildungsprozessen, in: ders.: Religion und Alltag, Stuttgart 1992, 160–182.

Migliore, Daniel L.: September 11 and the theology of the cross, in: Princeton Deminary Bulletin 23 (2002) 54–58.

Preul, Rainer: Religion, Alltagswelt und Ich-Konstitution, in: Wege zum Menschen 28 (1976) 177–190.

Rumpf, Horst: Die übergangene Sinnlichkeit. Drei Kapitel über die Schule, München 1981.

Schwab, Ulrich: »Das muss ich mir doch von keinem vorschreiben lassen ...«. Subjektorientierter Religionsunterricht im Kontext gegenwärtiger Religiosität, in: WPKG 85 (1996) 508–521.

Welborn, Laurence L.: Vom Unterrichten der Bibel im »Ausnahmezustand«. Reflexionen über die hermeneutische Aufgabe eines neutestamentlichen Historikers nach dem 11. September, in: Zeitschrift für Neues Testament 5 (2002) 2–12.

Werner, Ditmar: Phänomenologische Grundlagen religionspädagogischer Bildungstheorien und ihre schulpraktische Ausrichtung, Münster 2004.

Zilleßen, Dietrich/Gerber, Uwe: Und der König stieg herab von seinem Thron. Das Unterrichtskonzept religion elementar, Frankfurt a. M. 1997.

Wie können wir lernen richtig zu leben?

Ein Erfahrungsbericht über die Arbeit mit Entwicklungsaufgaben als hermeneutischem Horizont des Religionsunterrichts

FRANZ W. NIEHL

Seit den 1970er-Jahren treibt eine Frage Religionspädagoginnen und Religionspädagogen um: Wie können Glaubensaussagen so ausgelegt werden, dass sie von Schülerinnen und Schülern als lebensrelevant wahrgenommen werden? Unter der Fahne der Korrelation zog das religionspädagogische Schiff durch bewegtes Wasser. Das Programm der Korrelationsdidaktik – am prägnantesten vielleicht formuliert im Anhang zum Grundlagenplan für die Sekundarstufe I (1984) – versuchte Glaubensaussagen und Lebenserfahrungen so zu verknüpfen, dass das Eine das jeweils Andere erhellt und befördert.

Seit dieser Zeit beschäftigt mich die Frage: Was korreliert eigentlich mit der Glaubensüberlieferung? Oder anders formuliert: Wer sind die Partner des Gesprächs? Auf der einen Seite steht der Glaube in seinen systematischen und narrativen Überlieferungen – und wer steht auf der anderen Seite? Die erste und keineswegs falsche Antwort kann nur lauten: die Schülerinnen und Schüler und ihre Welt.

Aber was heißt das konkret? Was sind Dimensionen der Welt der Schülerinnen und Schüler? In den Gehversuchen der 1970er-Jahre haben wir versucht Erfahrungen aufzubereiten. Näherhin hieß das, Erinnerungen wachzurufen, die als Korrelate zu Glaubensüberlieferungen verstanden werden konnten. Dieses Handwerk war naturgemäß rückwärts gewandt, das heißt, es orientierte sich an der Vergangenheit, nämlich an der Lebensgeschichte der Schülerinnen und Schüler. (Und, wenn ich es im Rückblick richtig sehe, waren die eigentlichen Adressaten der Reflexion oft nicht die Schülerinnen und Schüler, sondern vielmehr die Lehrerinnen und Lehrer. Angesichts ihrer Vermittlungssituation und des damit verbundenen Leidensdrucks wollten und mussten sie selber lernen, wie sie ihre Glaubensüberlieferungen auf Erfahrungen hin neu interpretieren können.)

Vor diesem Hintergrund stieß ich in den 1980er-Jahren auf das Konzept der Entwicklungsaufgaben, das in der pädagogischen Literatur in mehreren Varianten bearbeitet wurde und wird (vgl. Havighurst 1982; Oerter/Montada ⁴1998, 121ff). Mir schien darin eine wichtige Erweiterung, zumindest aber eine Akzentverschiebung der bisherigen Klärungsprozesse möglich zu werden. Entwicklungsaufgaben fragen nicht nach Erfahrungen, die Kinder und Jugendliche bereits gemacht haben. Die Frage lautet vielmehr: Vor welchen lebensbestimmenden und zukunftseröffnenden Aufgaben stehen Kinder und Jugendliche? Und wie kann der Religionsunterricht sie bei der Bewältigung dieser Entwicklungsaufgaben fördern? (Damit hängt naturgemäß die weitergehende didaktische Frage zusammen: Welche Inhalte der jüdisch-christlichen Überlieferungen können hilfreiche Gesprächspartner für Jugendliche und Kinder sein, die nach ihrer Lebensgestalt suchen? Dieser korrelative Zusammenhang wird in den folgenden Überlegungen nicht eingebracht.) Nun schien es mir aber zu kurz gegriffen, sich nur an den soziokulturell bedingten Entwicklungsschritten der *Kinder und Jugendlichen* zu orientieren. Man käme zu leicht zu einer Bestätigung des Status quo. Hilfreicher und anregungsreicher schien mir ein anspruchsvolleres Verfahren: Lassen sich aus christlicher Motivation Konturen eines gelingenden Lebens aufzeigen, die als Entwicklungsaufgaben *für Erwachsene* umschrieben werden können? Und wie lassen sich vor diesem Hintergrund Entwicklungsaufgaben für den Religionsunterricht bzw. die religiöse Erziehung gewinnen? Damit wird die Klärung von Entwicklungsaufgaben eingebettet in die Suche nach dem richtigen Leben. Und für den Religionsunterricht würde sich ein Horizont öffnen, der das soziokulturell Erwünschte genauso überschreiten könnte wie das binnenkirchlich Vertraute. Die weiterführende Frage lautet demnach:

1 Welche Konturen hat das »richtige Leben«?

Diese Frage lässt sich leicht stellen, aber nicht sinnvoll beantworten. Wenn es nämlich stimmt, dass die Lebensgestalt eines Menschen sich aus der Summe seiner Beziehungen formt, dann kann es das richtige Leben für alle nicht geben. Ein arbeitsloser Werftmechaniker in Bremen versteht unter dem richtigen Leben mit Sicherheit etwas anderes als ein Aufsichtsratsmitglied der Allianz-Versicherung. Und eine 18-jährige Verkäuferin bei C&A hat andere Aufgaben zu meistern als eine Studiendirektorin an einem Gymnasium in Stuttgart. Was unsere Lebensgestalt ausmacht, das ergibt sich aus vielfältigen Wechselbeziehungen zwischen individuellen Lebensplänen und der Art und Weise, wie unsere soziale Umwelt Möglichkeiten eröffnet oder verschließt. Es kommt hinzu, dass unsere Lebensbedingungen sich fortwährend ändern und dies in immer kürzeren Rhythmen.

Angesichts der hohen Differenzierung und der sich wechselseitig verstärkenden Beschleunigungsprozesse unserer postmodernen Gesellschaft ist es also nicht möglich, generalisierbare Konturen eines richtigen Lebens zu benennen. Dennoch gibt es einen Ausweg aus dieser Aporie: Jeder kann für sich skizzieren, was er unter einem richtigen Leben versteht. Was dann zustande kommt, ist subjektiv und perspektivisch begrenzt; es kann aber als Verständigungstext dienen. Denn andere können diesen Entwurf mit ihrer Sicht vergleichen. Sie können angesichts ihrer Lebensgeschichte und ihrer Erfahrungen prüfen, was auch für sie gelten kann und was sie völlig anders sehen.

Unter diesem Vorzeichen sollen nun einige Entwicklungsaufgaben vorgestellt werden. In Anlehnung an den Zielfelderplan, der in seinen Qualifikationen die Zukunftsorientierung des Lernens schon bedacht hatte, gliedere ich die Entwicklungsaufgaben nach Erfahrungsbereichen:
– Sich selbst annehmen und entwickeln
– Mit anderen zusammenleben
– In Institutionen leben: Kultur gestalten
– Hineinwachsen in Kultur und Zivilisation
– Politisch urteilen und handeln

Diese Einteilung ist kein wissenschaftlich gesichertes Raster, aber sie ist alltagstauglich und erleichtert die Verständigung. Den Erfahrungsbereichen werden jeweils Globalziele und Entwicklungsaufgaben zugeordnet. Zu den häufig recht konkreten Entwicklungsaufgaben gesellen sich schließlich Grundhaltungen, die den Entwicklungsaufgaben erst ihre spezifische Färbung geben.

Erfahrungsbereich I: Sich selbst annehmen und entwickeln
Im Dialog mit dem familiären und sozialen Umfeld seine eigene Lebensgestalt entwickeln
– Seine Herkunft und seine Lebensgeschichte annehmen und bearbeiten.
– Seine Rolle als Mann oder Frau akzeptieren und gestalten.
– Sensibilität für den eigenen Körper entwickeln; Grundsätze gesunder Lebensführung kennen und beherzigen.
– Angesichts unterschiedlicher Erwartungen und Pflichten den Überblick behalten und seinen Alltag gut organisieren.
– Sich weiterbilden und neue Fähigkeiten erwerben.

- Seiner Verletzungen und Ängste innewerden.
- Krisen und Konflikte akzeptieren und sie als Reifungsmöglichkeiten betrachten.
- Ziele und Wertvorstellungen entwickeln, nach denen man leben möchte.
- Ein Klima der Selbstachtung und der Selbstdistanz fördern und bewahren.
- ...

Erfahrungsbereich II: Mit anderen zusammenleben

Sich in unterschiedlichen Konstellationen autonom und authentisch verhalten und die jeweiligen Beziehungen situationsgerecht weiterentwickeln

- Soziale Konstellationen zutreffend interpretieren und sich in ihnen situationsangemessen verhalten.
- Sich im Gespräch einbringen und auf Äußerungen anderer angemessen reagieren.
- Seine Stimmung wahrnehmen und die Wirkung auf das eigene Verhalten und auf die Reaktion anderer einschätzen.
- Im Alltag verständnisvoll und lebensfördernd miteinander umgehen.
- Darauf achten, dass niemand bloßgestellt wird.
- Soziale Beziehungen als Interaktionen verstehen, bei denen die jeweiligen Partner wechselseitig aufeinander einwirken.
- Bindungen eingehen und lösen in Familie und Freundschaft.
- Seine Rollen im familiären Geflecht annehmen und biographisch passend weiterentwickeln.
- Sexuelle Partnerschaft entwickeln und kultivieren.
- Andern helfen und sich helfen lassen.
- Konflikt- und kritikfähig werden.
- Fähig werden zur Empathie.
- Mit eigener und fremder Aggressivität zurechtkommen.
- Verletzungen überwinden und sich versöhnen.
- Anerkennen, dass der Andere autonom und gleichwertig ist.
- ...

Erfahrungsbereich III: In Institutionen leben – Kultur gestalten

Die Spielregeln sozialer Systeme kennen, sich in diesem Rahmen autonom verhalten und Verantwortung übernehmen

- Sich der eigenen Bedürfnisse (z.B. nach Sicherheit, Anerkennung, Zugehörigkeit, Mitsprache) bewusst werden und sie einfordern.
- Die Anforderungen der Einrichtung (z.B. Arbeitseinsatz, Fachkompetenz, Kreativität, Teamfähigkeit) grundsätzlich akzeptieren und eine Balance mit den eigenen Bedürfnissen und Erwartungen anstreben.

- Zielkonflikte der Institution – vor allem zwischen Effektivität und Humanität – durchschauen und produktiv mit den daraus erwachsenden Paradoxien umgehen.
- Dazu beitragen, dass Erwartungen, Aufgaben und Rollen klar definiert werden.
- Institutionen als lernende Systeme begreifen, die ihre Methoden reflektieren, die Folgen ihres Handelns prüfen und sich dadurch korrigieren und entwickeln.
- Den eigenen Standpunkt klären, ihn angstfrei und kompromissfähig vertreten.
- Die Perspektiven und Interessen des Anderen wahrnehmen, respektieren und darauf eingehen.
- Zuverlässig sein und sich an Regeln binden.
- Spielräume in sozialen Rollen entdecken und nutzen.
- Solidarität üben: dass niemand gedemütigt wird.
- Mit Demütigungen und Misserfolgen umgehen lernen.
- Über die Struktur von Konflikten mit anderen nachdenken können, Lösungsstrategien kennen und Lösungswege mit ihnen vereinbaren.
- Balance zwischen Distanz und Empathie entwickeln.
- Bindung stiften und Sinninseln bilden.
- Verlässlichkeit herstellen und einfordern.
- Eine Atmosphäre der Anerkennung und der Ermutigung schaffen.
- ...

Erfahrungsbereich IV: Hineinwachsen in Kultur und Zivilisation
Die (über-)reichen Möglichkeiten, die Kultur und Zivilisation heute bieten, als Bereicherung des Lebens nutzen und genießen
- Sprachliche Ausdrucksfähigkeit erwerben und kultivieren.
- Maßgebliche Kulturtechniken erlernen, nutzen und in ihrer Anwendung fortschreiten.
- Lebensbedingungen in der Postmoderne verstehen; Gestaltungsspielräume kennen, entwickeln und mit anderen vereinbaren.
- Innere Freiheit gegenüber Besitz und Geld entwickeln.
- Besitz, Geld und soziale Stellung als Gestaltungsräume nutzen.
- Das rechte Maß in Konsum und Mediennutzung finden.
- Kreativität entfalten und Lebensräume gestalten.
- Geschmack entwickeln für die Bereicherung des Lebens durch Kunst, Musik, Film und Literatur.
- Identität und Weltsicht klären und erweitern im Dialog mit den symbolischen Zeichensystemen der Kultur.

- Einschränkungen und Begünstigungen durch Herkunft und Besitz kritisch wahrnehmen und produktiv darauf antworten.
- Verlangsamung üben und Eigenzeit kultivieren.
- Askese üben: durch Selbstbeschränkung fähig werden zu Konzentration und Genuss.
- ...

Erfahrungsbereich V: Politisch urteilen und handeln
Interesse an politischen und wirtschaftlichen Fragen entwickeln und wach halten und sich am politischen Leben beteiligen
- Sich sachkundig machen und Einsicht in die Struktur politischen Handelns gewinnen.
- Darauf beharren, dass politische Entscheidungen sich an sachlichen Erfordernissen und zugleich an ethischen Grundsätzen orientieren.
- Partei ergreifen gegen Machtmissbrauch, Ausbeutung und Gewalt.
- Sich einsetzen für Frieden, Gerechtigkeit und Bewahrung der Schöpfung (Nachhaltigkeit).
- Konzepte und Strategien kennen, die dazu beitragen, diese Ziele zu erreichen.
- Die wirtschaftlichen und politischen Folgen des eigenen Verhaltens einschätzen können und im täglichen Handeln beachten.
- Einen Weg finden zwischen Resignation und Fanatismus (gelassene Leidenschaft einüben).
- ...

An dieser Stelle wären einige grundsätzliche Fragen zu klären. Beispielsweise: In welchen sozialen und kulturellen Kontexten sind diese Entwicklungsaufgaben stimmig? Wie müssten sie im Blick auf andere Milieus modifiziert werden? Wie lassen sich einzelne Entwicklungsaufgaben in Teilzielen entfalten? Auf welchen Begründungszusammenhängen beruht diese Sequenz? Und damit auch: Welche Beziehungen gibt es zwischen diesen Entwicklungsaufgaben und dem christlichen Menschenbild? Derartige Vertiefungen müssen hier leider unterbleiben. Es muss genügen: Entwicklungsaufgaben werden hier als offener Verständigungstext vorgestellt; er benennt Elemente lebensbegleitender Lern- und Reifungsprozesse. Diesen Horizont zu wählen erscheint mir wichtig, damit Lehrerinnen und Lehrer, Erzieherinnen und Erzieher Problemsolidarität entdecken und üben können. Jene Solidarität entsteht dann, wenn Lehrende und Lernende spüren: Wir arbeiten an demselben Projekt: Wir sind alle damit beschäftigt, das Handwerk des Lebens zu lernen. Die Kinder und Jugendlichen stehen lediglich an einer anderen Station eines lebenslangen Lernprozesses. Freilich ist es damit auch notwendig, die besonderen Aufgaben der Kinder und Jugendlichen deutlich von denen der Erwachsenen zu unterscheiden.

In der Arbeit am Neuen Trierer Plan und an Lehrplänen für den Religionsunterricht wurden deshalb jeweils altersgerechte Entwicklungsaufgaben skizziert. Der Neue Trierer Plan ist eine Didaktik der religiösen Erziehung im Elementarbereich. Ihm sind die folgenden Aufgaben entnommen. Die Gesamtqualifikation der religiösen Erziehung lautet dort (vgl. Katechetisches Institut 1995, 36):

Ich lebe
Ich kann mich angenommen fühlen und deshalb vertrauensvoll
– mich und meine Umgebung wahrnehmen,
– mich mitteilen,
– tätig sein
und mich so entfalten.

mit anderen,
Wir können mit anderen
– aufmerksam umgehen,
– uns auseinandersetzen,
– füreinander sorgen
und so verantwortlich zusammenleben.

begegne Christen
Ich kann
– Ausdrucksformen des Glaubens mitvollziehen,
– mich ansprechen lassen von Geschichten und Alltagssituationen, in denen Menschen ihr Leben gestalten im Gespräch mit Gott,
– aufmerksam werden auf mein Inneres
und so vertrauensvoll leben und selbstbestimmt handeln.

und wachse hinein in Kultur
Ich kann
– die Gestaltungen menschlichen Lebens und Schaffens wahrnehmen und bewerten,
– selbstständig und sachgerecht mit Medien und technischen Geräten umgehen,
– offen sein für Geschichten und Gedichte, Lieder und Bilder, für Zeugnisse aus Kunst, Musik und Literatur
und so Welt und Leben erschließen und mitgestalten.

und Schöpfung.
Ich kann staunend
– die Vielfalt und Schönheit der Schöpfung entdecken,
– achtsam mit ihr umgehen,
– mich als Teil von ihr erleben
und so dankbar für sie Sorge tragen.

Naturgemäß erfordert der Religionsunterricht in der Schule andere Akzente. Aus dem saarländischen Lehrplan für Gymnasien stammen – leicht modifiziert – die folgenden Entwicklungsaufgaben für die Sekundarstufe I:

Sich selbst annehmen und eine eigene Identität finden:
– Ein Ich-Bewusstsein entwickeln und sich seiner Einzigartigkeit, seiner Begabungen und Interessen bewusst werden.
– Seine Herkunft und seine körperliche Erscheinung akzeptieren.
– Die eigene Sexualität bejahen, zu seiner Geschlechtsrolle finden und zu Intimität fähig werden.
– Sich emotional vom Elternhaus ablösen.
– Ängste vermindern und Selbstvertrauen entwickeln.
– Die eigenen Grenzen kennen und mit Enttäuschungen und Demütigungen umgehen können.
– Sich ein Wertesystem aufbauen und ein eigenes Gewissen bilden.
– Der Frage nachgehen, was dem Leben Sinn gibt.
– Sich mit dem Tod auseinander setzen und eine Einstellung dazu entwickeln.

Beziehungsfähig werden – Empathie entwickeln:
– Eine Position in der Gruppe erringen, sich in Konflikten behaupten und mit anderen Kompromisse schließen.
– Freundschaft gestalten.
– Möglichkeiten des Helfens und der Solidarität entdecken.
– Lernen, Kritik fair zu üben und angemessen mit der Kritik anderer umzugehen.
– Mit eigener und fremder Aggressivität umgehen lernen.
– Sicher und partnerschaftlich mit dem anderen Geschlecht umgehen.
– Akzeptieren, dass andere anders sind.

Hineinwachsen in Kultur und Zivilisation:
– Die Zugehörigkeit zur Geschichte und kulturellen Prägung einer Familie, einer Region und eines Volkes entdecken.

- Die Bedeutung von Traditionen, Sitten und Gebräuchen kennen, sie kritisch prüfen und in die eigene Lebensgestaltung integrieren.
- Das rechte Maß in Konsum und Mediennutzung finden.
- Im Dialog mit dem kulturellen Erbe den eigenen Lebensstil klären und entwickeln.
- Den Reichtum der eigenen Kultur schätzen und tolerant mit fremden Kulturen umgehen lernen.

In Institutionen leben:
- Zur Gestaltung des schulischen und gesellschaftlichen Gemeinwesens beitragen.
- Mit Autoritäten umgehen lernen.
- Eigene Standpunkte und Interessen vertreten und die anderer respektieren.
- Die Normen des Zusammenlebens und -arbeitens beachten, kritisch prüfen und gegebenenfalls für eine Veränderung eintreten.

Politisch urteilen und handeln:
- Die Grundlagen und Regeln der Demokratie anerkennen und sich für ihre Einhaltung einsetzen.
- Die Folgen des eigenen Handelns für die Gesellschaft einschätzen lernen.
- Zivilcourage entwickeln, im sozialen Umfeld an Entscheidungen mitwirken und sich einmischen.
- Sich einsetzen für Frieden, Gerechtigkeit und Bewahrung der Schöpfung.
- Einen Weg zwischen Resignation und Fanatismus finden.

2 Was können Entwicklungsaufgaben leisten?

Es leuchtet ein, dass derartige Entwicklungsaufgaben nicht als Unterrichtsziele taugen. Wer etwa die Entwicklungsaufgabe »kritikfähig werden« ins Auge fasst, kann sich nicht vornehmen, dieses Ziel am kommenden Mittwoch in der 9. Klasse bis 11.30 Uhr zu erreichen. Es kann ja nur angestrebt und – teilweise! – erreicht werden, wenn Jugendliche darin ein für sie wichtiges Entwicklungsziel erkennen und bereit sind, dazu passende Lernwege zu gehen. Lernwege im übrigen, die sie zum qualitativ entscheidenden Teil außerhalb der Schule finden werden. Was können dann Entwicklungsaufgaben überhaupt leisten? Ich möchte zehn Chancen (nicht mehr als das!) skizzieren:

1. Entwicklungsaufgaben unterstützen die didaktische Planung des Religionsunterrichts. Sie erleichtern es Lehrerinnen und Lehrern, ihren Unterricht schülerorientiert zu entwerfen. Die didaktische Leitfrage lautet dann: Wie können Inhalte des Religionsunterrichts so ins Spiel gebracht werden, dass ein Gespräch mit Erfahrungen und mit Entwicklungsaufgaben der Kinder und Jugendlichen möglich wird?
2. Analog können Entwicklungsaufgaben auch bei der Erarbeitung von Lehrplänen ein wertvolles Instrument sein. Hier kann jeweils geklärt werden: Welche Verknüpfungsmöglichkeiten bieten sich an zwischen den zentralen Inhalten des Religionsunterrichts und den Entwicklungsaufgaben?
3. Die Auseinandersetzung mit Entwicklungsaufgaben kann Fachgruppen und Teams helfen, die Ziele ihrer pädagogischen Arbeit deutlicher zu sehen. Zugleich können sie mithilfe der Entwicklungsaufgaben ihren Arbeitsstil und das Klima ihrer Einrichtung analysieren und weiterentwickeln.
4. Entwicklungsaufgaben laden dazu ein, zu erörtern, was eine Schule heute als ihren Bildungsauftrag versteht und was die einzelnen Fächer dazu beitragen können.
5. Am Leitfaden der Entwicklungsaufgaben können Religionslehrerinnen und Religionslehrer ins Gespräch kommen mit den Vertretern der anderen Fächer und mit der Schulleitung. Damit können Ziele entwickelt werden, die fächerübergreifend das Profil der Schule prägen. So können Entwicklungsaufgaben Lehrerkollegien helfen, Schul- und Unterrichtsziele zu vereinbaren.
6. Entwicklungsaufgaben können die Wahrnehmung der Kinder und Jugendlichen lenken. In Unterrichtssituationen werden Lehrpersonen immer wieder auf Defizite und Mängel der Schülerinnen und Schüler aufmerksam. Daraus erwächst leicht eine resignative Grundeinstellung. Der Blick kann sich aber weiten, wenn man Entwicklungsaufgaben als Wahrnehmungshilfe nutzt. Konkreter: Welche Einstellung ergibt sich, wenn Schülerinnen und Schüler als Kinder und Jugendliche wahrgenommen werden, die gerade intensiv damit beschäftigt sind, schwierige Entwicklungsaufgaben zu bewältigen?
7. Entwicklungsaufgaben beeinflussen die Rolle der Lehrerinnen und Lehrer. Wenn Lehrerinnen und Lehrer so über Schülerinnen und Schüler und auch über die Inhalte des Religionsunterrichts denken, hat dies Folgen für ihr eigenes Rollenverständnis und für ihr Verhalten im Unterricht. Wer sich als Lehrperson bemüht, seinen Schülerinnen und Schülern bei der Bewältigung anstehender Entwicklungsaufgaben zu helfen, strebt nach einem Unterricht, der ermutigt und der maieutische Züge gewinnt. Er wird zum Helfer seiner Schülerinnen und Schüler und kann sich über ihre Entwicklungsfortschritte

freuen. (Hier aber stellt sich die Frage: Wie realistisch ist dieses Modell? Schwer zu sagen. Denn wo liegen die Maßstäbe? In den realen Schulverhältnissen? In den Grenzen der Lehrerrolle?) Aus diesen Überlegungen folgt konsequenterweise:

8. Entwicklungsaufgaben können Stil und Methoden des Unterrichts verändern.

9. Entwicklungsaufgaben verändern den Blick auf die Inhalte. Immer wieder konnten Lehrerinnen und Lehrer entdecken, dass sie im Horizont der Entwicklungsaufgaben christliche Überlieferungen neu sehen: Was bedeuten Gnade, Erlösung, Nachfolge Christi, wenn wir Entwicklungsaufgaben als Sehhilfe verwenden? Wie wirken biblische Erzählungen (Gleichnisse Jesu, Exodus, Josefserzählung usw.), wenn sie ausgelegt werden im Blick auf Entwicklungsaufgaben? Aber auch umgekehrt gilt: Wie modifizieren sich Entwicklungsaufgaben, wenn wir sie mit Inhalten des Glaubens ins Gespräch bringen?

10. Und nicht zuletzt können Entwicklungsaufgaben dem Einzelnen helfen, seinen eigenen Lebensweg zu bedenken und seine Hoffnungen zu klären.

Literatur

Cohn, Ruth: Es geht ums Anteilnehmen, Freiburg ²1993.

Biehl, Peter/Wegenast, Klaus: Religionspädagogik und Kultur, Neukirchen-Vluyn 2000.

Englert, Rudolf/Frost, Ursula/Lutz, Bernd (Hg.): Christlicher Glaube als Lebensstil, Stuttgart 1996.

Goleman, Daniel: Emotionale Intelligenz, München 1996.

Havighurst, Robert J.: Development tasks and education, New York 1982 (¹1948).

Herter, Jürgen: Soziale Kompetenz in Betrieb und Schule, in: Seminar – Lehrerbildung und Schule 8 (2002) 54–67.

Katechetisches Institut des Bistums Trier (Hg.): Der Neue Trierer Plan. Eine Didaktik der religiösen Erziehung im Elementarbereich, Trier 1995 (zu beziehen über das Katechetische Institut, Hinter dem Dom 1, 54290 Trier).

Keupp, Heiner/Ahbe, Thomas/Gmür, Wolfgang u.a. (Hg.): Identitätskonstruktionen. Das Patchwork der Identitäten in der Spätmoderne, Reinbek 1999.

Leggewie, Claus: Die Globalisierung und ihre Gegner, München 2003.

Nichols, Michael P.: Die wieder entdeckte Kunst des Zuhörens, Stuttgart 2000.

Nocke, Franz-Josef: Liebe, Tod und Auferstehung. Über die Mitte des christlichen Glaubens, München ³1993.

Nünning, Ansgar/Nünning, Vera: Konzepte der Kulturwissenschaften. Theoretische Grundlagen – Ansätze – Perspektiven, Stuttgart/Weimar 2003.

Oerter, Rolf/Montada, Leo: Entwicklungspsychologie, Weinheim ⁴1998.

Perls, Fritz: Grundlagen der Gestalt-Therapie, München ⁷1989.

Rogers, Carl R./Rosenberg, Rachel L.: Die Person als Mittelpunkt der Wirklichkeit, Stuttgart 1980.

Schulz von Thun, Friedemann: Miteinander reden, 3 Bde., Reinbek 1981–1998.

Schulze, Gerhard: Die beste aller Welten. Wohin bewegt sich die Gesellschaft im 21. Jahrhundert?, München 2003.

Sölle, Dorothee: Mystik und Widerstand, Hamburg 1997.

Stangl, Werner: Der Begriff der sozialen Kompetenz in der psychologischen Literatur (Version 2.2 – 03-06-02). p@psych e-zine 3. Jg. – im Internet unter: http://paedpsych.jk.uni-linz.ac.at/PAEDPSYCH/sozialekompetenz/

Straßer, Johano: Leben oder Überleben. Wider die Zurichtung des Menschen zu einem Element des Marktes, Zürich 2001.

Willi, Jürg: Psychologie der Liebe. Persönliche Entwicklung durch Partnerbeziehungen, Stuttgart 2002.

Weisbach, Christian-Rainer: Professionelle Gesprächsführung. Ein praxisnahes Lese- und Übungsbuch, München ⁵2001.

KAPITEL III

Prinzipien religiösen Lernens für heute und morgen buchstabieren

Zwischen Shoppingmeile und Klassenzimmer

Ein Beitrag zur Alltagsästhetik und Religionspädagogik des Jugendalters

GEORGE REILLY

Das Interesse an ästhetischen Fragestellungen in der Religionspädagogik ist nicht zufällig. Dieses Interesse findet zu einer Zeit statt, in der Stil, Design, Lebensstile, Inszenierungen aller Art im Alltag immer wichtiger werden. Ästhetik durchdringt alle Bereiche des Alltags. Alles was gekauft, angezogen, gehört, mitgeteilt, gegessen wird, wird durch die Ästhetik der populären Kultur beeinflusst. Es gibt fast keine Möglichkeit, der ästhetischen Dimension des Alltags zu entgehen. Sie ist fest eingebettet in die kulturellen Praktiken des Lebens in der Gesellschaft, im Handeln und im Kommunizieren miteinander.

1 »Der Krieg der Geschmäcker«

Auch in der Fachliteratur hat der Begriff »Ästhetik« Konjunktur. Eine Definition des »Ästhetischen« zu wagen, ist ein schwieriges Unterfangen. Im Rahmen der Religionspädagogik greift man gerne auf den Begriff der Wahrnehmung, auf eine Bestimmung der ästhetischen Erfahrung usw. zurück. In diesen Annäherungen ist man dazu geneigt, das Ästhetische im Rahmen von ästhetischen Werken und Kriterien, die in der »Hochkultur« beheimatet sind, zu bestimmen. Die Ästhetik der populären Kultur, die für den Alltag der meisten Jugendlichen maßgebend ist, wird zu einem Massenphänomen herabgesetzt, dem Jugendliche ausgeliefert sind. In dieser Sicht werden die »Massen« zu einer Entität ohne eigenen Willen, die die populäre Kultur und ihre Ästhetik nur passiv rezipiert.

In dieser Bestimmung von Ästhetik und Kultur fehlt eine Reflexion über die eigene gesellschaftspolitische Verortung. Ästhetik, ästhetische Praktiken, Kultur sind gesellschaftlich vermittelt. Eine Bewertung der populären Kultur und ihrer Ästhetik als »Massenkultur« bringt mehr von der gesellschaftlichen Verortung einer solchen Bewertung als sachgemäße Information zum Thema »Populäre Kultur und Ästhetik in den Lebenswelten Jugendlicher« zum Ausdruck. Im Sinne von Pierre Bourdieu kann man sagen: Hier wird eine bestimmte Form von verinnerlichtem (»Habitus«) und objektiviertem (kulturelle Güter wie Bilder, Musik, Bücher, usw.) kulturellem Kapital, das an einen sozialen Raum gebunden ist, zum Maßstab der Begriffe Ästhetik und Kultur erhoben.

Die jeweiligen ästhetischen Praktiken der »Hochkultur« und der populären Kultur und die dazu gehörigen ästhetischen Theorien sorgen in Zusammenhang mit dem Kulturkonsum für Unterschiede zwischen den Menschen, die entscheidend für ihren Rangplatz in der Gesellschaft sind. Auch wenn ökonomisch-wirtschaftliche Verhältnisse in dieser Hinsicht an Bedeutung etwas verloren haben, können durch die Vermittlung von kulturellem und symbolischem Kapital mittels des Erziehungssystems gesellschaftliche Unterschiede aufrechterhalten werden.

Populäre Kultur und ihre ästhetischen Formen spiegeln daher Auseinandersetzungen zwischen Jugendkulturen und anderen kulturellen Mächten, die in der Gesellschaft um Einfluss kämpfen, wider. Schule und Religionsunterricht als gesellschaftliche Institutionen sind in diese Auseinandersetzung mitverwickelt. In den ästhetischen Formen, die in Schule und im Religionsunterricht bevorzugt werden, wird Kultur an junge Menschen vermittelt, die eigene selbstbestimmte Kulturen und ästhetische Formen außerschulisch schon entwickelt haben. In diesem Sinne können Schule und Religionsunterricht als Orte der Auseinandersetzung zwischen der Aneignung einer Kultur und Ästhetik, die an ein gesellschaftlich legitimiertes kulturelles Kapital gebunden sind, und der Konstruktion einer selbstbestimmten religiösen Kultur durch Jugendliche selber verstanden werden.

Der Grundtenor dieses Beitrags mit seiner Fokussierung auf die Alltagsästhetik Jugendlicher und Jugendkulturen liegt in der Annahme, dass Jugendliche in der ästhetischen Praxis ihres Alltags ihr eigenes Selbstbild, ihre Beziehung zur Welt und zu ihren Mitmenschen gestalten. In dieser gestalterischen Tätigkeit schaffen sie ihre eigene Identität. In diesem Schaffen werden sie zu KünstlerInnen. Dieses Schaffen ist mit ästhetischen Prozessen, die im Konsumverhalten Jugendlicher zu finden sind, eng verbunden. Wenn dies zutrifft, dann ist es aus religionspädagogischer Perspektive geboten, nicht nur den Einfluss der populären Kultur und ihrer Ästhetik auf die Religiosität und auf die religiösen Vorstellungen Jugendlicher zu erforschen, sondern auch Jugendkulturen selber und ihre Ästhetik als »kreativ-gestaltende« (»poietische«) Orte in den Blick zu nehmen, wo Jugendliche an der Konstruktion von Identität, Sinn und Wissen selber tätig sind.

Hieraus ergeben sich Perspektiven, die religionspädagogisch von Bedeutung sind. In der außerschulischen ästhetischen Praxis Jugendlicher findet man Formen eines selbstbestimmten Handelns vor, die schulisch und religionspädagogisch noch eingeholt werden müssen. Die religionspädagogische Herausforderung liegt im Ernstnehmen von Jugendlichen als selbstständigen Autoren ihrer eigenen Biographien, die sie außerhalb von Schule schon sind, mit den Formen und Mitteln, die sie selber bevorzugen. Hierin liegt eine wesentliche religionspädagogische Frage: Wie kann religiöses Lernen Jugendliche in der Arbeit an der Konstruktion ihrer eigenen Identität unterstützen, einer Arbeit, die schon außerhalb von Schule von Jugendlichen in Eigenregie als Subjekte ihres eigenen Lebens selber übernommen worden ist?

2 »Grounded aesthetics«: Konsum und Identitätsbildung

Die ästhetische Dimension in den Lebenswelten Jugendlicher ist kein außerordentliches, plötzliches Widerfahrnis, das ihren Alltag suspendiert oder überbietet. Sie ist ein fester Bestandteil ihres normalen Alltags. Sie ist lebensweltumgreifend. In den Lebenswelten heutiger Jugendlicher gehört die Entgrenzung von Alltag und Ästhetik zu ihrem Selbstverständnis. Natürlich wird diese ästhetische Dimension im Alltag Jugendlicher von der Warenwelt und von der Welt der elektronischen Kultur stark beeinflusst. Der Markt bietet die symbolischen und expressiven Formen an, die von Jugendlichen konsumiert werden: Körperschmuck, Musik, Haargel, Kleider, Klingeltöne für das Handy usw. Diese werden von jungen Menschen gekauft, nicht nur um ihre körperlichen, sondern auch ihre seelischen Bedürfnisse zu befriedigen. Das heißt also, der Markt mit seiner Ästhetik ist nicht nur ein Medium, das die Bedürfnisse Jugendlicher befriedigt. Er stellt auch die ästhetischen Mittel zur Verfügung, die es der Jugend ermöglicht, symbolisch-expressiv an der eigenen Identität zu arbeiten.

Auch wenn der Markt und seine Verkaufsstrategien dieses ästhetische Feld beherrschen, ist diese Beherrschung des Feldes nicht vollkommen. Weil der Markt seine Produkte an möglichst viele Menschen verkaufen will, verwendet er Strategien, die ein möglichst individuelles Konsumieren der angebotenen Produkte fördern. Das heißt: Der Markt selber fördert den Prozess, in dessen Verlauf junge Leute sich die Produkte symbolisch-expressiv für individuelle sinnbildende Zwecke aneignen. Jugendliche sind zwar der Warenwelt ausgesetzt, sind ihr aber nicht ausgeliefert. Sie lassen sich von der Warenwelt nicht vereinnahmen. Die Grenzen zwischen Produktion und blankem Konsum von Waren und Kultur verschwimmen zunehmend. Zum einen findet die Kultur, die mit der Warenwelt und der elektronischen Kultur angeboten, verkauft wird, eine Schicht vor, die an der Hervorbringung dieser Kultur aktiv mitbeteiligt ist. Zum anderen findet im Konsum und im Gebrauch der symbolischen Ressourcen der Warenwelt eine kreative Symbolisierungsarbeit im Dienst der Bildung einer eigenen Identität statt. In dieser Arbeit an der eigenen Identität werden symbolische Praktiken der Waren- und elektronischen Welten im Hinblick auf die eigene Person bzw. im Hinblick auf die Kultur zu der man gehört oder gehören möchte (z.B. die Punk-Kultur oder Gothic-Kultur), ausgewählt, hervorgehoben und neu zusammengesetzt. Ob es um die Zusammenstellung einer Audio-CD aus dem Internet oder um die Auswahl von Kleidung bei einer Shoppingtour geht, die Konsumwelt kann nicht mehr als eine Größe gesehen werden, die ihre Ideologie und ihre Werte jungen, passiven Käuferinnen und Käufern aufzwingen kann. Jugendliche konsumieren die Musik, die Kleidung usw., die ihnen gefallen, die zu ihrem Selbstbild, zu ihrem Stil passen. Was nicht ankommt, wird zu einem »Flop«.

In diesem Prozess der individuellen Aneignung von Marktprodukten wird den Produkten ein neuer symbolischer Sinn im Dienste der eigenen Identitätsfindung und –bildung zugesprochen. Diese Arbeit an der eigenen Identität nennt Paul Willis, ehemals vom »Centre for the Study of Contemporary Culture« in Birmingham/England, »grounded aesthetics«. Mit diesem Begriff möchte Willis die Kreativität und die künstlerische Eigentätigkeit im alltäglichen Umgang Jugendlicher mit den symbolisch-expressiven Ressourcen, die der Markt der populären Kultur ihnen zur Verfügung stellt, hervorheben. Die Ästhetik, die hier anvisiert wird, ist »grounded«, d.h. sie entspringt dem Alltag Jugendlicher.

3 Die Inszenierung des ästhetischen Subjekts

In diesem Aneignungsprozess entsteht ein neues ästhetisches Subjekt, das sich bewusst ästhetisch-kulturell inszeniert. Das Tragen eines bestimmten Stils von Körperschmuck z.B. ist ein Akt der Selbstbildung auf Grund eines eigenständigen ästhetischen Urteils. Mit diesem selbstbestimmten ästhetischen Akt setzt sich der Jugendliche ästhetisch-kulturell als eine ganz bestimmte Person innerhalb seines sozialen Raums. »Styling« ist die bewusste Sichtbarmachung und ästhetische Präsentation des Selbst. Stil wird produziert, um als eine bestimmte

Gestalt gesehen zu werden. Mittels der Auswahl und Konsums kommerzialisierter ästhetischer, symbolisch-expressiver Güter verleihen sich junge Leute eine kulturelle Identität. Identität heute ist eine ästhetische Identität.

Das Verhältnis Jugendlicher zu ihrer ästhetischen Gestalt ist von Authentizität und Freiheit bestimmt. Wichtige Kategorien, um dieses Verhältnis zu bestimmen, sind »Homologie« und »Bricolage«. Diese ethnographischen Begriffe werden verwendet, um die innere Stimmigkeit (»Homologie«) zwischen den subjektiven Erfahrungen, Werten und Lebensstil/ästhetischen Formen (Musik, Kleidung, Haare usw.) zu beschreiben. Die einzelnen ästhetischen Elemente stehen in einer stimmigen Beziehung zum Ganzen. Die Objekte, die dieser Beziehung dienen sollen, werden aus einer Fülle von möglichen stimmigen Objekten ausgewählt und ihrem neuen Zweck hinzugefügt (»Bricolage«). In den ästhetischen Formen, die der Jugendliche für sich aussucht, erkennt er sich selber wieder und er will sein Selbst- und Weltverständnis auch anderen mitteilen. Die symbolischen Objekte, die er aussucht, müssen von ihrer homologen Struktur her das objektive Potenzial haben, die besonderen Werte und Interessen der Person, manchmal auch der Szene (z.B. der Skinheads, der Punks oder der Gothics) auszudrücken.

Beim Kleiderkaufen z.B. – Schauen, Betrachten, Auswählen, Anprobieren – probieren Jugendliche unterschiedliche Identitäten an und aus. Wenn sie ein Kleidungsstück auswählen, stellen sie über das, was sie auswählen, ihre Identität zusammen. Identitätsbildung sowohl bei Mädchen als auch bei Jungen ist ein Akt physischer ästhetischer Aneignung von Ressourcen, die die Warenwelt zur Verfügung stellt. In diesem Akt der Aneignung werden die Jugendlichen zu Künstlerinnen und Künstlern. Der Akt des Konsums wird dabei zu einem kreativen Akt der individuellen Auswahl aus der Masse der normierten Waren, die zur Verfügung stehen. Auf diesen performativen Akt der Gestaltung und des Schaffens der eigenen Identität kann man die ästhetische Kategorie der »Poiesis« anwenden. Die ethnographischen Begriffe »Homologie« und »Bricolage« münden in den ästhetischen Begriff der »Poiesis« ein.

4 Individueller Stil, Hybridisierung und elektronische Kultur

Geschmack ist auch wichtig in diesem Zusammenhang. Er gilt nicht nur als Grundlage für individuelle Auswahl (»Ich kaufe nur das, was mir gefällt.«), er ist auch das Bindeglied für die Zugehörigkeit zu einer bestimmten Orientierung. Jugendliche gehen gerne mit ihren Freundinnen und Freunden einkaufen, weil sie den gleichen Geschmack haben. Gemeinsame Stilelemente schaffen innerhalb einer Gruppe eine Homologie, die eine gemeinsame Orientierung gibt.

Trotz des Bedürfnisses nach gemeinsamer Orientierung, nach einer Gruppenidentität, ist die individuelle Zusammenstellung des eigenen ästhetischen Selbstbildes maßgebend für die Mehrheit der Jugendlichen. Dieses Bedürfnis, trotz aller gemeinsamer Orientierung, nicht genauso aussehen zu wollen wie die anderen, führt zu einer Hybridisierung im Stil. Innerhalb einer gemeinsamen Orientierung werden Differenzierungen im Stil geschaffen. »Cross-over« ist oft das Motto. Unter dem Vorzeichen der zunehmenden Globalisierung und Individualisierung entstehen hybride Formen der individuellen ästhetischen Stimmigkeit. Nicht nur wirtschaftliches Kapital fließt zwischen den verschiedenen Erdteilen, sondern auch häufig zwangsweise Menschen mit ihren unterschiedlichen Weltbildern und unterschiedlichen ästhetischen Praktiken. Identitätsbildende ästhetische Formen und Praktiken finden heute transnational und transkulturell statt.

Diese ästhetisch-kulturelle Globalisierung wird durch die elektronischen Medien, die unter Jugendlichen so beliebt sind, unterstützt, und sie sind eine wesentliche Quelle der Ressourcen, die Jugendliche zur Identitätsbildung in Anspruch nehmen. Durch die Möglichkeiten der interaktiven Teilnahme, die die elektronischen Medien, insbesondere das Internet, bieten, erhöht sich das Potenzial an selbstbestimmtem Handeln erheblich. Die Vielfalt der ästhetisch-kulturellen, globalisierten Welten, in der sich Jugendliche im Rahmen der elektronischen Kultur bewegen, vergrößert die Distanz zwischen ihrer ästhetischen Erfahrung und den ästhetischen Erfahrungen der Erwachsenen. Gleichzeitig stellen Jugendliche fest, dass in dieser Hinsicht sie und nicht die Erwachsenen das Heft in der Hand halten.

Die individuelle, ästhetische Urteilsbildung nimmt zu. Diese individualisierte ästhetische Praxis ist eine Absage an jegliche Stereotypisierung, an eine mimetische Übernahme jeglicher medial vermittelter Stereotypen. In seinem Stil will man sich nicht festlegen lassen. Das heißt, zur individuellen poietischen Ausdrucksgestalt gehört auch der Unterschied. Identitätsbildung wird zu einem Prozess unter dem Vorzeichen der Differenz. Ästhetische Differenz, egal wie klein, ist ein zentrales Merkmal der individuellen Gestalt.

Diese ästhetische Dimension ist »open-ended«. In vielerlei Hinsicht ist sie »offen für alles«. Dies ist nicht als Defizit zu verstehen, sondern als ein Modus von Freiheit, als ein ureigenes ästhetisches Projekt der Jugendlichen selber im Hinblick auf ihre Gegenwart und auf ihre Zukunft. Die Konturen der Kunstwerke, die sie selber sind, sind selten scharf.

5 Kreative und transformative Kräfte: Evangelium und reflektierte, ästhetische Identität

Die Gewinnung einer selbstbestimmten Identität in der unmittelbaren Erfahrung des Konsums außerhalb von Schule ist in der Schule so nicht fortzusetzen, weil diese Unmittelbarkeit in Schule nicht gegeben ist. Zwar setzt sich die Konsumwelt in der Schule fort: Jugendliche wollen mit dem, was sie konsumieren, auch in der Schule als ästhetische Subjekte wahrgenommen werden. Ihr kommerzialisierter, ästhetischer Blick verschwindet nicht, wenn sie morgens die Schule betreten. Dennoch liegt zwischen den Shoppingmeilen und den Klassenräumen ein Graben, der nicht einfach zu überbrücken ist. Schule kann ein Teil dieser Brücke bilden als das Angebot einer reflektierten Identität, die eine ästhetische Identität miteinbezieht.

Ästhetische Identität ist bei Jugendlichen heute eine Identität im Bereich des Lebensstils. Eine religionspädagogische Frage, die hier ansteht, ist, ob es der Religionspädagogik gelingen kann, jungen Menschen die Möglichkeit einer reflektierten, selbstbestimmten religiösen Identität anzubieten, die sie als eine Bereicherung ihrer ästhetischen Identitätsbildung empfinden? Kann die kreative, gestaltende und transformative Kraft der Alltagsästhetik, die wie oben beschrieben in der Ausbildung einer ästhetischen Identität zum Tragen kommt, mit dem befreienden und transformativen Potenzial des Evangeliums im Raum von Schule fruchtbar in Verbindung gebracht werden?

Zunächst geht es nicht nur darum, dass Religionslehrerinnen und -lehrer über Kenntnisse zum religiösen Bezug in ästhetischen Formen, die von Jugendlichen favorisiert werden, zum Beispiel in der Rock und Popmusik, verfügen sollen. Es ist eher die Frage, welche Rolle sollen die ästhetischen Formen, mit denen Jugendliche vertraut sind, und die populäre Kultur, die mit diesen Formen zusammenhängt, im Unterricht spielen?

Ein Problem liegt in dem asymmetrischen Verhältnis im Raum von Schule, das zwischen Lehrkräften und Schülern herrscht. Dieses asymmetrische Verhältnis kann die innovative Kraft der alltagsästhetischen Wahrnehmung und Gestaltung von Welt unterdrücken. In der Regel sind Religionslehrer mit den ästhetischen Formen der »Hochkultur« eher vertraut als mit der Alltagsästhetik Jugendlicher. Die ästhetischen Traditionen der »Hochkultur« sind auch die Traditionen, in denen der christliche Glaube vorwiegend überliefert wird. Die Gefahr ist groß, dass ein monokultureller Zugang zum Unterrichtsgegenstand Religion gepflegt wird.

Unter dem Vorzeichen einer neuen »performativen« Religionsdidaktik können leiblich-räumliche Inszenierungen von Religion bevorzugt werden, die Lehrerinnen und Lehrer selber von ihrer religiösen Sozialisation her gut kennen. Aufgabe der Religionslehrerinnen und -lehrer ist es aber auch, selbstbestimmte, alltagsästhetische Zugangsweisen Jugendlicher zu religiösen Themen als legitim zuzulassen. Wenn der Religionsunterricht Jugendlichen die Perspektive einer eigenen authentischen religiösen Identität eröffnen will, dann muss er den Schülerinnen und Schülern die Möglichkeit geben, symbolisch-expressive Darstellungsformen einbringen zu können, die für sie stimmig sind. Diese Stimmigkeit wird anders sein als die vernunft- und traditionsorientierte Stimmigkeit der Lehrergeneration. Dies kam deutlich zu Tage in den Projekten zu den »Heiligtümern Jugendlicher« in den 1990er-Jahren im Bistum Aachen. Weil die ästhetischen Wahrnehmungs- und Gestaltungsformen, mit denen Schülerinnen und Schüler in ihrem Alltag vertraut sind, als berechtigte Formen neben den traditionellen Darstellungsformen von Heiligtümern in den vorbereitenden Unterricht und in die Ausstellungen miteinfließen durften, wurden neue Perspektiven und Einsichten sichtbar, die für alle Beteiligten gewinnbringend waren.

6 Ästhetische Phantasie in Solidarität mit allen Menschen

Die Phantasie der Alltagsästhetik enthält den Wunsch, das Verlangen nach erfülltem Leben, nach Glück. Dieses Verlangen hat eine eschatologische Qualität. In der ästhetischen Phantasie der expressiven Formen der Alltagsästhetik leuchten Spuren unrealisierter Möglichkeiten eines erfüllten Lebens auf. In der ästhetischen Gestalt spiegelt sich der Wunsch nach Erfüllung, nach Anerkennung, nach Würde. Je mehr der Religionsunterricht sich auf diese Phantasie einlässt, desto mehr stößt er auf diese Spuren. Damit diese Ästhetik in ihrem utopischen Gehalt aber nicht zum Narzissmus wird, muss sie sich auf die gesellschaftlichen Bedingungen einlassen, die sie ermöglichen und die sie zugleich überschreiten will. Dann wird Bildung im Sinne des »Lifestyles« zu einer reflektierten Bildung des Subjekts. Eine reflektierte Bildung holt das ästhetische Subjekt in seiner geschichtlichen Wirklichkeit ein.

Diese reflektierte ästhetische Bildung vollzieht sich im Modus ihrer sinnlich-expressiven Formen. Neben der Vernunft braucht Bildung auch die visionäre Kraft der ästhetischen Phantasie, damit die Vernunft human bleibt und die ästhetische Identität solidarisch wird. Eine reflektierte ästhetische Identität in Solidarität mit Anderen will, dass andere, weniger glückliche Menschen an dem Glück teilhaben, das man selber genießt. Deswegen wird diese Reflexion auch die gesellschaftlichen Bedingungen miteinbeziehen, unter denen die Ressourcen produziert werden, aus denen das individuelle Glück geschmiedet wird. Reflektierte Phantasie ist notwendig, um die Unmittelbarkeit des eigenen Glücks auf das Glück Aller hin zu öffnen. Nur die Phantasie des ästhetischen Alltags vermag diesen Sprung über die Gegenwart in eine Zukunft für alle Menschen zu leisten.

Ein genaues Hinschauen auf ästhetische Leistungen der populären Kultur entdeckt in ihrer symbolisch-expressiven Phantasie diesen Sprung und die Sehnsucht nach Gerechtigkeit für alle Menschen. Das ästhetische Verhalten Jugendlicher im Alltag ihres privaten Konsums hat über seine identitätsbildende Kraft ein öffentliches, politisches Potenzial, dass pädagogisch und religionspädagogisch noch offen gelegt werden muss. In der »No Logo«-Kampagne von Naomi Klein wird dieses Potenzial offenkundig. Die populäre Kultur des Alltags und ihre reflektierte Ästhetik enthalten eigene expressive Möglichkeiten, das Verlangen nach einem humanen Leben für alle bewusst zu machen. Videoclips, die jetzt schon älter sind, wie z.B. »Like a prayer« von Madonna, enthalten solche Sehnsuchtsmomente. In diesem Beispiel wird mit den Stilmitteln des schnellen Bildwechsels, der Parodie, der Stereotypisierung, mit der Hybridisierung der religiösen Traditionen und mit Erotik gearbeitet, um auf irritierender und provozierender Weise Ungerechtigkeit und die Sehnsucht nach Erlösung für Menschen aller Hautfarben darzustellen. Auch die Werbung der Firma Benetton, gerade in der ästhetischen Perfektion ihrer Bilder, will die kommerzialisierte Perspektive einer gerechten Zukunft für alle provokativ auf den Marktplatz bringen.

Ein ästhetisch vermitteltes Bewusstsein der Solidarität findet seine biblische Entsprechung in vielen Bildern, die mit unterschiedlichen Stilmitteln auch die Hoffnung auf eine erlöste Welt wach halten. Wenn Jugendliche Möglichkeiten bekommen mit den ästhetischen Formen, die ihnen eigen sind, die reflektierte Sehnsucht ihres ästhetischen Alltags mit den biblischen Hoffnungsbildern zu verbinden, können sie vielleicht mehr Kraft zum Widerstand gegen den status quo schöpfen, der für eine gelungene und umfassende Bildung kennzeichnend ist.

Literatur

Biehl, Peter: Religionspädagogik und Ästhetik, in: Jahrbuch für Religionspädagogik 5 (1988), Neukirchen-Vluyn 1989, 3–44.

Ders.: Symbol und Kultur. Kultur in hermeneutischer und theologischer Perspektive, in: ders./Wegenast, Klaus (Hg.): Religionspädagogik und Kultur, Neukirchen-Vluyn 2000, 15–53.

Bourdieu, Pierre: Wie die Kultur zum Bauern kommt. Über Bildung, Schule und Politik, Hamburg 2001.

Clarke, John: Stilschöpfung, in: Kemper, Peter/Langhoff, Thomas/Sonnenschein, Ulrich (Hg.): »but I like it«, a.a.O., 375–392.

Dolby, Nadine: Popular Culture and Democratic Practice, in: Harvard Educational Review 73 (2003), Number 3, Onlineausgabe: http://www.edreview.org/harvard03/2003/fa03/ fa03dolby. htm.

Gutmann, Hans-Martin: Populäre Kultur im Religionsunterricht, in: Biehl, Peter/Wegenast, Klaus (Hg.): Religionspädagogik und Kultur, a.a.O., 179–200.

Hebdige, Dick: Stil als absichtliche Kommunikation, in: Kemper, Peter/Langhoff, Thomas/ Sonnenschein, Ulrich (Hg.): »but I like it«, a.a.O., 392–420.

Hilger, Georg: Ästhetisches Lernen, in: ders./Leimgruber, Stephan/Ziebertz, Hans-Georg: Religionsdidaktik. Ein Leitfaden für Studium, Ausbildung und Beruf, München 2001, 305–318.

Ders.: Wahrnehmung und Verlangsamung als religionsdidaktische Kategorien. Überlegungen zu einer ästhetisch inspirierten Religionsdidaktik, in: Heimbrock, Hans-Günter (Hg.), Religionspädagogik und Phänomenologie. Von der empirischen Wendung zur Lebenswelt, Weinheim 1998, 138–157.

Kemper, Peter/Langhoff, Thomas/Sonnenschein, Ulrich (Hg.): »but I like it«. Jugendkultur und Popmusik, Stuttgart 1998.

Klie, Thomas: Performativer Religionsunterricht. Von der Notwendigkeit des Gestaltens und Handelns im Religionsunterricht, in: Loccumer Pelikan 4/2003 171–177.

Kunstmann, Joachim: Wege in neues Terrain. Wiederentdeckung von Religion und Ästhetik für religiöse Bildungsprozesse, in: ZPT 53 (2001) 229–235.

Schweitzer, Friedrich: Jugendkultur und Religionspädagogik, in: Biehl, Peter/Wegenast, Klaus (Hg.): Religionspädagogik und Kultur, a.a.O., 165–178.

Willis, Paul: Foot Soldiers of Modernity: The Dialectics of Cultural Consumption and the 21st – Century School, in: Harvard Educational Review 73 (2003), Number 3, Onlineausgabe: http://www.edreview.org/harvard03/2003/fa03/fa03dolby.htm.

»Da rang mit Jakob ein Mann ...«

Skizze einer dekonstruktiven Bibeldidaktik

ULRICH KROPAČ

Die gegenwärtige Bibeldidaktik stellt sich als eine vielgestaltige Landschaft dar, die ganz unterschiedliche und teilweise gegensätzliche Positionen versammelt (1). Um sie weiterzuentwickeln, wird vorgeschlagen, Impulse aus dem Dekonstruktivismus aufzunehmen (2). Auf dieser Grundlage werden erste Umrisse einer Bibeldidaktik skizziert, die sich ausdrücklich als dekonstruktiv versteht (3). Diese bietet die Chance, die Anliegen einer subjektorientierten und korrelativen Religionspädagogik im Kontext der Postmoderne in eine neue Sinngestalt zu transformieren (4).

1 Vielfalt und Kontrast: Konturen der gegenwärtigen Bibeldidaktik

Die aktuelle Bibeldidaktik lässt sich als vielgestaltige Landschaft beschreiben. Sie exakt zu vermessen wäre ein aufwendiges Unternehmen. Für eine erste Orientierung genügt es, auf einige besonders markante »topographische Punkte« hinzuweisen.

Ausgangspunkt des bibeldidaktischen Ansatzes von Horst Klaus Berg ist die Heilige Schrift. Ihr entnimmt Berg »Verdichtungen grundlegender Erfahrungen, Einsichten, Bekenntnisse«, die er als »Grundbescheide« bezeichnet (vgl. Berg 1993, 76–95). An diesen hat sich jede Auslegung von biblischen Texten zu bemessen. Um die Lernchancen der Bibel zu nutzen, schlägt Berg eine mehrdimensionale und erfahrungsbezogene Bibelarbeit vor, die aus dem gesamten Spektrum bewährter und neuerer Auslegungsverfahren schöpft (vgl. Berg 1991).

Ähnlich wie Berg setzt auch Ingo Baldermann (1996) bei der Bibel an. Sie ist für ihn kein Instrument der Belehrung, sondern ein Medium des Lernens. Baldermann plädiert dafür, Kindern einen eigenen Zugang zur Bibel zu eröffnen, der sie nicht mit exegetischen oder hermeneutischen Problemen belastet. Er möchte sie mit jenen Lernwegen vertraut machen, die sich in der Bibel selbst finden und die es ermöglichen, die Wirklichkeit neu zu sehen und Hoffnung zu schöpfen. Baldermanns Bibeldidaktik ist als Versuch zu kennzeichnen, eine implizite Didaktik der Bibel zu rekonstruieren, also jenen Weg, den Baldermann zufolge die Schrift selbst einschlägt, um bei den Leserinnen und Lesern Verstehen zu bewirken.

Dezidiert dem Subjekt zugewandt ist eine entwicklungsorientierte Bibeldidaktik, für die Religionspädagogen wie Anton Bucher, Friedrich Schweitzer oder Klaus Wegenast eintreten. Kinder und Jugendliche werden in diesem Konzept als aktive Rezipienten biblischer Texte wahrgenommen, die eigene Deutungen hervorbringen. Eine entwicklungsorientierte Bibeldidaktik intendiert einen Religionsunterricht, in dem diese Textauslegungen ernst genommen werden, auch wenn sie den Ergebnissen der wissenschaftlichen Exegese widersprechen. Darüber hinaus will ein solcher Religionsunterricht dazu beitragen, dass Kinder und Jugendliche in ihrer religiösen Entwicklung die nächsthöhere Stufe erreichen und damit auch zu einer erweiterten Deutungskompetenz gelangen.

Thomas Rusters (2000) Konzept einer Bibeldidaktik als »Einführung in das biblische Wirklichkeitsverständnis« ist gewissermaßen der didaktische Antipode zu einer entwicklungsorientierten Bibeldidaktik. Die Frage nach den Verstehensbedingungen von Kindern und Jugendlichen ist für Ruster sekundär. Ruster zufolge sind die Erfahrungen von Schülerinnen und Schülern für den Religionsunterricht nicht nur nicht hilfreich, sondern sogar irreführend. Religionsunterricht hat die Aufgabe, junge Menschen an den fremden Erfahrungen der Bibel teilhaben zu lassen. Diese erschließen sich nur innerhalb der Textwelt der Heiligen Schrift. Damit übernimmt Ruster zentrale Vorstellungen einer semiotischen Religionspädagogik.

Neben den knapp skizzierten Ansätzen gehört in eine bibeldidaktische Kartographie auch das Plädoyer Georg Hilgers und Franz Wendel Niehls (1989), die Arbeit an biblischen Texten als offenen und dialogischen Prozess zu konzipieren. Zu berücksichtigen sind ferner Stimmen aus jüngerer Zeit, die das schlechte Image der Bibel u.a. auf ihre Harmlosigkeit zurückführen und deshalb fordern, unbequemen und unheimlichen Perikopen, die »als finstere Gäste an die Tür unseres Lebenshauses« klopfen (Meurer 2002, 24), einen Platz im Religionsunterricht zu geben. Schließlich sind Bemühungen zu registrieren, die Postmoderne explizit als Herausforderung für die Bibeldidaktik zu beschreiben (vgl. Lämmermann/Morgenthaler/Schori 1999). Allerdings erscheinen Suchbewegungen nach entsprechenden Konzepten noch richtungslos.

2 Dekonstruktion: Denkform der Postmoderne

2.1 Begriff und Programm

»Dekonstruktion« ist eine vielgebrauchte und vielstrapazierte Vokabel. Manchmal – irrtümlich! – als Neologismus apostrophiert, bezeichnet das Substantiv »déconstruction« im Französischen als grammatischer Terminus technicus eine Störung im Satzbau; das Verb »déconstruire« kann gebraucht werden, um den Prozess der Zerlegung einer Maschine zu beschreiben (vgl. Gondek 1999, 213). Die philosophische Geschichte des Begriffs hebt mit Jacques Derrida an, der »Dekonstruktion« als französische Übersetzung für »Destruktion« bei Heidegger und später für »Abbau« bei Husserl und Heidegger gebrauchte.

Dekonstruktion hat sowohl einen philosophischen als auch einen linguistischen Wurzelgrund. In philosophischer Hinsicht ist Dekonstruktion die Überschrift für Derridas Programm, den Logo- und Phonozentrismus einer 2500jährigen europäischen Metaphysiktradition zu dekuvrieren, zu erschüttern und aufzubrechen. In linguistischer Hinsicht bezeichnet Dekonstruktion die Kritik Derridas am Strukturalismus, speziell an der Sprachtheorie Ferdinand de Saussures. Entfaltet hat Derrida sein Programm vor allem in den 1967 erschienenen epochalen Schriften »De la grammatologie«, »L'écriture et la différence« und »La voix et le phénomène«. Näherhin sollen drei Grundzüge dieses Schlüsselbegriffs des Poststrukturalismus bzw. der Postmoderne überhaupt umrissen werden (vgl. Kimmerle [5]2000; Kropač 2002).

(1) »Philosophie der Differenz«

Derrida ist Vertreter einer philosophischen Strömung, die einen Grundzug der europäischen Philosophie seit Platon, das identifizierende Denken, kritisiert. Dieses versucht, das Andere und das Differente vom Einen und vom Identischen aus zu erfassen. Identifizierendes Denken bringt das Verschiedene »auf den Begriff«, d.h. es hebt aus dem Verschiedenen das Allgemeine heraus. Gegen die Preisgabe des Besonderen zugunsten der Verallgemeinerung erhebt eine »Philosophie der Differenz« Einspruch. Die Bezeichnung selbst ist problematisch, legt sie doch nahe, dass damit eine philosophische Strömung gemeint sei. Als solche aber würde sie wieder so etwas wie ein System und damit lediglich eine Variante des identifizierenden Denkens sein. Das Denken der Differenz muss sich also auch auf sich selbst beziehen, es muss selbst different sein.

Die Schwierigkeit des Differenzdenkens besteht darin, dass es auf eine Sprache verwiesen ist, deren Begrifflichkeit zutiefst von einem identifizierenden Denken geprägt ist. Die Kritik am identifizierenden Denken kann nur in und mit dieser Sprache geschehen, sie muss sich aber, wenn sie ihr Ziel erreichen will, zugleich auch gegen diese richten. Geradezu zum Fanal für Derridas Protest gegen die herkömmliche Begrifflichkeit ist das von ihm geschaffene Kunstwort *différance* geworden, das sowohl in seiner äußeren Gestalt als auch in seiner Semantik den üblichen Regeln der Grammatik zuwiderläuft.

(2) Kritik am Logo- und Phonozentrismus

Derrida wirft der europäischen Metaphysiktradition vor, dem Logozentrismus verpflichtet zu sein. Unter Logozentrismus versteht Derrida die Zentrierung des Denkens in der Vernunft, im sich selbst denkenden Denken. Diese Entwicklung habe ihren Höhepunkt bei Hegel erreicht. Hegels System sei Ausdruck eines Panlogismus par excellence. Grundsätzlich sind alle Denkbewegungen als logozentrisch zu qualifizieren, die einen Einheitspunkt voraussetzen, von dem aus dann ein ganzes System von Bestimmungen systematisch entfaltet wird.

Zudem kritisiert Derrida am metaphysischen Denken, dass es dem gesprochenen Wort gegenüber der Schrift den Vorrang gegeben habe. Der Hauptstrom der europäischen Philosophie sei somit phonozentrisch geprägt gewesen. Dabei meint Phonozentrismus das Grundaxiom dieser Tradition, dass es nämlich eine »reine« Bedeutung unabhängig von einem sprachlich-textuellen Bedeutungsträger gebe. Derrida dagegen besteht auf der Gleichursprünglichkeit von Bedeutung und Schrift. Die Schrift ist in der materiellen Artikulation ihrer Zeichen unhintergehbarer Mitkonstituent von Bedeutung.

(3) Grammatologie

Gegen die von ihm konstatierte Geringschätzung der Schrift entwickelt Derrida eine Wissenschaft von der Schrift, die Grammatologie. Für sie ist der Gedanke zentral, dass Schrift nicht mehr als Zeichen aufgefasst wird, das für eine bestimmte Sache steht, sondern als Spur. Diese verweist nicht auf etwas, das statisch präsent ist, sondern führt hinein in ein Gefüge von Verweisungen. Damit gibt es keine feste Bedeutung mehr, Bedeutungen entstehen und verändern sich vielmehr in einem unabschließbaren Strom von Derivationen. Beabsichtigte Saussure, die Sprachwissenschaft im Rahmen der Semiologie, der Zeichentheorie, zu konstituieren, gibt Derrida ihr als umfassenden Zusammenhang die Grammatologie, die Theorie der Schrift, vor.

2.2 Positionen eines gemäßigten Dekonstruktivismus

Derridas Dekonstruktion mündet, radikal zu Ende gedacht, in Aporien. Wenn etwa der Sinn eines Textes im unaufhörlichen Spiel der Erweiterung, Veränderung, Verschiebung und Revokation von Bedeutung entsteht und vergeht, ist das Spektrum möglicher Bedeutungen unbegrenzt. Dies jedoch bedroht die Identität des Texts: Die potenziell unendliche Bedeutungsvielfalt eines Texts steht in der Gefahr, in Bedeutungslosigkeit umzuschlagen. Gleichwohl enthält Derridas »Philosophie der Differenz« Einsichten, die sich ein gemäßigter Dekonstruktivismus zu Eigen machen kann. Zwei seien genannt (vgl. Steinmetz [3]1995, 479):

(1) Vielstimmigkeit und Widersprüchlichkeit literarischer Bedeutung

Es ist eine Grundannahme der traditionellen Hermeneutik, dass jeder Text einen durchlaufenden Sinn enthält, der durch geeignete Verfahren entschlüsselt und kommunikabel gemacht werden kann. Das Spezifikum ideologiekritischer Verfahren besteht darin, dass sie – gewissermaßen von außen – die Verkürzungen und Verfälschungen der Wirklichkeitskonstruktion eines Texts enthüllen. Dekonstruktion dagegen setzt von innen an. Sie demaskiert – wie die Ideologiekritik – die Konsistenz der von einem Text vorgestellten Realität als Schein, sie tut dies aber dadurch, dass sie jene Figurationen identifiziert, durch die ein Text den Eindruck von Geschlossenheit herstellt. Dekonstruktion entdeckt also, dass ein Text vielfältige Sinnspuren enthält, deren Heterogenität er durch nicht hinterfragte Grundannahmen verdeckt. Hier trifft sich Dekonstruktion mit der so genannten Diskursanalyse, die untersucht, welche epochentypischen Redeweisen und Denkmuster in einem Text aufeinander treffen. Indem die Figurationen eines Texts freigelegt und als bloße Setzungen aufgewiesen werden, die auch ganz anders hätten vorgenommen werden können, werden die bislang abgedrängten »gefährlichen« Sinnschichten des Texts in ihr Recht gesetzt.

Damit konterkariert der Dekonstruktivismus die traditionelle Interpretationspraxis, die sich die Aufgabe stellt, die »eigentliche« Bedeutung eines Texts zu eruieren. Eine dekonstruktive Lektüre hebt auf die Vielstimmigkeit literarischer Bedeutung ab. Sie entdeckt vielfältige, unter Umständen auch widersprüchliche Sinnschichten eines Texts, die sich nicht als Teile eines kohärenten Sinnganzen identifizieren lassen.

(2) Kontextabhängigkeit von Bedeutung

Der Dekonstruktivismus weist in radikaler Weise die Vorstellung zurück, dass ein literarisches Werk eine abgeschlossene, sinnzentrierte Schöpfung eines Autors sei, das seiner Autorität unterstehe. Derrida zufolge verweist die Sprache nicht auf eine außersprachliche Wirklichkeit, sondern ausschließlich auf andere Sprachzeichen. Deshalb kann es Bedeutung nicht vor der Sprache, sondern nur mit und in der Sprache geben. Bedeutung existiert nicht »an sich«, sie entsteht »lediglich als Beziehungsbedeutung« (Steinmetz [3]1995, 477). Das aber heißt, dass

Bedeutung in elementarer Weise kontextabhängig ist. Je nachdem, in welchen Kontexten ein Text gelesen wird, schillert seine Bedeutung in immer neuen Farben. An dieser Stelle ergeben sich signifikante Berührungen mit dem Prinzip der Intertextualität (vgl. 3.3).

3 Grundzüge einer dekonstruktiven Bibeldidaktik

In der gegenwärtigen Bibeldidaktik besteht weitgehend Konsens darüber, dass eine historisch-kritische Aufklärung der Schülerinnen und Schüler über Texte der Schrift kein vorrangiges Ziel der Bibelarbeit ist. Favorisiert werden bibeldidaktische Entwürfe, in denen die Schülerinnen und Schüler als Subjekte – mehr und mehr auch als selbst Auslegende – ernst genommen werden; die für einen dialogischen, erfahrungshermeneutischen und prozessorientierten Umgang mit der Schrift plädieren; die sich offen für die ganze Bandbreite von Auslegungsverfahren zeigen; die schließlich auf methodische Vielfalt abheben, um SchülerInnen mit Kopf, Herz und Hand in die Arbeit mit biblischen Texten zu verwickeln. Solche Ansätze sind aus der Erfahrung erwachsen, dass ein Bibelunterricht, der primär an der historisch-kritischen Auslegung Maß nimmt, heutigen SchülerInnen und ihren Problemen fremd bleibt.

Eine postmoderne Bibeldidaktik kann diese Erfahrungen aus der Schulpraxis nicht ignorieren. Sie bedarf aber darüber hinaus einer theoretischen Fundierung. Impulse hierfür sind von einer kritischen Rezeption des Dekonstruktivismus zu erwarten. Welche Gestalt eine *dekonstruktive Bibeldidaktik* haben könnte, wird nachfolgend skizziert (vgl. auch Kropač 2003). Dazu werden drei Prinzipien entwickelt, deren Realisierung an der Erzählung vom Jakobskampf (Gen 32,23–33) kurz exemplifiziert wird (vgl. hierzu ausführlicher Schambeck/ Kropač 2003).

3.1 Lesen als Grundvollzug der Bibelauslegung

Die Rezeptionsästhetik geht von der Grundannahme aus, dass sich Sinn und Bedeutung eines literarischen Texts erst im Vorgang der Rezeption bilden. Für sie steht nicht mehr die Relation Autor/Autorin – Text, sondern die Beziehung Rezipient/Rezipientin – Text im Mittelpunkt. Dies impliziert eine fundamentale

Neubestimmung der Rolle der Lesenden: Sie ist konstitutiv an der Stiftung von Sinn beteiligt, sie ist mit anderen Worten Mitautorin des Texts. Der Vorgang des Lesens selbst erscheint als aktiver und schöpferischer Prozess der Sinnproduktion.

Das Programm der Rezeptionsästhetik deckt sich in mancher Hinsicht mit den Intentionen des Dekonstruktivismus. Auch er weist die traditionellen Theoreme der Text- und Autorautorität zurück und wertet die Rolle der Lesenden auf. Die Lesenden haben die Möglichkeit, das unendliche Spiel der Bedeutungsveränderungen zu begrenzen, um auf diese Weise vorläufige Sinnpotenziale zu schaffen.

Klaas Huizing ist daher zuzustimmen, wenn er eine »erneute *anthropologische Wende* innerhalb der Theologie« fordert, die er lesetheoretisch reformuliert: »Der Mensch ist ein Lesewesen, ein *Homo legens*« (Huizing 2000, 25). Dieser Forderung kann eine subjektorientierte Bibeldidaktik mit bestem Gewissen beitreten. Unter dem Vorzeichen einer »lesetheoretische[n] Revolution innerhalb der Theologie« (ebd.) hat dann die Lektüre biblischer Texte nicht mehr den Status einer Arbeit im Vorfeld der Textauslegung. Die Lektüre bildet vielmehr selbst den Grundvollzug im Umgang mit biblischen Texten. Davon unterscheidet sich die Auslegung nicht grundsätzlich: Sie ist »ein reflektierter, methodisch ausgewiesener Fall von Lektüre« (Steins 1999, 87).

Zu Gen 32,23–33: Im Religionsunterricht können zur Annäherung an den Text Fragmente präsentiert werden (z.B. Gen 32,23–27c bis »Ich lasse dich nicht los, wenn ...« oder Gen 32,23–30b bis »Jener entgegnete: ...«), die die Schülerinnen und Schüler fortschreiben. Der Vergleich der verfassten Texte erhält ein besonderes Spannungsmoment, wenn in manchen Textstücken das Wort »Mann« durch »Gott« ersetzt wurde. Erst jetzt wird die biblische Perikope als Ganzes gelesen. Anschließend erhalten die Schülerinnen und Schüler Gelegenheit, sich selbst »einen Reim« auf den unheimlichen Text zu machen und darüber in ein Gespräch zu kommen.

3.2 Dekonstruktion biblischer Texte durch mehrfache Lektüre

Ungereimtheiten und Widersprüche wahrnehmen
Aus rezeptionsästhetischer Perspektive geschieht in der Lektüre die Aktualisierung einer von mehreren Bedeutungen des (biblischen) Texts, indem die Rezipientinnen und Rezipienten ihre Erfahrungen mit dem Gelesenen verbindet. Der Dekonstruktivismus geht über dieses Konzept einen entscheidenden Schritt hinaus. Dekonstruktive Lektüre ist mehrfache Lektüre. Sie registriert sensibel, dass ein (biblischer) Text untergründige Sinnschichten und verstreute

Sinnspuren birgt, die in Spannung zu der an seiner Oberfläche greifbaren Sinnstruktur stehen. Dadurch wird die erste Lektüre fragwürdig, sie wird als vermeintliches Bescheidwissen entlarvt. Eine dekonstruktive Lektüre führt zu der Einsicht, »dass alles auch ganz anders sein kann«. Dazu richtet sie ihr Augenmerk vor allem auf Ungereimtheiten und Widersprüche im (biblischen) Text.

Zu Gen 32,23–33: Der Text ist geradezu ein Musterbeispiel dafür, wie von ihm nahe gelegte Lesarten an anderer Stelle widerrufen werden. So wird etwa in V. 26f Jakob, obgleich angeschlagen, als Sieger des Kampfes gezeichnet. In der Selbstreflexion in V. 31 empfindet sich Jakob dagegen als einer, der mit dem Leben davongekommen ist. In V. 25–27 werden dem Unbekannten nur begrenzte Kräfte zugeschrieben; immerhin hindert ihn die heraufziehende Morgenröte an der Fortsetzung des Kampfes. Auf der anderen Seite scheint er vollmächtig zu handeln, denn er gibt Jakob einen neuen Namen (V. 29). In V. 30 schließlich fragt Jakob den »Mann« nach seinem Namen, erhält aber keine Antwort. Im folgenden Vers jedoch identifiziert Jakob den Unbekannten mit Gott. Der gesamte Text ist durchzogen von den beiden konkurrierenden Vorstellungen »Jakob als Sieger« und »Jakob als Geretteter«.

Wechselseitige Dekonstruktion von Text und Subjekt

Dekonstruktion ist ein wechselseitiger Vorgang: Die Lesenden dekonstruieren den Text, umgekehrt dekonstruiert aber auch der Text die Lesenden. Die zweite Bewegungsrichtung ist für eine dekonstruktive Bibeldidaktik ebenso unverzichtbar wie die erste.

Jeder Mensch sammelt im Laufe seines Lebens unterschiedliche Erfahrungen, die bisweilen spannungsvoll und widersprüchlich sein können. Er entwirft Anschauungen über Gott, Welt, Mensch und seine eigene Identität, in die verschiedene, keineswegs kohärente Vorstellungen eingeschmolzen wurden. Aus gläubiger Sicht besitzen biblische Texte die Kraft, diesen »Lebenstext« der Leserinnen und Leser zu dekonstruieren. Die Texte der Schrift sind inspirierte Texte, sie sind Gotteswort im Menschenwort. Als solches bedeuten sie für den Menschen gleichermaßen Gericht und Heil. Dekonstruktion ist unter diesem Vorzeichen zum einen als eine radikale Freilegung der Selbstwidersprüchlichkeit und Doppelbödigkeit menschlicher »Lebenstexte« auszulegen. Zum anderen ist damit aber auch gemeint, dass die höchst ambivalenten »Lebenstexte« von Menschen im Kontext und im Horizont der Schrift einen bisher nicht entdeckten Sinn und eine bisher nicht sichtbare Konsistenz gewinnen können.

Zu Gen 32,23–33: Der Text kann zu einer Dekonstruktion des bisherigen Gottesbildes bzw. der bisherigen Vorstellung von Schülerinnen und Schülern, wie das Verhältnis zwischen Gott und dem Bösen zu denken ist, anregen. Dass Gott eine dunkle, unheimliche, ja lebensgefährliche Seite besitzt, macht der Text unmissverständlich deutlich. Auf diese Weise durchkreuzt er alle Gottesbilder, in denen allzu simplifizierend ein gütiger – und damit harmloser – Gott gezeichnet wird, bzw. jene religiösen Vorstellungen, in denen Gott und das Böse allzu scharf – dualistisch! – voneinander getrennt werden.

3.3 Intertextuelle Lektüre: Biblische Texte im Kontext des Kanons lesen

»Intertextualität« ist zu einem literaturtheoretischen Schlag- und Schlüsselwort geworden. Auch in den Bibelwissenschaften wird ihm gegenwärtig ein hohes Maß an Aufmerksamkeit zuteil. Der Häufigkeit des Gebrauchs entspricht die Unterschiedlichkeit der inhaltlichen Füllungen: Intertextualität kann nicht mehr sein als ein modisches Etikett für die früher schon gepflegte Suche nach literarischer Abhängigkeit zwischen Texten. Sie kann aber auch Überschrift für das poststrukturalistische Programm sein, Texte lediglich als offene Verweisstrukturen zu begreifen, d.h. als Gebilde, die aus der Transformation anderer Texte entstehen oder die auf andere Texte weiterverweisen.

Für bibeldidaktische Zwecke empfiehlt sich ein gemäßigter Intertextualitätsbegriff, der die genannten Extrempositionen vermeidet. Anders als jene Art der Literaturbetrachtung, die einen biblischen Text primär als eine geschlossene und sinnzentrierte Einheit wahrnimmt, erschließt eine intertextuelle Lektüre biblische Texte im Kontext anderer kanonischer Schriften. Sie zielt auf die Generierung von Sinn durch die Herstellung von Text-Text-Bezügen. Im Aufeinandertreffen von Texten entstehen komplexe Sinnkonstellationen, die das ganze Spektrum von Kombination und Komplementarität, Verbindung und Verstärkung, Zerstäubung und Zerstörung von Bedeutung umfassen können.

Das Konzept einer intertextuellen Bibellektüre hat in dreifacher Hinsicht Konsequenzen (vgl. Steins 1999): Es unterstreicht erstens die Rolle der Leserin/des Lesers, denn sie sind es, die schöpferisch Texte in Beziehung setzen. Es hebt zweitens die Text-Text-Relation als wesentliches Moment für die Genese von Bedeutung hervor und relativiert so die traditionellen Instanzen »Werk« und »Autor«. Eine intertextuelle Lektüre wirft drittens ein neues Licht auf den Kanon: Als umfassender Kontext eröffnet er Räume der Sinnstiftung, zugleich aber setzt er der Aktivität der Leserinnen und Leser Grenzen, weil biblische Texte selbst schon Verweise auf andere biblische Texte enthalten und so eine Steuerung der Lektüre bewirken.

Eine intertextuelle Lektüre kann dadurch angebahnt werden, dass in die Arbeit an einem Text solche Schriftstellen integriert werden, die die Leserinnen und Leser mit der gelesenen Perikope assoziieren. Ein tieferes Eindringen in die

Textwelt des Kanons erlauben auch die Verweise auf Parallelüberlieferungen, auf übernommene Zitate und Anspielungen sowie auf verwandte Texte am Ende einer Perikope. Gegenüber einer zu sehr auf Einzeltexte und Einzelverse orientierten Bibelarbeit drängt eine intertextuelle Lektüre darauf, größere Textzusammenhänge heranzuziehen. Dadurch verbreitert sich nicht nur die Basis möglicher Sinnstiftungen, es wachsen auch die Möglichkeiten für die Leserinnen und Leser, ihre Erfahrungen mit den Texten der Schrift in Beziehung zu setzen.

Zu Gen 32,23–33: In die Textarbeit werden biblische Texte eingespielt, die den ambivalenten Schimmer des Gottesbildes in Gen 32,23–33 vertiefen. Texte wie die Sintfluterzählung (Gen 6–9), der in Ex 4,24–26 erzählte Angriff Gottes auf das Leben des Mose oder das neutestamentliche Bekenntnis, dass Gott seinen Sohn für die Sünden aller dahingab (Röm 3,23–25), verstärken das in Gen 32,23–33 verarbeitete Motiv eines schlagenden, ja lebensbedrohenden Gottes. Umgekehrt heben Texte wie die Erzählung von der Mannagabe (Ex 16) und von der Wasserspende in der Wüste (Ex 17,1–7) oder die Gleichnisse vom verlorenen Schaf (Lk 15,3–6) und vom verlorenen Sohn (Lk 15,11–32) auf einen sorgenden Gott ab. Sie intonieren so das Motiv eines lebensfreundlichen Gottes, das ebenfalls in Gen 32,23–33 eine tragende Rolle spielt.

4 Grenzen und Chancen einer dekonstruktiven Bibeldidaktik

Zweifelsohne besitzt die hier grob umrissene dekonstruktive Bibeldidaktik Schwachstellen. Die Konzentration des Konzepts auf den Akt des Lesens etwa schränkt seine Anwendbarkeit bei (Grundschul-)Kindern ein. Aber auch bei älteren Kindern, Jugendlichen und Erwachsenen ist seine Durchführung keine Selbstverständlichkeit. So erfordert die Erarbeitung »subversiver Lektüren« eines biblischen Texts beträchtliche kognitive Kompetenzen. Eine intertextuelle Lektüre muss sich schließlich des Problems bewusst sein, dass biblische Texte »Modell-Leserinnen und -Leser« vor Augen haben, denen Vertrautheit mit dem Kanon zugerechnet wird. Solche Leserinnen und Leser sind, zumindest in der Schule, heute weniger denn je vorhanden. Überhaupt steht eine dekonstruktive Bibelarbeit in der Gefahr, zu einer textlastigen und einseitig kognitiven Unternehmung zu werden.

Gleichwohl: Der Hinweis allein, dass ein Weg Gefahren birgt, kann noch kein Grund dafür sein, ihn überhaupt abzulehnen. Wichtig ist vielmehr, an jenen Stellen besondere Vorsicht walten zu lassen, an denen der Weg zum Abweg und

Irrweg werden könnte. Zudem beansprucht eine dekonstruktive Bibeldidaktik nicht im Mindesten, ein Weg bzw. eine Methode für alle biblischen Texte und für alle Leserinnen und Leser zu sein. Genau dadurch würde sie ja zu dem werden, was sie selbst bekämpft: zu einem allgemeinen Schema, das ohne Sensibilität für das Differente alles über einen Kamm schert.

Viel höher als die Risiken sind die Chancen einer dekonstruktiven Bibeldidaktik zu bewerten. Mit ihr ist eine Plattform für ganz unterschiedliche Bemühungen gegeben, eine Bibeldidaktik in postmodernen Zeiten auszuarbeiten. Eine dekonstruktive Bibeldidaktik vermag entwicklungspsychologische Befunde ebenso zu integrieren wie Ansätze einer konstruktivistischen Didaktik und Tendenzen einer semiotischen Religionspädagogik. Von hier aus könnte sich ein Weg auftun, dem Anliegen einer subjektorientierten und korrelativen Religionspädagogik im Kontext der Postmoderne eine neue Sinngestalt zu geben.

Literatur

Baldermann, Ingo: Einführung in die biblische Didaktik, Darmstadt 1996.

Berg, Horst K.: Ein Wort wie Feuer. Wege lebendiger Bibelauslegung, München/Stuttgart 1991.

Ders.: Grundriss der Bibeldidaktik. Konzepte – Modelle – Methoden, München/Stuttgart 1993.

Gondek, Hans-Dieter: Dekonstruktion, in: Sandkühler, Hans J. (Hg.): Enzyklopädie Philosophie, Bd. 1, Hamburg 1999, 213–215.

Hilger, Georg/Niehl, Franz W.: ... und Jakob hinkt. Bibelarbeit als offener Prozess, in: KatBl 114 (1989) 397–403.

Huizing, Klaas: Ästhetische Theologie, Bd. 1: Der erlesene Mensch. Eine literarische Anthropologie, Stuttgart 2000.

Kimmerle, Heinz: Jacques Derrida zur Einführung, Hamburg [5]2000.

Kropač, Ulrich: Bibelarbeit als Dekonstruktion: Neue Perspektiven für das biblische Lernen, in: KatBl 128 (2003) 369–374.

Ders.: Dekonstruktion: ein neuer religionspädagogischer Schlüsselbegriff? Ein Beitrag zur Diskussion um das Korrelationsprinzip, in: RpB 48/2002, 3–18.

Meurer, Thomas: Begegnung mit der fremden Bibel, in: KatBl 127 (2002) 19–24.

Lämmermann, Godwin/Morgenthaler, Christoph/Schori, Kurt u.a. (Hg.): Bibeldidaktik in der Postmoderne. Klaus Wegenast zum 70. Geburtstag, Stuttgart/Berlin/Köln 1999.

Ruster, Thomas: Die Welt verstehen »gemäß den Schriften«. Religionsunterricht als Einführung in das biblische Wirklichkeitsverständnis, in: rhs 43 (2000) 189–203.

Schambeck, Mirjam/Kropač, Ulrich: Eine (un-)heilvolle Begegnung: Dekonstruktive Bibelarbeit an Gen 32,23–33, in: KatBl 128 (2003) 376–382.

Steinmetz, Horst: Sinnfestlegung und Auslegungsvielfalt, in: Brackert, Helmut/Stückrath, Jörn (Hg.): Literaturwissenschaft. Ein Grundkurs, Reinbek [3]1995, 475–490.

Steins, Georg: Die »Bindung Isaaks« im Kanon (Gen 22). Grundlagen und Programm einer kanonisch-intertextuellen Lektüre. Mit einer Spezialbibliographie zu Gen 22, Freiburg i.Br./Basel/Wien 1999.

Was hat das mit mir zu tun? – Biographisches Lernen

KONSTANTIN LINDNER/EVA STÖGBAUER

1 Auf der Suche nach Orientierung – die »Aufgabe Biographie«

Ob es nun Sportler, Sängerinnen, »Superstars« oder Serienhelden sind: Kinder, Jugendliche und Erwachsene verschlingen das, was andere Personen aus ihrem Leben preisgeben. Biographisches ist hoch im Kurs, ein Blick in die Bestsellerlisten beweist es. Was aber – neben Sensationslust – macht ein dermaßen großes Interesse aus? Fragt man die Protagonisten der Biographien selbst, meinen diese oft Lebenswissen weiterzugeben, an dem sich andere orientieren können.

1986 hat Ulrich Beck in seinem viel zitierten Werk »Risikogesellschaft« die zunehmende Ausdifferenzierung der Gesellschaft diagnostiziert, die keine verlässlichen Sicherheiten bei der Lebenslaufgestaltung mehr garantiert. Die »enttraditionalisierte« Generation ist auf sich selbst zurückgeworfen. Angesichts der voranschreitenden Pluralisierung ist jedem Einzelnen aufgegeben, sein Leben selbst aktiv zu gestalten: Biographie wird zur Aufgabe. Sie zeigt sich als subjektive Konstruktionsleistung eines jeden Einzelnen und ist immer abhängig von soziokulturellen Rahmenbedingungen. Biographische Versatzstücke anderer Personen erhalten dabei Bedeutung, sofern sie Orientierung bei der Erarbeitung des eigenen Lebenskonzepts bieten können. Ein Nachdenken über die eigene Biographie wird immer häufiger abverlangt. Im Blick auf die Vergangenheit muss der Einzelne versuchen, sein bisheriges Leben nachzuzeichnen, d.h. ein Deutungsmuster zu finden, das unterschiedliche Erfahrungen zu integrieren vermag. Dies wiederum hat Auswirkungen auf die Sicht der persönlichen Zukunft, insofern aus dem Rückblick heraus Perspektiven und Ziele konstruiert werden.

Die Schülerinnen und Schüler bringen die ihnen gestellte »Aufgabe Biographie« in den schulischen Unterricht mit. Ein Religionsunterricht, der die Lernenden in ihrer Subjektwerdung unterstützen will, muss einen Beitrag leisten, sie dafür zu befähigen. Dies ist nur exemplarisch möglich, weshalb im Kontext religiöser Lernprozesse Religionsunterricht nur Gelegenheit bieten kann, zentrale Aspekte dieses Unterrichtsfachs biographisch zu reflektieren. Gerade angesichts der gesellschaftlichen Wandlungsprozesse, die die Sicht auf Religion, Glaube und im Speziellen auf das Christentum verändern, müssen die Lernenden als Betroffene dieser Prozesse spüren, dass sie in ihrer Situation ernst genommen werden. Immer häufiger zeigt sich das Christentum als große unbekannte Konstante, mit der Lernende im Religionsunterricht konfrontiert werden. Um Schülerinnen und Schüler für die christliche Religion zu interessieren, sollte diesen die Chance gegeben werden, bedeutsame Bereiche, an denen das Christentum sein sinnstiftendes Potenzial entfalten könnte, auf ihr Leben hin zu reflektieren.

Es geht also darum, Lernprozesse zu initiieren, bei denen die Lernenden mit ihrer konkreten Biographie explizit im Mittelpunkt stehen und ihnen gleichzeitig biographische Orientierungsmuster eröffnet werden. Gerade die christliche Religion fordert dies sogar ein, konstituiert sie sich doch als Religion, die die individuelle Beziehung eines jeden Einzelnen zu Gott betont und auf entsprechenden Zeugnissen aufbaut.

2 Biographisches im bildungsrelevanten Kontext

Alle Forschungsansätze, die erzählte und berichtete Lebensgeschichten zum Gegenstand haben, werden als biographische Forschung verstanden (vgl. Fuchs 1984, 9). Entstanden im Kontext der Soziologie, die die biographische Forschung als eigenständigen Forschungsbereich etablierte, werden biographische Erhebungs- und Interpretationsverfahren auch von anderen Sozial- und Humanwissenschaften rezipiert. Diese ermöglichen es, Menschen in ihren gesellschaftlichen Kontexten als Subjekte wahrzunehmen, deren persönliche Entwicklung zu rekonstruieren sowie kontextabhängige Aussagen zu treffen.

Ergebnisse biographischer Forschung prägten das Bewusstsein für die Relevanz, in Lernprozessen explizit die Entwicklung der Biographie zu unterstützen. Als Reaktion darauf kristallisierte sich in den 1980er-Jahren vor allem in der Erwachsenbildung biographisches Lernen als ein Lernen heraus, bei dem die persönliche Lebensgeschichte im Zentrum des Lerngeschehens steht. Mittlerweile wird dieser Terminus in verschiedensten Kontexten inflationär und keinesfalls einheitlich gebraucht. Im diffusen Bedeutungs- und Verwendungsfeld lassen sich zwei grobe Linien ausmachen: biographisches Lernen als die Aufarbeitung der eigenen Lebensgeschichte (vgl. Buschmeyer/Behrens-Cobet 1990, 18) und als Reflexionsprozesse, die sich durch das Beziehen von Sachinhalten auf das eigene Leben ergeben (vgl. Rogal 1999, 42).

Auf die Bedeutung eines »biographischen Ansatzes in der Religionspädagogik« in erkenntnis- und bildungstheoretischer Hinsicht hat Peter Biehl bereits 1987 verwiesen. Er sieht darin die Chance, »Theologie aus ihrem jeweiligen lebens- und zeitgeschichtlichen Kontext heraus verständlich zu machen und theologische Reflexion konsequent auf den Zusammenhang von Biographie und Religion zu beziehen« (Biehl 1987, 273). Biographisches Lernen im Kontext Religionsunterricht thematisieren Linke/Zabel bereits 1982, jedoch lässt deren Ansatz keine Spezifizierung eines erfahrungsbezogenen Religionsunterrichts erkennen. Als religionsdidaktisches Prinzip konkretisierte Hans-Georg Ziebertz biographisches Lernen: »Transitiv-biographisches« (Ziebertz 2001b, 355) Lernen soll zur Stärkung der Persönlichkeit der Heranwachsenden beitragen, indem diese lernen, »ihre Umwelt nicht als ›Bedrohungs-‹ sondern als ›Möglichkeitsraum‹« (Ziebertz 2001b, 353) zu entdecken. Ziebertz' Entwurf lässt an manchen Stellen kein religionsunterrichtsspezifisches Profil erkennen und scheint besonders die Lehrenden hinsichtlich einer therapeutischen Kompetenz zu überfordern.

3 Biographisches Lernen in einem zukunftsfähigen Religionsunterricht

Vor dem Hintergrund der aktuellen »Aufgabe Biographie« und bisheriger Vorschläge wird im Folgenden biographisches Lernen als ein Prinzip des Religionsunterrichts dargestellt und im Hinblick auf religiöse Lernprozesse entfaltet.

Biographisches Lernen im Religionsunterricht animiert die Schülerinnen und Schüler zur Reflexion der Bedeutung von Religion, von Glauben und von Aspekten des Christentums im Kontext ihrer eigenen Biographie. Die Lernenden stehen dabei als Subjekte im Zentrum des Lerngeschehens, da sie als eigenständige Konstrukteure ihrer Biographie in ihrer Kompetenz der Bedeutungszuschreibung ernst genommen werden. Biographisches Lernen als intersubjektives Geschehen erfordert es, alternative Bedeutungszuschreibungen im Sinne eines kritischen Korrektivs zu reflektieren. Biographisches Lernen ist dabei immer als vorläufiger Interpretationsakt zu sehen, da Biographie je vom gegenwärtigen Standpunkt aus neu konstruiert wird.

3.1 Positionierung herausfordern

Als Dimensionen der Wirklichkeit werfen Religion, Glaube und Christentum – gerade angesichts der Wandlungsprozesse in ihrer Rezeption – für die Lernenden immer wieder Fragen auf, die es ins Zentrum religiöser Bildungsprozesse zu stellen gilt. Will Religionsunterricht das Subjektwerden unterstützen, muss er »ein Lernort sein, an dem junge Menschen lernen, ihre Religion und ihren Glauben wahrzunehmen, anzunehmen, zu entwickeln, ihn kommunikationsfähig zu machen, also soziale Gestalt zu geben, und ihn reflektierend zu verantworten« (Hilger/Ziebertz 2001b, 160). Dies kann nur im Kontext einer biographischen Verortung gelingen, in der Klärung ob und wenn ja welche Relevanz diese Aspekte für die eigene Biographie besitzen.

Empirischen Erhebungen zufolge ist es für zwei Drittel der Jugendlichen eine offene Frage, »ob es weiterhin ein menschliches Bedürfnis nach Religion geben wird und welche Rolle dem christlichen Glauben in der Zukunft zukommen wird« (Ziebertz 2001a, 83). Religionsunterricht sollte daher den Lernenden Raum schaffen, diese Frage zunächst auf sich persönlich hin zu beantworten, um nachspüren zu können, welche spezifische Bedeutung sie der religiösen Dimension in ihrem Leben geben. Hier muss in Betracht gezogen werden, dass der/die Einzelne den entsprechenden Faktoren momentan in seiner/ihrer Biographie keine Relevanz zuschreibt und diese möglicherweise als irrelevant betrachtet.

Die biographische Selbstreflexion, wie sie Gudjons/Pieper/Wagener verstehen, erweist sich als adäquater Weg, der Bedeutung von Religion, Glaube und Aspekten des Christentums in der eigenen Biographie nachzuspüren. Dadurch wird es den einzelnen Lernenden möglich, Erfahrungen, die sie in diesem Zusammenhang geprägt haben und noch heute bestimmen, für sich transparent zu machen. Sie können eruieren, warum sie sich so und nicht anders positionieren. Ausdrücklich geht es hierbei um die »Formen und Weisen der subjektiven Aneignung und Verarbeitung dieser Wirklichkeit« (Gudjons/Pieper/Wagener [3]1994, 32). Die Konstruktion der eigenen Biographie ist eine unverfügbare subjektive Leistung, die Schülerinnen und Schüler immer wieder neu abverlangt wird, ihnen aber auch ermöglicht, sich selbst reflektierend individuell zu positionieren. Indem biographisches Lernen im Religionsunterricht derartige Konstruktionsprozesse anstößt, trägt es dem Befund Rechnung, dass für den persönlichen Glauben und den Umgang mit Religion und religiösen Inhalten zunehmend das eigene Ich und weniger Glaubenstraditionen konstitutiv sind.

Für einen produktiven Lernprozess ist es erforderlich, eine Verständigung darüber, was unter Religion, Glaube und jeweiligen Aspekten des Christentums verstanden werden kann und soll, herbeizuführen. In ihrer *Positionierung* dazu gilt es, die Lernenden ernst zu nehmen und gleichzeitig zu fördern. Dies sind notwendige Voraussetzungen für einen gelingenden Austausch darüber. Wird biographisches Lernen derart gestaltet, löst es die Forderung einer konstruktivistisch orientierten Religionsdidaktik ein, indem es Lernenden aufgibt und ermöglicht, sich selbst als Wirklichkeit schaffend zu erfahren (vgl. Hilger/Ziebertz 2001a, 98).

3.2 Bedeutungszuschreibung ermöglichen

In der aktuellen religionspädagogischen Diskussion zur Professionalisierung wird von Religionslehrkräften immer wieder die Entwicklung und Förderung einer Wahrnehmungs- und Deutungskompetenz eingefordert. Gemeint ist damit die Fähigkeit, religiöse Semantiken »bei Kindern und Jugendlichen zu evozieren, wahrzunehmen und zu deuten« (Hilger 2003, 227). Dahinter steht allerdings die Annahme, dass Religion und religiöse Signaturen bei den Lernenden in transformierter Weise vorhanden sind (vgl. Hilger 2003, 229) und die Lehrenden im Zuge von Wahrnehmungs- und Deutungsprozessen Gelegenheiten aufspüren, »wo solche Signaturen ›eingetragen‹ werden können« (Ziebertz 2001b, 356). Was aber passiert, wenn Lehrende unangemessene Bedeutungszuweisungen generieren oder den Schüleräußerungen zwanghaft religiöse Signaturen aufprägen (wollen), obwohl die Lernenden selbst diese Zeichen nicht (mehr) mit einer religiösen Sinndimension versehen? Eine solche interpretative Vereinnahmung kann bei den Lernenden eine Abwehrhaltung hervorrufen und das Eintragen religiöser Signaturen in die eigene Biographie stören (vgl. Englert 2003, 75).

Biographisches Lernen soll den Schülerinnen und Schülern ermöglichen, sich als wirklichkeitsschaffend und interpretierend zu erfahren. Deshalb wird die *bedeutungszuschreibende Kompetenz* gleichberechtigt an die Lernenden zurückgegeben. Denn bevor die Lehrenden religiöse oder christliche Signaturen aufspüren können, muss zuerst der Lernende diese selbst je individuell in seine Biographie eingetragen und ihnen eine »für sein Leben bestimmende Bedeutung« (Englert 2003, 75) zugewiesen haben.

Wurde von den Schülerinnen und Schülern die religiöse Dimension in der eigenen Biographie verortet, kann sie als Deutungspotenzial für die eigene Vergangenheit wirksam sein. Religion als Sinn- und Orientierungssystem kann den Heranwachsenden helfen, bedeutsame Erfahrungen, Übergangsphasen und Krisensituationen zu deuten, Sinnfragen aus einer religiösen Perspektive zu beleuchten und alternative Handlungsmöglichkeiten abzuwägen. In diesem Fall wird Religion und eventuell im Speziellen die christliche für die Lernenden interpretatorisch und gestalterisch für deren biographische Konstruktion bedeutsam.

Die Lehrenden als Begleiter biographischer Lernprozesse (vgl. Ziebertz 2001b, 356) sollten diese Bedeutungszuschreibung fördern und im Diskurs mit der Lerngruppe aushandeln, was für die eigene Biographie relevant, bedeutsam und produktiv ist, um dadurch die Positionierung herauszufordern, selbst wenn »eine Haltung der radikalen Differenz« (Englert 2003, 72) zu Religion, Glaube und Christentum eingenommen wird.

3.3 Möglichkeitsräume eröffnen

Biographisches Lernen vollzieht sich als intersubjektives Geschehen in konkreten geschichtlichen und gesellschaftlichen Bezügen. Im Kontext des Religionsunterrichts sollten deshalb nach der individuellen Positionierung zu Religion, Glaube und Aspekten des Christentums alternative Positionierungen dazu thematisiert werden. Auf diese Weise trifft die subjektive biographische Konstruktion zum einen auf biographische Deutungen der anderen Lernenden und des Religionslehrers, der Religionslehrerin, zum anderen auf biographische Zeugnisse der christlichen Tradition. Diese Deutungen von Wirklichkeit, die zum Teil aus christlicher Perspektive heraus entstanden sind, müssen rekonstruiert und reflektiert werden, um sie in ihrem Eigensinn zu verstehen und Anregungen für die Gestaltung der eigenen Biographie zu erhalten (vgl. Hilger/Ziebertz 2001a, 99).

Bedeutungszuschreibungen Anderer aus Geschichte und Gegenwart werden als Differenzerfahrungen mit großem Bildungswert gesehen. Sie fungieren als kritisches Korrektiv und besitzen eine *Weitungsoption*: Zum einen regen sie an, die eigene Perspektive zu überdenken und gegebenenfalls zu modifizieren, und zum anderen eröffnen sie alternative *Möglichkeitsräume* im Sinne von Handlungsoptionen, die bisher noch nicht in den Blick genommen wurden. Damit ein fruchtbarer Dialog zwischen der eigenen Deutung und den Konstruktionen Anderer entstehen kann, sollten diese nicht als reiner Lernstoff oder als bloßes Faktenwissen abgehandelt werden. Vielmehr sollte danach gefragt werden, was den Einzelnen dazu veranlasst hat, seine Biographie so und nicht anders zu interpretieren.

Die christlichen Zeugnisse, die für viele Schülerinnen und Schüler wahrscheinlich ein unbekanntes Land darstellen, das sie erst einmal für sich vermessen müssen, sollten ausgehend von biographischen Elementen und von Inhalten, die die eigene Biographie betreffen könnten, thematisiert werden. Dabei kann die Konfrontation mit der unbekannten christlichen Tradition produktive Lern- und Reflexionsprozesse anstoßen und, indem sie gewohnte Wahrnehmungsmuster durchbricht, zur bewussten Positionierung herausfordern.

140

Ausgehend von der eigenen biographischen Konstruktion werden also reflexiv Beziehungen zu anderen Konstruktionen hergestellt, wobei eventuell die christliche Tradition als irritierendes Moment der produktiven Unterbrechung wirksam werden kann, das scheinbare Gewissheiten in Frage stellt und den Sinn für das Mögliche begünstigt (vgl. Hilger/Ziebertz 2001a, 100).

3.4 Biographische Veränderungen erfahrbar machen

Biographisches Lernen findet permanent statt und ist ein unabschließbarer Prozess, da es von der sich beständig wandelnden Biographie des Einzelnen abhängig ist. Der jeweilige Interpretationsakt der eigenen Einstellungen und Erfahrungen erfolgt aus einem bestimmten Blickwinkel in der Gegenwart auf die Vergangenheit in Richtung Zukunft. Die Konstruktion der Bedeutung von Glauben, Religion und Aspekten des Christentums ist für das jeweilige Subjekt somit immer momentabhängig. Dieser Moment ist geprägt vom soziokulturellen Umfeld und damit sowohl von der schulischen Lernsituation als auch von der Lebenswelt der Lernenden insgesamt. Beim biographischen Lernen als subjektorientiertem Lernprozess gilt es, den jeweiligen Entwicklungsstand der Schülerinnen und Schüler zu berücksichtigen. Abhängig von den kognitiven Denkstrukturen wird biographisches Lernen für den Einzelnen in verschiedenen Entwicklungsphasen zu unterschiedlichen Ergebnissen führen. Für diesen Befund liefern Fowlers Stufen der Glaubensentwicklung (vgl. Hilger/Ziebertz 2001b, 166) vor allem hinsichtlich der Verortung von Glauben den Begleitern biographischer Lernprozesse eine Orientierungshilfe, den Lernenden adäquate Zugänge für deren eigene Bedeutungszuschreibung zu schaffen.

Wenngleich biographische Lernprozesse häufig unbewusst ablaufen, ist es doch wichtig, an verschiedensten Stellen zum expliziten biographischen Lernen zu ermutigen. »Es aus dem Hintergrund ab und zu gezielt in den Vordergrund zu holen ... dient dazu, Wahrnehmungs-, Deutungs- und Handlungsmuster bewusst zu machen und damit bewusste Wahlentscheidungen zu ermöglichen« (Stiller 1999, 199). Insofern sich biographisches Lernen als vorläufiger Interpretationsakt darstellt, beinhaltet es eine *Veränderungsoption*, die gerade der Religionsunterricht nutzen sollte, will er Lernende bei der Subjektwerdung stärken. Dadurch werden die Lernenden immer wieder animiert, zentrale Aspekte des Religionsunterrichts auf ihre persönlich-biographische Relevanz hin zu überprüfen. Sie können feststellen, dass sich ihre persönlichen Bedeutungszuschreibungen wandeln. In diesem Sinne trägt biographisches Lernen unweigerlich zur Subjektwerdung der Schülerinnen und Schüler bei.

4 Chancen und Grenzen biographischen Lernens

Biographisches Lernen im hier verstandenen Sinn beinhaltet als ein Prinzip eines zukunftsfähigen Religionsunterrichts für die Lernenden bildungsbedeutsames Potenzial.

Es leistet einen Beitrag zur *Subjektwerdung und Identitätsbildung*. Durch die Positionierung zu Religion, Glaube und Christentum wird ein Aspekt der eigenen Identität für den Moment festgehalten, sodass sich das Subjekt als kohärent verstehen und sich seiner selbst in dieser Hinsicht vergewissern kann. Über die Bedeutungszuschreibung werden zudem einzelne Erlebnisse der eigenen Biographie mit Sinn versehen und in einen konsistenten Zusammenhang eingeschrieben. Der Einzelne erlebt sich in diesem Prozess als Autor und Konstrukteur, der Wirklichkeit schafft und sie aktiv gestaltet. So kann die Gefahr eingedämmt werden, dass Inhalte, die im Kontext von Glaube, Religion und Christentum bedeutsam sind, an den Lernenden vorbei vermittelt werden. Denn das ist die wohl unbestrittene Schwierigkeit des Religionsunterrichts, dass dieser mit Themen zu tun hat, die eine Positionierung herausfordern. Wird diese verweigert oder gar nicht erst ermöglicht, werden sich kritische Lernende in ihrer Eigenständigkeit übergangen fühlen und dem Religionsunterricht wenig interessiert bis ablehnend gegenüber stehen.

Die Positionierung unterstützt darüber hinaus die *Dialogfähigkeit* des Einzelnen: Sie befähigt zum einen für Kommunikation im persönlichen Binnenraum und stellt zum anderen angesichts einer voranschreitenden Globalisierung eine unabdingbare Voraussetzung für den interkulturellen Dialog dar. Nur wer sich auch in religiösen Fragen positionieren kann und die religiöse Dimension der Wirklichkeit in seiner eigenen Biographie verortet hat, kann in Begegnungssituationen aufmerksam sein für das eventuell religiös motivierte Verhalten seines Gegenübers.

Biographisches Lernen fördert die *religiöse Kompetenz* (vgl. Englert 1998, 9) der Schülerinnen und Schüler: Sie werden motiviert, Stellung zu beziehen und können probehalber die Wirklichkeit aus einer religiösen Perspektive betrachten. Die Ausbildung einer eigenen Religiosität bleibt dabei aber unverfügbar. Dies erfordert von den Lehrenden eine unbedingte Akzeptanz der subjektiven Haltung einer und eines jeden Lernenden zu Religion, Glaube und Aspekten des Christentums ohne Wertung – vor allem wenn sie selbst diese Positionierung angestoßen haben. Religionslehrerinnen und -lehrer haben im Unterrichtsgeschehen immer wieder die Möglichkeit, sich selbst zu den Themen zu positionieren und ihre Glaubensbiographie produktiv einzubringen, indem sie thematisieren, warum sie ihre Biographie im Horizont des christlichen Glaubens interpretiert haben und interpretieren.

Für die gelingende Gestaltung biographischer Lernprozesse sollten einige Prämissen beachtet werden:

– Biographisches Lernen kann nicht lehrgangsartig organisiert werden (vgl. Rogal 1999, 37), da die Konstruktion der Biographie eine Eigenleistung des Subjekts ist. Dieser autodidaktische und fragmentarische Charakter muss im Blick bleiben.

– Biographisches Lernen kann nur in einem Kontext stattfinden, der von Vertrauen und gegenseitiger Achtsamkeit getragen ist und in dem die jeweilige Biographie gewürdigt wird. Hier stellt sich die Grundsatzfrage für jeden Lehrenden, ob sein Unterricht diesen geschützten Raum überhaupt eröffnet.

– Zugleich darf die Grenze hin zum therapeutischen Unterricht nicht überschritten werden. Es wäre eine Überforderung der Lehrenden, als Gesprächstherapeuten agieren zu müssen, die mit den einzelnen Schülerinnen und Schülern deren bisherige Lebensgeschichte aufarbeiten. Im Kontext eines diakonischen Religionsunterrichts sind Religionslehrerinnen und -lehrer Begleiter und eventuell Wegbereiterinnen biographischer Lernprozesse.

5 Wie halte ich's mit der Religion? – Biographisches Lernen konkret

Im Folgenden wird vorgestellt, wie biographisches Lernen im Religionsunterricht angeleitet werden kann. Im Mittelpunkt steht dabei der Aspekt »Religion« in der Bedeutungszuschreibung durch die Lernenden.

Die Schülerinnen und Schüler werden zu Beginn der Unterrichtseinheit aufgefordert, die Relevanz von Religion für ihre eigene Biographie mittels einer Positionierungsübung einzuschätzen: Sie sollen sich dabei mit einem Gegenstand (Radiergummi, Uhr etc.), den sie in ein Verhältnis zu einem vorgegebenen Mittelpunkt legen, positionieren. Während das Zentrum die Wertung »sehr große Bedeutung« markiert, zeigt eine entsprechende Entfernung graduell »weniger Bedeutung« an.

Im darauf folgenden Schritt erhalten die Lernenden die Möglichkeit, gegenseitig Begründungen ihrer Positionierungen zu erfragen, indem sie einen Gegenstand benennen, an dessen Besitzer sie Rückfragen stellen wollen. So kommt es im Dialog zu einer Klärung, was jede/r Einzelne unter Religion versteht und was diese für ihn/sie ausmacht. Dabei treffen verschiedene Deutungen aufeinander, die zum Begründen und Überdenken der jeweils eigenen Position anregen und dabei einen Möglichkeitsraum eröffnen, was Religion zudem ausmachen und bedeuten könnte. An dieser Stelle dürfen auch Lehrende nicht um eine persönliche Antwort verlegen sein. Die verschiedenen Bedeutungszuschreibungen werden auf Folien festgehalten.

Die kritische Dimension anderer Positionierungen kann durch Beispiele aus der christlichen Tradition (Welche Bedeutung hat Religion für Martin Luther King, für ...?) oder dem persönlichen Umfeld der Lernenden erweitert werden. In letzterem Fall geben die Lernenden die »Gretchenfrage« an Eltern, Freunde und andere weiter und notieren deren Antworten. Aus diesen zusätzlichen biographischen Verortungen der Relevanz von Religion werden im Unterricht in Gruppenarbeit die jeweiligen Bedeutungszuschreibungen herausgearbeitet. Zusammen mit den persönlichen Ergebnissen der Lerngruppe eröffnet sich ein weiter Möglichkeitsraum zur biographischen Bedeutung von Religion, der eine Diskussionsgrundlage darstellt. Am Ende der Unterrichtseinheit steht die Sammlung unterschiedlichster Positionierungen zur Frage »Wie halte ich's mit der Religion?«.

Es könnte zudem weiter diskutiert werden, was in der Lebenswelt der Schülerinnen und Schüler gleiche Bedeutungszuschreibungen wie »Religion« erhält. So werden Lernende, die keine Erfahrungen und Deutungen im Kontext Religion akzeptieren wollen, nicht vereinnahmt.

Biographisches Lernen endet hier nicht, sondern hat gerade erst begonnen. Evtl. denken die Lernenden weiter über ihre Positionierung nach und kommen an anderer Stelle zu neuen biographisch verorteten Ergebnissen.

Literatur

Biehl, Peter: Der biographische Ansatz in der Religionspädagogik, in: Grötzinger, Albrecht/ Luther, Henning (Hg.): Religion und Biographie. Perspektiven zur gelebten Religion, München 1987, 272–296.

Buschmeyer, Hermann/Behrens-Cobet, Heidi: Biographisches Lernen. Erfahrungen und Reflexionen, Soest 1990.

Englert, Rudolf: Der Religionsunterricht nach der Emigration des Glauben-Lernens, in: KatBl 123 (1998) 4–12.

Englert, Rudolf: Neues aus Altem verstehen, in: Ziebertz, Hans-Georg/Heil, Stefan/Prokopf, Andreas (Hg.): Abduktive Korrelation, a.a.O., 67–78.

Fuchs, Werner: Biographische Forschung. Eine Einführung in Praxis und Methoden, Opladen 1984.

Gudjons, Herbert/Pieper, Marianne/Wagener, Birgit: Auf meinen Spuren. Das Entdecken der eigenen Lebensgeschichte, Hamburg ³1994.

Hilger, Georg/Ziebertz, Hans-Georg: Allgemeindidaktische Ansätze eine zeitgerechten Religionsdidaktik, in: Hilger, Georg/Leimgruber, Stephan/Ziebertz, Hans-Georg: Religionsdidaktik. Ein Leitfaden für Studium, Ausbildung und Beruf, München 2001a, 88–101.

Dies.: Wer lernt? – Die Adressaten als Subjekte religiösen Lernens, in: Hilger, Georg/Leimgruber, Stephan/Ziebertz, Hans-Georg: Religionsdidaktik. Ein Leitfaden für Studium, Ausbildung und Beruf, München 2001b, 153–167.

Hilger, Georg: Abduktive Korrelation und religionspädagogische Professionalisierung in der universitären Lehrerbildung, in: Ziebertz, Hans-Georg/Heil, Stefan/Prokopf, Andreas (Hg.): Abduktive Korrelation, a.a.O., 227–240.

Linke, Michael/Zabel, Reinhard: Biographisches Lernen im Religionsunterricht, in: ru – ökumenische Zeitschrift für den Religionsunterricht 12 (1982) 138–141.

Rogal, Stefan: Schul-Spuren. Möglichkeiten Biographischen Lernens im Pädagogikunterricht, Hohengehren 1999.

Stiller, Edwin: Biographisches Lernen im Pädagogikunterricht, in: ders. (Hg.): Dialogische Fachdidaktik Pädagogik 2: Impulse aus der Praxis für die Praxis, Paderborn 1999, 185–209.

Ziebertz, Hans-Georg: Gesellschaftliche Herausforderungen der Religionsdidaktik, in: Hilger, Georg/Leimgruber, Stephan/Ziebertz, Hans-Georg: Religionsdidaktik. Ein Leitfaden für Studium, Ausbildung und Beruf, München 2001a, 67–87.

Ziebertz, Hans-Georg: Biographisches Lernen, in: Hilger, Georg/Leimgruber, Stephan/ Ziebertz, Hans-Georg: Religionsdidaktik. Ein Leitfaden für Studium, Ausbildung und Beruf, München 2001b, 349–360.

Ziebertz, Hans-Georg/Heil, Stefan/Prokopf, Andreas (Hg.): Abduktive Korrelation. Religionspädagogische Konzeption, Methodologie und Professionalität im interdisziplinären Dialog, Münster/Hamburg/London 2003.

Ökumenisches Lernen im Abseits?

Unausgeschöpfte Potenziale für religiöse Bildung

MARTIN BRÖKING-BORTFELDT

Ökumenisches Lernen war in den 1980er- und 1990er-Jahren ein viel beachtetes, konfessionelle Grenzen überschreitendes und bisweilen auch in Frage stellendes theologisches, religionspädagogisches und religionsdidaktisches Thema. Seine Wirkungsgeschichte reicht freilich Jahrzehnte weiter zurück: Seit den 1950er-Jahren war es eine »wichtige Aufgabe« (Becker 2001, 1443; vgl. Bröking-Bortfeldt 1994, 72–85) des in der ersten Nachkriegszeit gebildeten, 1948 konstituierten und beständig gewachsenen Ökumenischen Rates der Kirchen (ÖRK).

1 Ausgangslage und Entwicklungen

In einer ersten Phase ging es in Konzepten ökumenischen Lernens vornehmlich um das Problem, die gemeinchristliche Glaubensaussage von der *una sancta ecclesia,* der einen heiligen Kirche, mit dem realen Befund der weltweit wirkenden Spaltungen innerhalb der Christenheit zu konfrontieren und Lernwege zur Erneuerung und schließlichen Einheit der Christenheit zu entdecken und zu beschreiten. Vitaler Ausdruck dafür war und ist im deutschsprachigen protestantischen Raum die seit den 1950er-Jahren aktive Kirchentagsbewegung, die weit über die engen parochialen Räume der einzelnen Kirchengemeinde hinaus in die gesellschaftliche Öffentlichkeit und in die innerchristliche Ökumene hinein wirkt; sie war, wie der damalige ÖRK-Generalsekretär Philip Potter 1981 feststellt, »eine gewaltige Bemühung, Gottes Volk zu befähigen, miteinander zu lernen, was es heißt, Christ sein in der heutigen Welt« (zit. n. Bröking-Bortfeldt 1994, 73). Die Wesenselemente von ökumenischem Lernen – Lernen in Gemeinschaft, Wahrnehmung des ganzen Volkes Gottes (in allen Konfessionen und Denominationen) und Konfrontation des Christseins mit der heutigen Welt – sind hier zutreffend und punktgenau benannt. Einen Meilenstein und einen kräftigen

146

Impuls für ökumenisches Lernen stellen auf katholischer Seite das Vaticanum II insgesamt und speziell dessen Dekret über den Ökumenismus »Unitatis redinte-gratio« vom 21. November 1964 dar; darin heißt es, »dass einige, ja sogar viele und bedeutende Elemente oder Güter, aus denen insgesamt die Kirche erbaut wird und ihr Leben gewinnt, auch außerhalb der sichtbaren Grenzen der katho-lischen Kirche existieren können: das geschriebene Wort Gottes, das Leben der Gnade, Glaube, Hoffnung und Liebe und andere innere Gaben des Heiligen Geistes« (UR Nr. 3); am Schluss des Dekrets steht der Wunsch: »Das Heilige Konzil wünscht dringend, dass alles, was die Söhne der katholischen Kirche ins Werk setzen, in Verbindung mit den Unternehmungen der getrennten Brüder fortschreitet, ohne den Wegen der Vorsehung irgendein Hindernis in den Weg zu legen und ohne den künftigen Anregungen des Heiligen Geistes vorzugreifen« (UR Nr. 24). Auch wenn erst in der Folgezeit vermehrt der Blick auch auf die Töchter und die Schwestern fällt, die den ökumenischen Dialog wesentlich be-reichern, gibt es bereits in den 1960er-Jahren hoffnungsvolle Zeichen für öku-menische Lernfortschritte. Dazu gehört z.B. 1960 die Gründung des Päpstlichen Sekretariats für die Einheit der Christen auf Initiative von Papst Johannes XXIII. unter der Leitung von Augustin Kardinal Bea sowie 1969 der Besuch von Papst Paul VI. in der Zentrale des ÖRK in Genf (vgl. Visser't Hooft 1972, 395–409). Begegnung und Dialog sind in dieser Phase die zentralen Merkmale interkonfessioneller ökumenischer Lernprozesse.

Die vierte Vollversammlung des ÖRK im schwedischen Uppsala 1968 mar-kiert den Beginn einer zweiten Phase ökumenischen Lernens, insofern der Blick von den zwischenkirchlichen und interkonfessionellen Dialogen und Lernfort-schritten hin zur Interdependenz zwischen den Bezugsgrößen Einheit der Kir-chen und Einheit der Welt ausgeweitet wird. Wie kaum jemand anderes bringt der evangelische Theologe Ernst Lange (1927–1974) das hier aufscheinende Lerndefizit auf den Begriff: »Es gibt keine ökumenische *Didaktik*, keine Theorie und keine Methode für das Erlernen des Welthorizontes, in dem allein die Kir-che heute Kirche sein, das Christentum an der Zeit sein kann. Vor allem, es gibt keine ökumenische *Sozialdidaktik*, keine Theorie und keine Methode zur Her-stellung eines Klimas, einer Spannungssituation in Kirche und Gesellschaft, in der Einzelne, Gruppen, Gemeinden und Kirchentümer überhaupt erst frei werden zu einem Lernen, das die elementaren Beschränktheiten des bisherigen Informationsstandes und Bewusstseins überwindet« (Lange 1986, 274f; vgl. Be-cker 2001, 1444). Die christlichen Kirchen und ihre Mitglieder werden mit der Befürchtung konfrontiert, dass alle ihre Anstrengungen und Fortschritte auf dem Weg zu mehr innertheologischer und innerreligiöser Übereinstimmung letztlich zum Scheitern verurteilt sind, wenn sie die weltweiten gesellschaftlichen und po-litischen Spaltungen und Ungerechtigkeiten ignorieren. Diese neue Erkenntnis setzt die ökumenische Bewegung und ihre Lernimpulse in verschiedenen Mitgliedskirchen, nicht zuletzt im deutschsprachigen Raum, in den 1970er-Jahren einer beispiellosen Zerreißprobe aus, die darin kulminiert, dass einzelne EKD-Gliedkirchen ihren Austritt aus dem ÖRK erwägen, weil sie ihm insbesondere in der mehrjährigen Kontroverse um das Antirassismus-Programm eine den biblischen Glaubensgrundlagen zuwiderlaufende Politisierung der ökumenischen Bewegung vorwerfen. Der theologischen Debatte, die katholischerseits von der *Theologie der Befreiung* bereichert und beflügelt wird, z.B. durch die Ergebnisse der lateinamerikanischen Bischofskonferenz 1968 in Medellin (Kolumbien) und ihre Rezeption in Europa, gelingt es schließlich, die widerstreitenden Positionen im Dialog miteinander und mit den politischen Problemlagen zu halten, indem die Hermeneutik der sozialen Wirklichkeit mit der befreiungstheologischen gesamtbiblischen Exodus- und Erneuerungsbotschaft korrespondieren lernt. Wie weit es allerdings gelingt, diese theologischen Erkenntnisfortschritte bis an die Lern- und Bewusstseinsbasis von einzelnen Kirchengemeindemitgliedern gelangen zu lassen, seien sie katholischen oder evangelischen Bekenntnisses, bleibt damals weithin ein ungelöstes Problem.

Die folgerichtige weitere Entwicklung mündet in einer dritten Phase ökumenischen Lernens seit den 1980er-Jahren in den *konziliaren Prozess* für Gerechtigkeit, Frieden und die Bewahrung der Schöpfung ein. »Konziliares Lernen« ist freilich ein erheblich älteres theologisches und religionsdidaktisches Motiv, dessen Geschichte in die erste Hälfte des 20. Jahrhunderts zurück reicht: Der evangelische Theologe Dietrich Bonhoeffer (1906–1945) und der katholische Theologe Max Josef Metzger (1887–1944), beide Opfer des Nationalsozialismus, schlagen aus berechtigter Sorge um den Weltfrieden unabhängig voneinander ein weltweites Friedenskonzil vor: »Nur das eine *große ökumenische Konzil* der *Heiligen Kirche Christi* aus aller Welt kann es so sagen, dass die Welt zähneknirschend das Wort vom Frieden vernehmen muss und dass die Völker froh werden, weil diese Kirche Christi ihren Söhnen im Namen Christi die Waffen aus der Hand nimmt und ihnen den Krieg verbietet und den Frieden Christi ausruft über die rasende Welt« (so Bonhoeffer in seiner Ansprache über Ps 85,9 bei einer ökumenischen Konferenz 1934 im dänischen Fanö; zit. n. Bröking-Bortfeldt 1994, 148). Die Friedenshoffnung beider Theologen bleibt unerfüllt; ihre Kirchen bringen in den 1930er-Jahren nicht die konziliare Kraft auf, mit einer einzigen, weltweit vernehmbaren Stimme dem *Frieden Christi* Gehör zu verschaffen. Die Friedenskonzils-Idee dieser Märtyrer wird Jahrzehnte später neu belebt, nicht zuletzt durch einen Aufruf des Physikers und Philosophen Carl Friedrich von Weizsäcker beim Düsseldorfer Evangelischen Kirchentag 1985; darin heißt es: »Wir bitten die Kirchen der Welt, ein Konzil des Friedens zu berufen. Der Friede ist heute Bedingung des Überlebens der Menschheit. Er ist nicht gesichert. Auf einem ökumenischen Konzil, das um des Friedens willen berufen wird, müssen die christlichen Kirchen in gemeinsamer Verantwortung ein Wort sagen, das die Menschheit nicht überhören kann« (zit. n. Bröking-Bortfeldt 1994, 153). Die Anklänge an Bonhoeffers fünfzig Jahre zuvor formulierte Sätze sind unverkennbar. Die Resonanz auf die Initiative von Weizsäckers ist überwältigend und reicht weit über den protestantischen Raum hinaus. Die Rezeption seiner Friedenskonzils-Idee kann als ein Musterbeispiel für konkretes ökumenisches Lernen gelten, insofern kirchliche Gliederungen vieler Konfessionen und Einzelpersonen den Vorschlag aufgreifen, in einer Fülle von kleineren oder größeren Veranstaltungen debattieren und in die Öffentlichkeit tragen. Dabei werden zugleich Stimmen laut, die in der Friedenskonzils-Idee gleichsam das – verkürzte – »nordatlantische Segment« des viel weiter zu fassenden konziliaren Prozesses sehen; der ÖRK weitet ihn deshalb zu den drei vorgenannten Themen aus, die als weltweit wirkende »generative Themen« im Sinne Paulo Freires (vgl. Freire 1973, 84f) und dementsprechende Lern- und Bewusstseinsbildungs-Impulse verstanden werden können. 1989 findet in Basel eine europaweite – wirklich ökumenische, vom europäischen Katholizismus und Protestantismus gleichermaßen getragene – Versammlung »Frieden in Gerechtigkeit« statt und 1990 lädt der ÖRK ins südkoreanische Seoul zu einer ökumenischen »Weltversammlung für Gerechtigkeit, Frieden und die Bewahrung der Schöpfung« ein. Nicht nur das Kürzel der englischen Version »Justice, Peace and the Integrity of Creation« (= JPIC) hatte die Hoffnung geweckt: John Paul Is Coming, sondern die vielfältigen katholischen Basis-Impulse zum konziliaren Prozess vor Seoul hatten auf eine gleichrangige katholische Partizipation an der Weltkonferenz hoffen lassen; jedoch lehnt der Vatikan eine mitverantwortliche Beteiligung ab. Gleichwohl ist der konziliare Prozess in vielen katholischen Gliederungen fest verankert, was zu dem Fazit in der 2001 erschienenen und von Georg Hilger, Stephan Leimgruber und Hans-Georg Ziebertz erarbeiteten und herausgegebenen »Religionsdidaktik«, die weit über den katholischen Raum hinaus Beachtung und Zustimmung findet, berechtigt: »Durch Begegnungen, Aktionen, Projekte und Reflexionen soll die globale Weltsicht und die internationale Verflochtenheit unseres Handelns anschaulich gemacht werden, sodass verantwortungsbewusste Einstellungen vertieft werden« (Bahr/Leimgruber 2001, 443).

Dieses sicherlich zutreffende Fazit enthält zugleich die Motive, die zu der Frage geführt haben: Ist das ökumenische Lernen ins Abseits geraten? Denn die kritische, in den vergangenen fünfzehn Jahren geführte religionsdidaktische Diskussion zu ökumenischen Lernprozessen generell und zu konziliarem Lernen speziell wirft die berechtigte Frage auf, ob die Wahrnehmung der globalen Weltsicht und der internationalen Verflochtenheit des eigenen Handelns an der Lernbasis der Bevölkerung überhaupt angekommen und zustande gekommen ist und nachhaltige, verhaltensändernde Folgen hervorruft. Der Einwand, Menschen würden durch eine globale Perspektive überfordert bzw. durch die Omnipräsenz der massenmedialen Weltsicht abgestumpft, ist speziell im Blick auf ökumenisch relevante Lernprozesse bei Kindern und Jugendlichen nicht von der Hand zu weisen.

Der Rückblick auf die hier nur angedeuteten Stationen ökumenischen Lernens im 20. Jahrhundert hat den Verfasser vor zehn Jahren zu dem Fazit veranlasst: »Die gesellschaftliche Entwicklung, die sowohl von einschneidenden politischen Ereignissen als auch von prozesshaften Phasen gekennzeichnet ist, steht in Wechselbeziehungen zu ökumenischen Lernimpulsen. Sie können zu individuellen und gruppenbezogenen Lernschritten mit dem Ziel der Mündigkeit genutzt werden, die niemals segmentiert (z.B. im Blick auf Bildung oder Religion), sondern immer nur integral realisiert werden kann« (Bröking-Bortfeldt 1994, 229). Diese vergleichsweise optimistisch formulierte Einschätzung muss nunmehr zumindest differenziert werden: Beziehungen zwischen gesellschaftlichen Entwicklungsprozessen und ökumenischen Lernimpulsen sind weit mehr auf didaktische Vermittlungsstrategien angewiesen als zunächst erwartet; notwendig ist gleichsam ein ökumenisches »Stationen-Lernen«, bei dem immer wieder die Rolle des wahrnehmenden und Wirklichkeiten deutenden und daraufhin agierenden Subjektes didaktisch bedacht werden muss; das einzelne Subjekt ist in stärkerem Maße in voneinander getrennten Teilwirklichkeiten verankert, Jugendliche z.B. zugleich in (zurückgehenden) familialen Kontexten, in (zunehmenden) Peergroup- und Freizeit-Welten, bisweilen mit kurzlebigem Event-Charakter, in schulischen Lern- und Bildungsprozessen, die oftmals als wenig selbstbestimmt wahrgenommen werden und schließlich auch in religiösen Wahrnehmungsfeldern, die weniger deutlich als noch ein oder zwei Generationen früher kirchlich-institutionell determiniert sind, sondern sich zunehmend eigene Lernorte vom Kino über die Popmusik (mit überraschend vielen religiösen Gehalten oder Versatzstücken) bis hin zu Sportereignissen mit quasi-religiösen Zelebrationen suchen. Ob die vor zehn Jahren gewählte übergreifende Kategorie der *Mündigkeit* eine hinreichende Zielbestimmung darstellt oder ebenfalls ergänzungs- oder revisionsbedürftig ist, ist eine zunehmend offene Frage und schwingt bei den folgenden Überlegungen zu innovatorischen und zukunftsfähigen Potenzialen ökumenischen Lernens mit.

2 Innovatorische Potenziale ökumenischen Lernens

Die schon erwähnte »Religionsdidaktik« von 2001 enthält im dritten Hauptteil (»Religionsdidaktische Prinzipien«) eine aufschlussreiche Abfolge der Teilthemen: Auf das Kapitel »Ökumenisches Lernen« folgt »Interreligiöses Lernen« und darauf das Kapitel »Lernen für die Eine Welt«, bei dem der »Konziliare Prozess« im Mittelpunkt steht; eingebettet in die beiden zuvor dargestellten »Säulen« ökumenischen Lernens, die eher historische und kirchlich-traditionelle Entwicklung auf der einen und die konziliaren Lernmotive auf der anderen Seite, steht nunmehr das interreligiöse Lernen. In einer dem ökumenischen Lernen gegenüber skeptischen Diskussionsphase in den 1990er-Jahren wurde die These vertreten, dass das ökumenische nunmehr wohl vom interreligiösen Lernen abgelöst werde und allenfalls einen Platz auf dem theologiegeschichtlichen »Wertstoff- bzw. Recyclinghof« verdiene. Die drei 2001 so präsentierten didaktischen Teilthemen plädieren zu Recht für eine andere Programmatik: Ohne ein ökumenisches und ein konziliares Lernprinzip ist interreligiöses Lernen nicht realisierbar und nicht plausibel. Letzteres ist in zwei durchaus nichtreligiösen und nichttheologischen Kontexten entstanden: zum einen durch die seit den 1960er-Jahren andauernden Migrationsbewegungen in Europa, die die zuvor monoreligiöse, ganz überwiegend christlich geprägte mitteleuropäische Kultur mit anderen Religionen, vor allem aus dem asiatischen Raum und nicht zuletzt dem Islam konfrontiert, und zum anderen durch weltweite kriegerische und von terroristischen Gruppen ausgelöste Auseinandersetzungen mit starken religiösen bzw. ethnisch-religiösen Begründungskontexten, was z.B. in den 1990er-Jahren im auseinander brechenden Jugoslawien – mitten in Europa – in unvorstellbar grausamer und Menschen verachtender Weise deutlich wurde. Interreligiöses Lernen stößt, wie die genannten politischen Kontexte zeigen, im gesellschaftlichen Raum auf massive Lernblockaden; diese sind nur bearbeitbar und überwindbar, wenn die lernenden Subjekte in ihren eigenen religiösen und kulturellen Wahrnehmungs- und Urteilsräumen »abgeholt« und gleichsam in sich ausweitenden konzentrischen Kreisen bis zu einer interreligiösen Lernfähigkeit hingeführt werden. Dafür ist das ökumenische Lernen unerlässlich, weil es nicht nur den Blick auf andere Konfessionen der eigenen Religion und das Phänomen der Nicht-Religiösen im eigenen Kulturraum öffnet, sondern gemäß seiner ursprünglichen Definition (Ökumene = die ganze bewohnbare Erde bzw. nach Philip Potter »das lebendige Haus der Erde«) die Friedensfähigkeit der ganzen bewohnten Erde als wirklich globales Lernziel verfolgt.

Hans-Georg Ziebertz und Stephan Leimgruber plädieren für eine »subjekt-orientierte ›Didaktik der Weltreligionen‹« mit fünf Elementen bzw. aufeinander folgenden, aber zugleich miteinander verschränkten Lernschritten:

1. Religiöse Zeugnisse wahrnehmen lernen.
2. Religiöse Phänomene deuten.
3. Durch Begegnung lernen.
4. Die bleibende Fremdheit respektieren.
5. In eine existenzielle Auseinandersetzung verwickeln (vgl. Ziebertz/Leimgruber 2001, 439f).

Unter den Kriterien ökumenischen Lernens und im Bild der konzentrischen, von innen nach außen sich immer mehr ausweitenden Kreise der Wahrnehmung und der Verarbeitung eigener und fremder religiöser Phänomene sind die benannten fünf Elemente Erfolg versprechende Ansätze, um die Kenntnis eigener und fremder Religion zu erweitern, die Friedensfähigkeit des Gemeinwesens im Nah- und im Fernbereich nachhaltig zu steigern und die eigene Identitätsbildung zu fördern, wie anhand des folgenden Beispiels erläutert und untermauert wird.

3 Ein Lern-Beispiel für ökumenisches Lernen: Jugendliche Aussiedlerinnen und Aussiedler lernen durch »fremde« Religion und finden eigene Identitäten

Seit Anfang der 1990er-Jahre ist im Raum Regensburg in auffälliger Weise der Zuzug von Aussiedler-Familien deutschstämmiger Herkunft aus den Staaten der ehemaligen Sowjetunion, vor allem aus Kasachstan und anderen asiatischen Regionen ein Phänomen, das die religiöse und interreligiöse Landschaft in der ostbayerischen Region verändert. Die oftmals als Drei-Generationen-Familien Einreisenden enthalten das Element der »Deutschstämmigkeit«, mehrheitlich verbunden mit protestantischer Konfessionszugehörigkeit, nur bei einzelnen Familienmitgliedern vornehmlich aus der ältesten Generation. Deren Identität ist, wie ihre bewegenden biographischen Berichte oftmals zeigen, noch mit den alten Siedlungsgebieten an der Wolga verknüpft, die die Familien allerdings seit 1941 (nach dem Einmarsch der deutschen Wehrmacht in die Sowjetunion) und in folgenden Repressionsphasen der Stalin-Ära verlassen mussten. Die mittlere und die junge Generation, deren Sprache trotz der vormaligen Deutschstämmigkeit zu nahezu 100 Prozent das Russische ist, müssen sich nunmehr in der deutschen Kultur- und Religions-Landschaft völlig neu orientieren, nicht zuletzt hinsichtlich des deutschen Spracherwerbs und der (derzeit knappen) Berufs- bzw. Ausbildungsmöglichkeiten.

Ein Blick vor allem auf die – schulische – Situation der Jugendlichen aus diesen Familien eignet sich, um Merkmale von miteinander verzahnten interreligiösen und ökumenischen Lernprozessen zu erkennen:

(1) Religiöse Zeugnisse wahrnehmen lernen

Die Jugendlichen etwa der Geburtsjahrgänge 1985–1992 haben ihre ersten Lebensjahre – auch noch in der nachsowjetischen Zeit – in einer umfassend atheistischen Gesellschaft verbracht und auch ihre Eltern sind ganz überwiegend areligiös geprägt; die »protestantische Großmutter« mag einen partiellen (religiösen) Erziehungsbeitrag geleistet haben, der aber durchweg keine dominanten Prägungen hinterlassen hat. Die Konfrontation mit der deutschen Gesellschaft nach der Übersiedlung verlangt bei den Angehörigen aller drei Generationen außerordentliche Transformations-Leistungen, die auch bei den Älteren, den »Deutschstämmigen« selbst, keinesfalls problemlos verlaufen, was z.B. die oftmals anzutreffenden erheblichen Eingewöhnungsschwierigkeiten in den evangelischen Kirchengemeinden der Region zeigen. Der vielfach geäußerte, größte »Stolperstein« ist das Phänomen der Pfarrerin, das für die pietistisch-lutherischen Gemeinden des Wolgagebietes außerhalb jeder Vorstellungskraft gelegen hätte, aber für lutherische Gemeinden auch in Bayern nunmehr selbstverständlich ist. Auf Jugendliche, die nun ggf. erst im zweiten Lebensjahrzehnt getauft und dann zwischen dem zwölften und 14. Lebensjahr auf die Konfirmation vorbereitet werden (und evtl. auch an weiteren kirchlichen Jugendarbeits-Angeboten partizipieren), kommen erhebliche sprachliche, kulturelle und religiöse Lernanforderungen zu, wenn sie religiöse Zeugnisse wahrnehmen lernen sollen, die ihnen zunächst generell fremd sind; die Kirchengemeinden können hier nur einen begrenzten Beitrag leisten, die überwiegende Aufgabenstellung liegt bei den Grund- und Hauptschulen der Region, die oftmals mit sehr fundierten speziellen Programmen sprachliche, kulturelle und religiöse Lernprozesse initiieren und jahrelang begleiten. Eine gewisse Brisanz liegt darin, dass im Klassenverband nicht nur einheimische Banknachbarinnen und Banknachbarn (katholischer oder evangelischer Konfession) anzutreffen sind, sondern z.B. auch muslimische Mitschülerinnen und Mitschüler türkischer Staatsangehörigkeit; die selbst generierten Klassifizierungen in »Deutsche«, »Türken« und »Russen« – und entsprechende Vorurteilsstrukturen – machen die schulische Aufgabe oftmals nicht gerade leicht, sprachliche ebenso wie kulturelle und religiöse Verständigungsbrücken zu bauen, aber sind ganz unerlässlich, um eine nun tatsächlich interkulturelle und interreligiöse Friedensfähigkeit zu erreichen.

(2) Religiöse Phänomene deuten

Die vorgenannten Teilgruppen bieten durch ihre bloße Anwesenheit und Verschiedenartigkeit im gesamten Schulleben die Chance, höchst unterschiedliche und bisweilen gegensätzliche religiöse Phänomene zu entdecken und an deren Differenzen zu lernen. Dabei spielt die »Fraktion« der Nicht-Religiösen oder der Wenig-Religiösen eine nicht zu vernachlässigende Rolle. Beispielsweise können anhand der gegenseitig vorgestellten Lebens- und Herkunfts-Geschichten deren religiöse Anteile entdeckt und veranschaulicht werden.

(3) Durch Begegnung lernen

Der Schulalltag selbst ist eine permanente Begegnungs-Gelegenheit, die freilich durch sprachliche Abgrenzungen erschwert wird. Die Jugendlichen können letztlich nur dann angesichts ihrer kulturellen und religiösen biographischen Herkünfte einander begegnen, wenn sie parallel dazu in ihren je eigenen Identitäten bestärkt werden. Es kann demnach nicht darum gehen, eine möglichst umfassende Assimilation hin zu einer dominanten deutschen kulturellen Prägung herbeizuführen, sondern die Verständigung hin zu einer tatsächlich »gemeinsamen Sprache« ist auf die Pflege der je unterschiedlichen »Muttersprache« angewiesen.

(4) Die bleibende Fremdheit respektieren

Eine »Didaktik der Weltreligionen« (Ziebertz/Leimgruber 2001, 439–441) lebt von der Wahrnehmung nicht nur der Differenz, sondern der Fremdheit, die in einer Klasse und in einer Schule immer wieder – und bisweilen schmerzlich – wahrgenommen wird. Erst der Respekt davor baut die Brücke, um »die religiösen Zeugen und die Zeugnisse aus anderen Kulturen und Religionen achten zu lernen« (ebd., 440). Dabei kann es z.B. hilfreich sein, dass Jugendliche, deren Geburtsort in Kasachstan liegt, die dortige interkulturelle und interreligiöse Lage schildern, die sich von der in der Türkei oder in Deutschland erheblich unterscheidet.

(5) In eine existenzielle Auseinandersetzung verwickeln

Jugendliche unterschiedlicher sprachlicher, ethnischer und religiöser Herkunft, die im öffentlichen deutschen Bildungssystem Schule tagtäglich miteinander lernen und sich in vielerlei Kontexten begegnen, bilden ihre differenten und übereinstimmenden Identitäten im fortwährenden Diskurs heraus. Die personale Bedeutung der Lehrkräfte spielt dabei eine nicht zu unterschätzende Rolle.

Kulturelle und religiöse »Interaktion und Kommunikation« (ebd., 440) fördern die Verständigungs- und Friedensfähigkeit aller Beteiligten.

Ökumenisches Lernen hat, wie dieses Beispiel zeigt, immer zugleich die kleine und die große Ökumene im Blick, nicht zuletzt weil sich Nah- und Fernbereich in den Angehörigen jeder Schulklasse miteinander verschränken. Sie werden sich umso besser »verstehen«, je mehr sie aneinander und miteinander Differenz und Fremdheit zulassen und das Friedenspotenzial ihrer je eigenen kulturellen und religiösen Identität aufdecken.

Literatur

Bahr, Matthias/Leimgruber, Stephan: Lernen für die Eine Welt, in: Hilger, Georg/Leimgruber, Stephan/Ziebertz, Hans-Georg: Religionsdidaktik, a.a.O., 443–454.

Becker, Ulrich: Ökumenisches Lernen. 1: Aus evangelischer Sicht, in: LexRP 2 (2001), 1443–1448.

Bröking-Bortfeldt, Martin: Mündig Ökumene lernen. Ökumenisches Lernen als religionspädagogisches Paradigma, Oldenburg 1994 (= Habil.-Schr. Oldenburg 1993/94).

Freire, Paulo: Pädagogik der Unterdrückten. Bildung als Praxis der Freiheit, Reinbek 1973.

Hilger, Georg/Leimgruber, Stephan/Ziebertz, Hans-Georg: Religionsdidaktik. Ein Leitfaden für Studium, Ausbildung und Beruf, München 2001.

Koerrenz, Ralf: Ökumenisches Lernen, Gütersloh 1994.

Ders.: Ökumenisches Lernen/Lernen im Horizont der Einen Welt, in: Bitter, Gottfried/Englert, Rudolf/Miller, Gabriele u.a. (Hg.): Neues Handbuch religionspädagogischer Grundbegriffe, München 2002, 265–268.

Lange, Ernst: Die ökumenische Utopie – oder: Was bewegt die ökumenische Bewegung? Am Beispiel Löwen 1971: Menscheneinheit – Kircheneinheit, München ²1986.

Leimgruber, Stephan: Ökumenisches Lernen, in: Hilger, Georg/Leimgruber, Stephan/Ziebertz, Hans-Georg: Religionsdidaktik, a.a.O., 420–432.

Ders./Ziebertz, Hans-Georg: Interreligiöses Lernen, in: Hilger, Georg/Leimgruber, Stephan/Ziebertz, Hans-Georg: Religionsdidaktik, a.a.O., 433–442.

Schlüter, Richard: Ökumenisches Lernen in den Kirchen. Schritte in die gemeinsame Zukunft, Essen 1992.

Ders. (Hg.): Ökumenisches und interreligiöses Lernen. Eine theologische und pädagogische Herausforderung, Paderborn/Frankfurt a. M. 1994.

Ders.: Ökumenisches Lernen. 2 Aus katholischer Sicht, in: LexRP 2 (2001), 1448–1451.

Visser't Hooft, Willem Adolf: Die Welt war meine Gemeinde. Autobiographie, Stuttgart 1972.

Können Kinder interreligiös lernen?

Der Beitrag interreligiösen Lernens zur Subjektwerdung der Kinder

STEPHAN LEIMGRUBER

In der jüngeren religionspädagogischen Diskussion hat das »interreligiöse Lernen« ebenso wie das Thema »Weltreligionen« im Unterricht große Bedeutung erhalten. Der neue Begriff spiegelt die veränderte gesamtgesellschaftliche Situation und signalisiert ein neues Interesse an Religion. Dieser Beitrag, der dem bekannten Religionsdidaktiker Georg Hilger gewidmet ist, soll den noch unscharf verwendeten Begriff klären und die Frage stellen, ob auch Kinder interreligiös lernen können. Handelt es sich nicht eher um einen Begriff, der vorwiegend für Erwachsene zutrifft? – Im folgenden Dreischritt wird zunächst das Ausgangsverständnis von »interreligiösem Lernen« geklärt (1), dann dieses von der Entwicklungspsychologie her auf seine Tragfähigkeit geprüft werden (2), um schließlich auf bescheidenerem Niveau für Kinder angemessene, realistische »Vorformen« interreligiösen Lernens aufzuzeigen (3).

1   Was gehört zur interreligiösen Kompetenz?

Lernen im Dialog

»Interreligiöses Lernen« grenzt sich zunächst von der traditionellen, vorwiegend kognitiven und wissensorientierten Behandlung der großen Religionen im Unterricht höherer Klassen ab (vgl. Rickers 2001, 875). Zwar schließt es Auseinandersetzungen mit Texten, Bildern und Filmen über andere Religionen nicht aus, aber interreligiöses Lernen ist mehr als Weitergabe und Aneignung von Wissen. Es ist primär ein *ganzheitliches Lernen durch lebendige Begegnung mit Angehörigen anderer Religionen*. Es geht um subjektorientiertes, religiöses und soziales Lernen im Dialog, das nicht bewerkstelligt, organisiert oder gar erzwungen werden kann. Ob bei diesen Begegnungen das Eis bricht oder der Groschen fällt, ob »insight« (vgl. Ramsey [2]1969) geschieht, liegt nicht allein bei den Beteiligten, denn authentisches interreligiöses Lernen in der Tiefe der Person und in ihren Anschauungen und Überzeugungen bleibt letztlich unverfügbar.

Reflexive Kompetenz

Wenn Lernen ein bewusstes Verarbeiten und Einordnen von Wahrnehmungen und Erfahrungen ist, gehört zur interreligiösen Kompetenz die Fähigkeit zur Kritik und zur Selbstreflexion. Mit anderen Worten: Beim interreligiösen dialogischen Lernen geschieht auch eine Auseinandersetzung mit der eigenen religiösen Identität, also »intrareligiöses Lernen« (Ziebertz 1991, 326). Diese reflexive Kompetenz interreligiösen Lernens ist ein Beitrag zur Subjektwerdung der Kinder, die bis zur »Pubertät« noch nicht oder höchstens in nuce gegeben ist.

Ferner gehört der Perspektivenwechsel zum interreligiösen Lernen, was auch mit dem »Aufsetzen der Brille des Anderen« (Hugoth 2003, 77) gemeint ist. Der Perspektivenwechsel setzt Empathie voraus, ein Sich-Einfühlen und Sich-Hinein-Versetzen in die Situation anderer. Zudem vermag er aus der Sicht anderer die eigene Situation neu beurteilen mit der Brille der Anderen. Damit wird eine Abstraktionsfähigkeit inkludiert, die wiederum erst bei »reiferen« Jugendlichen und Erwachsenen angetroffen wird, und zwar nicht unbedingt bei allen.

Inhalte

Was die Inhalte betrifft, zielt interreligiöses Lernen auf das Entdecken von Ähnlichkeiten und Differenzen – etwa in Glaubensfragen oder in Bezug auf die religiöse Praxis. Dies wiederum setzt einen relativ markanten eigenen religiösen Standpunkt und eine persönliche religiöse Praxis voraus sowie die Fähigkeit, über Glaubensinhalte in Kommunikation zu treten. Gewiss sind heutige religiöse Identitäten keine starren, ewig gültigen Gebilde, doch ohne Konturen einer religiösen Überzeugung sind Vergleiche schwierig. Viele Kinder, Jugendliche und Erwachsene wären damit überfordert. – In aktuellen Religionsbüchern wie z.B. Reli (ab 1999) ist so gestaltetes interreligiöses Lernen kaum oder selten anzutreffen (Ausnahme: Reli 5/6 Arbeitshilfen 2001, S. 11; Reli 7 und Reli 7/8, vgl. Hilger/Reil 1999ff). Weitgehend verbleibt man auf der Ebene der Präsentation der anderen Religion. Rückschlüsse auf die eigene Religiosität werden kaum angeregt.

Ziele

Zwei große Ziele interreligiösen Lernens lassen sich wie folgt umschreiben:
a) die Einübung in die Grundfähigkeit der Toleranz gegenüber anderen Personen, fremden Kulturen und Religionen;

b) die Erzeugung von Motivation zur Auseinandersetzung mit der eigenen Religiosität, verbunden mit der Aussicht auf einen personaleren, reiferen Glauben.

Auch diese beiden Faktoren der interreligiösen Kompetenz sind hoch angesetzt und »Fernziele« des Religionsunterrichts. Ist es nicht eine Überschätzung, einem einzelnen schulischen Unterrichtsfach eine so große Aufgabe zu übertragen? Lässt sich im Kontext des Unterrichtes überhaupt die Andersheit der Fremden akzeptieren lernen und damit ein gerechteres und friedvolleres Zusammenleben anbahnen?

Um all diese Ansprüche an das interreligiöse Lernen bei Kindern einschätzen zu können, muss nun ein Blick in die Ergebnisse der Entwicklungspsychologie geworfen werden. Dabei soll überprüft werden, in welcher »Phase« oder »Stufe« der kognitiven, moralischen und religiösen Entwicklungen die Voraussetzung für die genannten Kompetenzen enthalten sind. Eine allgemeine Einführung in die strukturgenetischen Stufenmodelle kognitiver, moralischer und religiöser Entwicklung sind bei Englert (1985, 219–279), Schweizer (⁴1999) und Grom (⁵2000, 32–97) gegeben.

2 Entwicklungspsychologische Ergebnisse kontra interreligiöses Lernen

Der Genfer Kinderpsychologe und empirische Intelligenzforscher Jean Piaget (1896–1980) untersuchte sowohl die kognitive als auch die moralische Entwicklung im Kindes- und Jugendalter. Er überprüfte seine Hypothesen einer stufenweisen Entwicklung als Zusammenspiel von Organismus und Umwelt empirisch. Sowohl seine Stufenfolge im Erkenntnisbereich als auch in Bezug auf das moralische Urteil stehen quer zu einem reflexiven interreligiösen Lernen im frühen Kindesalter.

2.1 Erkenntnisentwicklung

Bekanntlich differenziert Piaget die Genese der Erkenntnis in eine
a) senso-motorische Phase von der Geburt bis ins zweite Altersjahr,
b) eine symbolisch-repräsentative, kreative und phantasiebezogene Phase ab dem zweiten Altersjahr, ferner

c) eine konkret-operative Intelligenz mit anschaulichem Denken im Grund-
    schulbereich bis zwölf Jahre und dann eine
d) formal-operative Intelligenz mit abstrahierendem Denken ab etwa zwölf
    Jahren.

Nach Piaget ist somit zwar ein Staunen und Wahrnehmen, ein Erahnen und
Ertasten von Phänomenen fremder Religiosität bei Kindern gegeben, vor dem
12. Altersjahr aber keine einordnende, sich auseinandersetzende interreligiöse
Kompetenz. Es gibt nach seinen Untersuchungen in der Grundschule kaum ein
kritisches Erkennen und Beurteilen. Das Kind konzentriert sich nach seiner
Beobachtung auf die unmittelbare eigene Wahrnehmung. Es kann noch nicht
zwischen Ich und der äußeren Umwelt unterscheiden, d.h. die subjektive und
objektive Welt bilden noch eine Einheit und werden nicht als andersartig wahrgenommen.

2.2 Moralische Entwicklung nach Piaget

In Bezug auf die moralische Entwicklung unterscheidet Piaget hauptsächlich
drei »weiche« Stufen:
a) die Phase einer *heteronomen Gehorsamsmoral* bis etwa sieben Jahre. Hier
    steht der Gehorsam gegenüber Autoritätspersonen und die Übernahme
    anderer Einstellungen und Urteile im Vordergrund;
b) einen *kooperativen Gerechtigkeitssinn* in der Phase der Orientierung an
    Gleichaltrigen von sieben bis vierzehn Jahren. Dabei führt das Zusammen-
    leben mit Gleichaltrigen zu Vergleichen und kollektiven Regeln. Die Selbst
    werdung und das Geltungsbedürfnis spielen eine Rolle und werden durch
    Anpassung an Konventionen erreicht;
c) ab zwölftem bis vierzehntem Altersjahr wachsen die eigene Einsicht, das
    persönliche Urteil und die *Autonomie*.

Das interreligiöse Lernen in seiner Vollform setzt die Stufe des persönlichen
Urteils voraus, wo also eigene Überzeugungen entstehen und andere kritisch
distanzierend eingeschätzt werden können. Die »Endstufe« der moralischen
Entwicklung wird gleichsam als Anfang für interreligiöses Lernen gesehen. In
der früheren moralischen Entwicklung ist es kaum anzutreffen. Gewiss führt das
Zusammenleben mit andern zu wichtigen positiven Erfahrungen mit anderen
Religionen, ohne dass aber eine kritische und einordnende Reflexion erfolgte.

2.3 Moralische Entwicklung nach Kohlberg

Der US-Amerikaner Lawrence Kohlberg (1927–1987) hat empirische Studien zur Moralentwicklung vorgelegt und dabei die Thesen von Piaget weiter differenziert. Er übernahm den kognitiv-interaktionistischen Ansatz Piagets und verfeinerte ihn in motivationaler Hinsicht. Als ein wichtiges Arbeitsinstrument dienten ihm Dilemmageschichten, die er den Probanden vorlegte und die sie zur Entscheidung drängten nach ethischen Kriterien. Bei der Untersuchung der Antworten kam Kohlberg auf drei Ebenen mit je zwei Unterstufen (gesamt also auf sechs Stufen).

Ebene 1

Auf dem »vormoralischen Niveau« orientieren sich die Kinder
  a) an äußerer Kontrolle durch Lohn und Strafe. Sie möchten eine Strafe vermeiden und einen Lohn für eine Tat bekommen. Es ist keine Rebellion gegen Autoritäten feststellbar, sondern Unterordnung *(Stufe 1)*.
  b) an den eigenen Bedürfnissen oder an einer wechselseitigen Vergeltung in dem Sinne, dass »eine Hand die andere wäscht« *(Stufe 2)*.

Ebene 2

Moral entsteht auf der Basis konventioneller Rollenkonformität in Orientierung an den Peers. Die Person handelt nicht aufgrund eigener Überzeugung, sondern
  a) weil die Bezugspersonen ihr dafür Lob spenden *(Stufe 3)*,
  b) weil die Pflicht erfüllt und Recht eingehalten wird *(Stufe 4)*.

Unbewusst oder berechnend kann hier das Kind sich in die Bezugspersonen hineindenken. Es tut etwas aus Rücksicht auf Anerkennung anderer und deren Rechte. Hier ist eine erste Rollendistanz möglich, obwohl noch deutlich Hinweise der Anerkennung nötig sind. Dieses konventionelle Handeln zeigt im Hinblick auf das interreligiöse Lernen eine Möglichkeit des Perspektivenwechsels auf. Es geht aber eher um unbewusstes Handeln, das sich an erfahrenen Erwartungen von Seiten anderer orientiert.

Ebene 3

Auf der dritten Ebene bestimmen selbst akzeptierte gemeinsame Normen das Handeln. Das Handeln wird geleitet von persönlich angeeigneten und verinnerlichten Prinzipien.
  a) Dies geschieht auf *Stufe 5* durch Orientierung an einer Sozialvertragsmoral, wo im Konfliktfall Gesetzen gegenüber individuellen Bedürfnissen der Vorrang gegeben wird.

b) Auf *Stufe 6* orientiert sich der Mensch nach Kohlberg nur noch an selbst akzeptierten und interiorisierten, allgemein gültigen ethischen Prinzipien (Weltethos, Goldene Regel, Freiheit, Gleichheit, Menschenrechte).

Im Jahre 1973 gestand Kohlberg ein, dass die Stufen 5 und 6 in der Adoleszenz noch nicht erreicht werden, sondern erst im Erwachsenenalter, also nach ihm ab 23 Jahren. Dabei spielen auch affektive Faktoren für die Moralentwicklung eine zunehmende Rolle. Stufe 5 sei nur für Personen möglich, die ihre Identität in Frage stellen können und die bereit sind, Verantwortung für das Wohlergehen anderer zu übernehmen. Umstritten bleibt, wie weit diese moralische Entwicklung unabhängig von kulturellen Kontexten möglich ist. Wir stellen aber erneut fest, dass reflexives interreligiöses Lernen, wenn überhaupt, erst in der postkonventionellen Phase gegeben ist.

2.4 Entwicklung des religiösen Urteils nach Oser/Gmünder

Sowohl Fritz Oser (*1937) mit seinem Forscherteam an der Universität Freiburg (Schweiz) als auch James Fowler (*1940) haben sodann die Religiosität als sich entwickelnde Größe verstanden und hypothetisch – teilweise durch empirische Daten gestützt – fünf bis sechs Entwicklungsstufen postuliert. Sie teilen mit dem Apostel Paulus die Überzeugung, dass sich die Gottesbeziehung nicht primär durch Appelle von außen in einem bestimmten Zustand herstellen lässt, sondern parallel zur allgemeinen menschlichen Entwicklung wächst. Paulus stellte im Korintherbrief zwei Phasen fest, nämlich: »Als ich ein Kind war, redete ich wie ein Kind, dachte wie ein Kind und urteilte wie ein Kind. Als ich ein Mann wurde, legte ich ab, was Kind an mir war« (1 Kor 13,11).

Damit wurde dem Kindesalter und dem Erwachsenenalter eine je verschiedene Glaubensgestalt zugeschrieben. Diese Feststellung enthält bereits den Gedanken einer Entwicklung der Religiosität analog zur ganzmenschlichen Entwicklung und konterkariert die Annahme eines »unwandelbaren, vollständigen Glaubens«, den man einfach »weitergeben« kann.

Osers Vorgehen ging vom Stufensystem Kohlbergs des moralischen Urteils aus und adaptierte es auf das religiöse Bewusstsein. Nach seiner Überzeugung sind jedem Menschen kognitive religiöse Strukturen inhärent, die er irreversibel bis zu einem bestimmten Stadium durchläuft: Der Übergang von einer Stufe zur nächst höheren wird wie bei Kohlberg durch Konflikte und Krisen hervorgerufen, was wiederum in Antworten zu vorgetragenen Dilemmageschichten deutlich wird. Unter einer »Stufe« versteht Oser ein strukturiertes religiöses Regelsystem, mithilfe dessen das Subjekt herausfordernde, religiös relevante Situationen bewältigt. Folgende Stufen des religiösen Urteils wurden postuliert:

Stufe 1: Orientierung an absoluter Heteronomie (Deus ex Machina)
Der Mensch ist dem Handeln Gottes als einer letzten Macht ausgeliefert. Gott wird als mächtig und undurchschaubar erfahren. Der Mensch reagiert blind auf diese Macht, die ihm als Strafe oder Belohnung erscheint.

Stufe 2: Orientierung an »do ut des«
Sicht der Beeinflussbarkeit Gottes durch Riten, Gebete usw. (»do ut des«). Das Verhältnis Gott-Mensch wird im Sinne eines Tausches verstanden.

Stufe 3: Orientierung an Selbstbestimmung
Auf dieser Stufe fühlt sich der Mensch autonom, aber gleichsam von Gott abgetrennt. Es ist eine Art Deismus. Gott wird als göttlicher umfassender Horizont verstanden, aber sein Wirken erscheint unvereinbar mit der menschlichen Freiheit. Verantwortlich ist allein der Mensch, nicht Gott, »denn wo wäre er, als in Auschwitz das Gas strömte?« (vgl. Bucher 1995).

Stufe 4: Orientierung an Autonomie und Heilsplan
Autonomie der Person durch Annahme apriorischer Voraussetzungen aller menschlichen Möglichkeiten durch Gott. Gott ist die Bedingung der Möglichkeit dafür, dass der Mensch seine Geschichte frei gestalten kann. Der Mensch ist gleichsam »Gefäß« oder »Gleichnis« Gottes.

Stufe 5: Orientierung an Intersubjektivität
Hier handelt es sich um eine kommunikativ-religiöse Praxis, in der Gott Voraussetzung und Sinngebung ist. Es ist die Stufe höchster menschlicher Autonomie und Kommunikativität. Gott tritt in der Kommunikation zwischen den Menschen in Erscheinung, die er auf neue Zukunft hin befreien kann (z.B. in Leitbildern wie Mutter Teresa oder in der Befreiungstheologie).

Stufe 5 ist das Ziel der religiösen Entwicklung. Sie bringt Freiheit von autoritären Gottesbildern und Freiheit für den Nächsten. *Stufe 6*, die höchstmögliche Denkstruktur, ist die Stufe universaler Kommunikation und Solidarität, theologisch formuliert: »Gott ist die Liebe, in der wir lieben.« Da aus den empirischen Untersuchungen keine Daten für diese Stufe gefunden werden konnten, hat sie nur postulatorischen Charakter.

Nun stellt sich die Frage, auf welcher Stufe wohl die Möglichkeit zu »interreligiösem Lernen« angesetzt werden kann. Wo ist eine Relativierung in der

Wahrnehmung der religiösen Person und ihrer Autonomie erkennbar? Mir scheint, dass auf Stufe 5 »interreligiöses Lernen« gegeben ist. Hier kommt Gott inmitten der Kommunikation der Menschen vor. Es wird möglich, im *Anders*-Glaubenden auch den Anders-*Glaubenden* zu entdecken. Letztlich gibt Gott dem Dialog mit Andersglaubenden Sinn und Ziel. In den früheren Stufen 1 bis 4 ist indessen noch kaum eine Öffnung auf die Vertreter der Weltreligionen in dem Sinne möglich, als deren Bezug zu Gott ins Bewusstsein tritt und gleichzeitig der eigene Gottbezug hinterfragt wird.

2.5 Religiöse Entwicklung nach James Fowler

Auch der Theologe und Entwicklungspsychologe James Fowler aus Atlanta (*1940) entwirft »Glaubensstadien« parallel zu kognitiven und moralischen Denkprozessen. Der Glaube ist für ihn eine sinnbejahende religiöse Potenzialität, die sich über die ganze Lebensspanne hinzieht. Glaube zeigt sich in der Betroffenheit von Sinnfragen und in einem allgemeinen Vertrauen in ein Wertezentrum. Dieses Vertrauen ist bereits beim Kleinkind vorhanden und findet in den monotheistischen Religionen seine volle Entfaltung. Diese »genetische Pisteologie« postuliert einen dynamischen Glauben im Kontext der gesamten Sozial- und Persönlichkeitsentwicklung. Seine Stufen formuliert er in Anlehnung an Eriksons Theorie der Lebensphasen, wobei er fünf Phasen durch 359 Interviews mit Personen von 6 bis 84 Jahren empirisch bestätigen konnte. Jede Stufe wird nach sechs Variablen untersucht.

Stufe 1: Intuitiv-projektiver Glaube (von 3 bis 6/7 Jahren)
Dabei handelt es sich um Spuren einer ersten intuitiven kindlichen Religiosität mit fließenden Bildern und einer Ahnung einer letzten Sinneinheit des Lebens.

Stufe 2: Mythisch-wörtlicher Glaube (ab 7 bis 12 Jahren)
Eine Beziehung zu Gott kann im Sinne wechselseitiger Fairness aufgenommen werden. Diese Glaubensgestalt ist stark von Geschichten geprägt, vorerst noch unkritisch und teils mystisch, inhaltlich von andern abhängig. Das Gottesbild weist anthropomorphe Züge auf.

Stufe 3: Synthetisch-konventioneller Glaube (ab 12 Jahren bis ins Erwachsenenalter)
Obwohl das Urteil noch stark von andern geprägt wird, entfaltet sich allmählich ein eigenständiger Glaube mit der Möglichkeit wechselseitiger Perspektivenübernahme. Gott wird oft als signifikant anderer und weniger anthropomorph

gesehen. Eine personale Auseinandersetzung mit dem Glauben bahnt sich an, oft ausgehend von Dissonanzen zwischen persönlichem Glauben und Gruppenauffassungen.

Stufe 4: Individuierend-reflektierender Glaube (ab ca. 20 Jahren)
Der personale Glaube bildet sich im Zuge fortschreitender Selbstwerdung und wachsender (auch ökonomischer) Unabhängigkeit weiter aus. Eine kritische Absetzung von anderen Grundüberzeugungen wird möglich. Obwohl eine Anbindung an eine ideologische Gruppe möglich ist, gibt es doch vermehrt reflexives Glaubensbewusstsein.

Stufe 5: Verbindender integrativer Glaube (ab 30 bis 40 Jahren)
Ein eigener Glaubensstandpunkt ist ausgeprägt, der andere wahrnehmen und akzeptieren kann, ohne die eigene Position aufzugeben. Eine mehrdimensionale Wahrheit wird angenommen. Der Glaube entwickelt eine »zweite Naivität« (Paul Ricœur).

Stufe 6: Universalisierender Glaube (in seltenen Fällen)
Hier wird Glaube auf der Stufe absoluter Liebe und Gerechtigkeit angenommen, wie an Leitbildern (z.B. Mahatma Gandhi, Mutter Teresa, Martin Luther King) erkennbar.

Wir können bei Fowler eine bis ins Erwachsenenalter während Glaubensentwicklung, integriert in die gesamte Entwicklung, feststellen, die häufig zu beobachten ist und sich der Wirklichkeit annähert. Allerdings bleiben einige Erwachsene auf dem Niveau eines wörtlichen Katechismusglaubens (Stufe 2) stehen und finden zu keiner neuen religiösen Sprache nach der Pubertät. Bei vielen ist aber eine individuell reflektierende Glaubensgestalt im Erwachsenenalter anzutreffen. Sie ist auch der Ort, wo bewusstes interreligiöses Lernen möglich wird. Der Glaube Angehöriger anderer Religionen wird wahrnehmbar, kritisierbar und kann in Bezug zum eigenen Glauben gesetzt werden. Gewiss ist dazu ein Selbststand Voraussetzung, der sich auch in sozialer und ökonomischer Hinsicht zeigt.

3 Für ein angemessenes »interreligiöses Lernen« bei Kindern

Die intensive Beschäftigung mit der strukturgenetischen Entwicklungspsychologie ist sehr wertvoll für alle, die sich mit dem Dialog der Kulturen und mit interreligiöser Verständigung befassen. Hier wird die Aufmerksamkeit auf das innere Wachstum in kognitiver, moralisch-sozialer und religiöser Hinsicht gelegt, das nur denkbar ist durch Interaktion mit Umwelt, mit signifikant anderen, mit Medien und durch Selbstreflexion. Diese Beschäftigung wirft neues Licht auf überzogene Erwartungen an das interreligiöse Lernen bei Kindern, Jugendlichen und Erwachsenen.

Wollte man »interreligiöses Lernen« in seiner Vollform für Kinder in Anspruch nehmen, würde man Kinder überfordern und ihre jeweilige Entwicklungsphase übersehen. Es hat sich vielmehr bei den strukturgenetischen Entwicklungsmodellen gezeigt, dass bei Kindern ein erfahrungsorientiertes interreligiöses Zusammensein durchaus gegeben ist, aber diese Erfahrungen werden vorerst noch nicht kritisch reflektiert, eingeordnet und verarbeitet. Auch ein Perspektivenwechsel geschieht eher unbewusst und ein eigener Glaubensstandpunkt kann nicht hinterfragt werden. Doch bilden erste positive Erfahrungen im Zusammenleben mit Kindern anderer Religionen eine äußerst gute Grundlage für spätere Reflexion, für das Entstehen positiver Einstellungen gegenüber Fremden und für das künftige multikulturelle und religiös-plurale Zusammenleben von je anderen originellen Individuen. Die ersten noch vorreflexiven interreligiösen Erfahrungen sind wie Bausteine für den Aufbau einer religiösen Identität. Sie können zwar später verändert werden, aber durch sie sind positive Zugänge zu den anderen Kulturen und Religionen möglich. Wenn wir die Geschichte des interreligiösen Dialogs zwischen Christen und Juden (vgl. Bendel 2002) sowie zwischen Christen und Muslimen (vgl. Renz/Leimgruber 2004) betrachten, ist dies bis zum zweiten Vatikanischen Konzil nicht der Fall gewesen.

Interreligiöse Lernprozesse mit Kindern müssen deren Entwicklungsstufe berücksichtigen und dem konkreten, bildhaften Denken Rechnung tragen. Deshalb sollen Lehrerinnen und Lehrer weiterhin Moscheen besuchen, zu verlangsamten Beobachtungen anleiten sowie das Fragen-Stellen lehren und verstärken. In der Grundschule darf interreligiöses Lernen zum Staunen, Anschauen und Nachdenken anleiten. Auf der Sekundarstufe (evtl. auch früher) können ältere Schülerinnen und Schüler anderer Religionen eingeladen werden, um z.B. über die Rolle der Frau, über das Kopftuch und Ähnliches zu sprechen, um in der Fastenzeit Erfahrungen auszutauschen und Feste der eigenen Religion versuchsweise zu erläutern. Aktuelle Ereignisse aus der Politik wie auch Medienereignisse können besprochen, eventuell hinterfragt werden. Erste Überlegungen zur eigenen Religiosität sind möglich, doch ist zu bedenken, dass die Kinder und Jugendlichen keine ausgebildeten Theologinnen und Theologen sind, die kenntnisreich über ihre religiöse Praxis berichten können.

Auf einem kindgemäßen bzw. jugendspezifischen Niveau kann auch zur Toleranz hingeführt werden, obwohl das Zugehörigkeitsgefühl zur eigenen Gruppe noch stark ausgeprägt ist und mit einer gewissen Ausschließlichkeit gehandhabt bzw. mit Wahrheit verbunden wird. Selbst wenn sich Kinder in ihren Peergroups im Recht fühlen, kann Verständnis für andere Kulturen und Religionen anfanghaft aufgebaut werden. Erste Relativierungen durch interreligiöse Denkprozesse sind möglich. In Rollenspielen kann der Perspektivenwechsel erprobt werden.

Interreligiöses Lernen mit Kindern und Jugendlichen kann schließlich ansatzweise zur Beschäftigung mit dem eigenen Glauben hinführen. Die Lehrpersonen können vorsichtig Denkvorgänge anstiften, die Rückschlüsse auf die eigene Glaubensweise eröffnen, aber nicht erzwingen. Eine »révision de vie« indessen, wie sie etwa in Exerzitien vorgesehen ist, wäre aber zu viel verlangt.

Für »interreligiöses Lernen im Kontext strukturgenetischer Entwicklungstheorien« gilt die Zielformulierung Kohlbergs, die Anton Bucher bei der Beschäftigung von Kindern mit Bildern in Erinnerung gerufen hat: »Entwicklung als Ziel der Erziehung« (Bucher 1999, 92). Interreligiöse Bildung ist für Kinder und Jugendliche anfanghaft möglich und durchaus reizvoll und interessant, wenn sie auf ihrer Entwicklungsstufe des kognitiven, moralischen und religiösen Wachstumsweges abgeholt werden. Reflexives, kritisches, einordnendes und verarbeitendes interreligiöses Lernen kann in die Wege geleitet werden, ist aber in seiner Vollform auf Bedingungen angewiesen, die »entwicklungspsychologisch übereinstimmend auf ein postkonventionelles Stadium verweisen« (Scheidler 2002, 333).

Literatur

Bendel, Rainer (Hg.): Die katholische Schuld? Katholizismus im Dritten Reich – Zwischen Arrangement und Widerstand, Münster 2002.

Bucher, Anton: Die Moraltheorie von Lawrence Kohlberg als Paradigma für Moraltheologie und religiös-sittliche Erziehung, in: Eid, Volker (Hg.), Moralische Kompetenz. Chancen der Moralpädagogik in einer pluralen Lebenswelt, Mainz 1995, 37–75.

Ders.: Kind und Bibelbild. Entwicklungspsychologische Aspekte, in: Körten, Ulrich/Schelander, Robert (Hg.): Gottesvorstellungen. Die Frage nach Gott in religiösen Bildungsprozessen (FS Gottfried Adam), Wien 1999, 77–98.

Conzemius, Victor (Hg.): Schweizer Katholizismus 1933–1945. Eine Konfessionskultur zwischen Abkapselung und Solidarität, Zürich ²2003.

Englert, Rudolf: Glaubensgeschichte und Bildungsprozess. Versuch einer religionspädagogischen Kairologie, München 1985.

Fowler, James: Stages of Faith. The Psychology of Human Development and the Quest for Meaning, San Francisco 1981.

Garz, Detlef: Lawrence Kohlberg zur Einführung, Hamburg 1996.

Grom, Bernhard: Religionspädagogische Psychologie, Düsseldorf ⁵2000.

Hilger, Georg/Reil, Elisabeth (Hg.): Reli 7, München 1999.

Dies. (Hg.): Reli 5/6 Arbeitshilfen, München 2001.

Dies. (Hg.): Reli 7/8 – Sekundarstufe I, München 2002.

Hugoth, Matthias: Fremde Religionen – fremde Kulturen? Leitfaden für interreligiöse Erziehung, Freiburg i. Br. 2003.

Kuhmerker, Lisa/Gielen, Uwe/Hayes, Richard (Hg.): Lawrence Kohlberg. Seine Bedeutung für die pädagogische und psychologische Praxis, München 1996.

Leimgruber, Stephan: Kurzgeschichte des Grenchner Arbeitskreises, in: ders.: Ethikunterricht an den Katholischen Gymnasien und Lehrerseminarien der Schweiz, Freiburg (Schweiz) 1989, 517–530.

Oser, Fritz/Gmünder, Paul: Der Mensch – Stufen seiner religiösen Entwicklung. Ein strukturgenetischer Ansatz, Zürich/Köln 1984.

Piaget, Jean: Die Entwicklung des Erkennens III. Ges. Werke 10 (Studienausgabe), Stuttgart 1975.

Ramsey, Ian T.: Religious Language. An Empirical Placing of Theological Phrases, London ²1969.

Renz, Andreas/Leimgruber, Stephan: Christen und Muslime. Was sie verbindet – was sie unterscheidet, München 2004.

Rickers, Folkert: Interreligiöses Lernen, in: LexRP 1 (2001), 874–881.

Scheidler, Monika: Interreligiöses Lernen in der Gemeinde. Analysen und Orientierungen zur Katechese unter Bedingungen kultureller Differenz, Ostfildern 2002.

Schweitzer, Friedrich: Lebensgeschichte und Religion. Religiöse Entwicklung und Erziehung im Kindes- und Jugendalter, Gütersloh ⁴1999.

Ders./Nipkow, Karl Ernst/Faust-Siehl, Gabriele u.a.: Religionsunterricht und Entwicklungspsychologie. Elementarisierung in der Praxis, Gütersloh 1995.

Ziebertz, Hans-Georg: Interreligiöses Lernen. Herausforderung der religiösen Erziehung durch Theologien des interreligiösen Dialogs, in: KatBl 116 (1991) 315–327.

Neuen Herausforderungen begegnen: Die Rolle von religiöser Bildung im Angesicht von Terror und Gewalt

NORBERT METTE

1 Eskalation von Gewalt und Terror

Haben die Initiatoren der seit Anfang 2001 laufenden ökumenischen Dekade zur Überwindung der Gewalt (vgl. Ökumenischer Rat der Kirchen 2002) geahnt, dass dieses Thema so brennend aktuell werden würde, wie es der Fall geworden ist? Ein Ereignis wie der Terrorakt am 11. September desselben Jahres war bis dahin doch wohl nur bestenfalls in Horrorfilmen oder Computerspielen vorstellbar. Zu Recht wird von diesem Tag als einer historischen Zäsur gesprochen; die Weltordnung hat sich seitdem drastisch verändert. Gewalt in vorgeblich legaler und in illegaler Form nimmt immer größere Ausmaße an – verbunden mit einer Zunahme an Brutalität. Kaum eine Region ist ausgenommen; Gefahr lauert überall. Keine Instanz ist derzeit erkennbar, die diesem Treiben ein Ende setzen und die Gewalt auf Dauer bändigen könnte.

Und doch sind Gewalt und Terror nicht neu. Auch daran erinnert das Datum des 11. Septembers; putschte doch genau an diesem Tag im Jahre 1973 General Pinochet gegen den damaligen Präsidenten Chiles, Salvador Allende, womit in diesem Land ein diktatorisches Regime begann, das unzählige Menschenleben kostete. Und nicht nur dort haben sich Gewaltexzesse zugetragen. Die Liste der Orte, wo sich allein in den letzten 50 Jahren vor den Augen aller Welt schreckliche Gewalttätigkeiten zugetragen haben, ist zu lang, um alles in Erinnerung behalten zu können: angefangen von der Stalinzeit in der Sowjetunion und deren Satellitenstaaten über Korea, Kuba, Südafrika bis hin zum Kosovo, Uganda, Äthiopien ... 184 Kriege haben seit 1945 bis Mitte der 90er-Jahre weltweit stattgefunden – mit weit über 10 Millionen Toten. Einige dauern an; neue Kriegsschauplätze sind hinzugekommen.

Doch stellen die hier angeführten Formen von Gewalt, Krieg und Terror gewissermaßen nur die sichtbare Spitze eines ungeheuer großen Eisberges dar. Zu ihnen hinzuzuzählen sind andere spektakuläre Ereignisse wie der Amoklauf des 19-jährigen Robert Steinhäuser im Erfurter Gutenberg-Gymnasium am 26. April 2002, aber auch die unzähligen – aufgeklärten und nicht aufgeklärten – kriminellen Einzelakte. Unvergesslich ist darüber hinaus der 26. April 1986, als von der atomaren Explosion in Tschernobyl eine Gigagewalt ausging, deren katastrophalen Folgen bis weit in die kommenden Generationen hineinreichen werden.

Zur Eruption von Gewalt, wie sie fallbeispielartig aufgelistet worden ist, kommt es nicht plötzlich und unvorhergesehen. Sie hat jeweils eine Vorgeschichte und ein bestimmtes Umfeld. Zwar weniger schrill, nimmt hier bereits die Gewalt ihren Auftakt – in verschiedensten Formen. Wo überall sich Gewalt ereignet und in welchen Formen sie begegnet, ist im »Rahmenkonzept für die Dekade zur Überwindung von Gewalt« in instruktiver Weise zusammengestellt: Gewalt zwischen Staaten, Gewalt innerhalb von Staaten, Gewalt in örtlichen Gemeinschaften, Gewalt zu Hause und in der Familie, Gewalt in der Kirche, sexuelle Gewalt, sozio-ökonomische Gewalt, Gewalt als Ergebnis wirtschaftlicher und politischer Zwangsmaßnahmen, Gewalt unter Jugendlichen, Gewalt in Verbindung von religiösen und kulturellen Gebräuchen, Gewalt innerhalb von Rechtssystemen, Gewalt gegen die Schöpfung, Gewalt als Ergebnis von Rassismus und ethnischem Hass (vgl. Käßmann [3]2001, 156f). Nicht erwähnt ist die Rolle, die die Medien mit Blick auf Gewalt ausüben und die sich nicht nur auf die Darstellung von Gewalt erstreckt; in nicht unbeträchtlichem Maße üben sie ihrerseits Gewalt in der Gesellschaft aus und geben wohl vielfach auch Anregung zur Gewalt.

Der Vollständigkeit halber hinzuzufügen sind noch die Formen der legalen Gewaltausübung, wie sie etwa in Demokratien nach dem Prinzip der Gewaltenteilung erfolgt; hierbei handelt es sich um den mehr oder weniger erfolgreichen Versuch, die für die Gestaltung und Sicherung gesellschaftlicher Ordnung erforderliche Gewalt für die betroffene Bevölkerung so transparent und so verträglich wie möglich zu gestalten und Missbräuche so gut wie möglich zu verhindern.

Gewalt bestimmt maßgeblich nicht nur die alltägliche Wahrnehmung, sondern auch die alltägliche Erfahrung. Die sozialdarwinistische Devise »Nur wer den Ellbogen gebraucht, kommt weiter« findet in weiten Bereichen zwischenmenschlichen Umgangs in der Gesellschaft immer unverhohlener Anwendung und wird auch mehr und mehr ohne Scham propagiert. Die Selektion von als lebensunwert Eingestuftem am Anfang und am Ende menschlichen Lebens findet zunehmende Akzeptanz – ganz zu schweigen von der, die gegenüber Tieren und Pflanzen schon gang und gäbe ist. Die Exklusion von Menschen, die vor allem wirtschaftlich als unnütz und überflüssig eingestuft werden, wird weltweit immer unbarmherziger betrieben. Die Betroffenen und die, die mit ihnen umgehen, können davon berichten, wie sehr Arbeitslosigkeit einen Gewaltakt darstellt, »einen Anschlag auf die körperliche und seelisch-geistige Integrität der betroffenen Menschen« (Negt 2002, 4). Die Minderheit der Privilegierten auf dem Erdball sichert und verteidigt ihre materiellen und immateriellen Reichtümer immer rücksichtsloser.

Ein Gefühl der Ratlosigkeit, der Unsicherheit und der Ängstlichkeit hat sich in weiten Teilen der Bevölkerung ausgebreitet. Dahinter verbirgt sich vielfach die Ahnung, dass, wenn es so weitergeht und sich zuspitzt, es unweigerlich auf die allgemeine Zerstörung hinausläuft. Ohnmächtig, das ändern zu können, ist man wenigstens auf das eigene Überleben – so gut wie möglich – bedacht. Die Spirale der Gewalt geht weiter – scheinbar unaufhaltsam.

Sollen Resignation und Fatalismus das – nicht nur sprichwörtlich – letzte Wort behalten? Soviel ist klar: Soll die allenthalben herrschend gewordene Gewalt überwunden oder zumindest abgebaut werden, bedarf es einer ungeheuren Anstrengung, gewissermaßen eines ethischen Bewusstseinssprungs. Wie kann Bildung, wie kann speziell auch religiöse Bildung dazu beitragen? Bevor auf diese Frage, vorrangig auf die nach der religiösen Bildung eingegangen wird, muss wenigstens kurz auf den Zusammenhang von Gewalt und Religion eingegangen werden.

2 Gewalt und Religion

Im Zusammenhang mit einigen der erwähnten Ereignisse aus jüngerer Zeit hat sich wiederholt, was die gesamte Geschichte hindurch zu verfolgen ist: Religion wird einerseits zur Legitimation von Gewalt in Anspruch genommen. Andererseits dient Religion zur Bewältigung der entsetzlichen und leidvollen Erfahrung von Gewalt. Es ist somit ein doppelförmiges Phänomen: die Religion – sie wirkt sowohl zerstörend als auch tröstend.

Diese Ambivalenz wird gern aufzulösen versucht, und zwar meist zu einer Seite hin, indem betont wird, dass Religion von ihrem eigentlichen Wesen her nichts mit Gewalt zu tun habe und dass darum die Berufung auf sie bei Gewaltanwendungen einen Missbrauch von Religion darstelle. Die Frage bleibt dann allerdings, warum ein solcher Missbrauch überhaupt möglich ist. Muss nicht doch irgendein Anhaltspunkt in der Religion gegeben sein, die sie als eine Berufungsinstanz für gewalttätiges Tun geeignet erscheinen lässt? Das gilt nicht nur mit

Blick auf den Islam, der gegenwärtig nicht selten für Gewaltakte verantwortlich gemacht wird. Das gilt mindestens ebenso für das Christentum, wenn man etwa an die Gewaltexzesse im Zusammenhang mit den Kreuzzügen, der Reconquista in Spanien und der Conquista Lateinamerikas, der Inquisition und den Hexenverfolgungen, den Religionskriegen usw. denkt – bis hin zum Motto »Gott mit uns« auf den Koppelschlössern von Soldaten im vergangenen Jahrhundert. Ist das alles als »Ausrutscher« des christlichen Glaubens zwar nicht zu entschuldigen, aber zu bewerten? Oder hat das mit diesem Glauben selbst zu tun?

Mit Blick auf die noch zu verhandelnde Thematik eines möglichen Beitrags religiöser Bildung zur Überwindung von Gewalt erfahren diese Fragen noch eine Zuspitzung, wenn man sich vergegenwärtigt, dass all das Genannte und noch vieles mehr von Menschen ausgeübt worden ist, die zumindest in einem christlich sich verstehenden Kontext sozialisiert und erzogen worden sind. Dass das Aufwachsen in einer christlich geprägten Umgebung unter bestimmten Bedingungen einer gewaltbereiten Einstellung förderlich ist, ist zudem das Ergebnis der sog. »Russel-Studie«, die zwischen 1940 und 1970 in Nordamerika durchgeführt worden ist: »Entschiedene Anhänger christlich-religiöser Einstellungen«, so hat damals der empirische Befund ergeben, »sind kriegerischer, weniger demokratisch, strenger zu strafen bereit, weniger tolerant, konservativer, weniger an der Weltgemeinschaft interessiert, zu unterdrücken geneigter und weniger humanitär als Nichtchristen.« Kommentierend bemerkt der Verfasser: »Augenscheinlich bringen strenggläubige Christen, obwohl dem Christentum Liebe so wichtig ist, nicht so viel Liebe auf wie die weniger Frommen. Die Früchte des Christentums sind offenbar das genaue Gegenteil seines Ideals der Liebe« (Russel 1974, 66f; vgl. auch Mette 1982, 171–174).

Von diesem Befund her legt es sich nahe, es als durchaus erfreuliche Entwicklung zu vermerken, dass heutzutage nur noch wenige Heranwachsende eine »strenggläubige« Erziehung erfahren. Doch fördert der ihnen – wenn überhaupt – vermittelte »liebe Gott« eher und stärker eine friedensfördernde Gesinnung? Neuere Forschungen zu dieser Problematik liegen leider nicht vor.

In Zusammenarbeit mit thematisch benachbarten Wissenschaften ist allerdings innerhalb der Theologie eine kritische Selbstreflexion über den Zusammenhang von Religion und Gewalt begonnen worden (vgl. u.a. Bultmann/ Kranemann/Rüpke 2003; Collet/Estermann 2002; Jahrbuch 2003; Khoury/ Grundmann/Müller 2003; Spiegel 2001). Ins Zentrum der Erörterung ist dabei die Gottesfrage gerückt (G. Fuchs 1994; O. Fuchs 2003; Sander 2003).

Wenn der Freiburger Psychologe Franz Buggle (1992) etwa der Bibel vorhält, sie sei ein Buch voller Gewalt, kann ihm kaum widersprochen werden: Von der Mordtat Kains gegen Abel in der Urgeschichte angefangen, durchzieht die Gewaltthematik fast die ganze Bibel wie ein roter Faden. Von teilweise grausam wütenden Gewalttätern ist ebenso die Rede wie von ihren Opfern, unter ihnen einige Male Frauen (vgl. Crüsemann 2003, 105–118; Schroer 1994, 678f). Nicht selten wird die Anwendung von Gewalt religiös legitimiert. Und was für heutige Leser und Leserinnen noch irritierender wirkt: Gott selbst wird als zornig und gewalttätig dargestellt (vgl. O. Fuchs 2003; Zenger 1994). Dass die Bibel bei fundamentalistischer Lesart genügend Anhaltspunkte bietet, um sich für die Rechtfertigung von Gewalt auf sie zu berufen, ist, seitdem diese Texte vorliegen, zu häufig geschehen, als dass es abgestritten werden könnte.

3 Die biblische Botschaft: Gewaltverwandlung durch Gewaltanschauung

Tatsächlich mutet die Bibel den sie Hörenden oder Lesenden eine »Gewaltanschauung« (G. Fuchs) zu. Sie verschweigt und beschönigt es nicht, sondern hält es als Tatbestand vor Augen: Die Welt ist voller Gewalt; sie durchzieht die ganze menschliche Geschichte und wirkt sich bis in die Strukturen des inner- und zwischengesellschaftlichen Zusammenlebens hinein aus, sodass ihr niemand entrinnen kann. Selbst das Heiligste muss dafür herhalten, für Gewalttätigkeiten in Anspruch genommen zu werden und sie zu legitimieren. Doch zugleich will die Bibel nicht gelten lassen, die Menschen seien ein für alle Mal in einem Kreislauf von Gewalt und Gegengewalt gefangen. So wird Kain etwa von Gott seiner Bluttat überführt und für sie verantwortlich gemacht. Bischof Franz Kamphaus kommentiert die in dieser Begebenheit (im Zusammenhang mit der Paradieserzählung) zum Ausdruck kommende Auffassung des Verhältnisses von Menschen zur Gewalt wie folgt: »Die biblische Urgeschichte duldet keine Entlastung: Nichts treibt den Menschen ursprünglich zur Gewalt, er selbst trägt für sie die Verantwortung. Und das nicht nur im sozialen, sondern auch im kosmischen Bereich. Denn die Schöpfung Gottes war anfangs vollkommen gut. Dass de facto Gewalt in ihr vorherrscht, geht auf die Sünde des Menschen zurück. Sie verfestigt sich gleichsam, gerinnt zu Mustern und Strukturen, die seine Freiheit fesseln. Ein Gewaltsyndrom entsteht, eine sich selbst verstärkende Dynamik der Gewalt, die den einzelnen fortreißt, Verantwortlichkeit untergräbt, Schuld anonymisiert. Gleichwohl wird nicht dem Fatalismus das Wort geredet. Die Allgegenwart der Gewalt bedeutet biblisch weder Heil- noch Hoffnungslosigkeit, und das gerade deshalb nicht, weil in letzter Instanz der Mensch für sie verantwortlich ist. Indem die Bibel darauf besteht, dass er schuldig ist, plädiert sie für seine Freiheit. Sie wagt es, den Menschen in seiner Freiheit auch dort ernst zu nehmen, wo man heute gerne biologische oder gesellschaftliche Zwänge am Werk sieht und sich damit aus der Verantwortung stiehlt. Die Gewalttätigkeit stellt kein tragisches Verhängnis dar, dem niemand entrinnen kann. Obgleich jede Sünde ihren Grund hat, müsste keine sein. Ist sie aber vermeidbar, dann auch die Gewalt als ihre Folge« (Kamphaus 2001, 11).

Die Gewalt bleibt demnach für die Bibel nicht unausweichlich. Doch liegt das, folgt man der den biblischen Büchern innewohnenden Logik, keineswegs von vornherein auf der Hand, sondern ist offensichtlich aus der Erfahrung mit Gewalt – sei es als Täter, sei es als Opfer – erst allmählich zu lernen. Ein komprimiertes Beispiel für einen solchen alles andere als leichten Lernweg gibt die Elija-Geschichte in 1 Kön 18–19 an die Hand: Da wird auf der einen Seite von Elija der Wettstreit der Götter auf dem Berg Karmel inszeniert, in dem sich schließlich die Überlegenheit Jahwes erweist und woraus Elija für sich das Recht ableitet, seine Konkurrenz, die fünfhundert Baalspriester, eigenhändig zu ermorden. Da ist auf der anderen Seite der von der Königin verfolgte und um sein Leben fürchtende Elija, der in die Wüste flieht und vom Engel dazu angehalten wird, sich auf den Berg Horeb zu begeben. Auf die Ankündigung Gottes hin, er werde an ihm vorübergehen, wird Elija von gewaltigen, Angst erregenden Erscheinungen überwältigt: Sturm, Erdbeben, Feuer. Gott aber war in keiner dieser Gewalten, sondern er kam in einer »Stimme verschwebenden Schweigens«, wie Martin Buber diese Stelle mit ihrer paradoxen Metapher übersetzt. »Gemeint (und schwer zu begreifen) ist«, so erläutert Peter Cornehl (2001, 418), »eine Kraft schweigender Anwesenheit, die nicht weniger erschütternd ist als Sturm, Erdbeben und Feuer. Es ist wirklich eine Kraft, aber eine Kraft, deren Intensität aus dem Schweigen kommt, aus der Unterbietung. In dieser ›Stimme verschwebenden Schweigens‹ löst sich die Angst. Der Allmachtswahn vergeht. Elija erfährt die Nähe des wehrlosen Gottes und seiner Kraft. Und er reagiert schweigend, mit einer Gebärde: Er verhüllt sein Gesicht mit seinem Mantel. Er schützt sich. Eine Geste der Ehrfurcht, der Scheu, ja der Scham.«

Nach Cornehl weist Gott in dieser Szene, einer der rätselhaftesten in der ganzen Bibel, erneut einen Weg, wie aus der Spirale der Gewalt herauszukommen ist: In der Person des Elija wird den Menschen ein Spiegel vorgehalten, wer sie sind – durchdrungen von Gewalt besetzten Phantasien, Ängsten, Wünschen und Faszinationen, und zwar bis hin dazu, dass diese bis in die Gottesbilder, also in das Innerste des Inneren hinein projiziert werden. Indem Gott aber vorexerziert, dass er mit all diesen Gewaltvorstellungen und Siegeszwängen nichts zu tun hat und haben will, gibt er den Menschen die Möglichkeit, ihrerseits eine innere Abrüstung von ihrem gewalttätigen Denken zu vollziehen – als unabdingbare Voraussetzung dafür, dass sie auch zur äußeren Abrüstung fähig werden (vgl. auch Sander 2003, 36–42).

Elija hat das, liest man die Geschichte weiter, nicht gelernt: Schon bald ist er wieder in die politischen Machtkämpfe verstrickt; die Geschichte der Gewalt und des Tötens setzt sich fort.

Für den christlichen Glauben findet die Offenbarung von jenem biblischen Gott, der die bestehenden Gewalt- und Unrechtsverhältnisse durchkreuzen und überwinden will, im Leben, im Leiden und Sterben sowie in der Auferweckung Jesu Christi ihren endgültigen Höhepunkt. Gott identifiziert und erniedrigt sich hier mit jenem Menschen, der – seinerseits ganz auf ihn setzend – seine Absage an jegliche Gewalt so konsequent gelebt hat, dass er sich seiner eigenen gewaltsamen Vernichtung nicht widersetzt hat. Umgekehrt kommt im Kreuz Jesu endgültig ans Licht, wie es um die Menschen steht. »Gewalt ist nicht«, so formuliert es Gotthard Fuchs (1994, 56), »ein isolierter Unglücksfall der Geschichte, nicht die Ausnahme, sondern die alles beherrschende Struktur, der alles prägende Verblendungszusammenhang, durch den der Glanz der Schöpfung und die Wahrheit des menschlichen Lebens verdunkelt sind.« Erst von hier aus lässt sich erschließen, was es mit dem Glauben an die Auferweckung des Gekreuzigten auf sich hat und worin seine befreiende Kraft besteht: Die ihm zugefügte mörderische Gewalt muss nicht länger verdrängt, sondern kann angeschaut und durchgearbeitet werden. Indem Gott sich als die »alles verwandelnde, Leben erweckende Liebe, die sich bis zum Äußersten hingibt, selbst um den Preis des Verzichts jeder Gegenliebe« gezeigt hat, wird den Menschen die Freiheit zuteil, »die eigene Kainsnatur anzunehmen und verwandeln zu lassen ... Erst durch diese glaubende Gewaltanschauung wird ... Gewaltverwandlung möglich, Versöhnung also und Frieden« (ebd., 57f).

4 Umkehr aus der Logik und Praxis der Gewalt als Ziel und Weg christlich inspirierter Bildungsarbeit

»Erziehung und Bildung können dazu beitragen, eine persönliche Identität auszubilden, die dem menschlichen Hang zur Gewalt widersteht« (Die deutschen Bischöfe 2000, 109). Eindringlich richten die deutschen Bischöfe zum Schluss ihres bemerkenswerten Friedenswortes diesen Appell an alle im Bereich von Erziehung und Bildung Tätigen, angefangen von den Familien bis hin zu den Bildungseinrichtungen für Erwachsene. Denn wenn Erziehung und Bildung zentral damit zu tun haben, dass zu einer verantwortlichen Gestaltung eines Lebens

174

aller auf Zukunft hin befähigt wird, muss von früh an damit begonnen und lebenslang darin eingeübt werden, sich nicht einfach an die Gegebenheiten der Gewalt anzupassen, sondern Kreativität und Mut zu entwickeln, um Möglichkeiten zu ihrer Überwindung ausfindig zu machen. Welche Anstrengungen dazu im wahrsten Sinne des Wortes not-wendig sind, lässt sich ermessen, wenn man sich noch einmal die eingangs beschriebene Gewalteskalation in der heutigen Welt vergegenwärtigt, die sich massiv bis in die Bereiche von Erziehung und Bildung hinein auswirkt. Ist ein Entkommen daraus überhaupt möglich?

Auch wenn sie dafür keine fertigen Lösungswege parat hält, ist vielleicht doch die Bibel mit dem in ihr dokumentierten Lernprozess im Umgang mit Gewalt eine anregende und hilfreiche Quelle, um auch angesichts der gegenwärtigen Herausforderungen Perspektiven zu finden, die der Fortdauer der herrschenden Logik und Praxis der Gewalt eine Alternative entgegensetzen lassen. Was das für eine (Bewusstseins-)Bildungsarbeit und für ein praktisches Lernen in diese Richtung heißen könnte, sei abschließend in einigen Punkten und ohne Anspruch auf Vollständigkeit umrissen:

1. Wenn Gewalt das Produkt von Lebensenge und Angst ist, die die Betroffenen ausschließlich auf sich selbst und ihre eigene Karriere fixiert sein lassen, so kommt es zur Fähigkeit, nicht auf Gewalt setzen zu müssen, in dem Maße, wie erfahren werden kann, dass die Anderen für einen selbst nicht lästige Konkurrenten sind, die der eigenen Karriere im Wege stehen und deswegen so gut wie möglich daran gehindert werden müssen, sondern dass das eigene Leben durch sie eine Bereicherung erfährt, dass es durch sie zu einer Erweiterung des eigenen Lebenszuschnitts kommt: durch die von ihnen zuteil werdende Anerkennung, durch die gegenseitig wahrgenommene Verantwortung für einander und für andere, durch die Befriedigung, die das gemeinsame Teilen mit sich bringt, und nicht zuletzt durch die Entlastung davon, dass nicht alles, was man hat und ist, von der eigenen Leistung abhängig ist, sondern dass einem vieles gratis zukommt. Es ist ersichtlich, dass für diese Grundlegung der Erfahrung der unbedingten Anerkennung, aus der heraus sich ein tragfähiges Selbstwertgefühl entwickeln kann, bereits der Beginn des Lebens eine entscheidende Phase darstellt. Absehbar ist damit auch, zu welchen Folgen es führt, wenn bereits dieser Lebensabschnitt von der Erfahrung von Gewalt – sei es in unmittelbarer, sei es in mittelbarer Form – überschattet wird. Die Eltern oder die anderen Bezugspersonen können dem ihnen anvertrauten Säugling und Kleinkind nur eine gesunde Balance von Vertrauen und Misstrauen vermitteln, wenn sie ihrerseits sich, so hat Erik H. Erikson bekanntlich aufgezeigt, von einer Hoffnung getragen wissen. Zuversichtlich zu sein, dass diese Hoffnung einen wirklich tragfähigen Grund hat, heißt im biblischen Sinne glauben.

2. Aus diesem Glauben und Vertrauen heraus wird es möglich, die Verhältnisse auf der Erde so wahr- und ernst zu nehmen, wie sie sind: gewaltförmig. Religiöse Erziehung ist darum – um an das bekannte Diktum Freuds anzuschließen – durch und durch Erziehung zur Realität, sowohl zu der des Ichs als auch zu der der sozialen und objekthaften Umgebung. Aus der Überzeugung heraus, dass die Welt nicht ein für alle Mal zur Gnadenlosigkeit verdammt ist, befähigt eine Sichtweise der Wirklichkeit mit den Augen des Glaubens dazu, die darin begegnende oder auch selbst betriebene Gewalt nicht beschönigen oder leugnen zu müssen, sondern sie nüchtern zu konstatieren und mit österlicher Zuversicht durch- und aufzuarbeiten. Dazu gehört auch die reumütige Erinnerung, dass selbst Kreuz und Auferweckung Jesu Christi für gewalttätiges Handeln bis zu kaum vorstellbaren Ausmaßen in Anspruch genommen worden sind. Religiöse Bildungsarbeit hat sehr stark mit (selbstkritischer) Unterscheidungsarbeit zu tun.

3. Der Bibel wohnt ein bemerkenswerter Realitätssinn inne, wenn sie davon ausgeht, dass Gewalt unter den irdischen Verhältnissen wohl nie ein für alle Male ausgemerzt werden kann, und dass es deswegen darauf ankommt, sie so gut wie möglich zu bändigen. Ein wichtiger Schritt in diese Richtung besteht in der Institutionalisierung einer entsprechenden Rechtsordnung, und zwar sowohl inner- als auch zwischenstaatlich und spätestens heute in einem globalen Ausmaß (vgl. Crüsemann 2003, 88–104, 126–146). Über solche Möglichkeiten der Bändigung und Verhinderung von Gewalt zu Recht hat religiöse Bildungsarbeit aufzuklären und so das Engagement für ihr Zustandekommen zu fördern.

4. Religiöse Bildungsarbeit hat schließlich darin einzuüben, mit den Augen der Anderen sehen zu lernen. »Die ›Einbeziehung des Anderen‹« so bemerkt Oskar Negt (2002, 5), »die sinnverstehende, vielleicht zeitaufwendige Deutung seiner Gefühle und seiner Handlungen, scheinen ein wesentliches Element der Aufhebung jener sozialen Kälte zu sein, die für Gewaltanwendungen in der Gesamtgesellschaft wie im einzelnen Individuum charakteristisch ist.« Eine vorrangige Option gebührt dabei aus christlicher Perspektive den Opfern von Gewalt, auch wenn oder gerade weil sie das eigene Verstricktsein in deren Mechanismen schmerzlich bewusst werden lassen können. Indem durch Vergebung von ihnen her Versöhnung möglich wird, kommt etwas von jener Welt, wie Gott sie möchte, zum Vorschein, für die Jesus Christus sich so bedingungslos eingesetzt hat.

Literatur

Buggle, Franz: Denn sie wissen nicht, was sie glauben, Hamburg 1992.

Bultmann, Christoph/Kranemann, Benedikt/Rüpke, Jörg u.a. (Hg.): Religion – Gewalt – Gewaltlosigkeit, Münster 2003.

Collet, Giancarlo/Estermann, Josef (Hg.): Religionen und Gewalt, Münster 2002.

Cornehl, Peter: Wo ist Gott? Gedanken zu 1 Kön 19,9–13, in: Diakonia 32 (2001) 417–419.

Crüsemann, Frank: Maßstab: Tora. Israels Weisung für christliche Ethik, Gütersloh 2003.

Die deutschen Bischöfe: Gerechter Friede, Bonn 2000.

Fuchs, Gotthard: »Sie wissen nicht, was sie tun« (Lukas 23,34). Gewalt und das Christentum, in: Sommer, Norbert (Hg.): Überall Hass, Krisen, Kriege und Gewalt, Berlin 1994, 51–61.

Fuchs, Ottmar: Gott und die Gewalt, in: Jahrbuch der Religionspsychologie 19, Neukirchen-Vluyn 2003, 102–113.

Jahrbuch der Religionspädagogik 19 (2003): Die Gewalt und das Böse.

Käßmann, Margot: Gewalt überwinden. Eine Dekade des Ökumenischen Rates der Kirchen, Hannover ³2001.

Kamphaus, Franz: »Was ist das, was in uns hurt, lügt, stiehlt und mordet?« Christliche Gewalt-anschauung, in: FAZ vom 2.10.2001, 11f.

Khoury, Adel Th./Grundmann, Ekkehard/Müller, Hans-Peter u.a. (Hg.): Krieg und Gewalt in den Weltreligionen, Freiburg/Br. 2003.

Mette, Norbert: Zum Friedenshandeln erziehen. Thesen zu einer religionspädagogischen Aufgabe, in: Eicher, Peter (Hg.): Das Evangelium des Friedens. Christen und Aufrüstung, München 1982, 165–188.

Negt, Oskar: Gewalt und Gesellschaft, in: Aus Politik und Zeitgeschichte 44 (2002) 3–5.

Ökumenischer Rat der Kirchen (Hg.): Warum Gewalt? Warum nicht Frieden? Eine Arbeits-hilfe für die Dekade zur Überwindung von Gewalt für Einzelne und kirchliche Gruppen, Genf 2002.

Russel, Elbert W.: Christentum und Militarismus, in: Huber, Wolfgang/Liedke, Gerhard (Hg.): Christentum und Militarismus, Stuttgart/München 1974, 21–109.

Sander, Hans-Joachim: nicht verschweigen. Die zerbrechliche Präsenz Gottes, Würzburg 2003.

Schroer, Silvia: Frauen und die Gewaltfrage im Ersten Testament, in: KatBl 119 (1994) 676–686.

Spiegel, Egon: Gewalt, in: LexRP 1 (2001), 705–710.

Zenger, Erich: Der Gott der Bibel – ein gewalttätiger Gott?, in: KatBl 119 (1994) 687–696.

Religion ereignet sich in der Praxis

*Eine religionsdidaktische Sichtung von
unterrichtlichen Arbeitsimpulsen*

MATTHIAS BAHR

1 Der Mensch als Partner
der Gestaltung

In seiner im Jahre 1971 an der Ruhr-Universität Bochum gehaltenen Antrittsvorlesung »Das Christliche im ›nachchristlichen‹ Zeitalter« kommt der spätere
Aachener Bischof Klaus Hemmerle zu folgender Einschätzung: Gottes Geschichte ist »*endgültige* Geschichte; ... Sie ist aber gleichwohl *offene* Geschichte,
denn in diese Geschichte ist der Mensch in seiner Freiheit, in seiner Geschichtlichkeit und Unabgeschlossenheit hineingerufen als Partner« (Hemmerle 1995,
69). So stark er sich dabei gegen die Auflösung des Christlichen in die »bloße
Horizontale gesellschaftlicher Operation« (ebd., 68f) wendet, so sehr richtet er
sich auch gegen den Rückzug des Christlichen in die bloße Innerlichkeit:
»Zudem impliziert eine bloße Innerlichkeit im Verzicht aufs Außen auch den
Verzicht auf die Realität ihrer eigenen ›immanenten‹ Transzendenz« (ebd., 69).
Theologisch ist das nur konsequent: Weil »Fleischwerdung« (Inkarnation) inte-
graler Bestandteil des Christlichen ist, muss sich dies auch in einem fundamentalen Interesse an der Welt zeigen, ohne darin gleichwohl aufzugehen. Innerhalb
der Praktischen Theologie fand und findet diese Haltung ihren Niederschlag – in
der Vergangenheit stärker, gegenwärtig eher moderater.

2 Die intendierte Dimension des Handelns: Perspektiven gegenwärtiger Religionsdidaktik

Das Interesse an praktischem Lernen ist innerhalb der Religionsdidaktik seit längerem vorhanden, kleidet sich dabei aber in unterschiedliches Gewand. Von den Impulsen zu Beginn des 20. Jahrhunderts einmal abgesehen, wo etwa mit der Arbeitsschulbewegung jene leidvolle »Paukschule« überwunden werden sollte, ist erst in den Neunzigerjahren wieder eine entschiedene Positionierung für eine handelnde, praktische Arbeit auch im Religionsunterricht zu beobachten. So werden etwa reformpädagogisch verstärkte Impulse ausgewertet (vgl. Berg 1997, 43–45) und Initiativen gestartet, die dieses Anliegen in den Mittelpunkt stellen (vgl. Akademie für Bildungsreform/Robert Bosch Stiftung GmbH 1993 sowie das Themenheft »Praktisches Lernen« der Zeitschrift »ru« 1991). Nach dieser Blüte erhält das damit verbundene Interesse inzwischen eine differenziertere (und abstraktere?) Verortung innerhalb gegenwärtiger Religionsdidaktik.

Hans-Georg Ziebertz macht darauf aufmerksam, dass – unter der Erinnerung an das integrative Anliegen des Synodenbeschlusses – »verantwortliches Denken *und Verhalten*« Synonym für »christlich-religiöse Mündigkeit« darstellt. Es bezieht sich »auf ein kognitiv adäquates Wissen, auf die Kompetenz zur Lebens- und Weltdeutung im Blickwinkel der christlichen Religion, auf die Reife, sein Leben in sozialen Bezügen zu gestalten und auf das Vermögen, der ›richtigen‹ Einsicht ein entsprechendes Handeln folgen zu lassen« (Ziebertz 2003, 137).

Die Zielbestimmung ästhetischen Lernens verweist ebenso und doch anders auf eine Lernkultur im Religionsunterricht, die »den Lernenden in seiner Leiblichkeit und Sinnlichkeit annimmt, seine Wahrnehmungsfähigkeit für die Vieldimensionalität von Welt und Leben und eine kritische Infragestellung und Irritation von Wahrnehmungsgewohnheiten fördern will, seine religiöse Gestaltungs- und Urteilsfähigkeit fördert« (Hilger 2003, 305). In seiner »poietischen« Dimension geht es um die Gestaltung von Wirklichkeit im Spielen, Musizieren, Malen, Erzählen. Kein Bereich menschlicher Erfahrung wird davon ausgenommen; *Poiesis* bezieht sich auch auf Religion, Politik, Ökonomie und Gesellschaft (vgl. ebd., 307).

Mit dieser Besinnung der Praktischen Theologie als Ästhetik wurde ein Neuzugang gewählt, der im Unterschied zur handlungstheoretischen Ausrichtung das Sehen- und Wahrnehmen-Lernen in den Mittelpunkt stellt. Erst kürzlich hat Norbert Mette (vgl. Mette 2000) einen Brückenschlag zwischen beiden Ansätzen vorgenommen und aufgezeigt, dass theologische Handlungstheorie und Ästhetik jenseits von sich ausschließenden Gegensätzen in einem fruchtbaren Spannungsverhältnis zu halten sind. Gleichwohl verleiht die Zuordnung beiden Ansätzen ein schärferes Profil; mithin sei die Peukertsche Position weiterhin gültig: »Praxis heißt dann, unter erfahrenen und erlittenen, die eigene Lebenswelt deformierenden systemischen Widersprüchen und damit unter Entfremdung auf eine nicht entfremdete Lebensform verändernd zu handeln« (Peukert 1984, 73).

Vielleicht wäre das zukünftig noch zu vertiefen, ästhetisches Lernen dann stärker als »Aisthetisches« in den Blick zu nehmen, die (sinnliche) Wahrnehmung in ihrer auszulotenden Tiefe und Sperrigkeit zum Zuge kommen zu lassen und die daraus resultierenden Fragwürdigkeiten in eine durchaus ideologiekritische Reflexion hineinzunehmen (vgl. Poth/Bahr 2004, i.E.). Handeln, Verändern und Gestalten wäre dann der nächste zu unterscheidende Schritt – und könnte die Ernsthaftigkeit neu betonen: Ausdruckshandeln (oder im Sinne von Habermas: dramaturgisches Handeln) ist dann nicht die Expression individueller Erlebnisse oder Gefühle, sondern eigentlich die »Respektierung der Wirklichkeit, die unserem Handeln als Bedingung vorgegeben ist« (Siller 1997, 190).

Für religionsdidaktische Kontexte ist dies eine Zielbestimmung, die der Übersetzung in konkrete Lernwelten bedarf – ein entscheidendes Bemühen, weil Globalziele erst in der »Übersetzung« mit dem Subjektsein von Schülerinnen und Schülern ernst machen.

3 Wechselvorgang: Die großen Ziele in kleiner Münze ausgeben

3.1 Die Vielfalt möglicher Arbeitsaufträge

Überlegungen, wie diese Perspektiven in den konkreten Lernkontexten unterrichtlichen Handelns wirksam werden, beziehen sich auf Vielschichtiges: Zentralfigur ist dabei zunächst die Lehrerin oder der Lehrer im weitesten Sinne, wenn man nicht nur die Verbalimpulse heranzieht, die nun einmal zu einem großen Anteil das Unterrichtsgeschehen steuern, sondern ebenso die angebotenen Materialien hinzunimmt, deren Auswahl ja in der Regel auf Lehrerinitiative zurückgeht. Hinzuzunehmen sind weiterhin all jene Impulse, die in Form von Aufgabenstellungen, Anweisungen auf vervielfältigten Aufgaben- und Arbeitsblättern oder Impulsen zu Materialien (eines Schulbuches) das tägliche Unterrichtsgeschehen bestimmen. Dazu gehören mittlerweile auch als ein fester Bestandteil vielerorts jene »Ideenseiten«, wie sie im Zuge des Unterrichtswerkes »Baupläne« (z.B. Kalmbach/Hartenstein 1993) inzwischen vor allem innerhalb des Schulbuchwerkes »Reli« eine weitere Verbreitung auch im katholischen Religionsunterricht gefunden haben. Auch die »Ideen«, die in diesem Werk Schülerinnen und Schülern angeboten werden, sind ja nicht in erster Linie dem Schülerdenken entnommen, sondern entwerfen eine Perspektive, die in Lehrerköpfen entstanden ist mit der Überzeugung, dass da jeweils Relevantes und Bedeutsames wahrgenommen, erkannt, erfahren oder zur Einschätzung auf den Weg gegeben werden soll und wird.

Bereits diese Aufzählung gibt einen Einblick in die Vielfalt, mit der man es zu tun bekommt, wenn man sich dem Unterrichtsgeschehen über diesen Weg annähert. Der zufällige Blick in Unterrichtswerke und Arbeitsmaterialien zeigt sehr schnell, dass dabei unterschiedliche Zugänge zu einem Thema denkbar sind. Als ein interessantes Gebiet könnte sich das Themenfeld »Arbeit (und Beruf)« an dieser Stelle erweisen, weil ihm schon historisch erhebliche Praxisrelevanz zukommt.

Spätestens mit der Rezeption der kritischen Theorie innerhalb der Pädagogik tritt auch der emanzipatorische Anspruch von Bildung ins Bewusstsein und etabliert sich als fester Bestandteil (auch in der religionsdidaktischen Landschaft) etwa im Sinne einer kritisch-konstruktiven Bildungstheorie. Eine Annäherung an das Themenfeld »Arbeit« lässt vermuten, dass vor allem hier – selbst wenn es vielerorts aus Lehrplänen zum Religionsunterricht verdrängt wird – Leitperspektiven, wie sie im ersten und zweiten Teil genannt wurden, verstärkt auf Realisierung und Konkretisierung drängen.

3.2 »Arbeit« im Schulbuchformat

Die Erkenntnis, dass Lehrpläne oftmals mit Inhalten überfrachtet waren, hat verschiedentlich zum Abbau von Inhaltsbereichen geführt, die dann nahezu ersatzlos gestrichen wurden oder mit wenigen Stichworten anderen Themenfeldern einer Jahrgangsstufe zugeschlagen wurden. So wurde auch in bayerischen Lehrplänen mit den Revisionen etwa der Hauptschule der Themenbereich »Arbeit – Beruf oder Job« des curricularen Lehrplanes aufgelöst, der in der 8. Jahrgangsstufe über fast zwei Jahrzehnte fester Bestandteil gewesen ist – in einer Schulart also, in der Schülerinnen und Schüler sich sehr bald der Frage nach einer für sie angemessenen Berufstätigkeit stellen müssen. Zugänge im Rahmen des Religionsunterrichts sollen nun erst im 10. Schuljahr geschaffen werden, hier nun unter der spannenden Themenstellung »Der Mensch und seine Macht – zwischen Versuchung und Verantwortung« (vgl. Bayerisches Staatsministerium für Unterricht, Kultus, Wissenschaft und Kunst 1997). Andere Bundesländer gehen weiter – nicht zuletzt auf der Basis des Grundlagenplanes zur Sekundarstufe I, wenn im Themengebiet 10/6 dem »Arbeiten müssen – Arbeiten dürfen« ausführlich Raum gegeben ist (vgl. Zentralstelle Bildung der Deutschen Bischofskonferenz 1984, 92f). Konkretisiert werden die unterschiedlich breit entfalteten Vorgaben einzelner Lehrpläne in Unterrichtshilfen und vor allem Schulbüchern.

Im Folgenden soll nun gezeigt werden, wie sich innerhalb von Arbeitsaufträgen, wie sie im Kontext des Schulbuchwerkes »Reli« zu finden sind, jene (religons-)pädagogischen Leitlinien niederschlagen, die oben sichtend und überblicksartig zusammengestellt worden sind. Gearbeitet werden soll anhand zweier Arbeitsaufträge, die dem Schulbuchwerk Reli 9/10 entnommen sind (Hilger/Reil 2005; s. Abb. 1 und 2).

Arbeitslos – was mach ich bloß?
Regelmäßig gibt es neue Berichte über Arbeitslosigkeit – oft sind es nur Zahlen. Anhand von Zeitungsausschnitten könnt ihr euch einen ersten Einblick verschaffen, wie Menschen von Arbeitslosigkeit betroffen werden. Dabei muss man auch »zwischen den Zeilen« lesen lernen. Welches Interesse der Zeitung zeigt sich an der Art, wie berichtet wird? Vielleicht ist es hilfreicher, wenn ihr Jugendliche aus eurer Umgebung befragt:
Wie haben sie mit Arbeitslosigkeit bisher zu tun gehabt? Was haben sie unternommen, um eine Arbeitsstelle zu bekommen? Was war für sie wichtig, um nicht mutlos zu werden?
Eine solche Befragung kann auch für andere in eurer Schule interessant sein – vielleicht wollt ihr durch ein kurzes Video oder einen Tonbandmitschnitt die Interviews anderen zugänglich machen?

Abb. 1: Arbeitsauftrag aus dem Schulbuch Reli 9/10, S. 144,
Projekt: Arbeitslos – was mach ich bloß?

Redewendungen zum Thema »Arbeit«

Immer wieder haben die Menschen ihre Arbeit aus verschiedenen Blickwinkeln betrachtet: Sie kann das Leben erfüllen, sie kann aber auch als Last und Entfremdung empfunden werden. Die Erfahrungen der Menschen aus vergangenen Zeiten haben sich in Redewendungen niedergeschlagen, manche sind auch in der Bibel zu finden.

Sucht euch aus der Liste Sätze heraus, die euch zutreffend erscheinen. Was sie sagen wollen, könnt ihr in eurer Sprache ausdrücken. Verwendet dabei stets Worte, die in der Redewendung selbst nicht vorkommen.

Sucht euch eine Redewendung heraus: für euren eigenen »Arbeitsplatz« in der Klasse, aber auch für den Klassenraum. Was könnte schließlich als Motto in der Eingangshalle eurer Schule stehen? Wie entscheiden sich andere Klassen in eurer Schule?

Wenn du Arbeitnehmer wärst – welchen Spruch würdest du an deinen Arbeitsplatz hängen? Und wie wäre es, wenn du Arbeitgeber wärst?

Arbeit ist unser – Gedeihen steht bei Gott.

Nach getaner Arbeit ist gut ruhn.

Er arbeitet sich zu Tode.

Ich lasse mich nicht hetzen. Ich bin hier bei der Arbeit – nicht auf der Flucht.

Der siebte Tag ist ein Ruhetag, dem Herrn, deinem Gott, geweiht. An ihm darfst du keine Arbeit tun.
Ex 20,10

Wenn einer für dich gearbeitet hat, dann enthalte ihm seinen Lohn nicht vor bis zum nächsten Tag, sondern zahl ihn sofort aus!
Tob 4,14

Erst die Arbeit – dann das Vergnügen.

Der hat die Arbeit nicht erfunden!

Jemand hat ganze Arbeit getan.

Nur halbe Arbeit machen.

Besser unbeachtet bleiben und seine Arbeit verrichten, als groß tun und kein Brot haben.
Spr 12,9

In die eigene Tasche arbeiten.

Arbeiten wie ein Pferd.

Arbeit schändet nicht.

Die Frucht deiner Arbeit kommt in das Haus eines andern.
Spr 5,10

Jede Arbeit und jedes erfolgreiche Tun bedeutet Konkurrenzkampf zwischen den Menschen.
Koh 4,4

Süß ist der Schlaf des Arbeiters, ob er wenig oder viel zu essen hat.
Koh 5,11

Alles Arbeiten des Menschen ist für den Rachen des Totenreichs.
Koh 6,7

Aber der Lohn der Arbeiter, die eure Felder abgemäht haben, der Lohn, den ihr ihnen vorenthalten habt, schreit zum Himmel.
Jak 5,4

Lernt von den Lilien, die auf dem Feld wachsen: Sie arbeiten und spinnen nicht.
Mt 6,28

Abb. 2: Arbeitsauftrag aus dem Schulbuch Reli 9/10, S. 142, Projekt: Redewendungen zum Thema »Arbeit«

Bei genauerem Hinsehen erschließt sich folgende Tektonik dieser Arbeitsaufträge:

Innere Bilder evozieren

Es beginnt zunächst mit dem Versuch, bei Schülerinnen und Schülern Vorstellungen zu wecken, die eine Affinität zu Lebenskontexten aufweisen. »Arbeitslos – was mach ich bloß« signalisiert die Offenheit für Gedankensplitter, die sich immer wieder einmal einstellen mögen. Jugendliche hören sie, oftmals auch von älteren Erwachsenen formuliert, manchmal auch als Mahnung ausgesprochen, die zu vermehrtem (schulischen) Einsatz führen soll und meist nur erreicht, dass Heranwachsende sich vor diesen Gedanken verschließen. Und doch: Kaum jemand wird sich diesem Problembereich entziehen (können) – mögen die Befürchtungen auch eher »im stillen Kämmerlein« das Denken der Einzelnen bestimmen. »Regelmäßig gibt es neue Berichte über Arbeitslosigkeit«: Dies beschreibt ein Faktum, das Menschen in unserer Gesellschaft manchmal beiläufig wahrnehmen über Fernsehen und Zeitung, ein Satz, der (auch) die Kälte derjenigen signalisiert, die selbst nicht von dem Problem betroffen sind. Umgehend erfolgt aber der Versuch, Verständnisbereitschaft im Kontext des Faches Religionsunterricht und mindestens im Hintergrund auch des Menschen- und Gesellschaftsbildes zu zeigen: »oft sind es nur Zahlen.« Angezeigt werden soll: Wir wissen, dass niemand nur eine anonyme Größe ist, die man in einer Statistik und in Bruchstellen von Prozentwerten verrechnen kann.

Ähnlich im zweiten Beispiel: Weniger dominiert da die Überschrift der Aufgabe »Redewendungen zum Thema ›Arbeit‹« als der narrativ formulierte Eingangstext: »Immer wieder haben die Menschen ihre Arbeit aus verschiedenen Blickwinkeln betrachtet: Sie kann das Leben erfüllen, sie kann aber auch als Last und Entfremdung empfunden werden. Die Erfahrungen der Menschen aus vergangenen Zeiten haben sich in Redewendungen niedergeschlagen, manche sind auch in der Bibel zu finden.« Anregungscharakter hat dabei stärker die Zusammenstellung von Redewendungen, die schon beim flüchtigen Überblick Stimmen und manchmal auch mahnende Personen vor dem inneren Auge erscheinen lassen. Die Ambivalenz von Arbeit wird benannt und in der Offenheit gehalten – im Sinne eines Realismus bleibt die Aufgabenstellung an der Wirklichkeit und suggeriert keine »Überhöhung«.

Auswählen – sich entscheiden – die eigene
Freiheit behalten

»Anhand von Zeitungsausschnitten könnt ihr euch einen ersten Einblick verschaffen, wie Menschen von Arbeitslosigkeit betroffen werden.« oder »Sucht euch aus der Liste Sätze heraus, die euch zutreffend erscheinen.« Beide Varianten deuten an, dass sich Schülerinnen und Schüler auf das Thema in *Auswahl* beziehen sollen – und je nach eigener Präferenz gewählt werden kann. Nicht alle müssen alles bearbeiten, vielmehr kann, darf und soll der individuelle Zugang eine Rolle spielen. Die Aufforderung zur Auswahl fördert (anfangs mehr oder weniger bewusst) das Nachdenken über den eigenen Maßstab – und regt in der Diskussion der Lerngruppe die Erweiterung eines bestehenden Argumentationsmusters an. Gleichwohl verwirklicht sich darin die eigene Freiheit auch in Lernzusammenhängen: Wo Schülerinnen und Schüler selber wählen, und sei es »nur« auf der Basis einer Zusammenstellung angebotener (biblischer) Aussagen, da ist – gerade auch innerhalb eines notwendigen, vorgegebenen und das Lernen strukturierenden Rahmens das Signal zur Reflexion auf einen subjektiven Standort und zur gewollten Verwirklichung persönlicher Freiheit gegeben.

Die Rollenübernahmefähigkeit fördern:
wahrnehmen und zu verstehen suchen

Unter dem Blickwinkel eines Religionsunterrichts als Wahrnehmungsschule (vgl. Hilger 1997) besteht ein Interesse an der Wahrnehmung der Befindlichkeit anderer: »Dabei muss man auch ›zwischen den Zeilen‹ lesen lernen.« – »Was sie sagen wollen, könnt ihr in eurer Sprache ausdrücken. Verwendet dabei stets Worte, die in der Redewendung selbst nicht vorkommen.« Ein »Lesen zwischen den Zeilen« erhöht die Empfindsamkeit für das Nicht-Ausgesagte, das nur Erahnbare, das Schwebende – Sorgen und Nöte, die verschwiegen werden (aus Scham?), konkrete Lebensumstände in ihrer Härte und manchmal auch unbarmherzigen, ungesicherten Herausforderung von Menschen in der Arbeitslosigkeit – als Väter, Mütter, Eheleute, als Familie, deren Hoffnungen und Lebensträume zerschlagen werden. Verdichtete Redewendungen, »Lebensweisheiten« biblischer oder profaner Natur verlieren ihre Allgemeinheit und Gleichgültigkeit, wenn Übersetzungsprozesse eingefordert werden. Indem neue und vermutlich (und hoffentlich!) eigene Worte und Sätze gefunden werden, um die Redewendungen in den eigenen Sprach- und damit Verstehenshorizont einzubauen, wird Einfühlung, Empathie und »Compassion« (vgl. Metz 2000) angeregt. Die Chance könnte bestehen, die Unverbindlichkeit der Abstraktion mehr und mehr zu verlieren.

Hinausgehen – der Welt begegnen

Seit der Hochphase der Entdeckung des praktischen (projektorientierten) Lernens sind verschiedene Strategien bekannt und auf den Begriff gebracht worden (vgl. Groß 1994, 157–213), ohne dass sie sich anhaltend und auf breiter Ebene zum selbstverständlichen Bewusstsein im Rahmen des Religionsunterrichts entwickeln konnten (sonst müsste man ihnen häufiger begegnen). Trotz vielerorts bestehender Skepsis (wg. Zeit- und Organisationsbedarf) kann, soll und darf darauf aber nicht verzichtet werden. Die Begründungen dafür sind an anderer Stelle ausreichend erfolgt (z.B. Bahr 2003, 474–477). »Vielleicht ist es hilfreicher, wenn ihr Jugendliche aus eurer Umgebung befragt: Wie haben sie mit Arbeitslosigkeit bisher zu tun gehabt? Was haben sie unternommen, um eine Arbeitsstelle zu bekommen? Was war für sie wichtig, um nicht mutlos zu werden?« bzw. »Sucht euch eine Redewendung heraus: für euren eigenen ›Arbeitsplatz‹ in der Klasse, aber auch für den Klassenraum. Was könnte schließlich als Motto in der Eingangshalle eurer Schule stehen? Wie entscheiden sich andere Klassen in eurer Schule?« Mit diesen Aufträgen wird die Sonderwelt Schule und Unterricht nun wirklich verlassen: Religionsunterricht wird zur »Tat-Sache« (vgl. Groß 1994). Wenn Schülerinnen und Schüler ermuntert werden, schulisches Lernen öffentlich zu machen und Öffentlichkeit in die Schule zu holen, gewinnt Lernen Lebensrelevanz. Interviews mit anderen Menschen fördern Erfahrungen und Einstellungen zutage, die eine realistischere Einschätzung ermöglichen, wie ›ernst‹ das Thema tatsächlich ist. Diskussionen in der Lerngruppe, welche Redewendung als von Vielen mitgetragen angesehen werden kann, macht neugierig für Entscheidungen benachbarter Lerngruppen und Klassen. Im wechselseitigen Austausch von dort jeweils erfolgten Begründungsmustern geschieht eine Horizonterweiterung, wird es notwendig, die eigenen gefundenen Positionen neu zu überdenken, möglicherweise zu revidieren oder in einer gleich lautenden Einschätzung Bestätigung zu finden.

Der Isolierung entkommen – sich zusammen kümmern

»Wenn du Arbeitnehmer wärst – welchen Spruch würdest du an deinen Arbeitsplatz hängen? Und wie wäre es, wenn du Arbeitgeber wärst?« bzw. »Eine solche Befragung kann auch für andere in eurer Schule interessant sein – vielleicht könnt ihr durch ein kurzes Video oder einen Tonbandmitschnitt die Interviews anderen zugänglich machen?« Solidarisierungs- und Mitbestimmungsfähigkeit können sich wohl nur dort entwickeln, wo produktive Erfahrungen gemeinsamen Positionierens im Hinblick auf ein relevantes Lebensfeld gemacht und Anstöße gegeben werden, die zu einer Zusammenbindung Gleichbetroffener und Gleichgesinnter führen können.

Nachfragen – sich zumuten

Welche weitere Vorgehensweisen werden sich aus der gemeinsamen Sichtung ergeben? Inwieweit kann auf der Grundlage dieses Solidarisierungsprozesses eine Kontaktaufnahme mit Verantwortlichen vor Ort angestoßen werden (Firmeninhaber, Kommune)? Erwächst daraus möglicherweise ein Gespräch, bei dem Schülerinnen und Schüler auf dem erlebten Hintergrund ihre Bedürfnisse selber präsentieren und in der erforderlichen Ernsthaftigkeit artikulieren können? Wie reagieren diese Besucher eines solchen Kontaktgespräches, wenn sie mit jenen, von Schülerinnen und Schüler einer Klasse (oder der Schule?) gewählten Leitmotiven auf der Basis jener Redewendungen konfrontiert werden? Welche Chancen ergeben sich, wenn diese Gäste selbst zur Auswahl aus diesen Redewendungen aufgefordert werden – und dies dann begründen sollen? Und welche Antwort erhalten Schülerinnen und Schüler, wenn sie die Entscheidungsträger an ihre Verantwortung auch der jüngeren Generation gegenüber erinnern?

4 Produktiv verlangsamt, positioniert und gelassen

So also können Arbeitsaufträge gestaltet sein, damit sie christliches Handeln in der Welt von heute und morgen anregen, also das verwirklichen, was als hohes Ziel des Mündig-Werdens, der Selbstbestimmungs-, der Solidaritäts- und der Mitbestimmungsfähigkeit immer wieder formuliert wird. Realitäten verändern (und hoffentlich verbessern) gelingt vielleicht dann, wenn im Vertrauen auf die Wirksamkeit der kleinen Schritte und mit dem Optimismus, dass Veränderung und Verbesserung möglich ist, die in den Mikrostrukturen liegenden Chancen wahrgenommen werden. Bezogen auf Arbeitsimpulse heißt das:

In *formaler* Hinsicht müssen Arbeitsaufträge Struktur geben *und* Räume eröffnen, die von Schülerinnen und Schülern als gestaltbar angesehen werden. Die Kunst liegt darin, zwischen dem Zuviel und dem Zuwenig an Struktur (bzw. Vorgabe) die angemessene Mitte zu finden. Dabei könnte es sich als äußerst hilfreich erweisen, wenn Anregungen gegeben werden, dass sich innere Bilder aufbauen können (v.a. in den Einleitungssätzen): Das braucht Zeit.

Inhaltlich muss ein Standpunkt bezogen werden: Hier entscheidet sich, ob Christen weiterhin auf ein solidarisches Tätig-Werden setzen – und dies auch explizieren. Hier zeigt sich, wie Christen Christsein verstehen: ob nicht das Handeln in die Welt hinein stets ein Handeln für eine »neue Welt« ist und nur sein kann, mithin also mündiges Christsein (immer) auch ideologiekritisches Christsein ist. Was wurde da vergeben – und wie befremdlich wirkt dazu die Aussage eines Theologiestudierenden »Kapitalismus finde ich gut, denn da geht es uns gut« angesichts globaler Entsolidarisierungsprozesse und anscheinend zementierter Abhängigkeits- und Ausbeutungsstrukturen?

Die Diskussion um ein Lernen von Gerechtigkeit hat unter der Formel von der »Just-Community«, der »gerechten Schul-Gemeinschaft«, prototypisch (leider nur an einzelnen Orten) gezeigt, wie ein Alternativmodell zur Ausleseschule aussehen könnte: Wenn man ernst macht und sich als Lern- und Lebensgemeinschaft versteht, die in gemeinsam geteilter Verantwortung Anliegen berät und Probleme löst, könnte Schule Modell für ein anderes Lernen sein – wo nicht die Marketing-Orientierung das Denken und Handeln bestimmt, sondern das Interesse an Aufgabenlösungen und Bündnissen, mit denen sich ein alternatives Leben aufbauen lässt (vgl. Duchrow 1997, 175).

Die Diskussion um den in die Jahre gekommenen konziliaren Prozess für Gerechtigkeit, Frieden und Bewahrung der Schöpfung hat dazu schon von Anfang an gelehrt, dieses Anliegen in seinem Weg- und Prozesscharakter zu sehen, dessen Vollendung der Einzelne möglicherweise nicht erleben wird. Durchzuhalten ist das wohl nur »aus der Gelassenheit glaubender Sorglosigkeit« (Hemmerle 1995, 260) – eine Haltung, die für Christen und (Religions-)Pädagogen wesentlich sein dürfte.

Literatur

Akademie für Bildungsreform/Robert Bosch Stiftung GmbH (Hg.): Praktisches Lernen, Weinheim/Basel 1993.

Bahr, Matthias: Handlungsorientiertes praktisches Lernen, in: Hilger, Georg/Leimgruber, Stephan/Ziebertz, Hans-Georg: Religionsdidaktik, a.a.O., 471–478.

Bayerisches Staatsministerium für Unterricht, Kultus, Wissenschaft und Kunst (Hg.): Lehrplan für die Hauptschule, München 1997.

Berg, Horst Klaus: Freiarbeit im Religionsunterricht. Konzepte – Modelle – Praxis, Stuttgart/München 1997.

Duchrow, Ulrich: Das Christentum im Kontext globalisierter kapitalistischer Märkte, in: Concilium 33 (1997) 167–175.

Groß, Engelbert: Konsequenter Religionsunterricht: Aktion und Projekt, Donauwörth 1994.

Hemmerle, Klaus: Die Alternative des Evangeliums. Beiträge zu gesellschaftlichen Fragen (Ausgewählte Schriften Bd. 3, hg. v. Reinhard Feiter), Freiburg i. Br./Basel/Wien 1995.

Hilger, Georg: Ästhetisches Lernen, in: ders./Leimgruber, Stephan/Ziebertz, Hans-Georg: Religionsdidaktik, a.a.O., 305–318.

Ders.: Religionsunterricht als Wahrnehmungsschule, in: Schmuttermayr, Georg/Petri, Heinrich/Hausberger, Karl u.a. (Hg.): Im Spannungsfeld von Tradition und Innovation, Regensburg 1997, 399–420.

Ders./Reil, Elisabeth (Hg.): Reli 9/10 (Unterrichtswerk für den katholischen Religionsunterricht in der Sekundarstufe I), München 2005.

Ders./Leimgruber, Stephan/Ziebertz, Hans-Georg: Religionsdidaktik. Ein Leitfaden für Studium, Ausbildung und Beruf, München ²2003.

Kalmbach, Wolfgang/Hartenstein, Markus (Hg.): Baupläne Religion 7, Stuttgart 1993.

Mette, Norbert: Praktische Theologie – Ästhetische Theorie oder Handlungstheorie, in: Abeldt, Sönke/Bauer, Walter/Heinrichs, Gesa u.a. (Hg.): »... was es bedeutet, ein verletzbarer Mensch zu sein«. Erziehungswissenschaft im Gespräch mit Theologie, Philosophie und Gesellschaftstheorie, Mainz 2000, 37–46.

Metz, Johann Baptist: Compassion. Zu einem Weltprogramm des Christentums im Zeitalter des Pluralismus der Religionen und Kulturen, in: ders./Kuld, Lothar/Weisbrod, Adolf (Hg.): Compassion. Weltprogramm des Christentums. Soziale Verantwortung lernen, Freiburg 2000, 9–18.

Peukert, Helmut: Was ist eine praktische Wissenschaft?, in: Fuchs, Ottmar (Hg.): Theologie und Handeln, Düsseldorf 1984, 64–79.

Poth, Peter/Bahr, Matthias: Rehabilitation der Sinnlichkeit, in: MThZ (2004), i.E.

Siller, Hermann Pius: Das Unbewältigbare ausdrücklich machen. Zu einer Pragmatik des Geheimnisses, in: Arens, Edmund (Hg.): Kommunikatives Handeln und christlicher Glaube, Paderborn 1997, 179–196.

Themenheft »Praktisches Lernen – Lernen mit Kopf, Herz und Hand«: ru 21 (1991) 41–78.

Zentralstelle Bildung der Deutschen Bischofskonferenz (Hg.): Grundlagenplan für den katholischen Religionsunterricht im 5. bis 10. Schuljahr, Köln 1984.

Ziebertz, Hans-Georg: Woraufhin geschieht religiöse Erziehung? – Aufgaben und Ziele, in: Hilger, Georg/Leimgruber, Stephan/Ziebertz, Hans-Georg: Religionsdidaktik, a.a.O., 136–152.

KAPITEL IV

Subjektorientierung im Praxisfeld des Religions- unterrichts

Kompetenzen stärken – Zur Bildung künftiger Religionslehrerinnen und Religionslehrer

ELISABETH REIL

1 Kompetenzen: vernetzte »Klugheit«

Das Grimm'sche Märchen »Die kluge Else« erzählt von einem Mädchen, das das Klugsein als Attribut im Namen führte: »Die hieß ›die kluge Else‹«. Doch schon bei der ersten Aufgabe, die man ihr übertragen hatte, war sie nicht imstande, das Naheliegende zu tun, sondern verrannte sich in Spekulationen. Sie war zum Bierholen in den Keller geschickt worden und hatte dort über sich eine Kreuzhacke entdeckt, die die Maurer wohl im Gebälk hatten stecken lassen. Während sie sich ausmalte, welche Gefahren davon in ferner Zukunft für ihr künftiges Kinde ausgehen könnten, erstarrte sie in Handlungsunfähigkeit; sie zapfte das Bier nicht und blieb im Keller sitzen. Else war zwar klug im Ersinnen aller nur denkbaren Eventualitäten – sie hatte schließlich »Zwirn im Kopf« – aber sie war nicht in der Lage, im Hier und Jetzt angemessen zu handeln. Was nützt es, »Zwirn« im Kopf abzuspulen, wenn man ihn nicht zu einem Gewebe, einer Textur *(textum)*, zu einem »Text«, verarbeiten kann? Else konnte ihr Denken nicht in Handlungsstrategien umsetzen. Anders gesagt: Ihr fehlte es an Kompetenz. In einem sehr allgemeinen Sinn versteht man darunter die Befähigung zu einer bestimmten Tätigkeit, sozusagen ein »Machen-Können«. Kompetent ist demnach, wer alle Voraussetzungen erfüllt, um z.B. einen bestimmten Beruf ausüben zu können – der »fertig Ausgebildete«. Das lateinische Ausgangswort *competere* hat allerdings eine andere Grundbedeutung. Ursprünglich heißt es »zusammentreffen« und in übertragenem Sinn »der Zeit nach zusammentreffen«, d.h. »zutreffen«, »entsprechen«, »stimmen«. Kompetenz wäre dann ein ganzes Bündel von Fähigkeiten, Qualifikationen und Dispositionen; hinzu käme, dass die einzelnen Fähigkeiten etc. situationsbezogen verortet und miteinander vernetzt sein müssen. Kompetent ist nicht, wer nur Theorien im Kopf hat, die er nicht verorten kann, sondern wer das hier und jetzt Stimmige erkennt und tut. Weil die kluge Else das nicht vermochte, haben ihr andere ihren »Zwirn« in Form eines schellenbehangenen Vogelnetzes übergeworfen, mit dem sie dann ein Leben lang orientierungslos durch die Welt irrte.

Kompetenzen sind nicht einfach Fähigkeiten, auf die man, wie auf Gelerntes, zurückgreifen kann, sondern sie sind mit Reflexion verflochtene Erfahrung. Kompetenzen kann man auch nicht im Singular haben; es gibt sie nur im Plural. Wer nur eine isolierte Fachkompetenz besitzt, wird leicht zum Eigenbrötler, zum Fachidioten (von gr. *idiotes* = Privatmann); wer nur Methodenkompetenz besitzt, ist ein Stümper. Insofern können Fachkompetenz und Methodenkompetenz, personale und Beziehungskompetenz – diese Kernkompetenzen für Lehrer – nicht gegeneinander ausgespielt werden. Da verhält es sich wie mit dem Verkehrsfluss auf der Straße: kommt ein einzelner Wagen ins Stocken, stecken auch die anderen im Stau. Nur gemeinsam ergeben die Einzelkompetenzen eine Textur.

Dennoch ist es sinnvoll, Einzelkompetenzen als Knotenpunkte eines Gesamtgefüges näher in den Blick zu nehmen.

2 Fachkompetenz

Der berühmte antike Lehrer der Rhetorik Quintilian (ca. 35–100 n. Chr.) stellt in seiner *Institutio Oratoriae* (»Über die Ausbildung des Redners«) die Frage, ob man die Knaben schon von Anfang an den hervorragendsten Lehrern übergeben oder ob man sie eine Weile bei weniger bedeutenden lassen solle oder ob eventuell ein mittelmäßiger Lehrmeister eher geeignet sei für die Einführung in die *artes liberales*. Seine Antwort ist eindeutig: »In dieser Frage macht es mir, glaube ich, nicht viel Mühe zu zeigen, wie viel besser es sei, gleich mit dem Besten vertraut zu werden, und wie groß die Schwierigkeit ist, die sich ergibt, wenn Fehler, die sich einmal festgesetzt haben, erst wieder ausgemerzt werden müssen, da auf den späteren Lehrern die doppelte Bürde lastet, wobei die des Umschulens noch lästiger und dringender ist als die des Lehrens... Ich betrachte nun jemanden, der den Wunsch, die Grundlagen zu lehren, nicht haben sollte, gar nicht als Lehrer, behaupte indessen, dass gerade die besten Meister, wenn sie wollen, es am besten können: erstens, weil es nahe liegt zu glauben, dass einer, der an Beredsamkeit die anderen überragt, auch jene Dinge, die zur Beredsamkeit führen, am sorgfältigsten in sich aufgenommen hat; sodann, weil beim Lehren das Grundsätzliche der Lehre entscheidende Bedeutung hat, das dem am besten Ausgebildeten am geläufigsten ist« (Quintilian II,3,2.5–6).

Die Philosophin Edith Stein, die ursprünglich nicht Lehrerin, sondern Wissenschaftlerin war, jedoch seit 1923 neun Jahre lang am Gymnasium der Dominikanerinnen zu Speyer unterrichtete, kam zu einem ähnlichen Urteil. Ihr war einerseits bewusst, dass für die Volksschulen die »Erziehungsaufgaben« einschließlich einer guten Didaktik besonders wichtig sind, andererseits betont sie, dass »in einer gediegenen akademischen Bildung auch sehr wertvolle moralische Kräfte beschlossen sind, die erzieherisch fruchtbar werden können: gründliche wissenschaftliche Arbeit ist eine Erziehung zur Gewissenhaftigkeit, zur Ehrlichkeit, zum Abscheu gegen Halbheit und Oberflächlichkeit, gegen alles Operieren mit Worten, hinter denen kein klarer und lebendig vollzogener Sinn steht. Wer so durchgebildet in die Schule kommt, der wird ganz unwillkürlich, rein durch die Art, wie er sachlich arbeitet, erzieherisch wirken« (Stein 1990, 111–112). Mit anderen Worten: Wer das Fach gut kennt, hat die Voraussetzungen, es auch überzeugend an andere weiterzugeben.

Manchmal kann man in Bezug auf den Religionsunterricht die Meinung hören, man müsse nur ein gutes Klassenklima schaffen, den Schwerpunkt auf den sinnenhaften Ausdruck in Lied, Spiel, Tanz und kreativem Tun legen und therapeutische Nischen einrichten, dann würden die Schülerinnen und Schüler schon von selber in die religiöse Atmosphäre eintauchen. Religionsunterricht als permanente Wellness-Veranstaltung wird auf die Dauer jedoch von niemandem mehr ernst genommen. Der Alltag mit seinen Anforderungen und Gefährdungen, die Fraglichkeit der Welt und des Lebens können nicht mit dem Rückzug ins Harmonische bewältigt werden, sie brauchen deutliche Angebote zur kritischen Auseinandersetzung, zur aufklärenden Vergewisserung und zum Aufsuchen von Sinnbezügen. Deshalb ist bei der Ausbildung von Religionslehrerinnen und -lehrern darauf zu achten, nicht nur Überblickswissen über die einzelnen theologischen Traktate zu vermitteln, sondern exemplarisch die Bearbeitung von lehrplanrelevanten Themen in ihren elementaren Strukturen und prozessualen Möglichkeiten einzuüben. Wolfgang Klafki hat die so genannte didaktische Analyse als Instrument dafür gesehen. Nur wer die Chancen und Klippen eines Unterrichtsgegenstandes selbst durchdacht hat, findet auch zu sachdienlichen Methoden. Andernfalls konterkarieren Methoden nicht selten die Inhalte oder sie verselbstständigen sich zu reinen Beschäftigungsprogrammen. Fachliche Inkompetenz lässt sich auch nicht durch noch so gute Lehrerhandbücher kompensieren, weil lebendiges Wissen nur aus dem eigenen Standpunkt heraus weitergegeben werden kann, den sich eine Lehrperson selbst erarbeitet hat, wenn sie ihn überzeugend vertreten will, andernfalls entmündigt sie sich selbst, indem sie sich zur bloßen Vollstreckerin eines Lehrerhandbuches degradiert. Lebenslanges Lernen ist daher die Forderung an alle Lehrerinnen und Lehrer. »Wer original und originell, also seinem eigenen Ursprung gemäß unterrichtet, wird sich nicht mit methodischen Tipps zufrieden geben, sondern nach der Herkunft eines Themas fragen und zu seinen Wurzeln vordringen wollen. Nur wenn ich ausreichend viel weiß, kann ich meinen eigenen didaktischen Weg entwickeln« (Bauer 1997, 109).

3 Methodenkompetenz

Der Methodenbegriff wird in der Pädagogik vielschichtig und uneinheitlich gebraucht. Das griechische Wort *methodos* bedeutet »Weg der Untersuchung«, »Darstellungsweise«. Insofern sind Methoden eine Sammelbezeichnung für das gesamte Spektrum der Unterrichtsschritte, Arbeitsformen, Lehr- und Lernformen zur Gestaltung des Unterrichts (vgl. Schulte 2001, 1335). Entsprechend breit wäre daher auch die Methodenkompetenz zu definieren. Zwei Aspekte sollen hier exemplarisch betrachtet werden.

3.1 Methodenkompetenz hat, wer andere zur Methodenkompetenz anleiten kann

Welcher Lehrer, welche Lehrerin träumt nicht manchmal heimlich davon, für jede unterrichtliche Eventualität, für jedes zu bearbeitende Thema auf eine Sammlung zurückgreifen zu können, die motivierende, pfiffige, die Schüler ganzheitlich ansprechende Präsentationsformen bietet. Dahinter steckt häufig die Vorstellung, dass Methoden »Instrumente« zur Unterrichtsoptimierung sind, die man wie genormte Stecksysteme (Module) in unterschiedlichen Situationen und auf unterschiedliche Inhalte variabel anwenden kann. Wir haben es hier mit einem *instrumentalen* Methodenbegriff zu tun, dem ein technologisches Methodenverständnis zugrunde liegt. Methoden werden demnach als Werkzeuge verstanden (know how), mit denen man ein Werkstück behandelt. Werkzeug und Werkstück sind voneinander getrennte, verschiedene Gegenstände; das Werkzeug ist nicht wesensmäßig ein Bestandteil des Werkstücks. Man könnte es auch mit einem anderen Werkzeug bearbeiten. Im Unterricht könnte man sich z.B. einen Merktext mittels eines Kreuzworträtsels oder eines Lückentextes einprägen. Instrumentale Methoden sind austauschbar. Demgegenüber hat Wolfgang Schulz Methoden als »Muster kommunikativen Handelns im Unterricht« begriffen (Schulz 1980, 76). Er zielt damit auf einen *kommunikativen* Methodenbegriff, dem ein integratives Methodenverständnis zugrunde liegt, das sich streng auf den konkreten Kommunikationszusammenhang bezieht. In diesem Verständnis sind Methoden wesensmäßig sowohl von den handelnden Personen als auch von der Sache abhängig. Man spricht dann von der »Interdependenz« von Methoden und Inhalten. Methoden sind hier nicht beliebig austauschbar. Der erkennende Blick auf eine Sache hängt eben auch von der Zugangsweise zu dieser Sache ab; sie kann ihren Charakter sowie die Verständigung der beteiligten Personen über diese Sache maßgeblich beeinflussen. Statt von Methodenkompetenz sollte man daher lieber von »methodischer Handlungskompetenz« sprechen. Damit wäre beiden Momente – dem instrumentalen und dem kommunikativen – Rechnung getragen.

Augustinus verwendete in seiner Anleitung zum ersten katechetischen Unterricht (De catechizandis rudibus) einen Ausdruck, der bei der Übersetzung ins Deutsche leider verschliffen wird, der aber präzise das hier Gemeinte wiedergibt. Augustinus fragt, »wie das, was wir glauben müssen, um Christen zu sein, angemessen beizubringen sei – *quo pacto commode intimandum sit*« (cat. rud. 1). Für das Adverb »wie« wird üblicherweise quomodo verwendet. Augustinus verwendet aber stattdessen *quo pacto* und stellt damit die Methode grundsätzlich in einen kommunikativen Zusammenhang. *Pactum* heißt ursprünglich »Vertrag«, »Verabredung« (Pakt). Ein Pakt aber ist eine Verabredung unter Gleichen. Methodische Handlungskompetenz beinhaltet daher nicht allein die Fähigkeit der Lehrkräfte, Unterrichtselemente geschickt zu arrangieren, sondern sie so zu präsentieren, dass sie ein Beteiligungsangebot für die Schülerinnen und Schüler enthalten. Das Thema wird so inszeniert, dass für alle Beteiligten ein zielgerichtetes Arbeiten durch Interaktion möglich wird, welches zu sinnstiftender Verständigung führt. Verständigung aber geschieht durch Sprechen; in der Sprache eröffnet sich Sinn.

Methodische Handlungskompetenz besitzt nicht, wer Material- oder Medienschlachten im Unterricht veranstaltet, einen Aktionismus im Sinne von »Sachen machen« entfacht. Sie erschöpft sich nicht in Schülerbeschäftigung, sondern zielt auf individuelle Einsichten, persönlichkeitsgebundene Erkenntnisse und Fähigkeiten, die sich im sprachlichen Ausdruck manifestieren. Methodenkompetenz zeigt eine Lehrperson dann, wenn sie die Schüler zu eigener Methodenkompetenz führen kann. Kompetent in diesem Sinne ist, wer andere befähigt, Kompetenzen zu entwickeln. Die Schülerinnen und Schüler müssen Methoden als Methoden begreifen und nicht als Spielnummern. Nur so lernen sie, im Unterricht selbst methodisch bewusst und zielstrebig zu handeln. Zur Methodenkompetenz der Schülerinnen und Schüler zählen z.B.: Arbeitsanweisungen bearbeiten, Inhaltsverzeichnisse von Büchern benutzen und in Lexika nachschlagen, Niederschriften und Protokolle verfassen, eigene Arbeitsergebnisse im Plenum vorstellen, sie erläutern, verteidigen; Techniken der Information und Dokumentation entwickeln einschließlich der Internet-Recherche, Verantwortungsgefühl für die eigene Arbeit, für die Arbeit der Kleingruppe oder für die der ganzen Klasse entwickeln; lernen, die Arbeitsergebnisse auch nach außen zu vertreten; »Ämter« übernehmen und kontinuierlich führen; Sprachkompetenzen entwickeln: einen eigenen Standpunkt vertreten; sich überzeugen lassen; andere überzeugen (vgl. Meyer [5]1987, 154–155); eigene Ausdrucksmöglichkeiten entwickeln; und die Mehrdimensionalität kultureller und religiöser Ausdrucksformen wahrnehmen.

3.2 Methodenkompetenz hat, wer fähig ist, die richtigen Fragen zu stellen

Die Frage im Unterricht hat als Methode seit langem einen schlechten Ruf, insbesondere die Lehrerfrage. Sie sei »das fragwürdigste Mittel der Geistesbildung«, meinte der Reformpädagoge Hugo Gaudig 1908 (vgl. Gaudig 1963, 45–46). Faktisch ist jedoch der offiziell gescholtene Frageunterricht hinter geschlossener Schultür noch immer fleißig in Übung. Weil er aber tabuisiert ist, kann er weiterhin unreflektiert seine Blüten treiben. Nach Lothar Klingberg ist das Instrument der Frage eines der wichtigsten Steuerungsmittel des Lernprozesses überhaupt (vgl. Klingberg 1986, 139). Rupert Lay beklagt, dass die meisten Menschen nicht fragen können (vgl. Lay 1990, 350).

Die Lernfrage als Führungsinstrument steht bereits an der Quelle des abendländischen Denkens. Platon lässt Sokrates sagen, dass durch bloßes Fragen beim Nichtwissenden das ihm innewohnende Wissen ans Licht des Bewusstseins gelangt (vgl. Platon, Menon, 84d). Erstaunlich ist, dass die Frage in der Philosophie bis heute einen hohen Stellenwert hat, während sie im Unterricht als ein möglichst zu vermeidendes Übel rangiert. Wenn Hans-Georg Gadamer Recht hat, dann wird man ohne die Aktivität des Fragens keine Erfahrung machen, weil die Offenheit, die im Wesen der Erfahrung liegt, logisch gesehen die Offenheit des So oder So ist. Somit hat die Erfahrung selbst die Struktur der Frage. Für Gadamer liegt das Wesen der Frage darin, dass sie einen Sinn hat. »Sinn aber ist Richtungssinn« (Gadamer [5]1986, 368). Für Gerhard Vollmer besitzt die Frage im Unterricht die Qualität eines initiativen Sprechaktes. So wird sie vom »Werkzeug« zum »Denkzeug« (vgl. Vollmer, 1991). Die »Fragenlosigkeit« als Problem des Religionsunterrichts wurde von Jürgen Werbick 1993 anlässlich der zwanzigjährigen Wiederkehr der Würzburger Synode als Folge mangelnder Wahrnehmungsfähigkeit und geschwächter Vorstellungskraft identifiziert (vgl. Werbick 1993, 62–64). In den letzten Jahrzehnten konnte man immer wieder beobachten, dass echte Fragehaltigkeit im Religionsunterricht mitunter durch belangloses methodisches Tingel-Tangel ersetzt wurde. Die Schülerinnen und Schüler werden damit zwar auf dem Pegel einer moderaten Sympathie für das Fach gehalten, offene Flanken der Welt- und Wirklichkeitserfahrung werden damit jedoch systematisch überspielt.

Auch wenn die Fragehaltigkeit des Religionsunterrichts heute wieder vermehrt Gegenstand der didaktischen Forschung ist und nachdrücklich gefordert wird (vgl. Ziebertz 2001, 458f), so ist doch die »Lehrerfrage« seit der Reformpädagogik immer noch mit einer gewissen Anrüchigkeit behaftet; in didaktisch-methodischen Lehrbüchern ist sie nach wie vor inkriminiert. Für die Reformpädagogen galt sie als »Zeichen für die Verstellung einer natürlichen Ordnung«, resümiert Klaus Giel (Giel 1977, 157). Ihre Skepsis war so sehr gegen alles »Kunstvolle« am Unterricht gerichtet, dass sie die Unterrichtsstrukturen, in denen die angeprangerten Lehrerfragen eine sinnvolle Funktion hätten haben können, nicht mehr wahrnehmen konnten. Die Lehrerfrage gehört aber zur dialogischen Struktur der Erkenntnisgewinnung. Giel hat beobachtet, dass es gerade jüngeren Kindern außerordentlich schwer falle, pointiert zu erzählen: »Sie verlieren sich in Einzelheiten, die schließlich nur noch mit ›und dann‹ aneinander gereiht werden können. Darin zeigt sich vermutlich auch, dass das pointierte Erzählen auf das sich in Fragen äußernde Interesse der Partner angewiesen, dass das Erzählen also kein unmittelbarer Ausdruck (im Sinne der Expression), sondern dialogisch strukturiert ist« (Giel 1977, 170–171). Die an den Erzähler gestellten Fragen haben somit die Funktion, seine Gründe und Motive freizulegen, die zu einer bestimmten Gewichtung von Fakten führen oder Lücken in der Präsentation zu schließen. In diesem Sinne gehören Fragen zu einem erfolgreichen Diskurs.

Freilich sind damit an die Kompetenz des Fragenden hohe Anforderungen gestellt. Fragen dürfen nicht zu kurzphasig auf bloße Ja-Nein-Antworten ausgerichtet sein, die die Schülerinnen und Schüler gängeln; diese hätten dann nur die Meinungsvorgabe des Lehrers oder der Lehrerin zu quittieren. Solche Pseudo-Dialoge lähmen die Denkaktivität. Ebenso abzulehnen ist die inquisitorische Form von Fragen, die oft sogar angstauslösend wirkt. Hingegen sollte die Frage in ihrer Selbstoffenbarungsfunktion stärkere Beachtung finden (vgl. Nowak/Macht 1996, 42). Fragende offenbaren immer etwas von sich selbst. Deswegen trauen sich viele Menschen in öffentlichen Diskussionen nicht zu fragen, weil sie damit gleichzeitig ihre Vorkenntnisse und ihr Informationsniveau offen legen. Auch Lehrerinnen und Lehrer offenbaren sich mit der Frage stets selbst. Sie zeigen z.B., ob sie wirklich an einer Selbstoffenbarung der Schülerinnen und Schüler interessiert sind oder nur am störungsfreien Fortgang des Unterrichts. Fragen müssen immer als Elemente komplexer Sprechakte gesehen werden, die auf Dialog angelegt sind. Das Ergebnis des Dialogs ist aber nicht einseitig von einem der Dialogpartner festgelegt. Fragen sind dann dialogisch ausgerichtet, wenn sie als von außen kommende Fragen als eigene Fragen der Schülerinnen und Schüler »adoptiert« werden können (ebd., 137). Dies geschieht in einem fragehaltigen Unterricht. Fragen sind dann Bestandteil eines echten Gesprächs, das nach Gadamer nicht eigentlich »geführt« wird, sondern in das sich, je wesentlicher es ist, die Gesprächspartner darin »verwickeln«. – »Wie da ein Wort das andere gibt ..., das mag sehr wohl eine Art Führung haben, aber in dieser Führung sind die Partner weit weniger die Führenden als die Geführten. Was bei einem Gespräch ›herauskommt‹, weiß keiner vorher. Die Verständigung oder ihr Misslingen ist wie ein Geschehen, das sich an uns vollzogen hat.« (Gadamer ⁵1986, 387.) Ein kurzphasiger Frageunterricht ist ähnlich zu bewerten wie ein blinder Methodenaktionismus. Beide verraten die Angst vieler Lehrerinnen und Lehrer, im Unterricht den Faden zu verlieren, den man gerne wie einen Zügel in der Hand halten möchte, um ungeplante Abweichungen zu vermeiden bzw. schwierigen Fragen aus dem Weg zu gehen. Der frühere Regensburger Pädagogikprofessor Walter Tröger pflegte den Studierenden folgendes ironisch gemeinte Bonmot mit auf den Weg zu geben: »Unterricht ist die Kunst, Fragen, die wichtig, aber nicht beantwortbar sind, umzuwandeln in Fragen, die zwar beantwortbar, aber nicht wichtig sind.« Langfristig wird durch ein in solcher Weise banalisiertes Frageniveau die vertiefte Einsicht und Erkenntnis durch abrufbare »Info« ersetzt. Botho Strauß fordert daher mit Recht mehr »Sinnierexistenz und weniger Systemintelligenz« (Strauß 2000).

4 Personale und Beziehungskompetenz

Klaus Müller bezeichnet als ein wesentliches Kriterium für die Personalität das »Einzelnes-unter-vielen-Sein« (Müller 1994, 159). Das besagt, dass personale und Beziehungskompetenz eng miteinander verbunden sind. Der Religionsunterricht steht und fällt mit dieser Verflochtenheit. »Gemeinsam leben und glauben lernen« lautete der Titel eines religionspädagogischen Standardwerkes der 1980er-Jahre (vgl. Nipkow 1982). Er besagt, dass Kinder, Jugendliche und Erwachsene gemeinsam Lernende sind. Daher sind auch Lehrpersonen niemals diejenigen, die »es wissen« und nun ihr Wissen, ihre Erkenntnisse und gewonnenen Einsichten an Unwissende weiterreichen. Solch herablassende Belehrung hätte schlimmstenfalls die Wirkung, die Alice Miller knapp und provokant so beschreibt: »Wenn man einem Kind Moral predigt, lernt es Moral predigen, wenn man es warnt, lernt es warnen, wenn man mit ihm schimpft, lernt es schimpfen, wenn man es auslacht, lernt es auslachen, wenn man es demütigt, lernt es demütigen« (Miller 1983, 119). Das Gegenbild zeichnet eine chassidische Erzählung: »Rabbi Löb, Sohn der Sara, der verborgene Zaddik, der, dem Lauf der Gewässer folgend, über die Erde wanderte, um die Seelen Lebender und Toter zu erlösen, erzählte: ›Dass ich zum Maggid fuhr, war nicht, um Lehre von ihm zu hören: nur um zu sehen, wie er die Filzschuhe aufschnürt und wie er sie schnürt.‹« (Martin Buber, zit. n.: Bauer 1997, 105). Wenn Schülerinnen und Schüler nicht an der Lehrperson ablesen können, wie dieser selbst die Dinge des Alltags erledigt, wie sie selbst zu dem steht, was sie sagt, werden sie das Gehörte schnell beiseite schieben. Das bedeutet nun nicht, dass Schülerinnen und Schüler ihre Lehrerinnen und Lehrer nachahmen oder die Welt genauso sehen und beurteilen sollen wie diese, aber sie sollen von ihnen abschauen können, wie man an die bewegenden Fragen der Welt und des Glaubens herangehen kann.

Augustinus hat für die Beziehungsdimension des Lehrens ein unnachahmliches Bild geprägt. Wenn Lehrpersonen wie Schülerinnen und Schüler affektiv miteinander verbunden sind *(cum illi afficiuntur nobis loquentibus)*, dann »wohnen sie wechselseitig ineinander *(habitemus in invicem)* und was jene hören, das sprechen sie gleichsam in uns, und wir lernen gewissermaßen in ihnen, was wir lehren *(atque ita et illi quae audiunt quasi loquantur in nobis, et nos in illis discamus quodam modo quae docemus)*«. Augustinus verdeutlicht dies mit einem Beispiel: »Machen wir nicht immer wieder folgende Erfahrung: Da gingen wir wiederholt für uns allein an eindrücklichen und reizvollen Sehenswürdigkeiten in der Stadt oder auf dem Land vorbei, ohne dass sie uns auch nur in geringster Weise beeindruckten, weil wir sie schon zu oft gesehen hatten; nun aber, da wir sie anderen Leuten zeigen, die sie noch nie gesehen hatten, lebt unsere Begeisterung neu auf durch die Begeisterung, die das erstmalige Sehen in ihnen weckt? Das erfahren wir um so stärker, je enger sie mit uns befreundet sind: im selben Maß, wie wir mit ihnen durch das Band der Liebe eins sind, wird auch für uns neu, was uns sattsam bekannt war.« (cat. rud. 17). Wenn das auch für heutige Ohren zu ideal klingen mag, so ist die dahinterstehende Erfahrung doch gut nachvollziehbar: Jedes echte Gespräch, jede engagierte Interaktion ist ein Erlebnis, das Menschen an der Sache, aber auch an sich selbst wachsen lässt. Wolfgang Klafki identifizierte dies als ein Kriterium des Elementaren: »Gewissen Bildungsinhalten kommt als Inhalten die Qualität des ›Erfahrungs- und Erlebnis-Seins‹ zu; sie sind nicht bloß in Erfahrung und Erlebnis zugänglich, sondern sie sind überhaupt nur als Erfahrung und Erlebnis existent« (Klafki 1963, 158).

Beziehungskompetenz kann nicht aufkommen, wenn sie nicht mit personaler Kompetenz gedeckt ist. Letztere zeigt sich in der Wahrhaftigkeit zu sich selbst und zu den verkündeten Wahrheiten; Wahrhaftigkeit bewirkt jene Authentizität der Person, die von anderen intuitiv erspürt wird und auf deren Hintergrund das Gesagte geprüft wird. Wen das, was er sagt und vor der Klasse tut, selbst nicht berührt, der kann damit auch bei anderen nichts bewirken; er sollte dann lieber damit aufhören, große Worte im Munde zu führen. Hier gilt, was Ingeborg Bachmann in einem Gedicht treffend ausgedrückt hat:

Wahrlich

Wem es ein Wort nie verschlagen hat,
und ich sage es euch,
wer bloß sich zu helfen weiß
und mit den Worten –

dem ist nicht zu helfen.
Über den kurzen Weg nicht
und nicht über den langen.

Einen einzigen Satz haltbar zu machen,
auszuhalten in dem Bimbam von Worten.

Es schreibt diesen Satz keiner,
der nicht unterschreibt.

Literatur

Augustin, De catechizandis rudibus, hg. von Gustav Krüger, Stuttgart 1934.

Aurelius Augustinus: Vom ersten katechetischen Unterricht (Schriften der Kirchenväter 7), hg. von Norbert Brox, München 1985.

Bauer, Eva-Maria: Mehr Lust am Lernen, München 1997.

Gadamer, Hans-Georg: Wahrheit und Methode 1, Tübingen [5]1986.

Gaudig, Hugo: Die Schule der Selbstständigkeit, hg. von L. Müller, Bad Heilbrunn 1963.

Giel, Klaus: Die Frage im Unterricht – zum Lehrerinnen- und Lehrer-Schülerverhältnis, in: Ringel, Erwin/Brandl Gerhard (Hg.): Situationsbewältigung durch Fragen. Das dialogische Prinzip im Lernprozess, Wien 1977, 156–172.

Klafki, Wolfgang: Grundformen des Fundamentalen und Elementaren, in: Gerner, Bertold (Hg.): Das exemplarische Prinzip, Darmstadt 1972, 152–177.

Klingberg, Lothar: Unterrichtsprozess und didaktische Fragestellung, Berlin 1986.

Lay, Rupert: Manipulation durch die Sprache, Frankfurt a. M. 1990.

Meyer, Hilbert: Unterrichtsmethoden II, Frankfurt a. M. [5]1987.

Miller, Alice: Am Anfang war Erziehung, Frankfurt a. M. [2]1983.

Müller, Klaus: Homiletik, Regensburg 1994.

Nipkow, Karl Ernst: Gemeinsam leben und glauben lernen (Grundfragen der Religionspädagogik 3), Gütersloh 1982.

Nowak, Johann/Macht, Konrad: Die Kunst des Fragens. Theorie und Praxis der Frage als didaktisches Steuerungsinstrument, Augsburg 1996.

Platon: Menon, in: Werke 2, hg. von Gunther Eigler, Darmstadt 1973, 505–599.

Quintilianus, Marcus Fabius, De Institutione Oratoriae/Über die Ausbildung des Redners, hg. und übers. von Helmut Rahn, Darmstadt [3]1995.

Schulte, Andrea: Methoden, in: LexRP 2 (2001), 1334–1340.

Schulz, Wolfgang: Ein Hamburger Modell der Unterrichtsplanung, in: Adl-Amini, Bijan/Künzli, Rudolf (Hg.): Didaktische Modelle und Unterrichtsplanung, München 1980, 49–87.

Stein, Edith: Lehrberuf, in: Gelber, Lucy/Linssen, Michael (Hg.): Ganzheitliches Leben. Schriften zur religiösen Bildung (Edith Steins Werke 13), Freiburg i. Br./Basel/Wien 1990.

Strauß, Botho: Wollt ihr das totale Engineering? in: DIE ZEIT, Nr. 52/2000.

Vollmer, Gerhard: Denkzeuge, in: Ditfurth, Hoimar v./Fischer, Ernst P. (Hg.): Mannheimer Forum 90/91, München 1991.

Werbick, Jürgen: Heutige Herausforderungen an ein Konzept des Religionsunterrichts, in: Sekretariat der Deutschen Bischofskonferenz (Hg.): Religionsunterricht 20 Jahre nach dem Synodenbeschluss (Arbeitshilfen 111), Bonn 1993, 35–76.

Ziebertz, Hans-Georg: Projektorientiertes Lernen, in: Hilger, Georg/Leimgruber, Stephan/Ziebertz, Hans-Georg: Religionsdidaktik. Ein Leitfaden für Studium, Ausbildung und Beruf, München 2001, 455–470.

»... andere Fächer erklärt ja der Lehrer, Religion erklären wir Kinder selbst!«

Erfahrungen mit einer Didaktik der Aneignung im Religionsunterricht

RAINER OBERTHÜR

Am Ende von vier Jahren religiösen Lernens in der Grundschule schätzen die Kinder im Rückblick auf unsere gemeinsame Zeit den Religionsunterricht regelmäßig als das schwerste Fach in der Schule ein. Die Kinder eines 4. Schuljahres konnten das auch ganz gut erklären:

- »*Der Religionsunterricht ist so schwer, weil wir selbst so viel nachdenken müssen.*«
- »*Deutsch und Mathe erklärt ja der Lehrer, aber Religion erklärt der Schüler selbst.*«

Die Nachfrage, ob sie es denn besser finden, wenn der Lehrer mehr erklärt, verneinten sie vehement:

- »*Das wäre nicht gut, denn dann hätten wir nicht mehr unsere eigenen Gedanken und Vorstellungen.*«
- »*Wir hätten dann auch kein Vertrauen mehr in uns selbst.*«
- »*Außerdem wäre es dann so langweilig wie Mathe.*«

Ein Religionsunterricht, der der Aneignung durch die Kinder einen hohen Stellenwert einräumt, ist zweifellos anstrengend. In der Auseinandersetzung mit der Sache gehen alle Beteiligten bis an die Grenzen ihrer Möglichkeiten und Fähigkeiten. Nach meiner Erfahrung wollen Kinder durchaus gefordert werden, solange sie erkennen und erfahren: Diese Mühe lohnt sich für mich und die anderen – ich werde vom erwachsenen Gegenüber ernst genommen und als gleichberechtigt eingeschätzt, auch wenn ich vieles anders sehe und denke, wenn meine Lebenserfahrung und Kenntnisse nicht so weitreichend sind, meine Denkweise und Zugehensweise auf die Welt aber oft überraschend und phantasievoll.

203

Seitdem mich Georg Hilger 1989 an »sein« Katechetisches Institut des Bistums Aachen »geholt« hat, bemühe ich mich im Rahmen meiner zeitlich begrenzten, aber kontinuierlichen Arbeit im Religionsunterricht der Grundschule um Wege, die von den Fragen der Kinder her kommen und ausgerichtet sind auf Antworten hin, die die Kinder als Subjekte ihrer Religiosität selber in der Auseinandersetzung mit der Sache, mit sich und den anderen finden. Wenn ich auf die Erfahrungen mit dieser Art von »Aneignungsdidaktik« zurückblicke, erstaunt und erfreut mich die Intensität, mit der der Ansatz bei den »großen Fragen« in die Inhalte von Religion und Glaube hineinführt, wie sie in unserer christlich-jüdischen Glaubensüberlieferung gestellt und gegeben werden. So kann ich als Ziel und Anspruch sagen: Im Religionsunterricht geht es um ein aktives Hineinverwickeln der Schüler in einen Frage- und Antwort-Prozess, in Fragestellungen von Religion und Glaube, also um eine Weiterführung jener Erfahrungs- und Lerngeschichte der Menschen mit Gott und mit Jesus, dem Bild des lebendigen und unsichtbaren Gottes.

An Ausschnitten aus zwei Unterrichtsreihen in einem 4. Schuljahr will ich solche Wege religiösen Lernens konkretisieren. Dabei richte ich den Blick exemplarisch auf den jeweiligen Anfang und auf ein zentrales Element aus der Mitte der Reihe. Der weitere Verlauf des Unterrichts kann hier nur angedeutet werden.

1 Der Zauber des Beginns – mitlaufende Anfänge inszenieren

Dass Schüler das Thema bzw. ihr Thema selbst finden, wie sie in das Thema »hineinkommen«, ist für eine Aneignungsdidaktik (vgl. Becker/Scheilke 1995) von besonderem Interesse. Ein guter Einstieg ist für das Gelingen einer Unterrichtsreihe entscheidend. Es geht darum, einen »mitlaufenden Anfang« zu inszenieren, der grundsätzliche Fragen und Problemstellungen, ggf. sogar Antwortperspektiven bereits in sich trägt und auf den man im Verlauf der weiteren Auseinandersetzung zurückkommen kann.

– So forderten wir Kinder als Einstieg in das Propheten-Thema heraus, eine Rede an die ganze Menschheit zu schreiben über das, was gut und was schlecht läuft auf der Erde. Diese Rede ermöglichte ihnen prophetennahe Erfahrungen und ließ sie »prophetisch« reden (vgl. Oberthür 1998, 133ff). So wurde Unterricht zu alten biblischen Texten von Beginn an »gegenwärtig«.

– Als Anfang des Unterrichts zur Theodizeefrage und zum Buch Hiob boten
  wir den Schülerinnen und Schülern an, im Gedankenexperiment Gott zu begegnen und alle Fragen zu stellen, die sie Gott schon immer stellen wollten.
  Der freie Frageanlass führte uns zum Thema, denn die Fragen nach Leid,
  Tod und Krieg waren die dringlichsten und begleiteten uns durch die weiteren Stunden (vgl. Oberthür 1998, 85ff).

Zwei sehr unterschiedliche Anfänge zu einem einmal mehr anthropologisch und
einmal mehr theologisch ausgerichteten Thema in derselben vierten Klasse will
ich nun ausführlicher vorstellen:

1.1 Anfang des Unterrichts: Mit Kindern nach Glück und Unglück fragen

Fragen nach Glück und Unglück beschäftigen Kinder ungemein. Sowohl ihre
Erfahrungen von Leid und glücklichem Leben in Vergangenheit und Gegenwart
als auch der Blick in die Zukunft legen solche Fragen nahe: Werde ich in Zukunft glücklich sein? Wer bestimmt das Glück und woher kommt das Unglück?

So schrieb ich als Einstieg fünf Fragen aus dem Gedicht »Elf Fragen« von
Hans Kasper (zit. n. von Hentig 1999, 416) an die Tafel: »Was ist Glück? Was ist
Weisheit? Was ist Wahrheit? Was ist Zeit? Was ist Gnade?« Die Kinder über-
legten sich jeweils Antworten und schrieben sie auf verschiedenen Zetteln auf.
Bevor sie die Antworten des Dichters hörten, antworteten sie selbst als Dichter.
Dann lasen wir Hans Kaspers Antworten vor und die Kinder ergänzten, dadurch
neu angeregt, weitere Antworten (zur Unterscheidung mit einem andersfarbi-
gen Stift).

Was ist Glück? – Dass du fragst.
Was ist Weisheit? – Der Kopf verneigt sich vor dem Herzen.
Was ist Wahrheit? – Reichtum des Armen, Armut des Reichen.
Was ist Zeit? – Frag den, auf dessen Nacken das Richtschwert herniedersaust.
Was ist Gnade? – Was nicht?

HANS KASPER

Die Anzahl der Kinderantworten entsprach meinen Erwartungen: Sie favorisier-
ten die Frage nach dem Glück, gefolgt von der Frage nach der Zeit. Das ermöglichte im weiteren Verlauf eine schlüssige Konzentration unseres Blicks auf die

Frage nach Glück. Zuvor aber sei an einem Beispiel gezeigt, wie die Kinder ihre Antworten finden.

Kinderantworten vor *der Antwort des Dichters zu »Was ist Glück?«:*

> Was Besonderes, das man nicht beschreiben kann.
> Ich glaube, Glück ist Liebe, und irgendwer liebt dich immer.
> Glück ist ein Gefühl der Freude.
> Glück ist für jeden Menschen anders.

Kinderantworten nach *der Antwort: »Dass du fragst.«:*

> Wieso fragst du mich?
> Dass du antworten kannst.
> Dass es dich hier gibt und dass ich dich kenne.
> Dass du weißt, was du fragst und dass du fragen kannst.

Zunächst beantworten die Kinder die Frage aus eigener Kraft phantasievoll und in knapper Verdichtung. Dann lassen sie sich inspirieren und variieren die Antwort des Dichters vielfältig. Das zeigt ihre Möglichkeiten eines spielerischen Umgangs mit Sprache und ihre Entwicklung eigener Sprachformen an sprachlichen »Vor-Bildern«.

Mit dieser Hinführung zum Fragenkomplex der neuen Unterrichtsreihe war der Boden bereitet für Texte, Lieder und Bilder zu Fragen nach Glück und Unglück: z.B. die Bilderbücher »Selma« und »Opas Engel« von Jutta Bauer, die Geschichte »Eine glückliche Familie« von Christine Nöstlinger (in: Gelberg 1993, 32), das Lied »Glück oder Unglück« von Gerhard Schöne (CD: Die sieben Gaben) sowie elementare Bibeltexte über Glück und Unglück.

1.2 Anfang des Unterrichts: Mit Kindern nach dem dreieinigen Gott fragen

Die Frage nach der Dreieinigkeit Gottes ist zentrales Thema des christlichen Glaubens, jedoch mit Ausnahme der gymnasialen Oberstufe merkwürdig »unterbelichtet« in Lehrplänen, Religionsbüchern und wohl ebenso im Unterricht. Ist das die Folge einseitiger Schülerorientierung, Konsequenz vergeblicher Bemühungen, Schülerinnen und Schüler dafür zu interessieren, oder die späte Auswirkung abstrakter, erfahrungs- und inhaltsleerer Rede von Gott in Theologie und Kirche? In jedem Fall entspricht diese »Leerstelle« im Unterricht einer ebenfalls festzustellenden Ratlosigkeit erwachsener Christen, über die Mitte des christlichen Glaubens kompetent und zugleich einfach Auskunft geben zu können (vgl. Lange 2001, 98ff).

Auch Kinder stellen die Frage nach dem dreieinigen Gott kaum direkt. Doch scheint in ihren Fragen – vornehmlich zu Jesus – durchaus die Trinitätsfrage im Hintergrund auf: Wer ist dein Vater, Jesus, Josef oder Gott? Wieso bist du Gottes Sohn? Hattest du Angst vor dem Tod? Bist du wirklich ein Mensch? Wie bist du gleichzeitig Mensch und Gott? Auch begegnen Kinder im Kreuzzeichen der Dreieinigkeit Gottes, ohne sie näher zu reflektieren. Wie können wir die Kompetenzen der Kinder als Theologen herausfordern? Wir setzten ohne Umwege bei der paradoxen Aussage an, dass drei zusammen einer ist. Das müsste Kinder mit ihrer Nähe zum Denken in Gegensätzen doch reizen ...

Als Einstieg (an der Tafel) wählten wir die Gleichung »1+1+1«. Indem wir die Kinder diese »schwere« mathematische Aufgabe leichthändig lösen ließen, wollten wir sie für die »andere Logik« der Theologie sensibilisieren: Im Fach Religion ergibt »1+1+1« nämlich nicht 3, sondern »Eins«, teilte ich den Kindern mit. Die Kinder vermuteten schon bald, mit diesem Ergebnis könne doch der »eine« Gott gemeint sein. Ich stimmte zu, fragte aber weiter, warum das denn wohl richtig sei. Die Kinder versuchten diese Lösung des merkwürdigen Rätsels durch Ausprobieren aufzulösen. Zum Beispiel meinte ein Kind: »Wenn drei zusammen helfen, dann sind sie gemeinsam wie Gott.« Nachdem sie nach und nach – auch mit dem Bezug zum Kreuzzeichen – auf »Vater«, »Sohn« und »Heiliger Geist« gekommen waren, entwickelten wir an der Tafel ein Modell für die Beziehungen untereinander: Ein in der Mitte platziertes Dreieck »GOTT« wird umkreist durch drei Kreise mit VATER, SOHN und HL. GEIST. Von Gott gehen Doppelpfeile aus, die mit »ist« beschriftet sind – zwischen den drei Kreisen sind die Doppelpfeile mit »ist nicht« gekennzeichnet. Mithilfe dieser Veranschaulichung können andere (nicht christliche) Auffassungen unterschieden werden: Vater, Sohn und Heiliger Geist sind nicht drei verschiedene Götter (Tritheismus). Sie sind auch nicht in einer zeitlicher Abfolge zu sehen, bei der der eine den anderen ablöst (Modalismus). Ebenso wenig sind sie hierarchisch zu verstehen, sodass oben der Vater über dem Sohn und den Heiligen Geist thront (Subordinatianismus). Nein, sie sind gleichwertig, gleichzeitig und voneinander verschieden gemeinsam ein Gott!

Ein derartig schwerer und abstrakter Beginn verlangt nach inhaltlicher Elementarisierung. Sehr hilfreich waren für die Kinder die von Hans Küng für den Dialog mit dem Islam vorgeschlagenen Grundwahrheiten »Gott ist als Geheimnis über uns – Gott ist in Jesus Christus mit uns – Gott ist im Heiligen Geist in uns« (vgl. Lange 2001, 100). Dazu gestalteten sie mithilfe eines Fotos von sich selbst mit ausgestreckten Armen (vor Beginn der Unterrichtsreihe fotografiert) eine Seite, bei der sie auch die anderen Vorstellungshilfen miteinbeziehen konnten. Beispielsweise malte ein Mädchen zwei aufeinander spitz zulaufende Dreiecke, in denen Gott bzw. Vater, Sohn und Heiliger Geist steht, und erklärte: Das eine zeigt auf das andere, denn das eine erklärt das andere und umgekehrt.

Nach dieser (zweistündigen) sehr direkten und intensiven Einstiegsphase war die Problemstellung klar: Wie können wir dieses unbegreifliche Geheimnis – dieses treffendere Wort hatte das »Rätsel« abgelöst – ein wenig verstehen? Die gesamte weitere Unterrichtsreihe bot den Kinder nun immer wieder Modelle, Bilder und Metaphern als Vorstellungs- und Verstehenshilfen an.

1.3 Vergleich der Anfänge der Unterrichtseinheiten

Entsprechend der Verschiedenheit der Themen steigen wir in die Fragen nach Glück und Unglück eher induktiv ein und überlassen den Kindern, was ihnen »zufällt«. Bei der Frage nach dem dreieinigen Gott entwickeln wir über die Einstiegsirritation stärker deduktiv zunächst die Glaubensinhalte. Im weiteren Verlauf des Unterrichts gehen wir einmal von der Breite möglicher Akzente auf speziellere Fragen zu, im anderen Fall gehen wir vor dem Hintergrund gemeinsam erarbeiteter Inhalte immer weiter in die Tiefe des Verstehens bzw. des Geheimnisses. Gemeinsam ist beiden Vorgehensweisen, dass die Kinder die Chance bekommen, von der »Sache« auszugehen, die für sie die Sache ist (Martin Wagenschein).

2 An der »Sache« dranbleiben – an Dingen denken lernen

Neben den klassischen »Unterrichtsgegenständen«, also Texte, Bilder und Lieder, eröffnen handgreifliche Dinge oft überraschend Räume des Denkens. Ästhetisch ansprechend und handlungsorientiert motivieren sie zur vertieften Auseinandersetzung. Aus der Fülle der Zugänge seien deshalb aus den beiden Unterrichtsreihen zwei Beispiele ausgewählt, in denen schön gestaltete Objekte aus Holz unserem Denken und Vorstellen neue Nahrung gaben.

2.1 Mitte des Unterrichts: Glück und Unglück – Das Globusspiel

Vor mehr als 500 Jahren erfand Nikolaus von Cusanus das Globusspiel und entwickelte daran komplexe philosophische und theologische Gedanken (vgl. von Kues 2000). Bernhard Dietrich und Bernhard Böttge haben dieses mystische Meditationsspiel aufgearbeitet und für die heutige Zeit didaktisch fruchtbar gemacht (Informationen dazu: www.globule.de).

Das Globusspiel: Es geht auf Nikolaus Cusanus zurück.

Das Globusspiel besteht aus einer Holzkugel mit einer Aushöhlung in Form einer Halbkugel und einem Spielfeld mit (zumeist 10) Kreisen um eine Mitte. Die Kugel ist so zu werfen, dass sie möglichst weit in der Mitte zur Ruhe kommt. Wegen ihrer »Delle« rollt sie jedoch nicht mehr geradeaus, sondern eiert unberechenbar, kreist unregelmäßig bzw. bei »richtiger« Wurftechnik spiralförmig in die Mitte. Wegen der unendlichen Zahl störender Faktoren braucht man viele Würfe, um das Ziel zu erreichen, es sei denn, es gelingt zufällig schon früh ein guter Wurf. Übung und Erfahrung hilft zwar, ist aber kein Garant für das Gelingen. Damit führt das Spiel eine Grundunterscheidung im Denken von Cusanus vor Augen: die Möglichkeiten des Verstandes (ratio) einerseits, der im Rahmen der Logik handelt, und der Vernunft (intellectus) andererseits, die intuitiv einen Weg jenseits der Widersprüche findet und so durch die Verbindung zu der allen Gegensätzen zugrunde liegenden Ganzheit das Gelingen und die Erkenntnis als Geschenk erhält. Dieses abstrakte Prinzip kann anschaulich auf das Glück und Unglück im Leben bezogen werden.

In die Mitte des Sitzkreises mit den Kindern legte ich drei Spielfelder des Globusspiels ohne weiteren Kommentar aus. Die Schüler überlegten, was das sein könnte. Nach einer ersten Information – ein Spiel, das vor über 500 Jahren erfunden wurde – zeigte ich den Kindern die merkwürdige Holzkugel, ließ sie beschreiben und ein mögliches Ziel des Spiels vermuten. Sehr schnell kamen die Kinder auf die Mitte als Ziel der Kugel und wir überlegten, wie das wohl gelingen könnte. Nach dieser rein verbalen Antizipation versuchten die Kinder reihum, die Kugel in die Mitte zu werfen. Nach erstem Ausprobieren wurden Strategien und Taktiken entwickelt und erprobt. Wie von selbst kommen wir auf die Frage: Sind es Glück, Können, Erfahrung oder Übung, die den Wurf gelingen lassen? Einige Kinderäußerungen skizzieren den Gesprächsverlauf:

Die Kugel läuft immer so in einer Spirale. – Das Runde muss immer zur Mitte hin liegen. – Weil das Schwere zur Mitte hin liegt, die Delle aber eher nach außen, ergibt das eine Spirale, die immer kleiner wird. – Das ist Glück. – Nein, das ist auch ein bisschen Übung. – Es hängt mit der Wurftechnik zusammen und mit Glück.
R.O.: Kann man sagen: Ich kann ganz viel üben, dann schaffe ich es sicher?
Es kann dann eher klappen, aber nicht mit Sicherheit. – Man hat ja auch immer eine andere Kraft im Arm. – Man braucht innere Ruhe und eine Strategie.
R.O.: Warum heißt es wohl Globus-Spiel?
In der Mitte ist die Sonne und außen die Planeten, die Kreise sind wie die Planetenbahnen.
R.O.: Warum hat Cusanus eine Kugel mit einer Delle für das Spiel gebaut, wenn das die Erde sein soll? Ich gebe euch eine Hilfe: Cusanus war nicht Erdkundelehrer, sondern ein Religionslehrer, der über Gott und die Welt nachdachte.
Das soll daran erinnern, dass man die Erde nicht an manchen Teilen vergessen soll. Die Erde hat eine Delle, die ist nicht nur schön rund. – Gott hat die Erde zwar rund gemacht, aber die Menschen müssen sie vervollständigen. – Niemand kann ganz zum Ziel kommen, niemand ist perfekt.

R.O.: Wenn die Kugel rund wäre, würde ich sie dann leichter in die Mitte bekommen?

Wenn man die Regeln kennt, wie die Kugel läuft, dann kommt man besser zur Mitte, wenn die Kugel eine Delle hat. – Das soll heißen: Wer sich einbildet, er schafft alles, schafft es vielleicht gerade nicht. Wer seine Dellen und Macken kennt, schon eher.

R.O.: Was sagt das über Glück und Unglück im Leben?

... Dass man nicht immer der Beste sein kann. – Dass es gut ist, wenn man seine Macken und Dellen hat. – Dass man nicht immer unbedingt sofort die Mitte erreichen braucht. – Dass man sich Zeit lassen muss. – Dass man nicht so hektisch ist. – Dass man nicht aufgibt. – Dass man an sich glaubt. – Dass man auch seine schlechten Würfe, also Seiten akzeptiert.

In der nächsten Stunde wiederholten und vertieften wir die Erfahrungen und Reflexionen im Rahmen von wechselnder Gruppenarbeit.

Die Kinder erprobten nochmals das Globusspiel und schrieben zum Impuls »Was zeigt uns das Globusspiel über das Glück im Leben?« ihre Gedanken auf, z.B.: »Dass es Glück ist eine Macke zu haben, denn wenn man keine Fehler hat, dann würde man immer am Ziel vorbeirollen. Ganz besonders, wenn man seine Fehler weiß, kommt man ans Ziel.«

Die Kinder stellten an zwei Holzfiguren (gibt es als Künstlerbedarf zum Zeichnen) Körperhaltungen dar, die Glück bzw. Unglück darstellen. Das übten sie vorher durch ihren eigenen Körperausdruck ein. Die Figuren fotografierten wir jeweils (die »Glücks-Figuren« auf einem gelben Tuch, die »Unglücks-Figuren« auf einem schwarzen Tuch).

Schließlich sammelten und systematisierten wir unterschiedliche Vorstellungen von Glück zu den Stichworten »Glück haben« und »glücklich sein« an der Tafel.

Glück haben	glücklich sein
äußerlich	innerlich
kommt von außen	ist von innen
Glück als Zufall oder Schicksal	Glück als Lebensgefühl, Haltung zum Leben, Lebenseinstellung
lateinisches Wort: fortuna	lateinische Wörter: felix – beatus

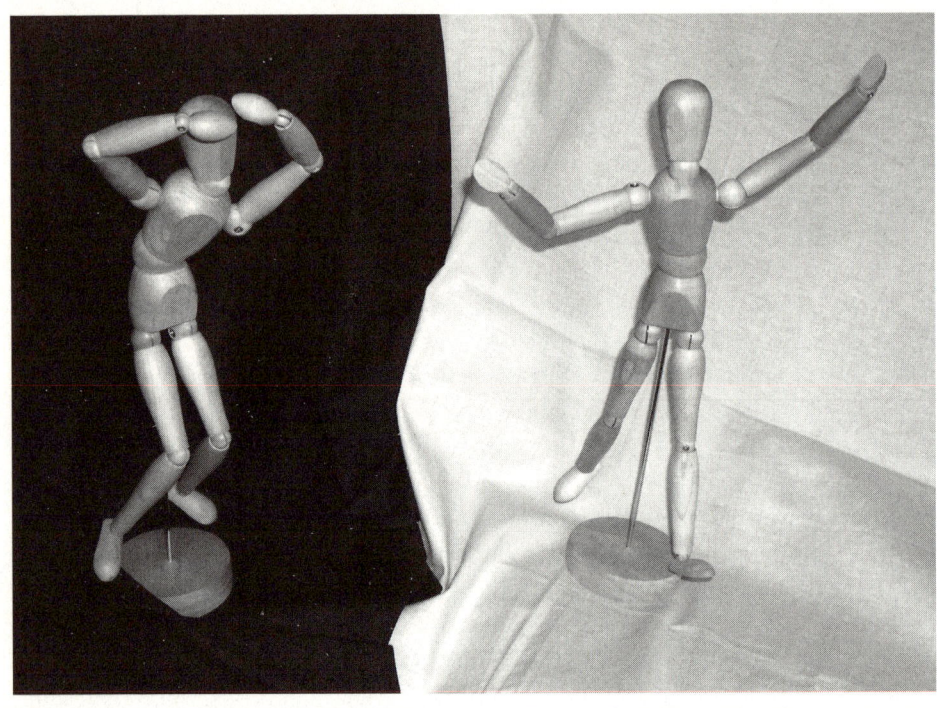

Die Holzfiguren zeigen »Glück« und »Unglück«.

Diese beiden Aspekte des Glücks bezogen wir auf die bisherigen Geschichten, Lieder und Aktionen. Das Globus-Spiel z.B. hat mit beidem zu tun, mehr aber mit der Frage, ob man Glück hat oder eben nicht. Nochmals betonten wir, dass es nicht nur Schicksal von außen ist, sondern auch mit dem eigenen Handeln zu tun hat.

In der letzten Phase der Reihe befassten wir uns an elementaren Sätzen mit biblischen Aspekten von Glück und Unglück, besonders intensiv zu den Seligpreisungen, die ja den im herkömmlichen Sinn Unglücklichen Glück zusagen.

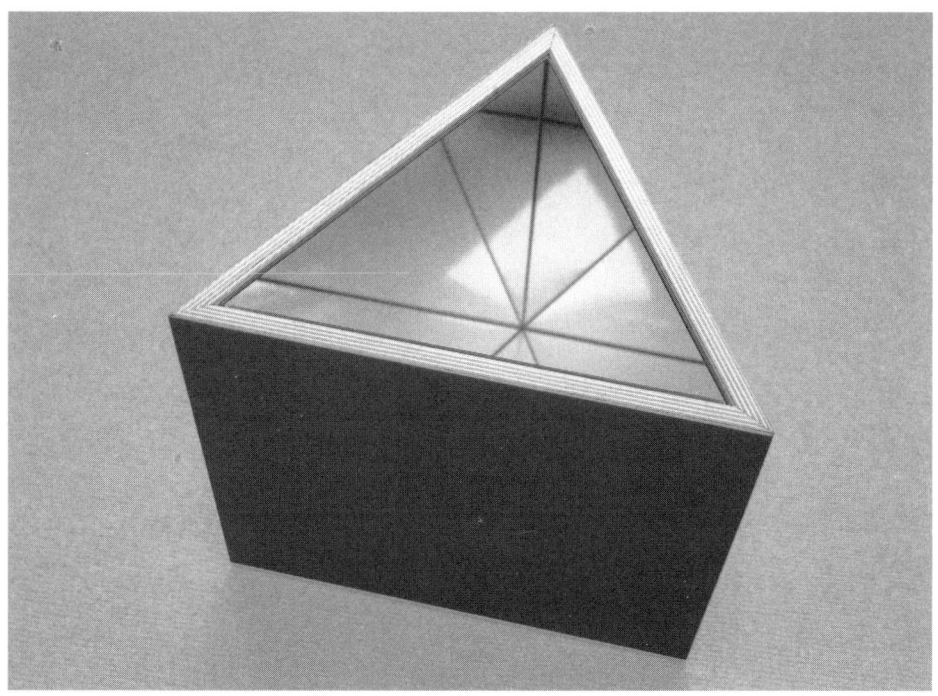

Das »Spiegeldreieck«: Es besteht aus drei schichtverleimten Holzseiten,
die innen verspiegelt sind.

2.2 Mitte des Unterrichts: Dreieiniger Gott – Das Spiegeldreieck

Von den vielen angebotenen Zugängen, Vorstellungshilfen und Metaphern zur
Dreieinigkeit Gottes (vgl. ausführlicher Oberthür 2004, 178–179) war für die
Kinder das so genannte »Spiegeldreieck« der Favorit. Drei etwa 40 cm große
quadratische Holzflächen sind aufrechtstehend an den Seiten miteinander ver-
leimt, sodass die Seite unten (die Standfläche) und die Seite oben (der Einblick)
offen bleiben. Jede Innenseite ist komplett mit einem Spiegel »verkleidet«.

Die Kinder wollten natürlich sofort die drei sich bis ins Unendliche spie-
gelnden Flächen von innen betrachten. Dieser Effekt beeindruckte sie! Als sie
nach eingehender Betrachtung wieder zu ihrem Platz zurückkehrten, stellten
einige von ihnen direkt Bezüge zu den »drei Seiten Gottes« her: »Da sind drei
Spiegel wie für Vater, Sohn und Heiliger Geist – nur die drei zusammen ergeben
dieses Bild, diese Weite.« »Gott ist ja auch unendlich.«

213

Ein Teelicht auf dem Boden des Spiegeldreiecks spiegelt sich unzählige Male ins Weite hinein.

Durch Hineinlegen einzelner Elemente in das Spiegeldreieck – goldener Untergrund als Boden, Karton mit dem hebräischen Jahwe-Namen, die drei Küng-Sätze (s.o.) zu jeweils einem Spiegel – veränderten wir immer wieder das Bild und vertieften die Auseinandersetzung. Am meisten aber beeindruckte die Kinder das einfache Teelicht, aus dem im Spiegeldreieck ein Lichtermeer wird.

Auch hier haben die Kinder nach dem Hantieren mit den einzelnen Elementen, nach dem Schauen und Denken, nach den Bezügen zur Dreieinigkeit Gottes die Gelegenheit, schriftlich ihre Gedanken zu sortieren:

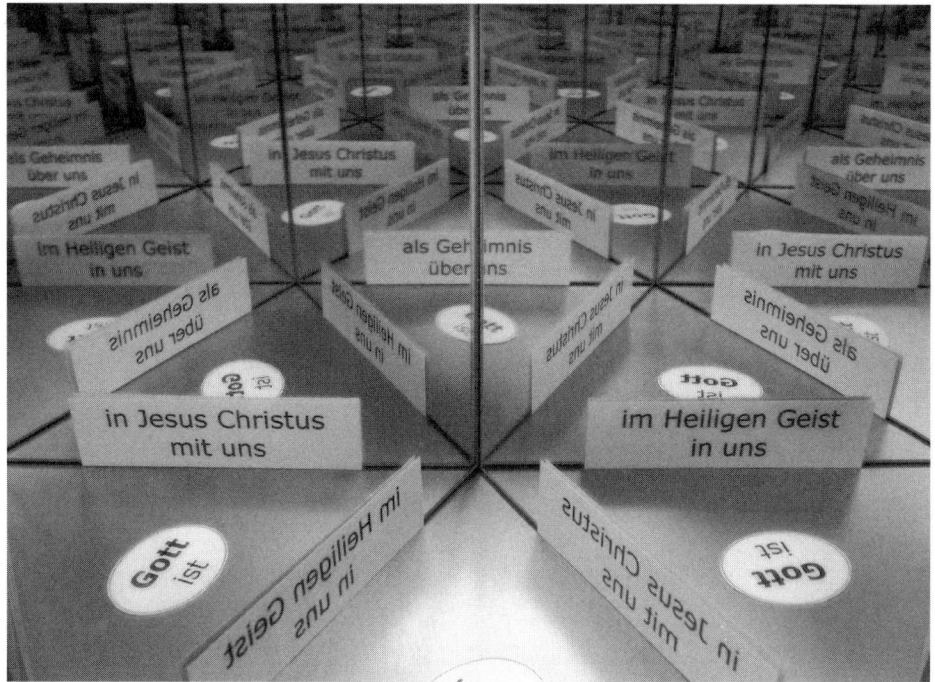

Die drei Sätze von Hans Küng über den dreieinen Gott im Spiegeldreieck.

Was mir das Spiegel-Dreieck über die Dreieinigkeit Gottes zeigt ...

- Wir haben uns alle die drei Spiegel angeguckt, die aneinander festgemacht sind. Und dazu passt (finde ich) die Aufgabe 1+1+1=1. Ich weiß nicht wirklich warum, aber nur die drei Spiegel (wenn sie so hingestellt sind) ergeben diese unendliche Weite. Genau wie bei der Aufgabe 1+1+1=1. Nur Vater, Sohn und Hl. Geist ergeben Gott.
- Der Vater, der Sohn und der Heilige Geist sind Licht für uns. In dem Spiegel-Dreieck war eine Seite für den Vater, den Sohn und Heiligen Geist und das Licht in der Mitte.
- Gott ist das Licht im Schatten.
- ... dass Gottes Reich unendlich weit ist. Gottes Licht reicht unendlich weit.
- Ich kann es nicht in Worten und Buchstaben ausdrücken, nur in meinen Gedanken, aber auch da ist es mein Geheimnis. Auch das Geheimnis von Gott.

Die Kinder können an der Vorstellungshilfe eigenständige Antworten entwickeln und dennoch das Geheimnis bewahren. Das Staunen und Fragen im Anblick des Spiegeldreiecks können sie auf die Dreieinigkeit übertragen, ohne dass ich ihnen eine Erwachsenentheologie überstülpe. Wohl aber arrangiere ich diese Auseinandersetzung und stelle sie in den Kontext der vorher erarbeiteten Dreifaltigkeitstheologie. Fortsetzung fand dieses Nachdenken über den dreieinigen Gott u.a. mithilfe von Bildern der Kunst (vgl. Oberthür 2004, 179–180).

3 Konsequenzen einer Didaktik der Aneignung

Die in dem in Ausschnitten dargestellten Unterricht erforderlichen Fähigkeiten der Religionslehrerinnen und -lehrer will ich abschließend kurz skizzieren, wobei ich lediglich Ansprüche formuliere, ohne zu meinen, sie alle zu erfüllen. In einem solchen Unterricht

– bin ich mit den Kindern gemeinsam Fragender,
– muss ich theologisch anspruchsvolle, sowie anthropologisch vielfältige Inhalte sachlich angemessen und kindgemäß elementarisieren können,
– sollte ich meinen inhaltlichen Vorsprung dazu nutzen, die Kinder auf die Spur einer eigenständigen Auseinandersetzung zu bringen,
– sollte ich den altersbedingten »Vorsprung« der Kinder nicht ignorieren und ihnen phantasievoll-kreative, Imagination und Vorstellungskraft weckende, Intuition und Reflexion herausfordernde Wege anbieten,
– sollte ich ergebnis- und prozessbezogen die bildlichen und sprachlichen Ausdrucksformen der Kinder wahrnehmen und würdigen, sie mit ihnen deuten, die Wahrnehmung der Kinder anerkennen und ihnen meine Wahrnehmung widerspiegeln,
– haben die Kinder ein Recht auf eine »Auskunft« über meine eigenen Lebensauffassungen und meinen Glauben,
– muss ich Leerstellen aushalten können und den »Erfolg« in dem sehen, was wir uns vor Augen gestellt haben und was uns bewegt hat, nicht nur in dem, was wir hinter uns gebracht und bewältigt haben,
– geschieht eine Intensivierung der Lernprozesse durch Verlangsamung (Georg Hilger).

Mit Nachdruck ist zu wünschen und einzufordern, dass die für einen solchen Unterricht notwendigen Qualifikationen bereits in den beiden Ausbildungsphasen, sowie weiterführend in der Lehrerfortbildung im Zusammenspiel von Theorie und Praxis erworben werden. So könnten im Studium immer wieder theologische Fragen und Inhalte vor dem Hintergrund authentischer Kinderäußerungen gestellt und ausgetauscht werden, damit deutlich wird, dass bereits Kinder sich mit solchen Fragen auseinandersetzen und dass das »theologische Rüstzeug« für die Ausübung des Berufs notwendig ist. Auch sind die Anliegen des »Philosophierens mit Kindern« und einer »Theologie der Kinder« bezüglich der dort vorgestellten Haltung, der Inhalte und der Methoden fruchtbar in der religionspädagogischen und theologischen Ausbildung künftiger Religionslehrerinnen und Religionslehrer anzuwenden. In der Fortbildung können Erkenntnisse der Forschung und inhaltliche, didaktische und methodische Impulse die Prozesse aneignenden religiösen Lernens immer neu beleben.

Den eingangs zitierten Kindern ist zuzustimmen: Religion erklärt nicht einfach der Lehrer, aber Religionslehrerinnen und -lehrer »erklären« sich und ihren Glauben den Kindern. Und sie helfen den Kindern, ihre eigenen Erklärungen zu finden und sich selbst, Gott und die Welt besser zu verstehen. So bringen sie immer wieder frischen Wind in die Segel kindlicher Gottes- und Welterfahrung.

Literatur

Becker, Ulrich/Scheilke, Christoph Th. (Hg.): Aneignung und Vermittlung. Beiträge zu Theorie und Praxis einer religionspädagogischen Hermeneutik, Gütersloh 1995.

Gelberg, Hans-Joachim (Hg.): Was für ein Glück, Weinheim/Basel 1993.

Hentig, Hartmut von: Meine Deutschen Gedichte, Seelze 1999.

Kues, Nikolaus von: Gespräch über das Globusspiel: lateinisch – deutsch, Hamburg 2000.

Lange, Günter: Glaube – was ist wesentlich?, in: KatBl 126 (2001) 98–101.

Oberthür, Rainer: Kinder fragen nach Leid und Gott. Lernen mit der Bibel im Religionsunterricht, München 1998.

Ders.: 1 und 1 und 1 gleich »eins«?, in: KatBl 129 (2004) 174–181.

Kooperation in der Fächergruppe

Anregungen und Impulse aus
ostdeutschen Bundesländern

WERNER SIMON

Religionsunterricht ist schulisches Unterrichtsfach und partizipiert am Bildungsauftrag der öffentlichen Schule. Er »muss zeigen, wie er teilhat an der Aufgabenstellung der öffentlichen Schule, wie er deren Ziele mitbegründet und fördert, konkretisiert, ergänzt und gegebenenfalls kritisiert« (Der Religionsunterricht in der Schule 1976, 131). Die schulpädagogische Begründung gewinnt an Bedeutung im Kontext einer kulturellen Situation, in der die bisher weithin unbefragte Grundüberzeugung, dass religiöse Bildung ein integrierender Teil allgemeiner Bildung sei, nicht länger als selbstverständlich gilt, vielmehr argumentativ neu begründet und plausibel gemacht werden muss.

Dies gilt a fortiori im Kontext der ostdeutschen Länder der Bundesrepublik Deutschland. Evangelischer und katholischer Religionsunterricht – aber auch Ethikunterricht, Philosophieren mit Kindern/Philosophie, Lebensgestaltung – Ethik – Religionskunde (LER) – sind neue schulische Unterrichtsfächer. Aufbau, Ausbau und Konsolidierung der erforderlichen Unterrichtsangebote sind in den einzelnen Bundesländern unterschiedlich weit fortgeschritten und noch lange nicht abgeschlossen (vgl. Simon 2002; 2003). Organisationsformen und didaktische Konzeptionen zeigen mit Bezug auf die konkreten Herausforderungen unterschiedliche »regionale« Profile (vgl. auch Bucher 1994). Dies gilt sowohl für die schulgesetzlichen Regelungen als auch für Rahmenrichtlinien und Lehrpläne.

In diesem Zusammenhang stellt sich die Frage, wie der in das schulische Zusammenleben und Miteinanderlernen integrierte Religionsunterricht zu einem fächerverbindenden und fachübergreifenden schulischen Lernen beitragen kann, das als Aufgabe pädagogischer Schulentwicklung neu an Aktualität und Dringlichkeit gewonnen hat.

Der folgende Beitrag will mit Blick auf einige Entwicklungen in den ostdeutschen Bundesländern Impulse gewinnen, die auch für die Situation in den westdeutschen Bundesländern anregend und hilfreich sein können. Er bezieht sich auf das Modell der Kooperation in der Fächergruppe, das im Rahmen der jeweils geltenden schulgesetzlichen Vorgaben insbesondere in den Bundesländern Mecklenburg-Vorpommern und Sachsen-Anhalt entwickelt und erprobt wird.

1 Beispiel Mecklenburg-Vorpommern

Das Schulgesetz für Mecklenburg-Vorpommern vom 15. Mai 1996 bestimmt, dass der Religionsunterricht an den öffentlichen Schulen ordentliches Unterrichtsfach ist und »in Übereinstimmung mit den Grundsätzen der betreffenden Kirchen oder Religionsgemeinschaften« (SchulG M-V § 7 Abs. 1) erteilt wird. Schülerinnen und Schüler, die nicht am Religionsunterricht teilnehmen, besuchen den Unterricht im Fach Philosophieren mit Kindern (Primarstufe, Sekundarstufe I) bzw. Philosophie (Sekundarstufe II) oder dort, wo das Fach noch nicht eingerichtet werden konnte, ein Ersatzfach aus dem musisch-ästhetisch-künstlerischen Lernbereich. Das Gesetz eröffnet darüber hinaus die Möglichkeit, dass die Unterrichtsfächer Evangelische Religion, Katholische Religion und Philosophieren mit Kindern bzw. Philosophie zeitweilig auch als Fächergruppe angeboten werden können: »Innerhalb dieser Fächergruppe sollen die einzelnen Fächer unter Wahrung ihrer Eigenständigkeit und ihrer Besonderheiten und der Rechte der Schüler und Erziehungsberechtigten in kooperativer Form unterrichtet werden« (SchulG M-V § 7 Abs. 3; vgl. auch § 5 Abs. 2).

Eine von der Gemischten Kommission beim Kultusministerium beauftragte Arbeitsgruppe, der Vertreter der Universität Rostock, der beiden evangelischen Landeskirchen, der Erzbistümer Berlin und Hamburg sowie des Landesinstituts für Schule und Ausbildung angehörten, erarbeitete ein Konzept dieser Fächergruppe, das unter dem Titel »*Prinzipien der Organisation fächerübergreifenden Unterrichts – Fächergruppe Evangelischer/Katholischer Religionsunterricht und Philosophieren mit Kindern in Mecklenburg-Vorpommern*« am 16. September 1997 verabschiedet und zur Erprobung freigegeben wurde (MBWK M-V 2000, 24–28; vgl. auch Hastedt/Ausborn-Brinker/Fröhlich 1998 und insbesondere Schwerin/Brune/Fröhlich 1998; Schwerin 1998; 2000; 2003).

Dieses Konzept begründet das pädagogische Ziel der Fächergruppe im Rahmen des Bildungsauftrags der öffentlichen Schule: »Bei der Orientierung in der Welt, der Bewältigung der Handlungssituationen und der Zukunftsaufgaben und der Vergewisserung über die eigene Identität zu helfen, ist die zentrale Aufgabe aller schulischen Bildung. Sie hat in den Fächern Religionslehre und Philosophieren mit Kindern/Philosophie eine spezifische Bedeutung. Weil diese in

219

unterschiedlicher Perspektive Grundfragen des Verständnisses und der Gestaltung des Lebens in der Welt aufnehmen, bewusst machen und erörtern, sollten sie in einer Fächergruppe kooperativ aufeinander bezogen werden« (ebd., 24).

Das Verhältnis von Religion und Philosophie ist sowohl durch Eigenständigkeit und sachlich gebotene Abgrenzung als auch durch Entsprechung und wechselseitige Ergänzung gekennzeichnet. Diese Verhältnisbestimmung macht die Fächer Religionsunterricht und Philosophieren mit Kindern zu affinen Unterrichtsfächern: »In Religionslehre geschieht Sinnentdeckung in der Auseinandersetzung und Begegnung mit der Glaubensoffenbarung und ihren Wirkungen. Das Fach Philosophieren mit Kindern richtet sich auf Sinnentdeckung in der Selbstvergewisserung durch Vernunft. Das schließt für den Religionsunterricht den rationalen Diskurs und für die Philosophie die Artikulation der Bedingungen und die Erfahrung der Grenzen dieser Rationalität ein« (ebd., 25).

Bedingungen der inhaltlichen und methodischen Kooperation in der Fächergruppe sind die Unterschiedenheit der Fächer und ihrer Vorgehensweise, der Bezug auf eine gemeinsame Fragestellung oder ein gemeinsames Thema sowie das Interesse an der gemeinsamen Auseinandersetzung mit lebensbedeutsamen Fragen (Grundfragen der Menschheit und des Menschseins; Grenzsituationen des menschlichen Lebens; existenzielle Fragen; Orientierungs- und Sinnfragen), die den gemeinsamen Problemhorizont bilden, in dem sich die Schülerinnen und Schüler begegnen (vgl. ebd., 25f).

Die fachliche Differenzierung kommt in unterschiedlichen fachspezifischen Zugängen zu diesen Problemstellungen zur Auswirkung. Der »*Kommentar zum Schema für die Exemplarischen Themen der Fächergruppe Ev./Kath. Religionsunterricht/Philosophieren mit Kindern/Philosophie*« (1998) benennt in diesem Zusammenhang vier grundlegende philosophische Reflexionsinteressen, die sich an den vier philosophischen Grundfragen Kants orientieren (131):

1. die Aufklärung über die menschlichen Erkenntnismöglichkeiten *(Was kann ich wissen?)*
2. die Bedeutung eines Themas/Sachverhalts/Problems für unsere Handlungen *(Was soll ich tun?)*
3. die Bedeutung eines Themas/Sachverhalts/Problems für unsere Lebensorientierung *(Was darf ich hoffen?)*
4. der Zusammenhang eines Themas mit unserem Selbstverständnis als Menschen *(Was ist der Mensch?)*

sowie drei grundlegende theologische – auf das Erschließungsgeschehen der christlichen Wahrheit (»Offenbarung«) bezogene – Fragedimensionen (ebd.):

1. Der Schwerpunkt *Erinnerung* bezieht sich vor allem auf die *historisch-herme-neutische* Fragedimension *(Wie soll ich religiöse Phänomene, Texte, Traditionen, Rituale ... verstehen?)*
2. Der Schwerpunkt *Erfahrung* fordert in erster Linie die *fundamentaltheologisch-philosophische* Fragedimension *(Welche »Grammatik«, welche Grundstrukturen menschlichen Lebens kann ich erkennen?)*
3. Der Schwerpunkt *Erneuerung* zielt vor allem auf die Fragedimension nach der Handlungsorientierung durch die christliche Wahrheit *(Wodurch kann mein Handeln bestimmt werden?)*

Die genannten Reflexionsinteressen und Fragedimensionen »lassen sich nicht harmonisieren, zeigen aber signifikante Überschneidungen« (ebd.).

Das Konzept der Fächergruppe wird konkretisiert, indem Möglichkeiten der methodischen und organisatorischen Gestaltung in der schulischen Praxis sowie notwendige Konsequenzen für die curriculare Weiterentwicklung und für die Lehrerausbildung skizziert werden (vgl. MBWK M-V 2000, 27f). Angeregt werden u.a.:

- die Abstimmung und Vernetzung der Rahmenpläne der kooperierenden Fächer,
- gemeinsame Fachkonferenzen und wechselseitige Hospitationen,
- die Bildung von Arbeitsgruppen zur Erstellung von Unterrichtsmaterialien und zur Entwicklung von Curriculum-Elementen,
- die Durchführung gemeinsamer fächerverbindender Projekte bzw. die gemeinsame Beteiligung an fachübergreifenden Projekten über die Fächergruppe hinaus.

Die Umsetzung des Konzepts der Fächergruppe stößt auf Schwierigkeiten, die nur teilweise konzeptionell bedingt sind bzw. konzeptionell behoben werden können.

Notwendige Möglichkeitsbedingungen der Realisierung sind Bereitschaft und Fähigkeit der Lehrer und Lehrerinnen zur Kooperation. Sie können gefördert, aber nicht verordnet werden.

Notwendige Voraussetzung ist auch die Aufnahme der fachwissenschaftlichen, didaktischen und unterrichtspraktischen Aspekte der Kooperation in die Studien-, Ausbildungs- und Prüfungsordnungen (1. und 2. Phase der Lehrerbildung) und in die Angebote der Lehrerfort- und -weiterbildung (3. Phase der Lehrerbildung).

Soll die Kooperation in der Fächergruppe gelingen, setzt dies ferner einen in den schulischen Lern- und Lebenszusammenhang integrierten (evangelischen und katholischen) Religionsunterricht voraus sowie ein didaktisches Konzept der Fächer, das für eine solche Kooperation offen ist und der Tatsache Rechnung trägt, dass weniger als 10 % der Schülerinnen und Schüler des Landes kirchlich-religiös sozialisiert sind.

Im Schuljahr 2000/2001 lag im Bundesland Mecklenburg-Vorpommern die Unterrichtsversorgung in den genannten Fächern bei 61,7 %. Von den diesen Unterricht besuchenden Schülern und Schülerinnen nahmen rund 40 % am evangelischen Religionsunterricht, 1,8 % am katholischen Religionsunterricht, rund 32 % am Unterricht im Fach Philosophieren mit Kindern bzw. Philosophie, rund 27 % an einem Ersatzunterricht im musisch-ästhetisch-künstlerischen Lernbereich teil.

Katholischer Religionsunterricht wird unter diesen Voraussetzungen in der Regel klassen-, jahrgangs-, schul- oder auch schulartübergreifend erteilt. Der Unterricht findet vielfach in nichtschulischen Räumen und außerhalb des Stundenplans statt. Dies erschwert seine »schulische Beheimatung«.

Die katholische Kirche nahm die von der Arbeitsgruppe vorgelegten »*Prinzipien zur Organisation fächerübergreifenden Unterrichts*« zurückhaltend auf. Sie betrachtet zwar »die vorliegenden Überlegungen als wichtigen Schritt auf dem Weg zur Kooperation in der Fächergruppe«, formulierte jedoch ihrerseits eigene »*Prinzipien der Erzbistümer Berlin und Hamburg zur Kooperation in der Fächergruppe ›Evangelische Religion, Katholische Religion und Philosophieren mit Kindern/Philosophie‹*« (MBWK M-V 2000, 29–31), die mit Fußnotenverweis im Text der Arbeitsgruppe diesem als Anlage beigegeben wurden. Es wird daran erinnert, dass »[n]ach katholischem Verständnis ... die Lehrkraft, die Lehre und in der Regel auch die Schülerinnen und Schüler in der katholischen Konfession beheimatet sein [sollen]« (ebd., 29). Im Hinblick auf die mögliche Kooperation spricht sie sich für eine »dialogische Zusammenarbeit der Fächer« aus, für die sich »Projekte, gemeinsame Unterrichtsvorhaben und außerschulische Aktivitäten« (ebd.) anbieten. Als »Grundvoraussetzungen« der Kooperation müssten gelten, »dass die Glaubens- und Gewissensfreiheit der Schülerinnen und Schüler respektiert wird« und dass die Kooperationsformen »den berechtigten Interessen der Schülerinnen und Schüler entsprechen und Einvernehmen bei Eltern, Lehrerinnen und Lehrern und den zuständigen staatlichen und kirchlichen Behörden finden« (ebd., 31). Die »freie Kooperation aller Partner« dürfe nicht »aus Gründen der Vereinfachung der Unterrichtsorganisationen« (ebd.) angeordnet werden.

2 Beispiel Sachsen-Anhalt

In Sachsen-Anhalt sind Religionsunterricht und Ethikunterricht ordentliche Lehrfächer. Religionsunterricht wird als evangelischer und als katholischer Religionsunterricht und »in Übereinstimmung mit den Grundsätzen der Glaubensgemeinschaften« (SchulG S-A § 19 Abs. 3) erteilt. Evangelischer Religionsunterricht, katholischer Religionsunterricht und Ethikunterricht sind Wahlpflichtfächer. »Der Unterricht in diesen Fächern wird eingerichtet, sobald hierfür die erforderlichen Unterrichtsangebote entwickelt sind und geeignete Lehrerinnen und Lehrer zur Verfügung stehen« (SchulG S-A § 19 Abs. 5). Da die Zahl der ausgebildeten Lehrer und Lehrerinnen, die für die Erteilung des Unterrichts in den genannten Fächern zur Verfügung steht, nicht ausreicht und darüber hinaus eine ausreichende Zahl zusätzlicher Lehrerstellen, die für eine flächendeckende Einrichtung des Wahlpflichtbereichs erforderlich wären, nicht bereitgestellt werden kann, ist ein planvoller und koordinierter Aufbau und Ausbau der drei Unterrichtsfächer schwierig, deren parallele Einrichtung andererseits Voraussetzung für das Eintreten einer Wahlpflicht für die Schüler ist.

Im Sommer 2001 legte eine vom Ministerpräsidenten des Landes berufene Arbeitsgruppe, der Vertreter der evangelischen und der katholischen Religionspädagogik, der Didaktik der Philosophie bzw. des Ethikunterrichts, der Erziehungswissenschaft und der Schuladministration angehörten, eine Expertise unter dem Titel »*Ethik- und Religionsunterricht in der Schule mit Zukunft*« (2001; vgl. auch Braun 1998) vor, in der sie konzeptionelle Perspektiven und organisatorische Gestaltungsmöglichkeiten für den Wahlpflichtbereich beschreiben und entfalten.

In der Expertise werden die je eigenen fachwissenschaftlichen und fachdidaktischen Profile des (evangelischen und katholischen) Religionsunterrichts und eines (philosophisch fundierten) Ethikunterrichts beschrieben und in »produktiver Differenz« aufeinander bezogen:

- »Christliche Religion thematisiert die Gottesfrage unter der Prämisse des Glaubens als einer Haltung des Vertrauens gegenüber dem sich offenbarenden Gott und gegenüber dem geoffenbarten Wort Gottes. Sie gewinnt in diesem Bezug einen eigenen Interpretationshorizont, eine eigene Lebenspraxis und eine spezifische Weise der Erfahrung. In diesem Zusammenhang fragt der Religionsunterricht aber auch nach dem Verhältnis von Vernunft und Glauben und ermöglicht so eine diskursive Auseinandersetzung mit dem Wahrheitsanspruch christlicher Religion« (KultMin S-A 2001, 14).
- »Die Philosophie stellt ihrerseits u.a. auch die Frage nach Gott, nach Anfang und Ende von Mensch und Welt, nach Freiheit und Unsterblichkeit, Schicksal, Schuld

und Tod. Sie bearbeitet sie jedoch argumentativ auf der Basis von Vernunft, bekenntnisoffen und auch ohne dass der Vernunft Glaubensrang zugesprochen würde. Vielmehr wird in dem Zusammenhang vernünftiger Erörterung der Vergleich von Antworten unterschiedlicher Religionen und Weltanschauungen ebenso einbezogen wie die Reflexion auf die Grenzen der Vernunft« (ebd.).

Insofern stehen Religionsunterricht und Ethikunterricht in einem Verhältnis wechselseitiger Bezogenheit, das es ihnen erlaubt, miteinander eine »Kultur des fachdidaktischen, fachwissenschaftlichen und schulpraktischen Dialogs« (ebd.) zu entwickeln und zu pflegen.

Für die schulorganisatorische Ausgestaltung der Kooperation innerhalb des Wahlpflichtbereichs werden in der Expertise verschiedene Möglichkeiten benannt, die den verschiedenen Voraussetzungen an den einzelnen Schulen Rechnung zu tragen versuchen (vgl. ebd., 33–35):

– Ethikunterricht und Religionsunterricht im Kurssystem mit wahldifferenzierten Phasen
– Formen des Epochalunterrichts (z.B. »Religionsphilosophische Schulwochen«)
– Projektunterricht als Alternative zu (instabilem) Fachunterricht
– Projektunterricht als kooperatives Unterrichtsverfahren
– wechselseitiger Besuch der Lerngruppen im Sinne einer Öffnung des Unterrichts und einer Veröffentlichung von Lernergebnissen
– gemeinsame Hospitationen und gemeinsam ausgesprochene Einladungen im Sinne einer Öffnung von Schule zur Gesellschaft
– zeitlich befristeter Tausch der Lerngruppen im Sinne einer Expertenbefragung
– Durchführung von team-teaching
– Durchführung gemeinsamer Unterrichtseinheiten
– gemeinsamer Besuch außerschulischer Lerninitiativen (Vorträge, Erkundungen, Ausflüge)

Für den Ausbau des Wahlpflichtbereichs zu einer kooperierenden Fächergruppe sprechen vor allem bildungstheoretische und schulpädagogische Gründe. In der Expertise heißt es dazu (ebd., 31):

– Kinder und Jugendliche lernen differenzierend das philosophisch-ethische und das religiöse Fragen mit seinen je eigenständigen Strukturen, Möglichkeiten und Grenzen kennen.
– Kooperative Unterrichtsverfahren fordern zu mehrperspektivischer und grenzüberschreitender Wahrnehmung auf und schaffen die Voraussetzung, um den jeweils Anderen wirklich zu tolerieren.

Das in einem solchen Wahlpflichtbereich fruchtbare Widerspiel von Identitätsbildung im Eigenen (in der Eigengruppe) und am Anderen (in der Begegnung mit der Fremdgruppe) im angemessenen, altergemäß abgewogenen Miteinander von differenzierendem und kooperativem Unterricht innerhalb des Wahlpflichtbereiches bereichert die Schule. Die kooperierenden Fächer Ethik- und Religionsunterricht stärken die in Sachsen-Anhalt praktizierten schulreformierten Schritte zu fächerübergreifendem und fächerverbindendem Unterricht.

Die Expertise fand breite Resonanz und gab einen wichtigen Impuls für weiterführende Überlegungen und Erprobungen (vgl. Domsgen/Hahn/Raupach-Strey 2003; vgl. auch Hahn/Hartmann/Kahl 2000).

Auch in Sachsen-Anhalt zeigt sich aufgrund der verhältnismäßig geringen Zahl der Schüler, die den katholischen Religionsunterricht besuchen, die Schwierigkeit, diesen parallel zu den beiden anderen Fächern des Wahlpflichtbereichs in der Breite und in den alltäglichen schulischen Lernzusammenhang integriert anzubieten und zu organisieren. Im Schuljahr 2000/2001 wurde in den drei Fächern des Wahlpflichtbereichs eine Unterrichtsversorgung von 43,7 % erreicht. Von den Schülern und Schülerinnen, die diesen Unterricht besuchten, nahmen rund 83 % am Ethikunterricht, 16 % am evangelischen Religionsunterricht und 1,4 % am katholischen Religionsunterricht teil. Vor diesem Hintergrund wurde im Jahr 2000 ein Modellversuch vereinbart, der auf eine Absprache zwischen dem Bistum Magdeburg und den beiden evangelischen Landeskirchen zurückging und der vorsah, dass die Teilnahme am Ethikunterricht oder am Religionsunterricht auch dann Pflicht werden soll, wenn Religionsunterricht nur einer Konfession angeboten wird. Dieser Modellversuch sollte an 18 Gymnasien und Gesamtschulen stattfinden (in jedem der 9 Schulamtsbezirke je eine Schule mit evangelischem Religionsunterricht und Ethikunterricht und je eine Schule mit katholischem Religionsunterricht und Ethikunterricht), wurde aber inzwischen wegen Widerständen auf verschiedenen Seiten wieder abgebrochen.

3 Ausblick

Die schulpädagogische und fachdidaktische Diskussion über mögliche Formen der Kooperation in einer Fächergruppe der Fächer Evangelische und Katholische Religionslehre sowie Ethik- bzw. Philosophieunterricht wurde bereits in den 1990er-Jahren eröffnet (vgl. Identität und Verständigung 1994, 73–81, 90f). Reichweite und Grenzen der inzwischen entwickelten Modelle sind Gegenstand des religionspädagogischen Diskurses (vgl. Hastedt/Ausborn-Brinker/Fröhlich 1998; Biernath 2002; Böhme 2002; Domsgen/Hahn/Raupach-Strey 2003). Schulpraktische Erfahrungen werden wichtige Hinweise für notwendige Differenzierungen und Weiterentwicklungen geben. Das Konzept der Kooperation in der Fächergruppe eröffnet Chancen für einen in ein pädagogisch und didaktisch reflektiertes »Lernen in Zusammenhängen« (vgl. auch Simon 2001) eingebetteten und so auch schulisch »beheimateten« evangelischen und katholischen Religionsunterricht. Die im Engagement für den Religionsunterricht zum Ausdruck kommende Bereitschaft der Kirchen zur Übernahme von Bildungsmitverantwortung auch im Raum der öffentlichen Schule sollte es ermöglichen, durch Absprachen die schulische Präsenz des Faches auch unter erschwerten Bedingungen gemeinsam sicherzustellen. Nur ein in den schulischen Lern- und Lebenszusammenhang integrierter Religionsunterricht wird Partner der Kooperation in der Fächergruppe sein können.

Es stellen sich in diesem Zusammenhang Fragen, die einer weiteren Diskussion und Klärung bedürfen:

– Welche didaktischen Modelle des Religionsunterrichts und welche didaktischen Modelle des Ethik- bzw. Philosophieunterrichts sind für eine solche Kooperation offen und anschlussfähig? Und welche nicht?

– In welchem Verhältnis stehen Phasen des differenzierenden und Phasen des kooperierenden Unterrichts zueinander?

– Die bisher vorliegenden Ansätze akzentuieren ein Begegnungs- und Reflexionsmodell. Wie kann/soll dieses Grundmodell – unter Beachtung entwicklungspsychologischer Gesichtspunkte – für die verschiedenen Schulstufen ausdifferenziert und konkretisiert werden?

– Welches sind die elementaren Themen, die sich für die Erarbeitung in einer kooperierenden Fächergruppe besonders nahe legen? Wie können sie in den Curricula der kooperierenden Fächer im Hinblick auf ein gestuftes, fächerverbindendes Lernen in der Sequenz eines Lernstrangs organisiert und verankert werden?

– Schulpraktische Erfahrungen machen darauf aufmerksam, dass die konkreten Formen der Zusammenarbeit nicht zuletzt von den Bedingungen an den einzelnen Schulen abhängen: der Zahl der angebotenen Fächer, der Größe der jeweiligen Lerngruppen, dem Alter der Schülerinnen und Schüler, der Kooperationsbereitschaft und der Kooperationsfähigkeit der Lehrerinnen und Lehrer, den zeitlichen und räumlichen Organisationsmöglichkeiten. Wie kann diesem Umstand strukturell bei der Modellentwicklung Rechnung getragen werden?

Der Phase der Konzeptentwicklung folgt die Phase der Erprobung. Sie wird erweisen, welchen Beitrag die Kooperation in der Fächergruppe nicht nur zur Weiterentwicklung eines zukunftsfähigen katholischen und evangelischen Religionsunterrichts, sondern auch zur Weiterentwicklung von Schule und einer zukunftsorientierten schulischen Bildung leisten kann.

Literatur

Biernath, Andrea: Religionsunterricht als Unterrichtsfach in der Fächergruppe. Eine Berliner Alternative zum Ansatz von LER, in: rhs 45 (2002) 217–222.

Böhme, Katja: Die Kooperierende Fächergruppe. Ein Modell für den Religionsunterricht der Zukunft auf dem Prüfstand, in: KatBl 127 (2002) 375–382.

Braun, Karl-Heinz (Hg.): Schule mit Zukunft. Bildungspolitische Empfehlungen und Expertisen der Enquete-Kommission des Landtages von Sachsen-Anhalt, Opladen 1998.

Bucher, Anton A.: RU: von der Nordsee bis zu den Alpen? Ein Plädoyer für regionale Lösungen, in: KatBl 119 (1994) 765–768.

Der Religionsunterricht in der Schule [1974], in: Gemeinsame Synode der Bistümer in der Bundesrepublik Deutschland, Bd. 1: Beschlüsse der Vollversammlung, Freiburg i. Br. 1976, 123–152.

Domsgen, Michael/Hahn, Matthias/Raupach-Strey, Gisela (Hg.): Religions- und Ethikunterricht in der Schule mit Zukunft, Bad Heilbrunn 2003.

Hahn, Matthias/Hartmann, Christoph/Kahl, Detlev (Hg.): Religiöse Bildung und religionskundliches Lernen in ostdeutschen Schulen – Dokumente konfessioneller Kooperation, Münster 2000.

Hastedt, Heiner/Ausborn-Brinker, Sandra/Fröhlich, Michael (Hg.): Philosophie und Religion. Zukunft einer Fächergruppe, Rostock 1998.

Identität und Verständigung. Standort und Perspektiven des Religionsunterrichts in der Pluralität. Eine Denkschrift der Evangelischen Kirche in Deutschland, Gütersloh 1994.

Kommentar zum Schema für die Exemplarischen Themen der Fächergruppe Ev./Kath. Religionsunterricht/Philosophieren mit Kindern/Philosophie, in: Hastedt, Heiner/Ausborn-Brinker, Sandra/Fröhlich, Michael (Hg.): Philosophie und Religion, a.a.O., 129–134.

Kultusministerium des Landes Sachsen-Anhalt (Hg.): Ethik- und Religionsunterricht in der Schule mit Zukunft. Expertise einer Arbeitsgruppe zur Zukunft ethischer und religiöser Bildung an den Schulen des Landes Sachsen-Anhalt, Magdeburg 2001.

Ministerium für Bildung, Wissenschaft und Kultur des Landes Mecklenburg-Vorpommern (Hg.): Evangelischer und katholischer Religionsunterricht in Mecklenburg-Vorpommern. Leitlinien und Rahmenbedingungen, Schwerin 2000.

Schwerin, Eckart: Fächergruppe »Evangelischer/Katholischer Religionsunterricht und Philosophieren mit Kindern in Mecklenburg-Vorpommern«, in: ders./Wilke, Hans-Hermann (Hg.): Aufbrüche und Umbrüche. Zur pädagogischen Arbeit der evangelischen Kirchen seit der Wende, Leipzig 1998, 148–171.

Ders.: Religionsunterricht in Mecklenburg-Vorpommern, in: Hahn, Matthias/Hartmann, Christoph/Kahl, Detlev (Hg.): Religiöse Bildung und religionskundliches Lernen in ostdeutschen Schulen, a.a.O., 165–188.

Ders.: Die Fächergruppe Katholische und Evangelische Religionslehre und Philosophieren mit Kindern/Philosophie in Mecklenburg-Vorpommern. Ein Vergleich mit dem Wahlpflichtbereich Ethik-Religion in Sachsen-Anhalt, in: Domsgen, Michael/Hahn, Matthias/Raupach-Strey, Gisela (Hg.): Religions- und Ethikunterricht in der Schule mit Zukunft, a.a.O., 215–226.

Ders./Brune, Johannes/Fröhlich, Michael: Fächergruppe Kath. und Ev. Religionslehre/Philosophieren mit Kindern/Philosophie in Mecklenburg-Vorpommern, in: Hastedt, Heiner/Ausborn-Brinker, Sandra/Fröhlich, Michael (Hg.): Philosophie und Religion, a.a.O., 75–101.

Simon, Werner: Der besonderen Situation angepasst. Schulischer Religionsunterricht in den ostdeutschen Bundesländern, in: HerKorr 57 (2003) 564–568.

Ders.: Katholischer Religionsunterricht als schulisches Unterrichtsfach. Beobachtungen zu Entwicklungen in den ostdeutschen Bundesländern, in: RpB 48/2002, 129–149.

Ders.: Lernen in Zusammenhängen. Ansätze fachübergreifenden und fächerverbindenden Lernens in Lehrplänen für den katholischen Religionsunterricht in der Sekundarstufe I, in: rhs 44 (2001) 141–148.

Gerüst einer offenen religiösen Grundbildung

Horizonte innovativ-lebendiger Gestaltung
eines Religionsbuches

KLAUS KÖNIG

1 Informationskultur und Religionsbuch

Die Konzeption eines Schulbuches im Fach Religion wird von vielen Faktoren aus Gesellschaft, Kirche, Schule, Wissenschaft u. Ä. direkt und indirekt beeinflusst (vgl. Hilger 1976, 155). Um Entwicklungslinien und mögliche Perspektiven der Schulbuchgestaltung zu beschreiben, reicht es aus, die Wechselbeziehung zu einer Einflussgröße herauszugreifen. Ein großflächig-epochal angelegter Rückblick zeigt, dass substanzielle Veränderungen für das Medium religiöser Grundbildung nötig werden, wenn sich der allgemeine Zugang zu Informationen neu formiert. Da dies auch gegenwärtig der Fall ist, liegt eine Entwicklung vor, die – wie schon an entsprechenden Schnittstellen der Vergangenheit – neue Perspektiven für die Konzeption religiöser Bildungsmedien verlangt:

Die vormoderne Gesellschaft des europäischen Mittelalters informierte durch *Erzählungen* in unterschiedlicher Form. Religiöse Bildung entstand durch mündliche Traditions- und Erfahrungsweitergabe, daneben ermöglichte die rituelle religiöse Praxis unmittelbare Lernprozesse, für die das Bildprogramm der Kirchen und Kathedralen den Rahmen für religiöse Vorstellungswelten bereitstellte. Der Vorrang des Mündlichen bewirkte eine lokale und familiale Ausdifferenzierung religiöser Bildung, die kirchlich durch liturgische und ikonographische Standardisierungsversuche in Grenzen gehalten und durch die spätmittelalterliche Inquisition eingedämmt wurde.

Der Rationalisierungsschub der frühen Neuzeit forderte eine höhere reflexive und intersubjektive Überprüfbarkeit von Informationen; der *Buchdruck* verlieh dieser Tendenz das entsprechende Medium. Buchdruck und das sich langsam entwickelnde Elementarschulwesen erhöhten nicht nur die Zugänge zu

Informationen, sie machten Wissensbestände auch verlässlicher, systematischer und steuerbarer. Zudem werden Informationen durch die Konzentration auf das Buch interaktionsärmer, sinnlich einliniger und affektreduzierter vermittelt. Auf diesem kulturellen Hintergrund wuchs in Teilen Europas – im Verbund mit der Konfessionalisierung des christlichen Glaubens – das Bedürfnis, religiöse Bildung auf eine normierte, überregional gültige und zugleich konfessionell abgrenzende Wissensbasis zu stellen. Die Katechismen erfüllten diese Anforderungen, indem sie sich auf inhaltliche Grundsätze und ethische Weisungen konzentrierten, die die Sicherheit der Gläubigen in Fragen kirchlicher Glaubensgehalte und christlicher Lebensführung erhöhten. Mit der allgemeinen Schulpflicht seit dem 19. Jahrhundert wurde der Katechismus zum Leitmedium des Religionsunterrichts. Als Lexika, Zeitschriften und Zeitungen die Zugangsmöglichkeiten zu Informationen erweiterten, veränderte sich die Stellung des Katechismus: Da seine alleinige Zuständigkeit für religiöse Informationsvermittlung nicht mehr zu halten war, wurde er zum zentralen Maßstab, von dem aus und auf den hin andere Medien religiöser Bildung ihren Platz fanden. Um diese Funktion zu erhalten, wurden in der Mitte des 20. Jahrhunderts lernpsychologisch ambitionierte Revisionen notwendig – im katholischen Bereich z.B. durch die Münchener Methode – , die aber schon signalisierten, dass sich die zentrale Bedeutung des Katechismus für die religiöse Bildung dem Ende zuneigte.

Der Siegeszug des Fernsehens und die rasche Ausbreitung *audio-visueller Medien* vergrößerten und individualisierten seit den Sechzigerjahren des 20. Jahrhunderts die Zugänge zu Informationen. Diese Medien werten die Bilder auf und machen Informationen affektiver, internationaler und pluraler. Entsprechend rasch verschwand ein statischer Bildungs- und Wissenskanon, weil er für einen problemorientierten und emanzipatorischen Umgang mit der Informations- und Meinungsfülle keine ausreichenden Grundlagen mehr bot. Im Fach Katholische Religion hatte der textbestimmte und traditionsorientierte Repräsentant dieses Kanons – der Katechismus – als Medium und Maßstab religiöser Bildung ausgedient und wurde durch eine Fülle neuer Lese-, Arbeits- und Themenbücher ersetzt. In ihnen präsentiert sich Religion als ein vielschichtiges, personales, kirchliches und kulturelles Phänomen, das sich kaum durch einen fest umrissenen Wissenskanon abdecken lässt. Es will vielmehr entdeckt, befragt und unterschiedlich fruchtbar gemacht werden. Insofern mischen gegenwärtige Religionsbücher auf je eigene Art Informationen mit diskursiven, religiös-praktischen und ästhetisch ambitionierten Bearbeitungsformen, die die Kompetenz persönlicher Stellungnahmen durch die Lernenden fundieren und fördern. Die Bücher spiegeln die zeitgenössische Informationskultur, indem sie Bildern einen eigenständigen Bildungswert einräumen und plurale wie internationale Informationsquellen multiperspektivisch integrieren. Zu ihrer Konzeption gehört es, auf Informationsmöglichkeiten außerhalb des Schulbuches hinzuweisen, ohne dass deren Gebrauch im Unterricht bislang zwingend notwendig wäre.

Die rasante Ausbreitung *digitaler Medien* am Beginn des 21. Jahrhunderts transformiert den Zugang zu Informationen und den Umgang mit ihnen. Zwar befinden wir uns gegenwärtig in einem Zwischenstadium, weil sich »jedes neue Medium zunächst an einem älteren orientiert, bevor es seine eigenen Möglichkeiten entdeckt und gewissermaßen zu sich selber kommt« (Enzensberger 1988, 99). Computer, Internet und Ähnliches werden also bisher eher wie elektronische Bücher benutzt, was die Zurückhaltung der allgemein bildenden Schulen im Einsatz digitaler Medien begründen mag. Zu sich selber kommen die neuen Medien, wo sie – vergleichbar mit dem Buch in der frühen Neuzeit – andersartige Informationssysteme und -gehalte aufbauen und entsprechend genutzt werden. Das Internet z.B. vereinfacht nicht nur die Recherche, es fördert auch den Aufbau von Kommunikations- und Kooperationsstrukturen, die sozial-kulturelle, vernetzte Formen der Informationsverarbeitung notwendig machen. Elektronische Möglichkeiten der Informationsdarstellung durch kreatives Design z.B. geben »multimedialen, assoziativen, anarchischen« (Giesecke 2002, 279) Darstellungsformen neuen Raum. Geänderte Lernumgebungen durch dezentrale Vernetzungsformen erleichtern unmittelbar Rückkoppelungsmöglichkeiten, die sich auf die Lernorganisation und die Kontrolle des Lernerfolgs beziehen. Da sich die Schulen auf Dauer den Lernerfordernissen und Lernchancen digitaler Medien nicht verschließen können, stellt sich die Frage nach Konzeption und Funktion des Schulbuches im Religionsunterricht neu. Dies gilt unter der Voraussetzung, dass eine Koexistenz zwischen gedruckten und elektronischen Medien prinzipiell plausibel ist.

2 Die Funktion eines Religionsbuches in digital dominierten Lernprozessen

Wenn die Arbeitsplätze der Schülerinnen und Schüler in der Schule über eine ausreichende digitale Grundausstattung verfügen, werden die elektronischen Medien das Buch und seine kopierten Ersatzformen als Leitmedium des Unterrichts ablösen. Das Buch muss demnach eine Funktion im Unterrichtsprozess erhalten, die durch elektronische Medien nicht oder schlechter abzudecken ist, weil das Buch spezifische, nur schwer ersetzbare Eigenschaften besitzt und mit diesen eine Lücke ausfüllt. Um sich ihr zu nähern, wird zunächst benannt, was das Buch nicht mehr leisten muss:

Heute schon ist in den digitalen Medien eine solche Fülle an religiös relevanten Grundlagentexten, Lexikon- und Hintergrundartikeln auf leicht zugängliche Weise abrufbar, wie sie kein Buch auch nur annähernd bieten kann. Da sie sich in unterschiedlichen sprachlichen Gewändern und Schwierigkeitsgraden präsentieren, ist es nicht schwer, sie in einer jahrgangsgerechten Form zu finden. Demnach übernehmen die digitalen Medien mit der Bereitstellung von Informationen eine der seitherigen Hauptaufgaben des Buches und dispensieren es davon. Die historisch absteigende Linie, die das Buch seit der frühen Neuzeit vom alleinigen über den maßgeblichen bis hin zum wichtigsten Träger von Informationen für religiöse Bildung in der Schule machte, findet nun ihren Endpunkt.

Die für den Religionsunterricht so elementare Vielfalt von Perspektiven und Positionen aus den Religionen, aus Kultur, Kirche und Theologie besitzt im Internet ein beispielloses Forum. Diskursives, Assoziatives, Skurriles lädt in unterschiedlichen Zusammenhängen zur Auseinandersetzung ein. Insofern spiegeln digitale Medien die gegenwärtige Religionskultur auf eine einzigartig ausführliche und aktuelle Weise. Auch auf diesem Feld ist das Buch leicht ersetzbar.

Der gesamte visuelle Bereich von Kunstbildern, Plakaten, Karikaturen und Filmen jeglicher Art wird immer stärker in digitaler Form aufbereitet. Qualitätsvolle Präsentationsmöglichkeiten sowie eine steigende Zahl von Bearbeitungs-, Verfremdungs- und Produktionsformen prädestinieren digitale Kameras, die CD-ROM und Websites für den Einsatz visueller Medien. Angesichts dieser Möglichkeiten werden die Beschränkungen des Buches besonders deutlich.

»Schließlich können digitale Medien originäre interaktive Lernumgebungen bereitstellen, anders als traditionelle Medien, die lediglich in Lernumgebungen als Material verwendet werden können« (Sander 2001, 145). Unterschiedliche Methoden, die nun stärker auf Kommunikation und Kooperation setzen, sind durch interaktive Lernsoftware, Online-Konferenzen, WebQuests im Internet und Ähnliches ohne ein Buch zu praktizieren. Neben einer strikt sachlichen Ausrichtung können Lernende ihre spielerischen und kreativen Qualitäten einbringen und weiter entwickeln.

Aus der Übernahme bisheriger Aufgaben des Schulbuches durch die neuen Medien lassen sich prinzipiell zwei Schlussfolgerungen ziehen:

Erstens: Das Schulbuch wird überflüssig. Zwar bleibt ein erheblicher Bedarf an didaktischer Strukturierung, der aber auf dem Hintergrund der Lehrpläne durch die Lehrenden mithilfe entsprechend aufgearbeiteter elektronischer Materialien übernommen werden kann. Allerdings liegt die Vermutung nahe, dass der Wegfall des Buches die didaktischen Aufgaben der Lehrenden erhöhen und die Selbsttätigkeit der Lernenden in Bezug auf die Problematisierung und kompetente Aneignung von religiös virulenten Gehalten vermindern wird.

Zweitens: Das Schulbuch wird entlastet und frei für eine veränderte Konzeption. Es kann sich verstärkt religionsdidaktischen Grundaufgaben widmen, die sich angesichts der komplexer werdenden Religionskultur und der steigenden Material- und Methodenfülle neu stellen. Sie bestehen darin, Wissensangebote in Orientierungswissen zu transformieren, das einen verantwortlichen Umgang mit der zeitgenössischen Kultur des Religiösen fördert. Eine Form dieser Umwandlung besteht in dem Versuch, Bildungsstandards zu beschreiben, die Substanzielles und Elementares von Akzidentiellem und Weitverzweigtem trennen. Dies wird zurzeit in erster Linie den Lehrplänen zugeordnet. Kataloge mit Mindestanforderungen, die sich auf Grundkenntnisse und Kernkompetenzen beziehen, bilden eine Seite der didaktischen Transformationsmedaille. Die andere Seite besteht in dem Bedürfnis nach Vermittlungswegen zwischen der Ausgangslage der Lernenden und den angezielten Standards. Gemeint sind Denk- und Lernwege für die Auseinandersetzung mit religiösen Erscheinungsformen in der Kultur (Religion) und im Subjekt (Religiosität). Solche Wege sind nötig, weil Religiöses nicht einfach gegeben ist, sondern sich erst im Prozess der Bearbeitung erschließt. Sie sind nicht unter Unterrichtsmethoden im klassischen Sinn zu subsumieren, haben aber als Arbeitsformen einen prozeduralen Charakter und damit einen unterschiedlich hohen methodischen Anteil. Die Erkenntniswege versetzen die Lernenden in die Lage, Texte, Bilder, Praktiken, Symbole, Konflikte, Kirchengeschichten und Ähnliches unter religiösen Fragestellungen zu bearbeiten. Sie intendieren die Fähigkeit, religiöse Phänomene wahrzunehmen, zu deuten, Stellung zu beziehen und Handlungsoptionen zu gewinnen. Ihre verstärkte Erarbeitung dient der Selbsttätigkeit der Lernenden im Unterricht, weil sie sich Rüstzeug aneignen, das sie selbstständig ergänzen und auf neue Fragestellungen, Inhalte und Materialien transferieren können. Da die Kultur des Religiösen sich weiter dynamisch entwickeln und entfalten wird und sie nur exemplarisch zu behandeln ist, rückt die Aneignung von Wahrnehmungs-, Denk- und Beurteilungskompetenzen stärker in den Vordergrund als eine Vermehrung von Wissens- und Informationsgehalten. Die Religionsdidaktik und andere Bezugswissenschaften des Religionsunterrichts haben eine Vielzahl von solchen Wegen plausibel gemacht, sie finden sich selbstverständlich auch in bisherigen Schulbüchern. Deren Materialorientierung hat aber zur Folge, dass die entsprechenden Erkenntnis- und Zugangswege eher implizit und verdeckt enthalten sind, was ihre explizite, kompetente und kritische Aneignung erschwert.

Kurzum: Das Schulbuch der Zukunft wird insofern einen anderen, innovativen Charakter besitzen, als es in erster Linie Denk- und Erschließungswege anbietet. Sie stehen zwischen den inhaltlichen Vorgaben der Lehrpläne und dem Material- und Methodenangebot digitaler Medien. Dabei präsentiert das Buch dauerhaft einzusetzendes Rüstzeug, die Elektronik wechselnde Materialien.

Zwar stehen die Erschließungsformen quer zu den Inhalten, sie werden aber an ihnen vorgestellt und ggf. exemplarisch erprobt. Eine traditionelle, an den Lehrplänen orientierte, inhaltliche Gliederung des Schulbuchs ist weiterhin möglich, gleichwohl sind Alternativen denkbar, die sich an den Bearbeitungsformen orientieren.

3 Äußerungsgestalten von Religion und ihre Erschließungsformen im Schulbuch

Es gibt keine Religion außerhalb von Kultur. Religion artikuliert sich in kulturell geprägten Formen. Personale Religiosität zeigt sich in einer Gemengelage aus der Präsenz von Religion in kulturellen Kontexten und ihrer situativen Adaption. Religiöses Lernen erfolgt demnach durch eine spezifische Bearbeitung kultureller Praktiken, die auf ihre impliziten, unbedingten, transzendierenden Sinnkonstruktionen und deren lebenspraktische Folgen hin befragt werden. Selbstverständlich gibt es in unterschiedlichen Praktiken verschiedene Annäherungen an Unbedingtes. Etwas salopp formuliert: Nicht überall, wo Gott draufsteht, ist eine transzendierende Sinnkonstruktion drin und wo diese Aufschrift fehlt, kann sich trotzdem viel Religion verstecken. Der Religionsunterricht hat es einerseits mit Mitteilungen zu tun, die von sich aus Nähe zur Religion beanspruchen, andererseits kommen verstärkt Äußerungen in den Blick, in denen die Lernenden für sich eine unbedingte Sinnkonstruktion namhaft machen, ohne dass diese Äußerungen Religiöses intendieren. Die Erschließungswege beziehen sich auf beide Ebenen und betreffen ein weites Spektrum an Äußerungen. Aus den vielen Mitteilungs- und Äußerungsformen seien hier exemplarisch nur Erschließungswege für Texte, Räume und (Kirchen)Geschichten herausgegriffen, ohne dass damit ein systematischer Anspruch verbunden wäre.

3.1 Texte

Das Schulbuch präsentiert in allen Jahrgangsstufen Anleitungen, Texte in unterschiedlicher Weise zu erfassen und zu bearbeiten. Ihre Komplexität nimmt langsam zu. Es kann mit einer Einführung in das Erzählen und Nacherzählen – etwa einer biblischen Perikope – beginnen: Lakonisches Erzählen hat andere Merkmale und Wirkungen als ausschmückendes Erzählen. Es folgen Anleitungen, die Adressaten, Perspektiven und Rollen zu wechseln, zentrale Begriffe oder Erzählzusammenhänge auszutauschen und Leerstellen aufzufüllen. Immer geht es darum, genau zu beobachten, wie sich durch unterschiedliche Erzählweisen der Gehalt eines Textes unter religiösen Vorzeichen je neu erschließt. Die Erzählmodi werden geprobt, trainiert und analysiert, um sie in einer höheren Jahrgangsstufe durch erste systematische Modelle der Texterschließung zu ergänzen. Dialogische, interaktive, dekonstruktivistische Erarbeitungen lassen sich kontrastieren mit grundlegenden hermeneutischen, dia- oder synchron angelegten Verstehensweisen. Texte analysieren, kommentieren, vergleichen erschließt im Detail andere Sinngehalte als ihre kreative Bearbeitung durch Vertonung, Verfremdung, einen Wechsel der Gattung oder durch ihre Umsetzung in ein Rollenspiel. Zudem bedarf es im Religionsunterricht einer kompetenten Einführung in den meditativen Umgang mit Texten. Bei all diesen kulturellen Praktiken – Kooperationen mit dem Sprachunterricht bieten sich an – erscheint das religiöse Proprium nicht allein in den Sinnangeboten des Textmaterials, es bedarf vielmehr einer spezifischen Fragehaltung, wofür der Religionsunterricht den Kontext bereitstellt. Im Laufe der Jahre eignen sich die Lernenden mit der Hilfe des Schulbuches vielfältige Texterschließungsformen bewusst und benennbar an, um Sinnkonstruktionen aus der christlichen Tradition, anderen Religionen oder der zirkulierenden Religionskultur überhaupt wahrnehmen und eine kritische Kompetenz für die Eigenarten religiöser Sprache aufbauen zu können. Wie sie Stellung beziehen, kann der Unterricht nicht vorgeben.

3.2 Räume

Die Religionen begegnen der normativen Kraft des Faktischen kritisch, weil sie Wirklichkeit – z.B. die Wirklichkeit des Todes – transzendieren. Deshalb kann es religiösem Lernen nicht nur darum gehen, »den Wirklichkeitssinn zu fördern, sondern einer menschenwürdigen und gottgefälligen Wirklichkeit zuliebe auch den Möglichkeitssinn bei den Schülerinnen und Schülern zu entwickeln« (Hilger 2001, 312). Will ein Schulbuch diese Qualifikation fördern, muss es Zugänge eröffnen, die die Vorstellungskraft anregen. Kunstwerke können vermitteln, dass die Wirklichkeit nicht im Definierbaren und Sagbaren aufgeht und einen Sinn für Alterität wecken. Der Aachener Dom, die Bilder von Marc Rothko und selbst Andrew Lloyd-Webbers Requiem – obwohl wortgebunden – hätten ungebaut, ungemalt und unkomponiert bleiben können, wenn sie durch Worte und Sätze ersetzbar wären. Im Religionsunterricht brauchen Erschließungswege für die ästhetische Form mannigfaltige und kompetente Anregungen, die die visionären Perspektiven dieser Formen mit den eigenen Lebensgeschichten und Deutungen spannend und spannungsvoll in Beziehung setzen. Für den Kirchenraum könnte dies etwa bedeuten, ihn zunächst zu durchschreiten, ihn als Klangraum zu erfahren, seine unterschiedlichen Helligkeitszonen wahrzunehmen, die Raumsymbolik im Sitzen, Stehen und Liegen (Gewölbe) zu erkunden, um sich später mit dem Programm seiner Architektur sowie der Ausstattung zu beschäftigen. Dies benötigt für Kirchenräume aus verschiedenen Epochen je eigene Akzentsetzungen, die für die spezifische Aura der Alterität sensibilisieren. Sinnliche Begegnungen mit diesen räumlich-ästhetischen Demonstrationen von Inhalten und Bezügen wecken Fragen: Welche Vorstellungen von Welt und Leben bergen sie und wie können wir ihnen gestaltend und feiernd begegnen? Wie wird in Räumen verschiedener Konfessionen und Religionen ein zentrales Grundproblem religiöser Ästhetik – das Nichtdarstellbare als solches darzustellen und das Unanschauliche anschaulich zu machen – bearbeitet oder gelöst? Damit ist eine Ebene erreicht, auf der das Schulbuch die Raumerschließung insofern vorantreibt, als es zu ihrer Bearbeitung durch religions- und theologiegeschichtliche, liturgische und semiotische Materialien anregt. Zudem lassen sich im Hinblick auf das angedeutete Grundproblem religiöser Ästhetik Vergleiche mit anderen Kunstformen – Bild, Musik – integrieren. Auch in diesem ästhetisch ausgerichteten Bereich profiliert ein an Erschließungswegen orientiertes Schulbuch das Fach Religion, weil es die Lernwege von originär fachbezogenen Fragestellungen her konstruiert. Architekturhistorische und kunstwissenschaftliche Informationen bilden demgegenüber Ergänzungen, für die das digitale Materialangebot zuständig ist.

3.3 (Kirchen-)Geschichten

Religion ist nicht nur auf kulturelle Äußerungsformen angewiesen, sie stößt kulturelle Prozesse auch an, formt und prägt sie. Dies benötigt in der Regel längere Zeiträume und führt zu einer gemischten Präsenz des Religiösen: Neben den religiösen Überlieferungen – z.B. in den Kirchen – stehen kulturelle Denk- und Handlungsschemata, die aus religiösen, z.B. explizit christlichen Wurzeln stammen und diese säkular transformiert weitertradieren. Sie werden durch Bereiche ergänzt, die religiöse Funktionen übernehmen, ohne dies offen zu legen. Das bedeutet, dass diese Mixtur aus Religion und Kultur keinen vollends unberührt lässt. Um ihr verantwortlich begegnen zu können, bedarf es der Auseinandersetzung mit Geschichte, die Wanderungen und Wandlungen des Religiösen – primär der jüdisch-christlichen Tradition – und die gewachsenen Zusammenhänge zwischen Religion, Kultur und Person erhellt. Wenn im Religionsunterricht die Lebenswelten der Vergangenheit zu religiös relevanten Geschichten für die Gegenwart aufbereitet werden, bildet die Rekonstruktion von Ereignissen zunächst eine Grundlage. Auf die Regularien weist das Schulbuch in aufbauender Weise hin: Zunächst klären die Lernenden, was sie für ihre Gegenwart aus der Vergangenheit wissen wollen. Welche Gründe und Anlässe gibt es dafür? Die Fragehaltung bestimmt die Auswahl der Quellen und Überreste. Ist ein erster Zugriff möglich, werden unterschiedliche Formen der hermeneutischen und analytischen Quellenbearbeitung erprobt und eingeübt. Dabei kommt es darauf an, das eigene Erkenntnisinteresse mit der Eigenart historischer Zeugnisse auszubalancieren. Schließlich lernen die Schülerinnen und Schüler, die aus der Quellenbearbeitung gewonnenen Einsichten zu Geschichten zusammenzustellen. Sie rekonstruieren also zeitliche Zusammenhänge, die die Quellen selber nicht aussagen können. Leitend für diese Verknüpfung ist wiederum das Erkenntnisinteresse, das die Perspektiven für die Zusammenstellung angibt und der rekonstruierten Vergangenheit ihre Bedeutung verleiht. Zwar stammt dieser Dreischritt aus der Historik, das Religionsbuch modifiziert sie aber unter fachspezifischen Gesichtspunkten. Dies kann sich in speziellen Fragehaltungen oder Wertorientierungen niederschlagen. Die Einführung betrifft auch die Sensibilisierung für unterschiedliche Vergegenwärtigungsabsichten des Vergangenen: Wird nach der Herkunft von verschiedenen Aspekten der gegenwärtigen Religionskultur gesucht oder nach Ergänzungen und Alternativen aus der Vergangenheit oder nach dem, was noch unerledigt ist und neuer Bearbeitung bedarf? Selbstverständlich wenden die Lernenden auch hier Arbeitsformen aus dem Umgang mit Texten, Bildern, Räumen und Ähnlichem an, was deren Komplexität reduziert. Gleichzeitig zeigt diese Integration, wie variabel und mehrperspektivisch mit Erschließungswegen gearbeitet werden kann.

4 Mit dem Schulbuch umgehen

Wie jedes Schulbuch hat auch die hier angedachte Konzentration auf Denk- und Lernwege Folgen für den Unterricht:

Die Skizze der drei Bereiche zeigt, dass es für die Entwicklung einer Erschließungskompetenz Lernprozesse bedarf, die durch Rückverweise, Wiederholungen, Kontrastierungen oder Ergänzungen aufeinander aufbauen. Da Schüler und Schülerinnen Denk- und Zugangsformen zu häufig gebrauchten Unterrichtsmedien in modifizierter Weise in anderen Themenbereichen erneut einsetzen, bietet ein durch Erschließungswege gestaltetes Schulbuch eine Möglichkeit an, Lernen im Religionsunterricht zu sequenzieren. Es kann einen Beitrag zum religionspädagogischen Problem der Sequenzialisierung von Lernprozessen leisten: Konsequent aufbauendes Lernen und eine nachhaltige Sicherung des Erarbeiteten beziehen sich nicht nur auf Wissenselemente, sondern eben auch auf Denk- und Lernwege.

Um den aufbauenden Charakter der Erarbeitungsformen und eine wachsende Selbsttätigkeit der Lernenden unterrichtspraktisch sicherzustellen, legen sich die Schülerinnen und Schüler einen Karteikasten, einen elektronischen Ordner oder ein »Buch der religiösen Lernwege« an, das sie über die Schuljahre hinweg begleitet. Sie notieren und ergänzen dort fortlaufend die Merkmale der erprobten Arbeitswege, ihre persönlichen Erfahrungen und Einschätzungen.

Da das Buch einen offenen und vielfältig strukturierten Unterricht anstoßen möchte, müssen die Lehrenden nicht alle Denk- und Erschließungswege in der gleichen Weise beherrschen. Vielmehr ist ihre Bereitschaft gefordert, Lernwege anzustoßen, einen Blick für mögliche Kombinationen zu entwickeln und umsichtige, kreative Anwendungen anzuregen. Dafür besitzt das Schulbuch durch seine Erklärungen und exemplarischen Durchführungen einen hinreichend unterstützenden Charakter. Unterrichtsplanung bedeutet nun, religionsdidaktisch relevante Fragestellungen zu erarbeiten und die Lernprozesse zu organisieren und koordinieren. Das Buch will den »unterrichtlichen Lernprozess lediglich vorstrukturieren und nicht den Lernweg festschreiben« (Hilger 1976, 162).

Für Religionsunterricht als offenen Lernprozess füllt das Schulbuch eine Lücke, indem es Denk-, Arbeits- und Erschließungswege präsentiert, die als dauerhaftes Rüstzeug subjektiv angeeignet und auf die inhaltlichen Materialien selbst kritisch angewendet werden. Eine dauerhafte, nachschlagbare – also gedruckte Form – ist der Aufgabe gegenüber angemessen.

Literatur

Enzensberger, Hans Magnus: Das Nullmedium oder Warum alle Klagen über das Fernsehen gegenstandslos sind, in: ders.: Mittelmaß und Wahn, Frankfurt a. M. 1988, 89–103.

Giesecke, Michael: Von den Mythen der Buchkultur zu den Visionen der Informationsgesellschaft. Trendforschungen zur kulturellen Medienökologie, Frankfurt a. M. 2002.

Hilger, Georg: Zur Funktion von Lehrbüchern für den Religionsunterricht, in: rhs 19 (1976) 155–163.

Ders.: Ästhetisches Lernen, in: ders./Leimgruber, Stephan/Ziebertz, Hans-Georg: Religionsdidaktik. Ein Leitfaden für Studium, Ausbildung und Beruf, München 2001, 305–318.

Sander, Wolfgang: Politik entdecken – Freiheit leben. Neue Lernkulturen in der politischen Bildung, Schwalbach/Ts. 2001.

KAPITEL V

Irritationen und Inspirationen – Religionspädagogik in der Begegnung mit anderen Disziplinen

Zum Bild »Engelsegnung Hinken« von Herbert Falken

MIRJAM SCHAMBECK

Rot und Schwarz, Leben und Tod, Segen und Fluch liegen hier im Widerstreit (vgl. Dtn 30,19). Die Gestalt, die von links oben kommt und deren Flügel von einem Licht gleißen, das nicht zu sehen ist, scheint mit dem ganzen Gewicht seines Körpers den anderen niederzudrücken. Der Engel hat kein Gesicht; der, der am Boden liegt, auch nicht. Beide trennt nur ein Balken.

Herbert Falken ist 1932 in Aachen geboren. Als Priester und Maler bringt er in diesem Werk, das in seiner Pfarrei Stolberg-Schevenhütte bei Aachen als neunte Kreuzwegstation hängt, ins Bild, was Leben und Sterben, was Mensch und Gott, was Gebeugt- und Aufgerichtetwerden bedeuten können. Die neunte Kreuzwegstation hat keinen Beleg in der biblischen Geschichte. Der dritte Fall Jesu ist ein Moment, das der Leidensgeschichte aus der Volksfrömmigkeit zugewachsen ist. Hier wird die zutiefst menschliche Erfahrung thematisiert, dass es im Leben nicht mehr weitergeht. Es gibt keinen Halt mehr, sondern nur noch das Fallen. Jesus, der einer von uns geworden ist, wird in die Reihe der Menschen und damit der menschlichen Erfahrungen gestellt. Auch in seinem Leben gibt es das Fallen. Der Kreuzweg greift es dreimal auf.

Falken, der seit 1949 zeichnet und malt, mutet in seinen Bildern den Betrachtenden diesen Widerstreit von Leben und Tod immer wieder zu. Eindrücklich geworden ist dieses Thema in seiner »Jakobsserie«, die den Kampf Jakobs mit dem Unbekannten am Flussufer des Jabbok schildert (Gen 32). Die Serien »Kommt der Engel zum Kreuz« und »Nacht und Engel« sind dessen künstlerische Vorläufer. Der »Schevenhütter-Kreuzweg«, der 1985 entstand, komponiert schließlich diese verschiedenen Klänge in ein thematisches Ganzes: die Auseinandersetzung von Ich und Du, von Mensch und Gott, von Ringem und Sich-Ergeben, von Leid und Erlösung.

Da wird ein Mensch, Jesus, zu Boden gedrückt. Er wird klein gemacht, geschunden und bedrängt. Die ganze Gestalt windet sich unter der Last, die ihr zugemutet wird. Das Leid der Welt, die Not der Menschen – hier finden sie Gestalt. Wo ist Gott? Wo bleibt der als barmherziger Vater vorgestellte Helfer in der Not? Ist er es nicht vielmehr selbst, der den Menschen hier unter das Joch zwingt?

Die Ambiguität dieser Frage findet in der Gestalt des Engels Anklang. Ist er die eigentliche Last, die den Menschen zu Fall bringt? Oder schickt er sich gerade an, den drückenden Balken vom Rücken des Geplagten zu nehmen? Der kräftige, nicht vom Schwarz durchtränkte rote Streifen im Hintergrund deutet eine Auflösung dieser Zweideutigkeit an. Der Balken soll aufgerichtet und der Mensch damit von seiner Last befreit werden. Der Titel »Engelsegnung« macht das endgültig. Der Mensch bleibt nicht allein. Mitten im Fallen zeigt sich Gott als derjenige, der die Last mitträgt und Segen schenkt – auch wenn das nicht heißt, dass der Weg in den Tod damit zu Ende ist. Aber der Tod hat nicht das letzte Wort.

Herbert Falken, Engelsegnung Hinken,
9. Station des Schevenhütter Kreuzwegs,
1985, Graphit, Öl, 43 x 30 cm

Glaubensphantasie – in der Rezeption von biblischen Texten

GÜNTER LANGE

Die Fülle von – respektvollen oder despektierlichen – Bedeutungen, die sich mit dem Stichwort »Phantasie« verbinden; die anscheinend mit dem Begriff gegebene Lizenz zum Ab- und Ausschweifen; erst recht die positive Verwendung des Phantasiebegriffs im Zusammenhang mit den absoluten Wahrheiten des christlichen Glaubens bzw. mit deren subjektiver Aneignung und Anverwandlung; die um Reinheit des Glaubens besorgte Verdächtigung unserer religionspädagogischen Vermittlungsstrategien, soweit diese sich auf das Recht von so schmutzigen Faktoren wie Subjektivität und Phantasie berufen – solche und ähnliche Vorbehalte machen es notwendig, den Gegenstand dieses Essays von vornherein einzugrenzen.

1 Tierisches zur Einleitung

Am besten geschieht das durch einen geläufigen Kasus, nämlich mit der Bekehrung des Paulus vor Damaskus (vgl. Lange 1991). Dreimal berichtet die kanonische Apostelgeschichte davon (9,1–19; 22,3–21; 26,9–18), keinmal ist dabei von einem Pferd oder auch nur von einem Reittier die Rede. Dennoch stellen sich heutige Leserinnen oder Hörer der Szene geradezu zwangsläufig vor, Paulus sei vor Damaskus vom Pferd gestürzt. Die »apokryphe« Zugabe wird keinem Text, sondern der produktiven Einbildungskraft von Malern verdankt (vgl. Boespflug 1996). Ihre phantasievolle Konkretisierung des schlichten biblischen Satzes »er stürzte zu Boden« ist wirksamer als der offenere lukanische Wortlaut. Die Künstler stellen sich nicht nur die Szene realistisch vor, sondern inszenieren zugleich eindrucksvoll die Höhe, von der Paulus herab muss – vom »hohen Ross« nämlich. In einer ritterlich-feudalen Gesellschaft mag das sogar einen gesellschaftskritischen Unterton gehabt haben. Heutige Adressaten können es leicht als gemalte Interpretation nachvollziehen. Der Sturz vom Pferd ist – obwohl (oder sogar: weil) es sich um ein Phantasieprodukt handelt – überzeitlich plausibel und wirkt archetypisch. In der Gestaltphantasie der Rezipienten des Textes verschmilzt diese interpretierende visuelle Zugabe so sehr mit dem ursprünglichen Text, dass alle meinen, sie hätten gelesen, was sie tatsächlich »nur« auf Bildern gesehen haben können.

Ähnlich scheint es bei der Lektüre des Satzes zu gehen: »Da stand Josef in der Nacht auf und floh mit dem Kind und dessen Mutter nach Ägypten« (Mt 2,14): Vor dem inneren Auge sieht man nicht nur das Heilspersonal, sondern so gut wie immer auch einen Esel!

2 Mögliche biblische Weiterungen

Das sind unverfängliche Beispiele: Der die Christen verfolgende »Saulus« als Fußgänger oder als Reiter, das Jesuskind auf dem Nacken Josefs oder auf einem Lasttier – das mögen letztlich unerhebliche Nuancen sein. Aber man kann die Sache gedanklich weiter treiben. Was wäre, wenn schon im authentischen Lukastext stünde, Paulus sei im Zuge seiner Bekehrung vor Damaskus »vom Pferd« gestürzt? Dem Schriftsteller Lukas, der ja nicht zufällig von der späteren Legende zum »malenden« Evangelisten stilisiert worden ist (vgl. Lange 2002b), wäre eine solche visuell-interpretierende Inszenierung des Vorgangs durchaus zuzutrauen.

Damit stellt sich aber die weitaus aufregendere Frage, ob es nicht auch *innerhalb* der kanonischen Schrifttexte selbst Phantasiearbeit geben könne. Um bei Lukas zu bleiben: Könnte es sein, dass der Evangelist die eindrückliche Geschichte der Geburt des Jesus »von Nazaret« (!) im Davidsort Bethlehem mit der Absicht imaginiert und arrangiert hat, uns Jesus anschaulich als den verheißenen Davidssohn zu präsentieren? Könnte es sein, dass Matthäus dementsprechend den Besuch der heidnischen Magier an der Krippe imaginiert und arrangiert hat, um damit die Universalität des messianischen Heilsanspruchs Jesu narrativ herauszustellen? Oder noch substanzieller: Ist die Behauptung der Jungfräulichkeit Marias eine im damaligen Weltbild und dem entsprechenden kulturellen Milieu plausible Veranschaulichung der »eigentlich« gemeinten Wahrheit, dass mit Jesus etwas im menschlichen Zeugungs- und Generationenzusammenhang unableitbar Neues beginnt, ein unvergleichliches Einssein mit Gott? Ist das leere Grab die Ursache oder »nur« die menschenfreundliche Veranschaulichung des Glaubens an die an sich analogielose Auferstehung des Herrn? Gibt es also außer in der Poesie (vgl. Damerau 2003) auch im Glauben so etwas wie »erfundene Wahrheiten« (Seip 2002)? »Nackte« Wahrheiten, nachträglich reflektierend aus den Geschichten herausgefiltert, wären dann beispielsweise: Jesu Davidsohnschaft, die Universalität seines Anspruchs, seine Präexistenz, sein wesenhaftes Einssein mit Gott usw. Abstrakte Begriffe, Katechismuswahrheiten ohne Fleisch und Blut, ohne eine in seelischen Tiefen wirksame Gestalt! Deshalb darf man wohl annehmen, dass sich die Inspiration eines biblischen Verfassers, wie bei einem Künstler, gerade auf die möglicherweise frei imaginierten Züge seines Textes bezieht. Das göttliche Wirken im Entstehungsprozess der Schriften »mindert nicht die Eigentätigkeit der beteiligten Menschen, sondern aktiviert sie«; die produktive Einbildungskraft gehört ganz gewiss zu dieser Eigentätigkeit. »Die biblischen Autoren sind nicht weniger Verfasser, als es auch andere Autoren hinsichtlich ihrer Bücher sind« (Gabel 1996, 540).

3 Behutsame Vermittlung

Wie das dann in Schule und Kirche einer Klientel zu vermitteln wäre, die das Wahrsein einer Geschichte ausschließlich mit deren nachweisbar empirischwirklichen Passiertsein gleichsetzt, wäre ein neues Thema. Vielleicht ließe sich ein Anfang machen mit »Ochs und Esel« an der Krippe. Bekanntlich kommen die beiden Tiere im kanonischen Weihnachtsevangelium nicht vor, wohl aber beim Propheten Jesaja, dessen gesammelte Worte eröffnet werden mit einer Klage über die Untreue des Gottesvolkes: »Der Ochse kennt seinen Besitzer und der Esel die Krippe seines Herrn. Israel aber hat keine Erkenntnis, mein Volk hat keine Einsicht« (Jes 1,3). Die christlichen Prediger seit Origenes (3. Jh.) haben diese Stelle keineswegs herangezogen, um die weihnachtliche Stallidylle auszumalen. Die beiden Tiere stehen vielmehr für den prophetischen Anspruch, im Kind in der Krippe den Herrn (Christus) zu erkennen. Sie enthalten die predigthafte Aufforderung: Lass dich von den vernunftlosen Tieren nicht beschämen!

Wiederum ließe sich fragen, was wäre, wenn der Evangelist selbst und nicht erst seine späteren Ausleger diesen Schrifthinweis in seine kerygmatische Erzählung eingebaut hätte? Könnte nicht sogar der schlichte Hinweis des Lukas auf die Tierkrippe (Lk 2,7.12) schon als versteckter Hinweis auf den Jesaja-Vers (Jes 1,3) für Bibelkenner gemeint gewesen sein?

Um im Blick auf unsere Adressaten die Sache in Gedanken weiter zu treiben, ließe sich ein anderes Jesaja-Motiv heranziehen, nämlich das vom messianischen Tierfrieden. Was wäre als Lebensprogramm Jesu gemeint, wenn Origenes und die ihm folgende apokryphe Tradition statt Ochs und Esel »Lamm und Wolf« friedlich vereint (Jes 11,6) an die Krippe Jesu versetzt hätten (vgl. Lange 1995)?

Ich beschränke mich im Folgenden auf einige »apokryph« vermittelte Bildmotive – letztlich um herauszufinden, inwiefern sie für das Glaubensverständnis hilfreich sein können und wo ihre Grenzen liegen, habe aber dabei immer mit im Auge, dass die Legitimierung von tradierten Phantasieprodukten *außerhalb* der Schrift in Zukunft zwangsläufig auch zu einer unbefangeneren Zulassung der Frage nach den subjektiven Phantasie-Elementen *in* den inspirierten normativen Texten führen müsste (vgl. Ritter 2000). Dass angesichts der Fülle des zur Verfügung stehenden nachbiblischen Materials hier nur Stichproben möglich sind, ist selbstverständlich.

4 Einzelfälle

4.1 Anonymes personifizieren

Die Glaubensphantasie fühlt sich besonders herausgefordert, wenn Protagonisten der Evangelien keine Visitenkarte hinterlassen haben. Wer war beispielsweise die »blutflüssige Frau« (Mk 5,25–34)? Wer mag der zweite Emmausjünger – neben dem genannten Kleopas (Lk 24,18) – gewesen sein? Und wer war der Bräutigam der Hochzeit zu Kana (Joh 2)? Statt darüber nachzudenken, warum sich das Evangelium für die Lösung solcher Rätsel nicht interessiert, sucht die Tradition diese mit Phantasie zu lösen, und ihre Antworten geben zu denken und zu schauen: Die anonyme Blutflüssige (Hämorrhoissa) ist identisch mit Martha (Lk 10; Joh 11–12) einerseits, mit der legendären Veronika andererseits. Als zweiter Emmausjünger gilt der Herrenbruder Jakobus (1 Kor 15,7) oder Nathanael (Joh 1,45), der wiederum mit dem Apostel Bartholomäus bzw. mit Simon Zelotes gleichgesetzt wird. Die weitreichendste Identifikation gilt dem Bräutigam der Hochzeit zu Kana: Manche möchten in ihm den Lieblingsjünger Jesu sehen; demzufolge hätte dieser auf den Vollzug der Ehe verzichtet, um Jesus nachzufolgen.

Im Spätmittelalter werden außerdem verwandtschaftliche Beziehungen zwischen einem Teil der Apostel konstruiert. Das führt dann zum Bild von der »Heiligen Sippe« (vgl. Lechner 1972); es stellt den Apostelkreis mehr oder weniger als eine Art »Großfamilienbetrieb« mit vorbildlichem Verhältnis der Generationen untereinander dar.

Längst bekannt und genügend herausgestellt ist, wie sehr die Maria Magdalena der nachbiblischen westlichen Legenden- und Bildtradition ein Phantasieprodukt darstellt – ihre Verschmelzung mit der anonymen Sünderin (Lk 7,37–50) ebenso wie mit Maria von Bethanien, der Schwester des Lazarus und der Martha (Lk 10,38–42). Als solche Kunstfigur hat sie in der Frömmigkeitsgeschichte und der ihr entsprechenden Bildtradition Karriere gemacht – vor ihrer heutigen Renaissance in der feministischen Theologie.

Dass auch die Eigennamen der vier Evangelienverfasser Phantasieprodukte sind, ist den wenigsten Bibellesern bewusst: Unsere Evangelien wurden zuerst einzeln und anonym überliefert; Verfassernamen erhielten sie erst mit ihrer Zusammenstellung und Kanonisierung im 2. Jahrhundert (vgl. Schmithals 1982). Der Martyrer Justin (ca. 165 n. Chr.) scheint jedenfalls die Namen noch nicht zu kennen.

4.2 Lakonisches ausmalen

Die Bildtradition benötigt in vielen Fällen mehr anschauliche Vorgaben, als der Bibeltext hergibt. Das gilt schon vom Lebensanfang Jesu: »Herodes ließ in Bethlehem und der ganzen Umgebung alle Knaben bis zum Alter von zwei Jahren töten« (Mt 2,16). Das ist an (vermutlich gewollter) Lakonie nicht zu überbieten. »Kein Wort ist zu viel; der Evangelist verweigert sich jeder legendarischen oder novellistischen Ausschmückung. Gerade diese Kargheit muss interpretiert werden« (Luz 2002, 180). Es soll die Größe der Gefahr angezeigt werden, der das Jesuskind knapp entronnen ist. Nach anfänglicher Zurückhaltung in der christlichen Ikonographie wird spätestens in der Barockmalerei daraus eine »Mords-Szene« (Wimböck 2002, 169ff). Schon die Zahlenphantasie steigert die Anzahl der Opfer von realistisch »zwanzig bis dreißig« (Michl 1958, 313) zu 14.000 in der byzantinischen Tradition. Zweifel an letzterer Zahl wies die in Rom für die griechischen liturgischen Bücher zuständige Kommission 1733 zurück (vgl. Stichel 1990, 59, Anm. 254).

Knapp, geradezu unanschaulich, fällt am Ende des Lebens Jesu auch der Bericht über den Vorgang der Kreuzigung aus. Da es keine Bildzeugnisse zur antiken Kreuzigungsstrafe gibt, ist alles, was uns beim Hören des Sätzchens »und sie kreuzigten ihn« (Mk 15,24 par) vor Augen steht, Zugabe der christlichen Einbildungskraft (vgl. Lange 1997, 9ff). Ebenfalls wird in den Evangelien ohne jede Anschaulichkeit vom »Herabnehmen« des Leichnams Christi und von dessen Bestattung gesprochen (Mk 15,46 par). Ganz abgesehen davon, dass nach Apg

13,29 die *Juden* den Leichnam Jesu ins Grab gelegt hätten und nicht seine pie-
tätvollen Anhänger – das Bild der sitzenden Muttergottes mit dem toten Sohn
auf dem Schoß, die sog. Pietà, das abendländische Inbild des Mutterschmerzes
bzw. der Präsentation der Leidensmerkmale Jesu durch seine Mutter, ist weder
vom Neuen Testament, noch von Apokryphen ableitbar und erlangte seit dem
14. Jh. dennoch höchste Plausibilität für eine teils mystisch gefärbte, teils volks-
tümliche Passionsfrömmigkeit (vgl. Büttner 1983, 98ff).

4.3 Mit Marias Augen sehen

Die Bildtradition ist überhaupt und zunehmend darum bemüht, Maria, stärker
als biblisch vorgegeben, in das Leben Jesu und in dessen subjektiv-emotionale
Anverwandlung einzubeziehen. In den franziskanisch gefärbten »Meditationes
vitae Christi« (um 1300) und in der »Vita Jesu Christi« des Kartäusers Ludolf
von Sachsen (14. Jh.) ist beispielsweise zu lesen, Maria habe, als Jesus auf
Golgota, völlig nackt und ohne Lendentuch, schutzlos den Blicken der Menge
ausgesetzt gewesen sei, ihm schmerzerfüllt und wortlos ihren Kopfschleier um
die Lenden gebunden. Ebenso habe sie kniend und unter Tränen die Soldaten
flehentlich gebeten, dem toten Sohn nicht die Beine zu zerschlagen.

Der Auferstandene erscheint
seiner Mutter, Holzschnitt, um 1489,
(Itinerarium B. Mariae Virginis; aus:
Art. »Erscheinungen Christi«, Reallexikon
zur deutschen Kunstgeschichte 5 (1967)
1355)

Die Struktur des Gebetes »Gegrüßet seist du, Maria« und dessen Funktion im Rosenkranzgebet entspricht dem affektiven Blick auf das Leben, das Leiden und die Verherrlichung Jesu »mit den Augen« seiner Mutter.

Schon den Kirchenvätern (Ambrosius zum Beispiel) stellte sich die Frage, ob der Auferstandene nicht zuerst seiner Mutter erschienen sein müsse. Seit dem 86. Kapitel der schon erwähnten franziskanischen »Meditationes« ist die gläubige Vorstellungskraft davon überzeugt, der auferstandene Jesus sei zuallererst seiner Mutter erschienen.

4.4 Fernliegendes zusammenschauen

Wer eine Karte »Jerusalem in der Kreuzfahrerzeit« anschaut, sieht sich mit zahlreichen Produkten frommer Einbildungskraft konfrontiert, zum Beispiel: die Kirche St. Anna – vermuteter Platz der Häuser der Eltern Mariens, Anna und Joachim; St. Maria de Spasmo – Ort der Ohnmacht Mariens, als sie Jesus begegnet; St. Simeon – Haus des hl. Simeon, birgt sein Grab und seine Wiege sowie das Bad Jesu und Bett Mariens; St. Peter in Gallicantu – hier versteckte sich Petrus und weinte, als er Jesus verleugnet hatte.

Die Erheiterung über das Lokalisierungsbedürfnis der Jerusalempilger und die fromme Einfalt, mit der dieses befriedigt wurde, weicht aber der katechetischen Bewunderung beim Betreten der Grabeskirche: »Am Golgotafelsen hafteten mittlerweile auch die Traditionen des Paradieses, Mitte der Welt, des Grabes Adams und des Isaakopfers ... Wollte man sich konkret die Situation des Adamsgrabes und der Kreuzigung vorstellen, so musste das Grab unter dem Kreuz zu liegen kommen; nur so wurden die nachbiblischen Erzählungen verständlich, dass das Blut Jesu vom Kreuz hinabfloß und in das Grab Adams gelangte. In einer unteren Kapelle ... wurde also das Grab Adams verehrt« (Krüger 2000, 46; vgl. Thümmel 2003). Dieses lokale Arrangement entspricht nicht nur einschlägigen »nachbiblischen Erzählungen«, sondern beruht letztlich auf der Adam-Christus-Parallele, die Paulus benutzt (Röm 5; 1 Kor 15), um die universale Geltung der Christusgeschichte zu demonstrieren. »Dank Christus erhält das in der ›Urgeschichte‹ gezeichnete Menschsein Heil und reale Vollendungsmöglichkeit« (Ganoczy 1993, 137) – so ließe sich in Katechismussprache überführen, was die Lokaltradition in Jerusalem eindrucksvoll vor Augen führt und was sich in unzähligen Kreuzigungsdarstellungen wiederholt, wenn sie unter dem Kreuz, vielleicht sogar in einer Höhle, in die das Blut Christi tropft, einen Totenschädel zeigen – nämlich Adams Haupt (vgl. Erich 1937, 157ff). Es spielen zusätzlich die Legenden vom Kreuzesholz herein: Das Kreuz Jesu soll aus dem Baum gefertigt worden sei, der aus Adams Grab wuchs, nachdem Seth einen Zweig vom Paradiesbaum dort gepflanzt hatte (vgl. Wessel 1966, 53; Kretzenbacher 1995, 12). Auf ihre genuine Weise zieht und sieht damit sowohl die Legenden- wie die jerusalemer Lokaltradition zusammen, was in der Zeiten- und Textabfolge extrem auseinander liegt: Paradiesverheißung und Kreuzerfüllung (vgl. Dinkler/Dinkler-von Schubert 1995, 7f). Dasselbe kann übrigens auch mit einfachsten Mitteln geschehen, etwa wenn das Kreuz floral, als lebender (Paradies-)Baum gestaltet ist.

4.5 Typologien entdecken

Typologische Exegese, bis zum Siegeszug der historisch-kritischen Bibelauslegung gang und gäbe, schaut produktiv zusammen, was nach literarischer Gattung, nach historischer Situation bzw. Funktion und nach theologischer Intention weit auseinander liegt. Ohne die Kenntnis solcher pneumatisch-phantasievollen Zusammenschau bliebe die christliche Bildtradition bis zur Neuzeit weithin unverständlich. Auch die sog. Armenbibeln (»Biblia Pauperum«) basieren darauf.

Das Isaakopfer Abrahams als Vorausbild der Eucharistie hat beispielsweise einen festen Platz in der typologischen Exegese. Dass Golgota auch identisch sei mit dem Berg im Land Morija, wo der Überlieferung nach Abraham auf Gottes Geheiß den eigenen Sohn zu opfern bereit war (Gen 22), findet seinen Grund in den Parallelen, die schon die frühen Kirchenväter zwischen dem Kreuzesopfer Christi und dem Abrahamsopfer sahen (Palli 1968, 28f). Isaak, der eigenhändig das Opferholz trägt, als Vorbild (»Typos«) Christi; das Abrahamsopfer als Vorbild für Christi Opfertod und als Hinweis auf dessen Vergegenwärtigung in jeder Eucharistiefeier.

Apropos Opferholztragen: Durch die darstellende Kunst (»Kreuzweg«!) verführt, nehmen wir in der Regel nicht mehr wahr, dass Jesus bei allen drei Synoptikern gar nicht selbst das Kreuz trägt, sondern dass Simon von Cyrene genötigt wird, es Jesus nach(!)zutragen; erst Johannes hebt hervor, dass Jesus das Kreuzesholz aktiv selbst auf sich nimmt (Joh 19,17a). Wiederum sind es die Kirchenväter (Origenes u.a.), die die synoptischen Angaben mit den johanneischen harmonisieren, indem sie Jesus und Simon abwechselnd das Kreuz tragen lassen. Da das nicht simultan darstellbar ist, wird im traditionellen Bild der 5. Kreuzwegstation daraus ein gemeinsames Kreuztragen – was genau genommen weder der Intention der drei Synoptiker noch der des Verfassers des vierten Evangeliums entspricht (vgl. Schnackenburg 1977).

Summa summarum: Was die Theologen »im Geist« zusammenschauen und damit christozentrisch interpretieren, wird durch die Phantasie zusätzlich lokalisiert, materialisiert und so sinnenfällig und eindringlich gemacht. Es müsste von uns jeweils als Phantasiearbeit des »Geistes« durchschaubar gemacht werden (vgl. Mohnhaupt 2000; Zink 1986).

4.6 Ostern erschließen

Neben der biblisch-kanonischen Texttradition zur Auferstehung Jesu und deren Visualisierung in der westlichen Ikonographie bevorzugt die östliche liturgische Tradition die »Höllenfahrt«, d.h. den Hadesabstieg und -ausstieg Christi als Osterbild (vgl. Lange 2002a, 227–248). Aus biblischen Andeutungen zum Sieg Jahwes auch über die allesverschlingende Totenwelt (u.a. Ps 30,4; 107,10.14.16; 116,3.6; Jon 2,7; Hos 13,14; Hebr 2,14–15; 1 Petr 3,19) wird im apokryphen Niko-demus-Evangelium (5. Jh.) eine zusammenhängende schlüssig-anschauliche Geschichte: Die bei der Kreuzigung Jesu Auferweckten (vgl. Mt 27,52) geben zu Protokoll, wie sie die Ankunft Christi in der Totenwelt, die Überwindung von Satan/Tod und die Öffnung der ehernen Pforten der Unterwelt miterlebt haben (vgl. Lange 1988, 228ff). Ostern als Befreiung – als universaler Sieg mit einer Perspektive für alle, die seit Adam und Eva dem Tod verfallen sind: Das ist die Botschaft des entsprechenden Anastasis-Bildes der Ostkirche – und des Satzes »hinabgestiegen in das Reich des Todes« im sog. Apostolischen Glaubensbe-kenntnis, der seit ca. 400 belegt ist.

Beachtlich ist nicht nur, dass und wie hier ein Apokryphon zum liturgisch-offiziellen Ausdrucksmittel für den Osterglauben geworden ist – und damit Gleichrangigkeit gegenüber den biblischen Osterzeugnissen beansprucht. Viel-leicht noch bedeutsamer ist, dass neuerdings der Versuch gemacht wird, die bi-blische Tradition des leeren Grabes von dieser apokryphen Sichtweise aus zu interpretieren (vgl. Kittel 1999): Nach biblischer Vorstellung gelte jedes Grab als Zugang zum »Totenreich«. »Reich des Todes« meine in mythisch-räumlich-bild-hafter Manier die Menschheitserfahrung der Allmacht des Todes. So kann das durch Wegwälzen des Grabverschlusses geöffnete Grab Christi analog gesehen werden zu den aufgesprengten Hadespforten und das leere Grab analog zu der durch den Ostersieg entleerten Unterwelt. Somit würden Hadesab- und -aus-stieg als Bildwahrheit ganz nahe an den zeichenhaften Sinn des »leeren Grabes« heranrücken. Apokryphe Ausmalung und kanonische Bezeugung würden einan-der stützen und ergänzen. Die Strahlkraft der kanonischen Erzählung vom lee-ren Grab ließe sich nicht mehr reduzieren auf die blanke historische Frage, »ob ein bestimmtes Grab in einem bestimmten historischen Augenblick leer war und ob ein Historiker dies objektiv feststellen oder widerlegen kann« (Kittel 1999, 477).

5 Was ist aus alledem zu lernen?

Zunächst einmal: Die Wahrheit des biblischen Wortes sollte nicht von vornherein gegen die nachbiblischen »apokryphen« Schriften und die kirchliche Legenden- oder Meditationsliteratur ausgespielt werden; das Stichwort »Phantasietätigkeit« verbindet sie anscheinend mehr, als sich die dogmatische Weisheit bisher träumen lässt: Schon biblische Autoren imaginieren und phantasieren!

Die hier ausgewählten und vorgeführten Beispiele belegen darüber hinaus, dass Phantasiearbeit bei der *Weitergabe* und *Aneignung* von biblischen Botschaften unvermeidlich war und ist. Sie spiegeln in ihrer Buntheit etwas von der Fülle dessen, was christlicher Glaube den dafür disponierten Menschen zu schauen und zu denken gibt. Sie signalisieren zugleich die »Schwachstellen« biblischer Texte; denn man könnte aus den Beispielen eine Liste von Desideraten erstellen: was alles am vorliegenden Bibeltext die Rezipienten unbefriedigt ließ, welche Textvorgaben als zu knapp, zu sperrig, als unklar und zu spröde empfunden wurden.

Die nachbiblischen Geschichten und Bilder zeigen, dass das »Sinnpotenzial« von biblischen Erzählungen durch die historisch-kritische Feststellung der Autorenintention noch nicht ausgeschöpft ist. Im Laufe des Weitererzählens, Ausmalens, Spielens und betenden Betrachtens werden weitere Sinndimensionen entdeckt und dadurch biblische Vorgaben mit epochalen anthropologischen Erfahrungen korreliert (vgl. Luz 2002, 151, 171, 177 u.ö.).

Die Mehrzahl der Beispiele lässt jedenfalls etwas ahnen von der Relevanz der visuellen Phantasie für den Glauben – und von der »Anfälligkeit« speziell der katholischen Spielart dieses Glaubens für solche Erweiterungen (oder von der unkatholischen Rigidität eines strengen Sola-scriptura-Prinzips).

Bei aller inhaltlichen Verschiedenheit der Beispiele und bei allen unterschiedlichen Graden ihrer Seriosität und Relevanz lässt sich doch feststellen, dass damit ein Plus an Plausibilität und Konsistenz, auch ein Mehr an Aktualität der Botschaft erreicht werden soll, eine Steigerung von Subjektbezug und Emotionalität. Das führt dann allerdings dazu, dass viele dieser zeitbedingten Phantasieprodukte überholt sind und nur noch unser Unterhaltungsbedürfnis befriedigen bzw. zur Erklärung bestimmter historischer Kunstwerke unerlässlich sind.

Dennoch erweist sich manches aus diesem Repertoire als pastoral und katechetisch interessant und belangvoll. Und das ermuntert uns, eigenen Glaubensphantasien etwas zuzutrauen.

Literatur

Boespflug, François: La Conversion de Paul dans l´art médiéval, in: Schlosser, Jacques (Hg.): Paul de Tarse (Lectio Divina 165), Paris 1996, 147–165.

Büttner, Frank O.: Imitatio Pietatis. Motive der christlichen Ikonographie als Modelle zur Verähnlichung, Berlin 1983.

Damerau, Burghard: Die Wahrheit der Literatur. Glanz und Elend der Konzepte, Würzburg 2003.

Dinkler, Erich/Dinkler-von Schubert, Erika: Kreuz I, vorikonoklastisch, in: RBK 5 (1995), 1–219.

Erich, Oswald: Adam-Christus (alter und neuer Adam), in: RDK 1 (1937), 157–167.

Gabel, Helmut: Inspiration. V. Systematisch-theologisch, in: LThK³ 5 (1996), 538-541.

Ganoczy, Alexandre: Adam. V. Systematisch, in: LThK³ 1 (1993), 136f.

Hall, Stuart G.: Typologie, in: TRE 34 (2000), 208–224.

Kittel, Gisela: Das leere Grab als Zeichen für das überwundene Totenreich, in: ZThK 96 (1999) 458–479.

Kretzenbacher, Leopold: Kreuzholzlegenden zwischen Byzanz und dem Abendlande ... bis zum Zweiten Vaticanum, München 1995.

Krüger, Jürgen: Die Grabeskirche zu Jerusalem. Geschichte – Gestalt – Bedeutung, Regensburg 2000.

Lange, Günter: Bilder zum Glauben, München 2002a.

Ders.: Kunst zur Bibel, München 1988.

Ders.: Lukas, Porträtmaler der Gottesmutter, in: KatBl 127 (2002b) 196–201.

Ders.: »Pictor errans in historia sacra«? Zur Ikonographie der Bekehrung des Paulus, in: Fleckenstein, Wolfgang/Herion, Horst (Hg.): Lernprozesse im Glauben (FS Paul Neuenzeit), Gießen 1991, 247–250.

Ders.: »Seht das Holz des Kreuzes«. Das Kreuzthema in der christlichen Kunst bis zum Ende des Mittelalters, in: ders. (Hg.): »Scandalum Crucis« (Theologie im Kontakt 5), Bochum 1997, 9–43.

Ders.: Wenn Wolf und Lamm an der Krippe zusammenkommen, in: Langer, Michael (Hg.): Mit Schülern Gott suchen, Regensburg 1995, 21–24.

Lechner, Martin: Sippe, Heilige, in: LCI 4 (1972), 163–168.

Lucchesi Palli, Elisabeth: Abraham, in: LCI 1 (1968), 20–35.

Luz, Ulrich: Das Evangelium nach Matthäus (EKK 1/1), Düsseldorf/Neukirchen-Vluyn 2002.

Mâle, Emile: L'art religieux du xiiie siècle en France, Paris ⁵1923, Chap. III, 203–267.

Michl, Johann: Bethlehemitischer Kindermord, in: LThK² 2 (1958), 313.

Mohnhaupt, Bernd: Beziehungsgeflechte. Typologische Kunst des Mittelalters (Vestigia Bibliae 22), Bern 2000.

Ritter, Werner H. (Hg.): Religion und Phantasie. Von der Imaginationskraft des Glaubens, Göttingen 2000.

Schmithals, Walter: Evangelien, Synoptische, in: TRE 10 (1982), 570–626.

Schnackenburg, Rudolf: Das Johannesevangelium, Teil 3, Leipzig 1977, 312.

Seip, Jörg: Die Wahrheit erfinden? Eine Skizze zum fruchtbaren Spannungsverhältnis von Offenbarung und Fiktionalität, in: ZKTh 124 (2002) 190–200.

Stichel, Rainer: Die Geburt Christi in der russischen Ikonenmalerei, Stuttgart 1990.

Thümmel, Hans G.: Das Heilige Grab, in: Bartsch, Tatjana/Meiner, Jörg (Hg.): Kunst: Kontext: Geschichte (FS Hubert Faensen), Berlin 2003, 67–83.

Wessel, Klaus: Adam und Eva, in: RBK 1 (1966), 40–54.

Wimböck, Gabriele: Guido Reni (1575–1642). Funktion und Wirkung des religiösen Bildes, Regensburg 2002.

Zink, Jörg: DiaBücherei Christliche Kunst, Bd. 18: Verheißung und Erfüllung, Eschbach/Markgräflerland 1986.

Wirklichkeit als Widerfahrnis

Über Sinnenaufmerksamkeit zwischen Religionslehre und allgemeiner Pädagogik

HORST RUMPF

Auf der letzten Seite seines großen Werkes über »Denken – das Ordnen des Tuns« schrieb der Kognitionspsychologe und Pädagoge Hans Aebli einen einfachen Satz, der es in sich hat: »Wenn sie nicht ständig an die Basis konkreten Handelns und Sehens zurückgebunden werden, beginnen die Mühlen der Zeichensysteme bald leer zu drehen« (Aebli 1981, 396). Damit ist die Gefahr der leeren, der erfahrungsleeren Worte angesprochen – eine Gefahr, der jede Belehrung in einem künstlich ausgegrenzten Lernraum ausgesetzt ist. Und in besonderem Maß eine Belehrung, die sich auf Inhalte bezieht, deren Erfahrbarkeit sich aus den Lebenswelten der zu Belehrenden zurückzuziehen scheint – wie es nach vielen Zeitdiagnosen den Inhalten der Religionslehre widerfährt.

Umso verständlicher sind Suchbewegungen in der Gegenrichtung. Wenn sich schon in den verschiedensten Lernbereichen Akteure daran gemacht haben, nach Lehrformen zu fahnden, die handlungsorientiert, sinnenverwurzelt, kommunikativ zu sein beanspruchen, so kann der Betrachter der pädagogischen Szene den Eindruck bekommen, dass im Gebiet der so genannten Religionspädagogik der Gegenschlag gegen die doktrinäre Weitergabe leerer Wort- und Glaubensformeln besonders nachhaltig geführt wurde und wird: Wohin man greift, ist da von Subjektivierung, Hilfe bei der Bewältigung von Lebensproblemen, Erfahrungslernen, Affekt-Erziehung und ähnlichen Leitideen einer Lehre die Rede, die den sinnlichen Kern von christlicher Religiosität freilegen und kultivieren möchte.

Das kann so weit gehen, dass die Frage aufkommen kann, worin sich denn Unterweisung in christlichen Glaubensinhalten noch unterscheidet von einschlägigen Angeboten literarischer, historischer, ästhetisch getönter Fächer, die sich ja auch um die lebenspraktische Relevanz ihrer Inhalte sehr bemühen. Dann wäre die christliche Tradition nicht mehr als eine anregende Weisheitenquelle neben, sagen wir Freud, dem Dalai Lama oder Sloterdijk. Was ist, wenn zudem, dekonstruktivistisch, jedes Bemühen um eine verbindliche inhaltliche Aussage aufgesplittert ist in zahllose Aspekte ohne irgendeinen Halt in der Sache, in einem

Entäußerung fordernden Gehalt? Was ist also, wenn das nur zu verständliche Bemühen um subjektiv erfahrbare Vergegenwärtigungen von Sinn zur Abschaffung jeder Verbindlichkeit führt – wenn der Sog der Emanzipation und des Protestes gegen einschnürende Dogmen es dahin gebracht hätte, dass unsere Kultur insgesamt – und damit auch die christliche Überlieferung – zu einem freien Markt von Anregungen und freibleibenden Sinnangeboten geworden wäre? Man wird freilich dagegen fragen, ob denn das nicht die notwendige Konsequenz auch für die Schule einer weltanschauungspluralen Gesellschaft sein muss, wenn man nicht, wie es heißt, ins Mittelalter zurück will und der Linie des bekanntesten deutschen Kardinals im Heiligen Offizium des Vatikans nicht zu folgen bereit ist. Kein Wunder, dass besonnene Religionspädagogen zwischen der Skylla der subjektivistischen Beliebigkeit und der Charybdis der dogmatischen Erstarrung ihre Gedanken hindurchzusteuern bemüht sind. Subjektivierung ja – Offenbarungsglaube aber auch ja. Das Schicksal der »Unterscheidung des Christlichen« (wie eine Schrift von Romano Guardini hieß) in den Jahrhunderten der Neuzeit bricht sich in dieser aktuellen Not von Pädagogen.

Gibt es begehbare Alternativen zwischen den angedeuteten Extremen: einerseits den Inhalten der christlichen Überlieferung jede Verbindlichkeit und jeden Ernst zu entziehen – d.h. aber sie dem Weltanschauungsmarkt preiszugeben – oder aber sie anderseits einer dogmatischen Orthodoxie anheim fallen zu lassen, die Spielräume des Ernstnehmens und der Auslegung als Abfall vom wahren Glauben mit dem Bann belegt?

Vielleicht können hier Überlegungen und Aufmerksamkeiten der allgemeinen Pädagogik und der historisch aufgeklärten Menschenforschung der Religionspädagogik etwas aus zusehends steril gewordenen Alternativen helfen. Ich gehe dabei aus von einer Diagnose der neuzeitlichen Erziehungsidee, die Ivan Illich auf einem erziehungswissenschaftlichen Kongress in Göttingen 1980 formuliert hat. Er sprach kritisch von »dem Vorgang, in dem die Erziehung die Technik darin unterstützt, der Umwelt ihre rätselhafte Sinnlichkeit zu entziehen« (Illich 1981, 41). Etwa gleichzeitig formulierte Martin Wagenschein eine verwandte Einschätzung dessen, was mit der Welt der Zahlen passiert, wenn sie »der Tragik des Mathematikunterrichts« (so heißt der Aufsatz) anheim fallen: »Wie ist es möglich, dass den Zurückblickenden ein Zaubergarten sich ausnimmt wie ein staubumwölkter Exerzierplatz?« (Wagenschein 2002, 72). Im zitierten Vortrag spricht Illich übrigens auch von der Erziehungswut, die die Menschen unserer Zivilisation befallen zu haben scheint.

Mit »Erziehungswut« ist wohl das ganz treffend charakterisiert, was die von Einkreisungsängsten geplagten christlichen Konfessionen in den letzten 200 Jahren dazu angetrieben hat, den Nachwuchs so früh und so nachhaltig wie möglich beim rechten Glauben zu halten – und was die atheistische Gegenkonfession dazu brachte, sich in einem Bollwerk zu verbarrikadieren, in dem Religion gar theistischer Prägung tabu war.

Auf »die rätselhafte Sinnlichkeit« der Welt aufmerksam zu werden könnte den Blick schärfen für Erfahrungen, die die aus dem 19. Jahrhundert überlieferte Zwangsalternative – hier rechtgläubige Orthodoxie, dort liberalistische Freigeisterei – hinter sich lassen.

1 Lernen im Gegenstrom zum Souveränitätsgewinn

Unsere Alltagsvorstellung von Lernen liegt fest: Lernen heißt soviel wie »Souveränität gewinnen«. Das kleine Kind, das gehen lernt, schafft es, die Gegenkräfte des Fallens in Schach zu halten – es beherrscht seine Körperbewegungen, ist dann imstande, die Strecke von A nach B aus eigener Kraft zurückzulegen, ohne ins Taumeln zu kommen und zu stürzen. Nichts scheint selbstverständlicher als das: Sprechen lernen, das heißt ja auch so viel wie den Zustand des Stammelns und Lallens zu überwinden. Fazit: Lernbewegungen sind Bewegungen hin zum souveränen Beherrschen. Die Gegenkräfte werden entmächtigt. So sagen wir ja auch vom gedanklichen Lernen, dass wir eine Sache in den Griff bekommen haben, wenn die Widersprüche und Unklarheiten ausgeräumt sind.

Freilich: Schon in der Lebenswelt gibt es Spuren, die fragen lassen, ob der Gewinn an Souveränität nicht auch etwas kostet. Da gibt es beispielsweise Leute, die kommen bei einem Waldspaziergang nicht an neben dem Weg liegenden Baumstämmen vorbei, ohne sich balancierend auf sie zu wagen. Sie verzichten zeitweilig freiwillig auf die Souveränität des beherrscht geradlinigen Fortschreitens, sie setzen sich freiwillig der Taumelgefahr aus. Warum? Weil sie die Erfahrung des Zwischen reizt – dessen also, was zwischen Sicherheit und Unsicherheit liegt. Wenn der feste Boden unter den Füssen aufgegeben ist, sehen sich Menschen zu ganz neuartigen Aufmerksamkeiten und Bewegungen herausgefordert – von deren Existenz sie zuvor kaum eine Ahnung hatten. Und so begeben sie sich freiwillig in den Gegenstrom weg von der Souveränität. Ihr Leib, der Baumstamm, die Bewegung entbergen überraschende Züge. Und das fasziniert. »Unbegreiflichkeit des Menschen und der Welt«, wie Hilger/Ziebertz die theologische Anthropologie von Raffelt/Rahner zitieren (Hilger/Ziebertz 2001, 156), bricht durch die Ritzen der Gewohnheit.

Man könnte auf mannigfache Erfahrungen der Verfremdung und Verlangsamung vor allem im ästhetischen Bereich verweisen, für den es ja konstitutiv ist, dass Souveränitäten erschüttert werden und Banalitäten zerfallen.

Ich fahnde hier in zwei autobiographischen Textstücken nach Grenzerfahrungen, die weder theistisch noch atheistisch zu vereinnahmen sind – und in denen doch unzweifelhaft etwas berührt wird, was durch die Ritzen der normalen Lebensbewältigung bricht. Da beschreibt jemand tagebuchartig Erfahrungen im Harzgebirge, gegen Ende des 18. Jahrhunderts:

> »Ein ganz entsetzlich Wetter hab ich heut ausgestanden, was die Stürme für Zeugs in diesen Gebürgen ausbrauen ist unsäglich. Sturm, Schnee, Schlossen, Regen und zwei Meilen an einer Nordwand eines Waldgebirgs her, und erholt haben sich meine Sinne kaum nach Essen, Trinken, drei Stunden Ruhe usw. ... Hier bin ich nun wieder in Mauern und Dächern des Altertums versenkt. Bei einem Wirte, der gar viel Väterlichs hat, es ist eine schöne Philisterei im Hause – es wird einem ganz wohl. --- Wie sehr ich wieder, auf diesem dunklen Zug, Liebe zu der Klasse von Menschen gekriegt habe! Die man die niedre nennt! Die aber gewiss für Gott die höchste ist. Da sind doch alle Tugenden beisammen, Beschränktheit, Genügsamkeit, grader Sinn, Treue, Freude über das leidlichste Gute, Harmlosigkeit, Dulden – Dulden, Ausharren in un--- Ich will mich nicht in Ausrufen verlieren. Ich trockne nun jetzt an meinen Sachen! Sie hängen um den Ofen. Wie *wenig* der Mensch bedarf, und wie lieb es ihm wird, wenn er fühlt, wie *sehr* er das *wenige* bedarf.« (Goethe, Goslar, den 4. Dezember 1777, in: Kemp, 1978, 165)

Ein junger Mann lässt das geregelte und gesicherte Leben in einer Gesellschaft, in der er bekannt und wohl angesehen ist. Er bricht unangemeldet auf, macht sich auf einen »dunklen Zug«, wie er schreibt. Und der Schritt ins Unabsehbare lässt in der beschriebenen Situation Weltstücke neu und anders gewahr werden. Ein Stirb und Werde, das Augen öffnet. Das gewöhnlich unbeachtete Wenige gewinnt Kostbarkeit. Die Einschätzung der »niederen Klasse« zerfällt. Was clevere Erfolgsmenschen belächeln oder hinter sich gelassen haben (Beschränktheit, Harmlosigkeit, Dankbarkeit, Dulden) – das gewinnt unverhofften Glanz. Und unversehens ist bei dieser Umwertung von Gott die Rede. Dessen Messlatten anders geeicht seien als die der besseren und erfolgreichen Gesellschaft. Nur eine Redensart? Oder Zeugnis von einem Widerfahrnis, das von keiner Konfession zu vereinnahmen ist?

2 Schritte ins nicht Geheure und das Opfer auf dem Altar des lieblichsten Danks

Derselbe junge Mann will etwas tun, was Kundige für leichtsinnig und unrealisierbar halten:

> »Wie ich gestern zum Torfhause kam, saß der Förster bei seinem Morgenschluck in Hemdsärmeln, und diskursive redete ich vom Brocken und er versicherte die Unmöglichkeit (sc. im unwirtlichen Winterwetter) hinaufzugehen, und wie oft er sommers droben gewesen wäre und wie leichtfertig es wäre, jetzt es zu versuchen – die Berge waren im Nebel, man sah nichts, und so, sagt er, ists auch jetzt oben, nicht drei Schritte vorwärts können Sie sehen. Und wer nicht alle Tritte weiss pp. Da sass ich mit schwerem Herzen, mit halben Gedanken, wie ich zurückkehren wollte. Ich war still und bat die Götter, das Herz dieses Menschen zu wenden und das Wetter, und war still« (ebd., 169f). Schließlich ist der Förster doch bereit, mit dem jungen Mann zu gehen – allen Bedenken zum Trotz. Und der schreibt tags darauf in sein an die geliebte Frau von Stein adressiertes Tagebuch: »Ich will Ihnen entdecken (sagen Sie's niemand), dass meine Reise auf den Harz war, dass ich wünschte, den Brocken zu besteigen, und nun, Liebste, bin ich heut oben gewesen, ganz natürlich, ob mirs schon seit acht Tagen alle Menschen als unmöglich versichern... Nun, Liebste, tret' ich vor die Türe hinaus, da liegt der Brocken im hohen herrlichen Mondschein, und ich war oben heut und habe auf dem Teufelsaltar meinem Gott den liebsten Dank geopfert.« (ebd., 169)

Der Autor will auf den Berg. Gegen alle Expertenvernunft lässt er sich auf die Gefahren ein. Die Rede vom »Opfer des Danks« lässt sich nicht als äußerliche Drapierung eines touristischen Erlebnisses kleinreden. Der Autor spricht nicht von einem diffusen Geschick – ihm kommt eine jahrtausendealte Wendung aus der christlich-jüdischen Tradition in den Sinn, um das zu artikulieren, was er Gott schuldig zu sein spürt. In zwei Psalmen (49,14f und 115,16f) wird in dieser Tradition der Dank des Menschen für unverdiente Rettung und Erhöhung ausdrücklich als Dank- und Lobopfer umschrieben – anstelle des Opfers von Widdern und Stieren tritt die selbstvergessene Hingabe in der Preisung Jahwes. Es handelt sich um ein Herzstück jahrtausendealter Frömmigkeit, das da in einer neuzeitlichen Bergbesteigung in die Erfahrung dringt ...

Wozu dieser Ausflug in die Bedeutungsgeschichte einer Wendung? Sie verweist auf eine Gotteserfahrung, die weder ins Schema der orthodoxen Frömmigkeit noch in das der sich fortschrittlich dünkenden »Gott ist tot«-Ideologie passt. Vielleicht können junge Menschen mit solchen Zeugnissen mehr anfangen, als sich die in überlieferten Religionsgefechten Abgehärteten träumen lassen. Vielleicht kennen sie Erfahrungen, die gar nicht weitab von Goethes Harz-Schrecken und -Rettungen liegen.

3 Der steinige, unfruchtbare, dornige Boden – oder: Lernunkultur und Religionslehre

Noch von einem anderen Gesichtspunkt könnte allgemeine Erziehungswissenschaft für Religionsdidaktik im engeren Sinn bedeutsam werden: also nicht nur durch den Hinweis auf Leuchtspuren des nicht zur Alltagswelt Passenden – noch dazu in Quellen, die von Insidern gewöhnlich als »indifferent«, »liberal« oder »agnostisch« verbucht werden. Man kennt die Gleichnisgruppe aus dem Neuen Testament, die die Verkündigung des heilbringenden Wortes mit der Aussaat vergleicht. »Das erste Gleichnis (Mk 4,3–9) beschreibt das unterschiedliche Schicksal der Saatkörner, bedingt durch die Art des Bodens auf den sie geraten. Dabei zeigt sich eine Steigerung: das Korn wird vernichtet, der junge Halm wird vernichtet, die aufgewachsene Pflanze wird vernichtet« (Kahlefeld 1963, 19): Der festgetretene, der steinige, der dornige Boden verhindern die Fruchtbarkeit. Und jeder Religionslehrer wird schier unweigerlich von dem Verdacht heimgesucht, die Resonanzlosigkeit nicht weniger seiner Bemühungen habe jedenfalls auch mit dem Boden – sprich: mit dem schulimmanenten Lernmilieu – zu tun, in dem auch sein Unterricht angesiedelt ist. Was haben die jungen Leute in den Stunden vor und nach »der Religion« durchgemacht? Welche Organe der Aufmerksamkeit, des Nachdenkens wurden geweckt und welche wurden abgetötet – in Mathematik, in Biologie, in Deutsch? Welche Phantasien von Raum begünstigte die Geographiestunde? Welcher Leib wurde in der Sportstunde kultiviert – und welcher wurde unterdrückt oder der Verwahrlosung anheim gegeben? Wie wurde das zeitliche Nacheinander erfahren – als Hetze, als intensive Präsenz, als Langeweile, als Prüfungsstress? Man muss schon eine sehr dingliche Vorstellung von Menschenlernen haben, wenn man übersieht, dass die Geschehnisse, die über religiöse Sensibilität entscheiden, wahrscheinlich nur zum kleinsten Teil in der Religionsstunde statthaben. Versteht sich, dass neben dem Lernmilieu der Schule die sonstige Lebenswelt die entscheidende Rolle spielt.

Die Betrachtung der normalen Schule in der westlichen Zivilisation lässt zum Schul-, Lernmilieu kaum eine andere Globaldiagnose zu als die: Die Welt des Wiss- und Lernbaren wird im normal verwalteten Belehrungsprozess geschrumpft auf das, was in einem kurzschrittigen Zeittakt zu beherrschen und zu erledigen ist. Die Überschüsse in den Widerfahrnissen, das also, was van den Berg den »Wind des Ungewissen in den Ereignissen« (van den Berg 1960, 60) und was Chargaff »die leeren Räume zwischen den Erinnerungen« genannt hat (Chargaff 1980, 220) – all das hat kaum eine Überlebenschance.

Max Picard, in den Jahren nach dem zweiten Weltkrieg ein viel gelesener, inzwischen leider fast vergessener Autor, hatte Einprägsames über den Ungeist unserer Belehrungsgewohnheiten zu sagen. Er berichtet etwa in seinem Tagebuch aus Italien von einer typischen Fremdenverkehrsführung in einem Castello, bei der der Führer die Gäste mit üppigen Informationen etwa über die seinerzeitigen Konflikte zwischen den Ghibellinen und Guelfen überschüttete, während man die Ruinen durchschritt: »Es war alles schon fertigformuliert, vorerkannt, ehe es bei uns angekommen war, aber es geschah nicht von ihm aus, es war nur ein Teil der allgemeinen Erledigungsmaschinerie von heute ... Die unmittelbare Begegnung braucht Zeit, sie verlangt, dass der Mensch dem Objekt von seiner Zeit, von seinem Wesen, also Liebe gebe. Das aber ist der Sinn der Erledigungsmaschinerie, dass sie für den Menschen, der keine Zeit, also keine Liebe mehr für das Objekt hat, die Beziehung zum Objekt übernehme. Das Objekt ist von vornherein schon von der Erledigungsmaschinerie ergriffen, ehe der Mensch zu ihm gekommen ist, es findet eine Vorerledigung statt, bevor das Objekt da ist, ein neues Objekt ist schon von vornherein bekannt – daher kommt die Langeweile des Menschen von heute. Es GESCHIEHT heute nichts, wenn ein Mensch einem Gegenstand begegnet, es ist alles wie schon vorgeschehen, vorerledigt« (Picard 1951, 142f). Und man halte daneben die Einschätzung eines der einflussreichsten Philosophen des 20. Jahrhunderts: »Der vollendet zivilisierte Geist schafft das ihm Entgegengesetzte weg, woran es zum Geist würde. Seine Oberflächlichkeit ist, dass er sich triumphal bei dem bescheidet, was er selbst aufgerichtet hat« (Adorno).

Bei dem amerikanischen Pädagogen und Philosophen John Dewey finden sich, für manchen gewiss überraschend, Beschreibungen der Prozesse, die der Welt »die rätselhafte Sinnlichkeit« rauben, von der Illich in der oben zitierten Passage handelte: »Aber in jedem Ereignis gibt es etwas Widerspenstiges, Selbstgenügsames, gänzlich Unmittelbares, das weder eine Relation noch ein Element in einem relationalen Ganzen, sondern abschließend und ausschließend ist« (Dewey 1995, 94). »Es ereignet sich kein Ding bloßer Röte, sondern irgendein Ding mit gerade dieser Schattierung und Färbung von Rot, mit genau diesem unwiederholbaren Inhalt. Infolgedessen findet sich in jedem vollendeten Objekt etwas Unvorhersehbares, Spontanes, Unfassliches und Unsagbares. Standardisierungen, Formeln, Generalisierungen haben ihren Sinn, aber der Sinn besteht darin, ein besseres Mittel für das zu sein, was unwiederholbar ist« (Dewey 1995, 122). Das sind provozierende Sätze – denn die etablierten Vorstellungen von

Lernen und Lehre zielen genau in die Gegenrichtung. Nach ihnen kommt es darauf an, das Besondere, Einmalige, Flüchtige, Sperrige, Vieldeutige denkend seiner trüben Besonderheit zu entledigen und als Fall eines Allgemeinen zu durchschauen und auf Distanz zu bringen. Nach Dewey sollen aber allgemeine Erklärungen und Einordnungen das sperrig Besondere nicht etwa seines Stachels berauben, sondern ihn geradezu spürbar machen – eine kopernikanische Wendung, die dieser angebliche Urheber allen Problemlösedenkens in diesen Sätzen vollzieht. Der Phänomenologe Bernhard Waldenfels denkt auf diesen Spuren weiter: Die Welt – *als Widerfahrnis* wahr- und ernst genommen – übertrifft die Einordnungsaktivitäten – die ihrerseits die dabei entstehenden »Bruchlinien der Erfahrung« unkenntlich zu machen das Zeug haben (Waldenfels 2002, 54ff).

Wie können Inhalte aussehen, die sich nicht reibungslos der Erledigungsmaschinerie einpassen? Ich skizziere zwei Beispiele aus verschiedenen Bereichen, von der Annahme ausgehend, dass solches mehr mit der Fruchtbarkeit des Religionsunterrichts zu tun hat, als es sich eine in isolierte Fächer verbarrikadierte Schulweisheit träumen lässt.

Vom Sinn und Zweck einer Blume

Wir wissen, was Blumen sind – und haben auch mitbekommen, wozu ihre Farben, Formen und Gerüche »eigentlich« da sind: Sie haben den (Werbe-)Zweck, Insekten anzulocken, die dann wie Bestäubungsmaschinen funktionieren. Kein Schulkind, dem solches nicht irgendwann klargemacht wird und plausibel erscheint: Auch in der Natur greifen die Rädchen einer Apparatur zweckmäßig ineinander. Verstehen heißt demnach die Funktion durchschauen. Das Widerfahrnis Blume ist jedes befremdlichen Stachels entledigt: Auch Blumen müssen schließlich Reklame machen, damit sie nicht übersehen werden – wir wissen Bescheid ... Dazu eine Passage des Naturforschers Adolf Portmann:

> »In Wirklichkeit ist mit dem Nachweis des Zweckmäßigen in den Blütenstrukturen nur eine erste Bedeutung dieser Gebilde erschlossen. Das biologische Experiment zeigt, wie wenig für die Blütengäste schon genügt, um sie zum Besuch zu verführen: ein Stückchen farbigen Papiers wird ebenso eifrig angeflogen, wenn es Nahrung bietet, wie eine Orchideenblüte; ein Farbklecks mit ein wenig Futter ersetzt die schönste Blume. Die Formen aber dieser Blumen sind weit komplizierter als die dürftigen Dinge, die durch Auslese der Insekten hätten entstehen können. Die Rolle der Blumenbesucher für die Erhaltung der Pflanzen mag groß sein – ihre Mitarbeit bei der Schaffung der Blütenschönheit ist gering. So stellt sich auch in der Erscheinung jeder Pflanzenart eine besondere Variation lebendigen Seins dar – in der Wuchsart, der Blattordnung, im Umriss der grünen Blätter – aber am reichsten, am

einprägsamsten in ihrer Blüte. In ihr wird sichtbar ihre Sonderart, ihr Eigenwert, in einer unverwechselbaren Gestalt, die uns an das Unsagbare, an das Eigene mahnt, das in allen Lebensformen um uns ist.« (Portmann 1947, 14ff)

Jedes Lebendige realisiert sich in einer Ausdrucksgebärde – und diese Lebensäußerung ist nicht zurückzuführen auf den Kampf ums Dasein oder funktionale Überlebensmechanismen: Diese Grunderkenntnis im Lebenswerk von Adolf Portmann erheischt eine andere Art des Denkens als es die ist, die auf Erklärung von Funktionen aus ist. Sie erheischt ein Betrachten, das die Aktivität sozusagen dem Gegenstand überlässt – eine Haltung der Kontemplation, die dem neuzeitlichen Geist fremd geworden ist. Josef Piepers Buch über »Glück und Kontemplation« (München 1957) hat gezeigt, wie sehr die großen Lehrer des alten Europa in diesem Geist die Welt bedacht haben. Der vielerorts sich meldende Heißhunger nach Meditation vor allem fernöstlicher Prägung – vielleicht zeigt er eine Ansprechbarkeit, die Schulfächer inspirieren könnte – weg von der Erledigungshast?

Antigone

Zum Kanon des literarischen Wissens, so es so etwas noch gibt, gehört ohne Zweifel die Tragödie »Antigone« des Sophokles. Und die landläufige Behandlung des Stückes zielt auf Konflikte ab, die zu immer neuen Diskussionen herausfordern: Geschwisterliebe – Staatstreue, Gefühl gegen Pflicht, Person und Amt, Neu gegen Alt – und immer wieder zitiert: »Nicht mitzuhassen, mitzulieben bin ich da.« Ziemlich ausgelaugt das alles, sodass neuere Didaktik dazu neigt, sich auf Textsortenanalyse, Motivvergleich etc. zurückzuziehen.

Dazu im Gegensatz eine Passage aus Alfred Döblins Roman »November 1918«, Bd. 4: Nach vier Jahren Kriegsteilnahme und schweren Verwundungen kehrt der Griechischlehrer Becker 1918 an sein altes Berliner Gymnasium zurück, er unterrichtet »Antigone«. Ziemlich harsch verlaufen die Gespräche mit den recht vaterlandsbewussten Primanern über den Konflikt der Antigone – individuelle Wünsche oder Unterordnung unter den Staat, Revolutionsgeist gegen Konservatismus? Da fällt dem Lehrer Becker, der den Krieg und sein Grauen geradezu sichtbar noch in den Knochen und Kleidern hat, eine ganz andere Sicht der Dinge ein – die Krusten der Unterrichtsrituale zerfallen, die Sache gewinnt einen Widerfahrnischarakter – der Text ist nicht einfach durchzunehmen, als Material für eine literaturwissenschaftlich fundierte Analyse:

»Das Thema der ›Antigone‹ ist weder Gefühl gegen Pflicht noch Pflicht gegen den Staat gegenüber Pflicht gegen die Himmlischen, sondern: ›Wie hat sich die Welt der Lebenden zur Welt der Toten zu verhalten?‹ Die Heldin des Stückes empfindet den Tod als ein sehr wichtiges Ding ... Es handelt sich in dem Stück um den Rechtsanspruch eines Toten an die Lebenden. Ein Krieger ist gefallen. Er hat kein reines Andenken hinterlassen. Dieser Tote wird nicht sichtbar und nicht fühlbar, nicht einmal hörbar, aber er drängt sich in die Sphäre der Lebenden ein und findet einen Anwalt in seiner Schwester Antigone. Es ist eine Frau, die sich seiner annimmt. Wie die Frau das Ungeborene, das noch nicht Vorhandene empfängt. Er ist behindert und kann sich selbst nicht äußern, aber er agiert in ihr, bedient sich ihres Körpers und ihrer Seele, und sie kann sich ihm nicht entziehen ... Eine Stütze seiner Existenz, eine Pflege wird von dem Toten verlangt ... Aber sicher war den Alten: Das Leben des Menschen fällt nicht mit seiner sichtbaren Existenz zusammen. Es ragt darüber hinaus. Die Alten meinten, wie wir auch aus diesem herrlichen Stück erfahren: Wir sollten mit Ehrfurcht und Schauern auf das Jenseits unserer sichtbaren Existenz blicken. So wie Antigone sich ihres einen toten Bruders annimmt, so habe ich mich vieler Gefallener anzunehmen, vieler zu früh gestorbener und bewusstlos Dahingegangener. Ich weiß es, ich diene ihnen, ich vergesse sie nicht.« (Döblin 1978, 224)

Das Wort von der Erinnerungskultur verliert da etwas von der modischen Unverbindlichkeit. Wie sieht ein Unterricht in den vielen Themenbereichen aus, in denen die Welt der Toten in ihren Werken oder in Geschehnissen eine Rolle spielt? Wie sähe er aus, wenn da – vielleicht nur in wenigen Augenblicken – die Erledigungsmaschinerie ins Stocken käme? Und ein Innehalten ausbräche. Weil es den Beteiligten die Sprache verschlüge angesichts der sich öffnenden Abgründe und Zwischenräume (und welches Stück der Literatur böte da nicht Anlass?).

Es wären das die Augenblicke, in denen der so genannte Lehrstoff Widerfahrnischarakter gewänne – es würde endlich einmal ernst. Religionsdidaktik sitzt auf dem Trockenen, wenn ihr solches gleichgültig wird, weil sie sich ja angeblich nur mit den Inhalten ihres Fachs abzugeben hat. Und die subjektiven Annäherungen an »Gott und die Welt« auch in den so genannten anderen Fächern missachtet.

Literatur

Aebli, Hans: Denken – das Ordnen des Tuns. Bd. 2, Stuttgart 1981.

Berg, Jan-Hendrik van den: Metabletica. Über die Wandlung des Menschen, Göttingen 1960.

Chargaff, Erwin: Das Feuer des Heraklit, Stuttgart 1980.

Dewey, John: Erfahrung und Natur, Frankfurt a. M. 1995.

Döblin, Alfred: November 1918. 4: Karl und Rosa, München 1978.

Goethe, Johann Wolfgang von: Goslar, den 4. Dezember 1977, in: Goethe – Leben und Welt in Briefen (zusammengestellt von Friedhelm Kemp), München 1978.

Hilger, Georg/Ziebertz, Hans-Georg: Wer lernt? – Die Adressaten als Subjekte religiösen Lernens, in: ders./Leimgruber, Stephan/Ziebertz, Hans-Georg: Religionsdidaktik. Ein Leitfaden für Studium, Ausbildung und Beruf, München 2001, 153–167.

Illich, Ivan: Erziehung am Ausgang des Industriezeitalters, in: Zeitschrift für Pädagogik, 17. Beiheft (1981), 41 – 48.

Kahlefeld, Heinrich: Gleichnisse und Lehrstücke im Evangelium, Frankfurt a. M. 1963.

Picard, Max: Zerstörte und unzerstörbare Welt, Zürich 1951.

Pieper, Josef: Glück und Kontemplation, München 1957.

Portmann, Adolf: Vom Bild der Natur, Basel 1947.

Wagenschein, Martin: Die Tragik des Mathematikunterrichts, in: ders./Rumpf, Horst (Hg.): »...zäh am Staunen«. Texte zum Bestehen der Wissensgesellschaft, Seelze 2002, 68–80.

Waldenfels, Bernhard: Bruchlinien der Erfahrung, Frankfurt a. M. 2002.

Was bleibt, wenn Gott in Dreien sichtbar werden soll?

Überlegungen zur Visualisierung von Gottesvorstellungen

CHRISTOPH DOHMEN

1   Bilderverbot und Glaubenstradition

»Jedoch, nimm dich in Acht, achte gut auf dich! Vergiss nicht die Ereignisse, die du mit eigenen Augen gesehen, und die Worte, die du gehört hast, lass sie dein ganzes Leben lang nicht aus dem Sinn! Präge sie deinen Kindern und Kindeskindern ein! Vergiss nicht den Tag, als du am Horeb vor dem Herrn, deinem Gott standest. Der Herr hatte zu mir gesagt: Ruf mir das Volk zusammen! Ich will sie meine Worte hören lassen. Sie sollen lernen, mich zu fürchten, solange, wie sie im Land leben, und sie sollen es auch ihre Kinder lehren. Ihr ward herangekommen und standet unten am Berg, und der Berg brannte: Feuer, hoch bis in den Himmel hinauf, Finsternis, Wolken und Dunkel. Der Herr sprach zu euch mitten aus dem Feuer. Ihr hörtet den Donner der Worte. Eine Gestalt aber habt ihr nicht gesehen. Ihr habt nur den Donner gehört. Der Herr offenbarte euch seinen Bund, er verpflichtete euch, ihn zu halten: Die zehn Worte. Er schrieb sie auf zwei Steintafeln ... Nehmt euch um eures Lebens Willen gut in Acht! Denn eine Gestalt habt ihr an dem Tag, als der Herr am Horeb mitten aus dem Feuer zu euch sprach, nicht gesehen. Lauft nicht in euer Verderben, und macht euch kein Gottesbildnis, das irgendetwas darstellt, keine Statue, kein Abbild eines männlichen oder weiblichen Wesens, kein Abbild irgendeines Tieres, das auf der Erde lebt, kein Abbild irgendeines gefiederten Vogels, der am Himmel fliegt, kein Abbild irgendeines Tieres, das am Boden kriecht und kein Abbild irgendeines Meerestieres im Wasser unter der Erde.« (Dtn 4,9–18)

Die große Paränese des Mose am Ende der Wüstenwanderung unmittelbar vor dem Betreten des gelobten Landes stellt zwei Aspekte in den Vordergrund, die für Israels Glauben und Leben grundlegend sein sollen. Da ist einerseits die Erinnerung an Gottes Offenbarung, die an die kommenden Generationen weitergegeben werden muss, und andererseits die Gottesvorstellung, die sich an jener Offenbarung vom Gottesberg und nicht an menschlichen Wünschen und Bedürfnissen orientieren soll. Der in beiden Aspekten konstitutive Bezug zur Sinai-/Horeb-Offenbarung konkretisiert sich im Hinweis auf das zweite der Zehn Gebote, das so genannte Bilderverbot. Eine genaue Untersuchung der komplexen Geschichte des alttestamentlichen Bilderverbotes lässt erkennen, dass es beim Bilderverbot nicht um ein Kunstverbot, sondern um das Gottesbild, näherhin die Verehrung desselben geht, weil es aufs Engste mit der Forderung nach ausschließlicher JHWH-Verehrung, wie sie das erste Gebot als Fremdgötterverbot formuliert, verbunden ist. Gleichwohl übernimmt das Bilderverbot eine Funktion als »Wächter der Theo-Logie« (Dohmen 2004, 23), der Rede von Gott, und in diesem Sinne formuliert Dtn 4 eine Opposition von Wort und Bild, um in der Gottesvorstellung die Transzendenz Gottes zu wahren.

Da gerade hier der Zusammenhang zur Weitergabe des Glaubens an die kommenden Generationen direkt hergestellt wird, muss man sich fragen, ob Neil Postmans Sicht, dass das Bilderverbot der Bibel mehr als eine kultische Forderung beinhaltet, nämlich den Ausschluss einer Kommunikationsform, nicht doch eine gewisse Berechtigung hat. »Beim Studium der Bibel fand ich in jungen Jahren Hinweise auf die Vorstellung, dass bestimmte Formen von Medien ganz bestimmte Inhalte begünstigen und dadurch eine Kultur entscheidend zu prägen vermögen. Ich denke hier insbesondere an die Zehn Gebote, deren zweites lautet: ›Du sollst dir kein Bildnis noch irgendein Gleichnis machen, weder von dem, was oben im Himmel, noch von dem, was unten auf Erden, noch von dem, was im Wasser unter der Erde ist‹. Wie viele vor mir habe ich mich damals gefragt, warum der Gott dieses Volkes Vorschriften erließ, wie Menschen ihre Erfahrungen symbolisch darstellen sollten und wie nicht. Als Teil eines ethischen Systems mutet ein solches Gebot merkwürdig an, es sei denn, sein Urheber hatte, als er es aufstellte, den Zusammenhang zwischen den Formen menschlicher Kommunikation und der Eigenart einer Kultur im Sinn. Ein Volk, das sich die Vorstellung von einem abstrakten, universalen Gott zu Eigen machen soll, wäre hierzu wohl nicht imstande, wenn es die Gewohnheit hätte, Bilder und Statuen anzufertigen oder seine Anschauungen im Konkreten, in ikonographischen Formen zu verkörpern. Der Gott der Juden sollte einzig im Wort und durch das Wort existieren – ein bis dahin unbekanntes Ansinnen, das ein Höchstmaß an abstraktem Denken voraussetzte. Damit dieser neue Gott in die Kultur Eingang finden konnte, musste die Ikonographie zur Blasphemie erklärt werden« (Postman 1985, 18).

1.1 Buch-Religion?

Die Frage, die sich für heutige Christen daraus stellt, ist abgesehen von der kunst- und theologiegeschichtlichen Problematik der Bildverehrung auf das Problem zuzuspitzen, ob das Medium der Offenbarungsgrundlage konstitutiv ist oder nicht. Da die Urkunde des christlichen – wie des jüdischen – Glaubens als *Heilige Schrift* vorliegt, also ein Buch ist, stellt sich von selbst die Frage, ob der Glaube sich nur in diesem Medium der Schrift artikulieren kann und darf. Und man könnte noch weiter gehen: Wird der Glaube verfälscht, wenn er in ein anderes Medium transponiert wird? Die Frage mag dabei weniger die theologische Reflexion betreffen als die praktische Weitergabe des Glaubensgutes, weil sie sich nicht nur den Lebensbedingungen einer visuell geprägten Kultur stellen muss, sondern vor allem den Aufnahme- und Verstehensbedingungen von Kindern und Heranwachsenden unterschiedlichen Alters. Eine grundsätzliche Ablehnung jeder Übertragungsmöglichkeit durch einen Medienwechsel kommt wie beim Übersetzungsverbot heiliger Texte einem Konservierungsinteresse entgegen, läuft jedoch jeder Möglichkeit zur lebendigen Aneignung der Tradition zuwider. Sodann ist es auch angesichts des Faktischen – es gibt bildliche Darstellungen der biblischen Botschaft von frühester Zeit bis in modernste Verfilmungen hinein – müßig zu spekulieren, wie der christliche Glaube wäre, wenn es all das nicht gegeben hätte und was aus ihm noch werden würde, wenn man das alles rückgängig machen könnte.

1.2 Wenn Hören und Sehen vergehen

So wie Umberto Eco die »Grenzen der Interpretation« für die Literatur abgeschritten hat, möchten die nachfolgenden Überlegungen Grenzen beim skizzierten Problem der Umsetzung der biblischen Botschaft in andere Medien abschreiten, um das Problembewusstsein im Umgang mit der biblischen Botschaft zu schärfen und dabei das Anliegen der biblischen Botschaft ein Stück klarer hervortreten zu lassen (vgl. Eco 1992, 59f).

Die Überlegungen sind aus pragmatischen Gründen auf ein spezielles Phänomen begrenzt, nämlich die Frage der Visualisierung, wenngleich es viele andere interessante Aspekte zu behandeln gäbe, z.B. die Frage nach dem Unterschied zwischen Umsetzung eines Bibeltextes in Musik und im Film, weil dabei sehr schnell deutlich würde, dass es nicht allein um die Opposition *sehen* vs. *hören* geht. Wie jede Grenzziehung das Unterscheidende und das Besondere erkennen lässt, soll auch im Inhaltlichen *begrenzt* werden und der Grenzfall der Visualisierung in den Blick genommen werden, nämlich die Darstellbarkeit des

Nichtdarstellbaren, kurz: Die Visualisierung Gottes. Dass damit auch vom Ursprung her der heikelste Punkte getroffen ist, lässt sich schon daran nachvollziehen, dass das Problem der Gottesdarstellung auch und gerade auf dem Hintergrund des biblischen Bilderverbotes die christliche Kunst am stärksten von Anfang an beschäftigt hat. Ausgehend vom Bilderverbot der Bibel hat man in der Kirche lange Zeit daran festgehalten, dass Gott von seinem Wesen her nicht darstellbar sei und deshalb auch nicht dargestellt werden könne. Was einzig außer der Darstellung biblischer Geschehnisse darstellbar sei, ist auf die »sichtbare Gestalt des unsichtbaren Gottes« begrenzt, d.h. die in der Menschwerdung Gottes in Jesus Christus innerweltlich greifbare Gestalt Gottes (im Einzelnen vgl. Sternberg 2001).

Aus der genannten Differenzierung heraus, die schon im frühen Christentum begegnet, dass man das in der Bibel Berichtete, also das Geschehen in der Welt darstellen kann, nicht aber Gott, wird das Problem gerade dort deutlich, wo Gott in diesem Geschehen der Welt direkt vorkommt, und zwar im von der Bibel Erzählten.

2 Uneindeutiger Besuch

In Gen 18 findet sich eine Geschichte, in der sehr anschaulich eine Begegnung Abrahams mit Gott erzählt wird, sodass sich hier die genannten Probleme der Umsetzung vom Erzählten ins Bild gut behandeln lassen.

2.1 Die Theophanieerzählung Gen 18

Zuerst zur Geschichte selbst, die in der Art und Weise, wie sie das Geschehen erzählt, schon viele Fragen aufwirft, was sich nicht zuletzt an der Fülle der Auslegungen zu dieser Perikope nachweisen lässt. Die Theophanie-Erzählung von Gen 18, die häufig auch als »Besuch der drei Männer bei Abraham« tituliert wird, stellt sich zuerst einmal als uneindeutig dar, denn sie berichtet auf der einen Seite von »drei Männern«, die Abraham und Sara in Mamre begegnen. Dabei werden diese Drei teils pluralisch als undifferenzierte Einheit betrachtet *(sie sagen, essen, fragen, erheben sich, gehen)*, dann werden sie von Abraham aber im Singular als einer – »mein Herr« – angesprochen und als solcher antwortet dieser dem Abraham auch (vgl. V. 10, wo die EÜ das nicht genannte Subjekt »Herr« ergänzt), und auf der anderen Seite findet sich dann auch JHWH mitten im Gespräch mit Abraham (vgl. V. 13). Die Fortsetzung der Geschichte kompliziert augenscheinlich das Ganze weiter, indem nach dem Aufbruch der Männer davon berichtet wird, dass Abraham nun alleine mit JHWH im Gespräch bleibt (V. 22–33). Gen 19,1 spricht auf einmal von den »beiden Boten (Engel)«, die Lot in Sodom treffen. Ganz unabhängig von der religionsgeschichtlichen Frage, ob in der vorliegenden Erzählung eine ältere Orts- oder Heiligtumslegende verarbeitet worden ist, die von der Erscheinung einer Göttertrias berichtet hat (vgl. Hossfeld 1985, 66), lässt sich das Anliegen des uns vorliegenden Bibeltextes deutlich erkennen. Die Geschichte beginnt nämlich mit einem Deutevers, der den Lesern oder Hörern der Geschichte eine für das Verstehen notwendige Hintergrundinformation liefert. Dieser Vers von Gen 18,1 hält fest, dass all das, was im Nachfolgenden erzählt wird, eine Erscheinung des Gottes JHWH bei jenem Abraham ist. So gibt der Text zu verstehen, dass die skizzierten Schwierigkeiten sich ganz einfach auflösen, insofern es JHWH ist, der Abraham in den drei Männern und durch das, was er und Sara mit ihnen erleben und von ihnen erfahren begegnet. Die Geschichte stellt insofern eine hochreflektierte Theophanie-Erzählung dar, die die Differenz zwischen Gott und Mensch narrativ entfaltet. Und als solche ist sie zu betrachten »als ein harmonisches Ganzes, im dem diese Brüche bewusst gesetzt sind, um gleichzeitig Nähe und Distanz einer Gottesbegegnung anzuzeigen« (Fischer 2000, 38). Die Fortsetzung in Gen 19 durch die Erwähnung der zwei Boten (Engel) führt sicher, wenn man sie in linearer Logik zurückführt, dazu, die drei Männer aus Gen 18 als JHWH und zwei Boten zu deuten. Doch damit sollte man vorsichtig sein, denn der Text signalisiert schon dadurch, dass er begrifflich differenziert zwischen »Männern« (Gen 18,2.16; 19,5.8.10.12.16) und »Boten« (Gen 19,1.15), dass er keine simple Fortsetzung von Gen 18 zu Gen 19 will, wenngleich eine Verbindung zwischen beiden Erzählungen besteht. Die Erzählung signalisiert in ihren Einzelelementen Kontinuität und Diskontinuität zwischen Gen 18 und Gen 19: Kontinuität im Sinne der dargelegten medialen Gotteserscheinung, die in der parallel gestalteten »Besuchsszene« von Gen 19 geschieht. Diskontinuität wird dadurch angezeigt, dass Gott eben nicht immer und nur in der Gestalt von drei Männern erscheinen kann, sondern dies eine Besonderheit ist, die Abraham von Lot, dem eben »nur« die zwei (göttlichen) Boten begegnen, unterscheidet.

2.2 Einfältiges Bild des dreifaltigen Gottes?

Diese wenigen Andeutungen zur Geschichte selbst mögen genügen, um zu zeigen, dass der Text auch und gerade in der Form der Erzählung eine Offenheit bewahren kann, die mit theologischer Sensibilität von Gott spricht, gerade dann,

Abb. 1: Andrej Rublew, Dreifaltigkeitsikone, um 1411

wenn er von Menschen erfahren wird. Das sich dem Menschlichen Entziehende jeder Gottesbegegnung, das auch andere »Theophanieschilderungen« (z.B. in Ez 1) widerspiegeln, wird in der Geschichte von Gen 18 gerade nicht zugunsten menschlicher Vorstellbarkeit auf Eindeutigkeiten hin fixiert.

Wenn nun in der christlichen Ikonographie – aufgrund spezifischer christlicher Auslegungen der Bibelstelle – der Besuch der drei Männer bei Abraham zur »Trinitätsdarstellung« wird, dann ja gerade nicht, um zu zeigen, dass die Dreieinheit Gottes so aussieht, sondern um visuell umsetzen zu können, dass es der eine Gott ist, der in drei Gestalten erscheint. Das markiert die berühmte Dreifaltigkeitsikone von Andrej Rublew (s. Abb. 1) ebenso wie die Illustration einer modernen Kinderbibel, die die drei Männer vor Abraham als drei Gleichgestaltige erscheinen lässt (s. Abb. 2). Dabei ist die ikonographische Botschaft dieser Bilder eindeutig: Sie übermitteln, dass hier nicht Wirklichkeit abgebildet wird.

Abb. 2: Annegert Fuchshuber, Besuch bei Abraham, aus: Werner Laubi, Kinderbibel, Lahr (Kaufmann) 1992

Schwieriger stellt sich das Problem dar, wenn man solch eine Geschichte im Bibelfilm umsetzen will, weil der Film am Phänomen der Fotografie partizipiert, die mit extrem hohem Authentizitätsanspruch auftritt. Diese Art der Bilder (Foto, Film) suggerieren Realität und Wahrheit durch das »so ist es«, also eine direkte Abbildung der Wirklichkeit. Wechselnde Logik der Wahrnehmung und Darstellung – wie zwischen Gen 18 und 19 im Text – oder eine übergreifende Deutung – wie durch Gen 18,1 – ist in der visuellen Sprache des Films nicht möglich. In der aufwendigen Bibelverfilmung aus dem Jahre 1965 von Dino de Laurentiis unter der Regie von John Husten wird die Szene so dargestellt, dass drei in ihre Gewänder eingehüllte Gestalten auf Abraham zukommen und in der weiteren Begegnung »aufgelöst« werden in den einen und die zwei anderen, wobei die beiden gesichtslos bleiben, der eine, der dann »als Gott« mit Abraham spricht, aber Stück um Stück in seinem Gesicht deutlicher erkennbar wird, sodass er am Ende als individuelles bärtiges Männergesicht (jünger als sein Gegenüber Abraham!) zu erkennen ist. In einer der jüngsten Abrahamverfilmungen, dem Zweiteiler »Abraham« unter der Regie von Joseph Sergent in der aufwendigen Fernsehproduktion zur Verfilmung des Alten Testaments (deutsch-amerikanisch-italienische Coproduktion »LUBE«) von 1993, findet sich eine Aufnahme der beschriebenen Dramaturgie zu Gen 18 aus »Die Bibel« (1965), wobei die Akzente neu gesetzt werden. Hier kommen auch die drei verhüllten Gestalten auf Abraham zu, doch im Laufe des Gespräches werden nur die Gesichter der beiden äußeren Begleiter im Profil erkennbar, während die mittlere Gestalt, die als »Gott« (auch durch die Stimme aus vorausgehenden Szenen zu identifizieren) mit Abraham redet, kein Gesicht zu erkennen gibt, und sich, nachdem die beiden Begleiter auf dem Weg nach Sodom sind, geradezu in seine Stimme auflöst, die Abraham dann im Himmel mit seinen Augen sucht.

2.3 Wege gegen das visuelle Analphabetentum

Gemeinsamkeit und Unterschied der beiden beschriebenen filmischen Umsetzungen der Szene zeigen Möglichkeiten und Grenzen der Visualisierung auf. Sehr schnell ist deutlich, dass die angesprochene Offenheit, die die Erzählung ermöglicht, im Medium Film nicht gewahrt werden kann. Die Bilder interpretieren den vorliegenden Text dadurch, dass sie sich auf Ausschnitte festlegen. Natürlich gibt es eigene filmische Mittel, um Offenheit herzustellen oder um den Betrachtern verschiedene Interpretationen zu ermöglichen, doch letztendlich bleibt immer eine Leerstelle, die die Bilder nicht füllen können, weil sie mit einer spezifischen Haltung betrachtet werden. Die Bilder des Films partizipieren am Bildverständnis der Fotographie, das von einem enorm hohen Authentizitätsanspruch bestimmt wird. Bei diesen Bildern fragen die modernen Betrachter nicht: »Was wollen die Bilder mir sagen?«, wie das bei Werken der bildenden Kunst oder der Literatur üblich ist, sondern man fragt nach der »abgebildeten Wirklichkeit« wie nach einem Geschehen, das man nicht selbst miterlebt hat und über das man informiert wird. Gotteserfahrungen, wie sie sich in der angesprochenen Episode von Gen 18–19 artikulieren, lassen auf dem beschriebenen Hintergrund die Grenzen der Visualisierung deutlich erkennen, weil allein die Frage, wie Gott »aussehen« oder »erscheinen« soll, wichtig wird. Dieses Element kann und will die erzählte Geschichte gerade hinter den drei Männern »verbergen«.

Neben den Schwierigkeiten bietet das Medium Film natürlich auch neue Möglichkeiten, wie beispielsweise das erwähnte Identifizieren mittels der Stimme, die einerseits der aus dem Film schon bekannten Stimme Gottes aus dem Off entspricht, andererseits aber einer menschlichen Gestalt zugeordnet wird.

Die knappen Überlegungen führen zu einer Einsicht. Man kann die filmische Umsetzung der biblischen Botschaft nicht unter Hinweis auf die Schriftlichkeit der Offenbarung (Bibel) ablehnen, aber man kann sie auch nicht zur adäquaten Form der Übersetzung für das 21. Jahrhundert deklarieren. Vielmehr muss man festhalten, dass die erzählte Form selbst, d.h. der Bibeltext Vorrang behält, weil er die Ur-Kunde unseres Glaubens ist und als solcher Maßstab für jede Interpretation – auch die filmische – bleiben muss. Wenn gleichzeitig aber die heutige Kultur eindeutig eine visuell geprägte ist, kann und darf die Botschaft der Bibel nicht außerhalb der Welt der Bilder bleiben. Die notwendige »Inkulturation« stellt aber erhebliche neue Ansprüche besonders an diejenigen, die diese Botschaft in die Welt weitergeben wollen. Allem anderen voran muss beim Umgang mit Bibelfilmen der Authentizitätsanspruch der Bilder abgebaut werden, weil die Betrachtenden nur dann, wenn sie diesen hinter sich lassen, durch die Bilder einen eigenen interpretierenden Zugang zur Botschaft der Bibel bekommen können. »Angesichts der Bedeutung der Medien muss in modernen Gesellschaften neben der Einführung in die Schriftkultur gleichgewichtig eine Einführung in die audiovisuelle Kultur geboten werden« (Wörther 1993, 132).

Wurden in früheren Jahrhunderten die religiösen Bilder damit gerechtfertigt, dass sie die Bibel der Analphabeten seien und ihnen somit eine didaktische Funktion für den Glauben zukam, so stehen wir heute vor Menschen, die zwar das Lesen gelernt haben, aber nicht mehr das (verstehende) Sehen der Bilder, die sie den ganzen Tag umgeben. Hier kommt der Religion und speziell der Religionsdidaktik eine besondere Rolle zu, weil sie in einzigartiger Weise Grenzgängerin zwischen der Bibel als Ur-Kunde des weiterzugebenden Glaubens und der visuell geprägten Kultur und ihren Menschen ist. Mit seinem Konzept des »Ästhetischen Lernens« hat der mit diesen Zeilen zu ehrende Jubilar und werte Kollege Georg Hilger (vgl. Hilger 2001, 305ff) sich schon lange auf diesen Weg von hier nach dort und von dort nach hier gemacht.

Literatur

Dohmen, Christoph: »Du sollst dir kein Bild machen...« Was verbietet das Bilderverbot der Bibel wem?, in: Stößl, Marianne (Hg.): Verbotene Bilder, München 2004, 13–24.

Eco, Umberto: Die Grenzen der Interpretation, München 1992.

Fischer, Irmtraud: Gottesstreiterinnen. Biblische Erzählungen über die Anfänge Israels, Stuttgart ²2000.

Hilger, Georg: Ästhetisches Lernen, in: ders./Leimgruber, Stephan/Ziebertz, Hans-Georg: Religionsdidaktik. Ein Leitfaden für Studium, Ausbildung und Beruf, München 2001, 305–318.

Hossfeld, Frank-Lothar: Einheit und Einzigkeit Gottes im frühen Jahwismus, in: Böhnke, Michael/Heinz, Hanspeter (Hg.): Im Gespräch mit dem dreieinen Gott, Düsseldorf 1985, 57–74.

Postman, Neil: Wir amüsieren uns zu Tode. Urteilsbildung im Zeitalter der Unterhaltungsindustrie, Frankfurt a. M. 1985.

Sternberg, Thomas: Bilderverbot für Gott, den Vater?, in: Nordhofen, Eckhard (Hg.): Bilderverbot: Die Sichtbarkeit des Unsichtbaren, Paderborn 2001, 59–115.

Wörther, Matthias: Vom Reichtum der Medien. Theologische Überlegungen – Praktische Folgerungen, Würzburg 1993.

Von der Widerspenstigkeit der Form

Einige Überlegungen zum Umgang mit Gedichten,
nicht nur im Deutschunterricht

PETER POTH

1 Seismographie – über einen gemeinsamen Horizont von Dichtung und Didaktik

Es ist schon so: Dichterinnen und Schriftsteller und Didaktikerinnen und Didaktiker haben eine Gemeinsamkeit: ihre Aufmerksamkeit und Sensibilität für die Wirklichkeit. Nun wird niemand zögern diese Auszeichnung ersteren zuzusprechen; auch sie selbst geben sich und uns Rechenschaft: Der Dichter »sieht und fühlt; sein Erkennen hat die Betonung des Fühlens, sein Fühlen die Scharfsichtigkeit des Erkennens. Er kann nichts auslassen. Keinem Wesen, keinem Ding, keinem Phantom, keiner Spukgeburt eines menschlichen Hirns darf er seine Augen verschließen. ... In ihm muss und will alles zusammenkommen. Er ist es, der in sich die Elemente der Zeit verknüpft. ... Er ist der Ort, an dem die Kräfte der Zeit einander auszugleichen verlangen. Er gleicht dem Seismographen, den jedes Beben, und wäre es auf Tausende von Meilen, in Vibrationen versetzt« (Hofmannsthal 1907/2000, 117, 118, 121). So Hugo von Hofmannsthal in seinem Vortrag »Der Dichter und diese Zeit«, in dem er eine Art Phänomenologie und Anthropologie des Dichters entwirft.

Diese Sensibilität für die Bewegungen und Verwerfungen seiner Zeit machen den Schriftsteller zum gesuchten Dialogpartner seiner Zeit-Genossen, die verstehen wollen. Dazu sind auch die Didaktiktreibenden zu rechnen, die um die Zeit-Gemäßheit ihrer Überlegungen, was keineswegs als blinde Affirmation der Verhältnisse misszuverstehen ist, bemüht sein müssen und so zu den aufmerksam Lauschenden gehören. Schon in diesem allgemeinen Sinn wird man sich auch von den DichterInnen sagen lassen, was an der Zeit ist. Ist die Didaktik so ver- und angewiesen auf die seismographische Leistung der Poesie und Literatur, kann sie im Gespräch mit ihr eigene Fähigkeiten schulen und entwickeln. Damit ist es aber nicht getan, zumindest heute nicht mehr, leben wir doch in einer Zeit, in der Erschütterungen auf Dauer gestellt sind und Sensibilitäten wie Aufmerksamkeitsleistungen, die zu ihrem Gelingen notwendig einer gewissen Ruhe bedürfen, zwangsläufig eingeebnet und nutzlos werden. Das »Schwinden der Sinne im Geschwindigkeitsrausch« kann als der zeitgemäße Schutzreflex des Individuums gelten. Keine Aufmerksamkeit, nirgends – schlechte Zeiten für die intensive, sich Zeit und Raum gebende Auseinandersetzung mit Wirklichkeit(en), dem Horizont allen Lernens, könnte man resümieren. Verliert damit auch die (literarische) Seismographie den Boden unter den Füßen? Bevor ich zu dieser Frage zurückkehren werde, möchte ich mich einigen didaktischen Antworten auf den »Beschleunigungswahn« zuwenden, um von dort aus das Gespräch mit der Dichtung unter einer neuen Perspektive wieder aufzunehmen.

2 Verlangsamungen: sehen, verweilen, verstehen

Es fehlt nicht an Versuchen das Phänomen der universellen Beschleunigung genauer zu beschreiben und in seinen Konsequenzen zu durchdenken; auch die Erziehungswissenschaft beteiligt sich an diesem »Diskurs«. Erinnert sei nur an das Nachdenken Horst Rumpfs über die »Zeitmaschine« Schule und ihre – schließlich erfolgreichen – Disziplinierungsattacken auf die Lebenszeit. »Schulzeit«, so könnte man sagen, kolonisiert die Zeiterfahrung überhaupt; sie dimensioniert Lernprozesse als »Schnellstraßen«, die die Flüchtigkeit der Gegenstandsbegegnung zumindest in Kauf nehmen, wenn nur rechtzeitig das »Ziel« erreicht wird. Es liegt auf der Hand, dass dies nicht ohne Beschädigungen aller Beteiligten abgehen kann (vgl. Rumpf 1986).

Ist dieser Generalverdacht begründet, und augenscheinlich kann man ihn schwerlich entkräften, stellt sich für die einzelnen Fachdidaktiken die Aufgabe, diese Diagnose fruchtbar zu machen und Abwehrstrategien in den (unterrichtlichen) Horizont ihres jeweiligen Faches zu implementieren. Sehe ich recht, kommt der Religionsdidaktik dabei eine gewisse Vorreiterrolle zu. Dass sich dies vermutlich von ihrem Gegenstand her erklären lässt, schmälert dieses Verdienst nicht. Neben anderen ist hier besonders Georg Hilger als »sensibler Seismograph« zu nennen. Und es kommt wohl nicht von ungefähr, dass er sich dazu anregen ließ von Sten Nadolnys Bestseller »Die Entdeckung der Langsamkeit«. Schon 1993, als der »dromologische Diskurs«, zumindest in Deutschland, noch am Anfang stand, umreißt er in aller Deutlichkeit die Aufgaben, die einer Didaktik zuwachsen: »Ich plädiere für das Lernziel Langsamkeit, fordere eine gewollte produktive Verlangsamung des Wahrnehmens, des Denkens, des Verarbeitens, des Reagierens im schulischen Lernen« (Hilger 1993, 262). Eine eingängige Forderung, die es aber in sich hat, da sie die wesentlichen Momente des Lehr-/Lernprozesses umgreift – was in der Konsequenz zu einer vollständigen Neustrukturierung der (schulischen) Lernsituation führen müsste. Es geht (ihm) also nicht primär um die Integration der einen oder anderen »Verzögerungsmethode« in konventionelle Konzepte, wenngleich natürlich der richtige methodische Ansatz für das Gelingen der »Verlangsamung« von entscheidender Bedeutung ist. Es geht um mehr, es geht um die zeitliche Strukturierung von Unterricht überhaupt und auch um die Schule als Institution. Eine Institution, die sich durch eine »metrisch-lineare Zeitdisziplin« (ebd. 263) nachgerade konstituiert, für die eine »Entleerung« der Lernzeit von allen subjektiven Empfindungen und Färbungen kennzeichnend ist. Damit orientiert sich schulisches Lernen am Modell der ungehinderten Beschleunigungen, die der Moderne eingeschrieben sind; ihre Dynamik tendiert mehr und mehr dahin, alle Orientierungspunkte in Raum und Zeit aufzulösen, was einem epochal einmaligen »Wirklichkeitsverlust« gleichkommt (ebd.). Mit dieser Angleichung läuft die Schule Gefahr – und das dürfte die Pointe der Überlegungen Hilgers sein –, ihren spezifischen Bildungsauftrag zu verfehlen, da Bildung eben nicht, oder zumindest nicht allein und auch nicht in erster Linie, der linearen Logik einer nur quantitativen Kumulierung unterliegt: »Bei Bildungsprozessen können die Umwege und Rückschritte, die umkreisenden Bewegungen, die Prozesse des Verwirrens und Entwirrens, die Blockade und der Widerstand wichtiger sein als gleichmäßiges Fortschreiten« (ebd. 268). Eine solche subjektfreundliche Didaktik fängt den gesellschaftlichen Beschleunigungsdruck mit guten Gründen ab und gibt den (jungen) Menschen Zeit und Raum, sich individuell zu entfalten und zu bilden; sie greift aber auch aktiv ein, indem sie die (sinnlich-konkrete) Wahrnehmungsfähigkeit entwickelt, Fremdheitserfahrungen zulässt und soziales Lernen fördert (ebd. 270).

Hilger gelingt es mit beeindruckenden Argumenten »von innen heraus« die sachliche und fachliche Notwendigkeit der Verlangsamung des Religionsunterrichts zu unterstreichen. Doch ist sein Grundansatz so offen formuliert, dass daraus wesentliche Impulse für andere Fächer zu gewinnen sind: Produktiv ist eine solche Verlangsamung – wie sie zuvor als didaktische Reformulierung der theologischen Basiskategorie ›Unterbrechung‹ aufgewiesen wurde – »wenn sie neue und andere Wahrnehmungen und Erfahrungen und Lernwege (jenseits der ›Schnelllernstraßen‹) ermöglicht und weil eine Verlangsamung im Lernen in einem ganzheitlichen Sinne hochaktiv sein kann« (ebd. 271). Wer könnte sich sehenden Auges einer solchen Anreicherung von Lernprozessen verweigern?

Aus Hilgers überzeugenden methodischen Demonstrationen will ich einen Aspekt auswählen und auf einem etwas anderen Gebiet weiterverfolgen; zu fassen ist er annäherungsweise als »Aufforderung zum verweilenden Sehen«. Diese aufgreifend möchte ich den Blick auf den (unterrichtlichen) Umgang mit einer Textgattung lenken, die mir wie keine andere geeignet erscheint, aus sich selbst heraus allzu forsche Verstehensversuche zu durchkreuzen und verlangsamte Wahrnehmung zu erzwingen. Ich rede von Gedichten, lyrischen zumal, deren Eigenart, wie ich unten noch zu zeigen versuche, gerade in dem Reichtum und der Dichte ihrer Bedeutungskonzentration besteht, die sich nur dem verweilenden Lesen erschließen. Zugleich wird damit die Frage nach der seismographischen Leistung der Literatur noch einmal aufgegriffen. Doch zuvor sei ein kleiner Seitenblick erlaubt.

Gedichte spielen, wenn ich recht sehe und wenn mir als Außenstehendem dieses Urteil überhaupt zusteht, im Religionsunterricht durchaus eine gewisse Rolle (vgl. Langenhorst 2001). Auch wird, und das halte ich für besonders bemerkenswert, die Affinität von Gedichten zu Verlangsamungsprozessen des Verstehens gesehen (ebd. 30). Langenhorsts Ausführungen enthalten insgesamt eine Vielzahl von Anregungen; vor allem beeindruckt ihr Methodenbewusstsein, das zurecht den Schwerpunkt auf produktionsorientierte und aktualisierende Zugangsweisen legt. Auffällig ist allerdings, dass insgesamt kaum etwas gesagt wird über Gedichte als solche und ihre spezifischen »Sprachstrategien«, die doch die didaktischen und methodischen Entscheidungen grundlegen und mittragen sollten. Eine intensivere Auseinandersetzung mit der Gattung als solcher hätte wohl deutlicher werden lassen, was Gedichte leisten und wie sie es leisten, woran sich zwanglos die intendierte Weiterarbeit mit der Botschaft des konkreten Textes in Richtung eines Vergleichs mit dem Original oder der Aktualisierung zentraler Aussagen hätte anschließen können (ebd. 27, vgl. 42). Übergeht man letztere, ist die Gefahr, dass das Eigene in die Leere läuft und damit auch leer läuft, da der Textsinn als Reibungsfläche zu konturlos bleibt, nur schwer zu bannen. So wichtig und richtig das Plädoyer für einen anderen Umgang mit Gedichten im (Religions-)Unterricht auch ist und bleibt, verschenkt es doch viel, ja zu viel, wenn es sich so wenig um seinen Gegenstand als solchen bemüht.

Ich will nun meine alte Spur, die wie gesagt auch bei Langenhorst am Rande aufscheint, weiter verfolgen. Meine Überlegungen gehen von der Vermutung aus, dass lyrische Texte aufgrund ihrer Eigenart, ihrer Bedeutungsdichte, sich von selbst einem raschen und oberflächlichen Zugriff verweigern; sie dürfen füglich als »Widerstandsnester gegen zu schnelles Verstehen« (Dieter Wellershoff) gelten. Nur die wiederholte Auseinandersetzung entbindet das Bedeutungspotenzial des Textes, vermutlich auch nie vollständig, sodass (immer wieder) andere und neue Lesarten möglich sind. Im Folgenden werde ich einige unvollständige und ganz vorläufige Anmerkungen zur Eigenart lyrischer Texte machen, wobei mich vor allem ein Aspekt der modernen Lyrik besonders interessieren wird, den schon die Formulierung des Titels aufgreift – die Widerspenstigkeit ihrer Form. Abschließend möchte ich an einem Beispiel andeuten, wie diese Überlegungen den Prozess des »Gedicht-Lesens« anleiten können.

3   Auf sensiblen Wegen I: Markierungen

Die Verwiesenheit der Didaktik auf die zeitkritische Sensibilität der (lyrischen) Dichtung und – man kann sich denken, dass da Zusammenhänge bestehen – die vermutete Widerständigkeit der Lyrik bei der Preisgabe ihres Eigenen, die sie in die Nähe der produktiven Verlangsamung von Lernprozessen rückt, haben die einführenden Gedanken ins Licht zu heben versucht.

Schon Hugo von Hofmannsthal rückt in dem erwähnten Text »das Gedicht, das seismographische Gebilde«, das als das »innerste Gebilde der Zeit« fungiert, in den Vordergrund (Hofmannsthal 131). Unzählige Selbstreflexionen von Dichterinnen und Dichtern ließen sich anschließen, um diese spezifische Qualität der Lyrik vielfältig zu beleuchten und in ihrer Aktualität zu unterstreichen (vgl. Elm 2001). Zumindest der Glaube an die besondere Hellhörigkeit der Lyrik ist weit verbreitet. Und von daher ist die Frage nach dem Schicksal des Seismographen positiv zu beantworten.

Ähnliches gilt für ihren Beitrag zur Durchbrechung von Alltagsroutinen, von der Rückgewinnung ursprünglicher Aufmerksamkeit, von der Wiedergewinnung unverstellter Wahrnehmung, kurz von der »Unterbrechung« unhinterfragter Selbstverständlichkeiten: »Poesie ist Widerspruch, nicht Zustimmung zum Bestehenden« (Hans Magnus Enzensberger). Diesem zweiten Aspekt soll im Folgenden – unter Einrückung in den oben aufgerissenen Horizont – noch etwas nachgedacht werden. Allerdings werde ich den Widerspruchsgeist der Lyrik auf einem etwas ungewohnten Feld suchen.

Noch ist nichts über Lyrik als solche gesagt. Annäherungsweise ist der Eindruck formuliert, dass Lyrik schon »von außen gesehen« dazu angetan ist, den Prozess der »produktiven Verlangsamung« zu stützen und zu unterstützen. Warum dies so ist, liegt (noch) nicht auf der Hand. Ganz allgemein kann man auf die Schwierigkeiten verweisen, die oft gerade moderne Gedichte dem Verstehen entgegenstellen. Ihrer weitgehenden Entbindung aus allen konventionellen Kohärenz und damit Verständnis sichernden Bezügen sowohl in inhaltlicher als auch formaler Hinsicht verdanken sie ihre Sperrigkeit und ihr geringes Maß an

Eingängigkeit; sie fordern Verstehensarbeit. Man muss sie zu lesen wissen, um ihrer vielfältigen Botschaft nahe zu kommen. Unter den Bedingungen der Moderne mit ihren Verwerfungen verzeichnen sie seismographisch Verschiebungen, Bewegungen, Brüche im literarischen (Zeit)Bewusstsein. Sie sind sensibel wie »die erde über den quellen« (Reiner Kunze). Unmittelbarkeit wird hier identisch mit einem hohen Maß an Artistik, an Gestaltungs- und Formwillen, der sich befreit hat von allen formalen oder inhaltlichen Traditionen, die als »frames« den Leseprozess zumindest ein Stück weit noch hätten leiten können. Was bleibt, um ein Gedicht als solches zu erkennen, ist das formale Minimum des Vers- oder Zeilenstils; dieser ist zugleich die Lizenz zur Anwendung bedeutungschaffender Operationen, die die normalsprachlichen Regeln souverän ignorieren (können). Es ist diese Widerspenstigkeit der formalen Gestaltung, die u.a. unsere Verstehensarbeit herausfordert. Damit ist eigentlich eine Selbstverständlichkeit formuliert. Doch dürfte es auch in diesem Fall so sein, dass das Selbstverständliche nicht unbedingt das Verständliche ist. Seit langem – und es ist zu befürchten, auch heute noch – stehen besonders lyrische Texte im Bann einer Hermeneutik, die die Arbeit am Text durch »einfühlendes Mitschwingen« ersetzt, das zum Nacherleben des durch den Dichter poetisch gestalteten Augenblicks befähigen soll (vgl. Wilpert 1979, 482). Hinter dieser literaturwissenschaftlichen Spielart des »morbus hermeneuticus« (H. Schnädelbach) steht Wilhelm Dilthey, der mit seinem lebensphilosophischen Ansatz die universale Erschlossenheit aller menschlichen Rede in den Momenten Erleben, Ausdruck, Verstehen gesichert sieht (vgl. Schnädelbach 1983, 74ff). Verstehen ist dann eben Nacherleben. Damit ist zwar der Sinn gerettet, doch um einen hohen Preis; der spezifische Modus der Vermittlung, das Medium, die Sprache bleibt ausgeblendet. Doch genau um diese Dimension ist es hier zu tun.

Gegen die graue Nacht der Einfühlung haben am entschiedensten strukturalistisch orientierte Ansätze ihre Stimme erhoben (vgl. Titzmann 1977), die bis in die Tiefen der Didaktik Gehör und auch auf den unterrichtlichen Umgang mit Lyrik Anwendung gefunden haben (vgl. Knörrich 1985). Zur Beschreibung der Differenzqualität der Lyrik möchte ich anknüpfen an einige grundsätzliche Überlegungen von Jürgen Link, der diese mit dem Begriff »überstrukturierter Text« zu erfassen sucht (vgl. Link 1977). Im Prinzip geht es um die Frage, durch welche spezifischen Verfahren der Bedeutungskonstituierung und -verdichtung (lyrische) Gedichte sich ausweisen. Dabei gilt es, sich zu vergegenwärtigen, dass alle Texte (als sprachliche Äußerungen) durch zwei Operationen konstituiert werden: Auswahl der bedeutungtragenden Elemente aus dem Gesamt des Zeichenvorrats, je nach Aussageabsicht, und Verknüpfung dieser Elemente nach den Regeln der »Wohlformuliertheit«. Das »Zeichensystem« Literatur arbeitet nun so, dass es mit der natürlichen Sprache ein zweites, sekundäres Zeichensystem etabliert und es so in sie einschreibt, dass beide mit- und ineinander existieren. Hat man einmal erkannt, dass man es mit Literatur zu tun hat, muss – bildlich gesprochen – durch die natürliche Sprache hindurch die spezifische Sprache des jeweiligen literarischen Textes entschlüsselt werden. Den Schlüssel hat man gefunden, wenn man die (zusätzlichen) Regeln erfasst, denen der Text folgt. Denn »poetische Texte lassen sich rein technisch dadurch definieren, dass in ihnen die Alltagssprache zusätzlichen Regeln unterworfen ist bzw. dass sie sekundäre textbildende Ordnungsmuster enthalten, die im Hinblick auf die alltägliche Mitteilungsfunktion der Sprache überflüssig scheinen« (Schulte-Sasse/Werner 1980, 126f). Der Leistungsfähigkeit dieser sekundären Operationen ist es nun zuzuschreiben, dass bestimmte Texte ein Mehr an Bedeutung enthalten, das sie durch die Semantisierung aller ihrer Bestandteile (formaler und inhaltlicher Art) erreichen. Sie nutzen sie als Zeichenträger, was literarischen Texten, »wenn es gelingt, einen hohen Grad semantischer Informationen und systemischer Ökonomie erlaubt. Durch die simultane Existenz verschiedener Leseebenen enthält die Textstruktur notwendig mehr Bedeutung, als es bei einem nur auf der normalsprachlichen Ebene lesbaren Text der Fall ist« (Titzmann 1977, 80).

Gerade (lyrische) Gedichte verfügen nun in eminentem Maße über die Möglichkeit der zusätzlichen Bedeutungsbildung. Neben den semantischen (z.B. Tropen) sind hier v.a. die formalen Mittel zu nennen, also rhythmische, lautliche, bestimmte rhetorische Figuren, Zeilenumbruch, Bildung von Versgruppen, aber auch alle Abweichungen syntaktischer Art, die die natürliche Bedeutung überlagern und ihr zusätzlichen Sinn verleihen. Lyrik zeichnet sich dadurch aus, dass sie »die Tendenz besitzt, mehrere Ebenen mit Bedeutung, d. h. mehrere Teilstrukturen nach Art eines mehrstimmigen musikalischen Satzes aufeinanderzuschichten. So entsteht eine Gesamtstruktur, die wir überstrukturiert nennen wollen« (Link 1977, 245). Doch dürfen wir diese bedeutungtragenden Operationen nicht nur dort am Werk sehen, wo etwas hinzukommt, sondern auch Aussparungen oder einfache Abweichungen können signifikant sein (vgl. Knörrich 1985, 19ff). Die Kombination all der genannten Verfahren zeichnet verantwortlich für das, was oft als Dunkelheit oder Fremdheit lyrischer Texte aufscheint. Diese sind aber nichts anderes als die Komplexität und Dichte der Informationsverarbeitung. Und sie bedingen den mühevollen und anstrengenden Leseprozess, der die Sprache des Textes, die sich eigentlich aus vielen Teilsprachen zusammensetzt, verstehen will. So wird, wer immer auf Lyrik sich einlässt, von selbst zum langsamen, aufmerksamen, genauen Leser.

4 Auf sensiblen Wegen II: Durchgänge

Die Demonstration der Tragweite dieses Leseprozesses wird sich auf die Erfassung des Inhalts beschränken; die Notwendigkeit einer differenzierten und sachgerechten methodischen Aufbereitung bleibt davon unberührt. Nur sollte – gerade bei der Favorisierung (text)produktiver Methoden – darauf geachtet werden, das Lesen (mit all seine kreativen Komponenten) und den Text (mit seiner Botschaft) nicht gering zu achten.

Mit Bedacht wähle ich ein Thema, das ungebrochen aktuell ist und viele Fächer interessiert: Ausländerfeindlichkeit. Neben der sachlichen Auseinandersetzung kann vielleicht an einer Stelle, wo die Frage laut wird nach einer Sprache, die den Einzelnen meint, sein Leiden ins Licht hebt und so das Mit-Leiden konkret werden lässt, das folgende Gedicht von Johann Voß seinen Ort finden:

heute hünxe

am waldrand villen ross und
reiter über brunnen
und bänken patina
und pizza piazza
und nichts weiter?

ein junge von hier sprach
von bier und von
zeitvertreib sein brandsatz
zog zeinab die haut
fast vom leib

die zeit ist
vertrieben das mädchen
ist fort
der junge geblieben

still hängen schreie
an brunnen und bänken
am waldrand von hünxe
muss ich an nacht und nebel
und dachau denken

Durchgang I: Nur eine Geschichte?

Wer will, könnte diesen Text als eine »Geschichte« lesen, die von einem Brand-
anschlag und dessen Folgen für das Opfer »erzählt«; auch ein realer Ort wird
genannt – es geht also um den fremden-feindlichen Anschlag von Hünxe am
3. Oktober 1991. Doch bliebe eine solche Sicht allzu sehr an der Oberfläche und
reduktionistisch. Sie verkennt die Integration der »narrativen Elemente« in
einen größeren, ganz anderen Zusammenhang, der sich nicht »nacherzählen«
lässt. Es geht um anderes, und genau diese Differenzqualität gilt es zu bestimmen. So eingestimmt, ist es durchaus legitim den Text quasi narrativ zu behandeln und den Inhalt zusammenzufassen. Man könnte von der »Lokalisierung«
ausgehen, die Überschrift aufgreifend, Hünxe als recht idyllischen Ort erfassen,
sogar mit ausländischer Gastronomie, der durch die Gewalttat eines einheimi-
schen Jugendlichen, begangen aus Langeweile, gestört wird. Diese Beobachtungen regt nun ein bisher nicht genanntes Ich zu einer neuen Wahrnehmung von
Hünxe an und evoziert Gedanken an die Nazi-Zeit. Das Unbehagen, das sich
angesichts dieser Wiedergabe einstellt, dürfte beträchtlich sein, da sie wesentliche direkte Aussagen einfach ignoriert. Auch ist intuitiv so manches ergänzt
worden, um zu der »Geschichte« zu kommen, was noch als angemessen sich ausweisen müsste. So kann ein zweiter Durchgang versucht werden, der dem Text
etwas näher tritt.

Durchgang II: Gegenläufiges

Fasst man den »Raum« genauer ins Auge, so fällt dessen Skizzenhaftigkeit auf,
allein die Überschrift stellt einen – vordergründig – lokalisierbaren Bezug her.
Mit wenigen Strichen entsteht ein Bild, das sich einer konkreten Fixierung sofort wieder entzieht. Die deiktische Situierung reicht nicht weit, höchstens zur
Andeutung einer Idylle am Übergang Dorf/Natur. Die weiteren aneinander ge-
reihten Substantive entwerfen die Konturen eines »Stadtbildes«, die zugleich
mehrere Lesemöglichkeiten zulassen. So bleiben die »reiter« eigentümlich ort-
los, können als reale – vor dem Hintergrund der »villen« – gesehen werden oder
als Statuen »über Brunnen«, was die »patina« wiederum auf die »bänke(n)« be-
schränkte; die Syntax gibt hier keine weiteren Hinweise; so kann man beide Lesarten zugleich realisieren: eine ein bisschen angestaubte und angegraute Idylle,
harmonisch gestimmt durch den Gleichklang der anlautenden Konsonanten, die,
wer will, auch noch als »weich« empfinden kann. Das Wortspiel »pizza piazza«
schließt aufgrund fehlender syntaktischer Markierung problemlos an das Bisherige an. Die Parallelisierung durch die synthetische Reihung schafft zusätzliches
Gleichmaß. Doch gilt es noch ein wesentliches strukturelles Gestaltungsmittel,
das der Alliteration, einzubeziehen. Sie schafft Identität und Differenz und
grenzt ab. Und sie bringt Spannung in das Bild: Die syntaktisch eingehegte

Fremdheit drängt an die Oberfläche, affiziert das Detail: Der unmerkliche Übergang von »b« zum »p« – vermitttelt über die »patina« – legt die gespannte Atmosphäre in den gegensätzlichen Lautwert. Der Edelrost, der vieles zuzudecken vermag, wird zum Zentrum der Spannung, die in die Frage (des abwesenden) lyrischen Ich ausläuft und die notdürftige Stillstellung und die Defizienz der Situation einer (bedrohlichen) Zukunft öffnet.

Gleichsam als Antwort erfolgt die zweite Strophe. Der Hinweis »von hier« stellt die inhaltliche Kontinuität her, ansonsten bleibt der Täter ohne Identität, »ein junge« meint »irgendein«. Sein Sprechen ist vor dem Hintergrund der obigen Situation zu sehen, »bier« eng auf »hier« bezogen. Der weitere Inhalt seiner Rede stößt bei seiner Umsetzung hart auf die Wirklichkeit: »zeitvertreib sein brandsatz«. Assonantisch an den Jungen geheftet, wird auch lautlich die fundamentale Qualität des Umschlags nachvollzogen, bleibt aber in seiner ganzen Brutalität die Tat des Jungen, eingefangen durch eine weitere Alliteration und die Fortschreibung des Gleichklangs als seine ureigenste: »zog zeinab die Haut/fast vom leib«. Zeinab, das palästinensische Mädchen, wird zum Opfer, zufällig und notwendig zugleich.

Die nächste Strophe greift in einem Wortspiel die Konsequenzen der Tat auf, bringt sie aber in ein eindeutig zweideutiges Schwingen. Der »Zeitvertreib« wird wörtlich genommen und zugleich durch die fragmentarische Syntax aufgehoben; die Zeit als Rahmen, als Leere bleibt, der Zusammenhang zwischen Tat des Jungen und Tod des Mädchens chiastisch verschränkt, der Täter bleibt in der Leere, die er selbst geschaffen hat.

Die Konsequenzen der Tat gehen noch weiter, sie beschädigen auch den Raum, machen die Idylle durchsichtig für das in ihr angelegte Gewaltpotenzial. Invers aufgegriffen gewinnt der vorgestellte Raum seine Konturen durch die paradoxale Struktur seiner akustischen Beschaffenheit; äußerlich unversehrt hat sich doch alles, in die Zeitlosigkeit hineingehalten, verändert, ein Präsens, das von Dauer ist. Die Offenheit der syntaktischen Struktur spiegelt die Ortlosigkeit des Ich. »Nacht und Nebel« verlieren jeglichen realen Bezug, werden zum strukturellen Moment einer von Menschen, von einem Menschen geschaffenen Situation. Verdichtet durch die regelmäßigen Verse; eine Konstellation hat hier ihr wahres Sein gefunden. Und die Offenlegung dieser Tiefenstruktur gibt dem lyrischen Ich zu denken, eröffnet Horizonte zurück in die Geschichte, eine Topologie des Schreckens drängt sich dem Ich auf: Dachau als der Endpunkt des Schreckens der »heute (in) hünxe« begonnen hat, morgen anderswo seine Fortsetzung finden wird. Ein Ort – überall; kein Grund zur Beruhigung.

Durchgang III: Was bleibt

Was bleibt, ist die Bedrückung, das Hineingenommensein in ein vielfältiges Beziehungsgeschehen, das sich einem geduldigen Hinhören und -sehen erschließt. Ein historisches Ereignis wird ent-zeitlicht, indem es zum Signum seiner Zeit wird. Es gibt zu denken, weil es die Richtung vorgibt, lässt aber zugleich Offenheit und Abgeschlossenheit stehen. Es setzt ins Bild, indem es das Bild zersetzt und so dessen Wirklichkeit freisetzt. Ein paar Worte, die mehr sagen – und natürlich anderes – als viele Abhandlungen zu diesem Thema.

Literatur

Elm, Theo: Lyrik heute, in: Hinderer, Walter (Hg.): Geschichte der deutschen Lyrik. Vom Mittelalter bis zur Gegenwart, 2. erw. Aufl., München 2001, 605–620.

Hilger, Georg: Für eine religionspädagogische Entdeckung der Langsamkeit, in. ders/Reilly, George (Hg.): Religionsunterricht im Abseits. Das Spannungsfeld Jugend, Schule, Religion, München 1993, 261–280.

Hofmannsthal, Hugo von: Der Dichter und diese Zeit (1907), in: ders., Der Brief des Lord Chandos. Schriften zur Literatur, Kunst und Geschichte, Stuttgart 2000, 102–131.

Knörrich, Otto: Lyrische Texte. Strukturanalyse und historische Interpretation, München 1985.

Langenhorst, Georg: Gedichte zur Bibel. Texte, Interpretationen, Methoden, München 2001.

Link, Jürgen: Das Gedicht als Paradigma des überstrukturierten Textes, in: Brackert, Helmut/Lämmert, Eberhard (Hg.): Funk-Kolleg Literatur, München 1977, 234–255.

Rumpf, Horst: Die künstliche Schule und das wirkliche Leben, München 1986.

Schnädelbach, Helmut: Philosophie in Deutschland 1831–1933, Frankfurt a.M. 1983.

Schulte-Sasse, Jochen/Werner, Renate: Einführung in die Literaturwissenschaft, München 1980.

Titzmann, Michael: Strukturale Textanalyse, München 1977.

Voß, Johann: heute hünxe, in: Praxis Deutsch 117/1993, 3.

Wilpert, Gero von: Sachwörterbuch der Literatur, 6. verb. u. erw. Auflage, München 1979.

Die Autoren

DR. MATTHIAS BAHR ist Akademischer Oberrat am Lehrstuhl für Praktische Theologie (Religionspädagogik und Didaktik des Religionsunterrichts) an der Universität Regensburg.

DR. DR. MARTIN BRÖKING-BORTFELDT, Diplom-Pädagoge, evangelischer Pastor, ist Professor für Evangelische Theologie an der Universität Regensburg (Schwerpunkt: Religionspädagogik und Didaktik des Religionsunterrichts).

DR. CHRISTOPH DOHMEN ist Professor für Exegese und Hermeneutik des Alten Testaments an der Katholisch-Theologischen Fakultät der Universität Regensburg.

DR. RUDOLF ENGLERT ist Professor für Religionspädagogik an der Universität Duisburg-Essen.

DR. HANS-GÜNTER HEIMBROCK ist Professor für Praktische Theologie und Religionspädagogik am Fachbereich Evangelische Theologie der Universität Frankfurt am Main.

KLAUS KÖNIG ist Akademischer Oberrat am Lehrstuhl für Didaktik der Religionslehre, für Katechetik und Religionspädagogik der Katholischen Universität Eichstätt – Ingolstadt.

DR. ULRICH KROPAČ ist Wissenschaftlicher Assistent am Lehrstuhl für Praktische Theologie (Religionspädagogik und Didaktik des Religionsunterrichts) an der Universität Regensburg.

DR. GÜNTER LANGE ist Professor em. für Religionspädagogik und Katechetik an der Katholisch-Theologischen Fakultät der Ruhr-Universität Bochum.

DR. GEORG LANGENHORST ist Professor für Didaktik des Katholischen Religionsunterrichts an der Erziehungswissenschaftlichen Fakultät der Universität Erlangen-Nürnberg.

DR. STEPHAN LEIMGRUBER ist Professor für Religionspädagogik und Didaktik des Religionsunterrichts an der Katholisch-Theologischen Fakultät der Universität München.

KONSTANTIN LINDNER ist Wissenschaftlicher Mitarbeiter am Lehrstuhl für Praktische Theologie (Religionspädagogik und Didaktik des Religionsunterrichts) an der Otto-Friedrich-Universität Bamberg und Doktorand am Lehrstuhl für

Praktische Theologie (Religionspädagogik und Didaktik des Religionsunterrichts) an der Universität Regensburg.

DR. DR. H.C. NORBERT METTE ist Professor für Religionspädagogik/Praktische Theologie an der Universität Dortmund.

FRANZ W. NIEHL, Religionspädagoge, war Direktor des Katechetischen Instituts des Bistums Trier von 1986 bis 2004.

DR. FRANZ-JOSEF NOCKE war Professor für Systematische Theologie/Dogmatik an der Universität Duisburg-Essen.

RAINER OBERTHÜR ist Dozent für Religionspädagogik am Katechetischen Institut des Bistums Aachen.

PETER POTH ist Studienrat mit den Fächern Deutsch und Geschichte am Regental-Gymnasium Nittenau.

DR. ELISABETH REIL ist Professorin für Religionspädagogik und Didaktik des Religionsunterrichts am Institut für Katholische Theologie der Universität Koblenz-Landau und Mitherausgeberin des Schulbuchwerks »Reli«.

DR. GEORGE REILLY ist Dozent am Katechetischen Institut des Bistums Aachen.

DR. DR. WERNER H. RITTER ist Professor für Evangelische Religionspädagogik und Inhaber des Lehrstuhls für Evangelische Theologie II der Universität Bayreuth.

DR. HORST RUMPF ist Professor em. für Erziehungswissenschaft an der Universität Frankfurt am Main.

DR. MIRJAM SCHAMBECK OSF ist Wissenschaftliche Assistentin am Lehrstuhl für Praktische Theologie (Religionspädagogik und Didaktik des Religionsunterrichts) an der Universität Regensburg.

DR. WERNER SIMON ist Professor für Religionspädagogik, Katechetik und Fachdidaktik Religion am Fachbereich Katholische Theologie der Universität Mainz.

EVA STÖGBAUER ist Doktorandin am Lehrstuhl für Praktische Theologie (Religionspädagogik und Didaktik des Religionsunterrichts) an der Universität Regensburg.

DR. DR. HANS-GEORG ZIEBERTZ ist Professor für Praktische Theologie (Religionspädagogik und Didaktik des Religionsunterrichts) an der Katholisch-Theologischen Fakultät der Universität Würzburg.